商务馆对外汉语教学专题研究书系

总主编　赵金铭

审　订　世界汉语教学学会

对外汉语语法及语法教学研究

主　编　孙德金

商务印书馆

2012年·北京

图书在版编目（CIP）数据

对外汉语语法及语法教学研究/孙德金主编. —北京：商务印书馆，2006
（商务馆对外汉语教学专题研究书系）
ISBN 978-7-100-04987-0

Ⅰ.对… Ⅱ.孙… Ⅲ.汉语－语法－对外汉语教学－教学研究－文集 Ⅳ.H195

中国版本图书馆 CIP 数据核字（2006）第 035929 号

DUÌWÀI HÀNYǓ YǓFǍ JÍ YǓFǍ JIÀOXUÉ YÁNJIŪ
对外汉语语法及语法教学研究
主编　孙德金

商 务 印 书 馆 出 版
（北京王府井大街36号　邮政编码 100710）
商 务 印 书 馆 发 行
北京瑞古冠中印刷厂印刷
ISBN 978-7-100-04987-0

2006年7月第1版　　开本 880×1230　1/32
2012年4月北京第2次印刷　　印张 21⅛
定价：45.00 元

总主编 赵金铭
主　编 孙德金
编　者 孙德金　于　萍
作　者 （按音序排列）

邓守信	邓小宁	陈　珺	崔希亮
高顺全	郭春贵	蒋　琪	金立鑫
柯彼德	李芳杰	李　泉	李小荣
李　英	李　珠	刘勋宁	刘月华
鲁晓琨	陆俭明	吕文华	马庆株
屈承熹	任雪梅	沈家煊	孙德金
谭傲霜	唐翠菊	王弘宇	温云水
吴春仙	吴勇毅	袁毓林	张旺熹
赵金铭	赵　雷	周小兵	祖人植

目　录

从对外汉语教学到汉语国际推广

（代序）

赵 金 铭

新中国的对外汉语教学在经过55年的发展之后，于2005年7月进入了一个新时期。以首届“世界汉语大会”的召开为契机，我国的对外汉语教学在继续深入做好来华留学生汉语教学工作的同时，开始把目光转向汉语国际推广。这在我国对外汉语教学发展史上是一个历史的转捩点，是里程碑式的转变。

语言的传播与国家的发展是相辅相成的，彼此互相推动。世界主要大国无不不遗余力地向世界推广自己的民族语言。我们大力推动汉语的传播不仅是为了满足世界各国对汉语学习的急切需求，也是我国自身发展的需要，是国家软实力建设的一个有机组成部分，是一项国家和民族的事业，其本身就应该成为国家发展的战略目标之一。

回顾历史，对外汉语教学的每一步发展，都跟国家的发展、国际风云的变幻以及我国和世界的交流与合作息息相关。

新中国对外汉语教学肇始于1950年7月，当时清华大学开始筹办“东欧交换生中国语文专修班”，时任该校教务长的著名物理学家周培源先生为班主任;9 月成立外籍留学生管理委员会,前辈著名语言学家吕叔湘先生任主任;同年 12 月第一批东欧学生入校学习。这是新中国对外汉语教学事业的滥觞。那时,全部留学生只有 33 人。十几年之后,到 1964 年也才达到 229 人。1965 年猛增至3 312人。这自然与当时中国的国际地位和世界局势变化密切相关。经"文革"动乱,元气大伤。1973 年恢复对外汉语教学,当时的留学生也只有 383 人。此后数年逐年稍有增长,至 1987 年达到2 044人,还没有恢复到 1965 年的水平。①

改革开放以后,特别是近十几年来,对外汉语教学事业飞速发展。从 20 世纪 90 年代开始,来华留学生数量呈逐年上升趋势,至 2003 年来华留学生已达 8.5 万人次。据不完全统计,目前全球学习汉语的人数已达3 000万。

对外汉语教学事业的蓬勃发展,一直得到国家的高度重视和大力支持。早在 1988 年,国家教委、国家对外汉语教学领导小组在北京召开"全国对外汉语教学工作会议"时,时任国家对外汉语教学领导小组常务副组长、国家教委副主任的滕藤同志在工作报告中,就以政府高级官员的身份第一次提出,要推动对外汉语教学这项国家与民族的崇高事业不断发展。

会议制定了明确的发展目标,即"争取在半个多世纪的时间内做到:在教学规模上能基本满足各国人民来华学习汉语的需求;在教学理论和教学方法上,赶上并在某些方面超过把本民族语作为外语教学的世界先进水平;能根据各国的需要派遣汉语

---

① 参见张亚军《对外汉语教法学》,现代出版社 1990 年版。

教师、提供汉语教材和理论信息;在教学、科研、教材建设及师资培养和教师培训等方面都能很好地发挥我国作为汉语故乡的作用”。①

今天距那时不过十几年时间,对外汉语教学的局面却发生了翻天覆地的变化。对外汉语教学不再仅仅是满足来华留学生汉语学习的需要,汉语正大步走向世界。对外汉语教学的持续、快速发展,以至汉语国际推广的迅猛展开,正是势所必至,理有固然。目前,汉语国际推广正处在全新的、催人奋进的态势之中。

国家在世界范围内推广汉语教学,我们谓之“致广大”;我们在此对对外汉语教学进行全方位的研讨,我们谓之“尽精微”。二者结合,构成我们的总体认识,这里我们希望能“博综约取”,作些回首、检视和瞻念,以寻求符合和平发展时代的汉语国际推广之路。

一　汉语作为第二语言教学的理论研究

对外汉语教学,即汉语作为第二语言教学,作为一个学科,从形成到现在不过几十年,时间不算太长,学科基础还比较薄弱,理论研究也还不够深厚。但汉语作为第二语言教学作为一个学科有它持续的社会需要,有自身的研究方向、目标和学科体系,而且更重要的是它正按照自身发展的需要,不断地从其他的有关学科里吸取新的营养。诚然,要使对外汉语教学形成跨学科的边缘学科,牵涉的领域很广,理论的概括和总结实非易事。

① 参见晓山《中国召开全国对外汉语教学工作会议》,《世界汉语教学》1988年第4期。

综览世界上的第二语言教学，真正把语言教学(在西方，“语言教学”往往是指现代外语教学)作为一门独立学科而建立是在上一个世纪60年代中叶。

桂诗春曾引用Mackey(1973)说过的一句意味深长的话：“(语言教学)要成为独立的学科，就必须像其他科学那样，编织自己的渔网，到人类和自然现象的海洋里捞取所需的东西，摒弃其余的废物；要能像鱼类学家阿瑟·埃丁顿那样说，‘我的渔网里捞不到的东西不会是鱼’。”①

应用语言学是一门独立的交叉学科，分广义和狭义两种。狭义的应用语言学研究语言教学。广义的应用语言学指应用于实际领域的语言学，除传统的语言文字教学外，还包括语言规划、语言传播、语言矫治、辞书编纂等。我们这里取狭义的理解，即指语言教学，主要研究汉语作为第二语言教学或外语教学。所以，我们说对外汉语教学是应用语言学，或者说是应用语言学的一个分支学科。我们把对外汉语教学归属于应用语言学，或者说对外汉语教学的上位是应用语言学。

应用语言学作为一门应用型的交叉学科，它的基本特点是在学科中间起中介作用，即把各种与外语教学有关的学科应用到外语教学中去。组织外语教学的许多重要环节(如教育思想、教学管理、教学组织、教学安排、教材、教法、教具、测试、教师培训等等)，既有等级的，也有平面的关系。而教学措施上升为理论之后，语言教学就出现了很大的变化。② 那么，这些具有不同

---

① 参见桂诗春《外国语言学及应用语言学研究》第一辑发刊词，首都师范大学外国语学院主办，中央编译出版社2002年版。

② 参见桂诗春《外语教学的认知基础》，《外语教学与研究》2005年第4期。

等级的或处于同一平面的各种关系是如何构筑成对外汉语教学的学科理论的呢?

李泉在总结对外汉语教学学科基本理论时,提出应由四部分组成:(1)学科语言理论,包括面向对外汉语教学的语言学及其分支学科理论,面向对外汉语教学的汉语语言学;(2)语言学习理论,包括基本理论研究、对比分析、偏误分析和中介语理论;(3)语言教学理论,包括学科性质理论、教学原则和教学法理论;(4)跨文化交际理论。①

这些理论,在某种意义上都有其自身存在的客观规律,这也是作为学科的对外汉语教学所必须遵循的。我们尤其应该强调的是对语言教学理论的应用,这个应用十分重要,事关教学质量与学习效率,这个应用包括教学设计与技巧、汉语测试的设计与实施。只有应用得当,理论才发生效用,才能在教学和学习过程中起提升与先导作用。

几十年来,我们一直把对外汉语教学作为一个学科来建设,建设中也是从理论与应用两方面来思考的。陆俭明在探讨把汉语作为第二语言教学当作一个独立的学科来建设时,提出了更高的要求,他认为这个学科应有它的哲学基础,有一定的理论支撑,有明确的学科内涵,有与本学科相关的、起辅助作用的学科。② 我们认为,所谓的哲学基础,关涉到对语言本质的认识,反映出不同的语言观。比如语言是一种交际工具,还是一种能

---

① 参见李泉《对外汉语教学的学科基本理论》,《海外华文教育》2002年第3、4期。

② 参见陆俭明《增强学科意识,发展对外汉语教学》,《世界汉语教学》2004年第1期。

力？语言是先天的，还是后得的？这都关系着语言教学的发展，特别是教学法与教学模式的确立。总之，我们应树立明确的学科意识，共同致力于对外汉语教学的学科理论建设。

二 关于学科研究领域

汉语作为第二语言教学，作为一个学科，业内是有共识的，并且希望参照世界上第二语言教学的学科建设，来完善和改进汉语作为第二语言教学的学科体系，不断推进学科建设的开展，其中什么是学科的本体研究，是首先要考虑的问题。

本体的观念是古希腊亚里士多德范畴说的核心。亚里士多德把现实世界分成本体、数量、性质、关系、地点、时间、姿态、状况、动作、遭受等十个范畴。他认为，在这十个范畴中，本体占有第一的、特殊的位置，它是指现实世界不依赖任何其他事物而独立存在的各种实体及其所代表的类。从意义特征上看，本体总是占据一定的时间，是看得见、摸得着的事物。其他范畴则是附庸于本体的，非独立的，是本体的属性，或者说是本体的现象。因此，本体是存在的中心。①

早在上世纪末，对外汉语教学界就有人提出对外汉语教学"本体研究"和"主体研究"的观点。"对外汉语教学学科研究的领域，概而化之，可分为两大板块：一是对汉语言本身，包括汉语语音、词汇、语法和汉字等方面的研究，可谓之学科本体研究；二是对作为第二语言教学的汉语理论与实践体系和学习与习得规

---

① 参见姚振武《论本体名词》，《语文研究》2005 年第 4 期。

律、教学规律、途径与方法论的研究,可谓之学科的主体研究。学科本体研究是学科主体研究的前提与基础,学科主体研究是学科本体研究的目的与延伸。对这种学科本体、主体研究的辩证关系的正确认识与把握,是至关重要的,它关系着对外汉语教学学科发展的方向与前途。否则,在学科理论研究上,就容易偏颇、失衡,甚至造成喧宾夺主。"①

不难看出,这里所说的"本体研究"即为"知本",它占有第一的、特殊的位置,是存在的中心。这里所说的"主体研究"即为"知通",是附庸于本体的,本固枝荣,只有把作为第二语言的汉语研究透、研究到家,在此基础上"教"与"学"的研究才会不断提高。

我国对外汉语教学的历史毕竟不长,经验也不足,对于汉语作为第二语言教学之本体研究,也还存在不同的认识。当然,若从研究领域的角度来看,大家是有共识的。只是观察的视角与侧重考虑的方面有所不同。总的说来,对对外汉语教学的基础研究还应进一步地深入思考,以期引起有关方面的足够重视。

对此,陆俭明是这样认识的:"在这世纪之交,有必要在回顾、总结我国对外汉语教学的基础上,认真思考并加强汉语作为第二语言的本体研究,特别是对外汉语教学的基础研究。汉语作为第二语言之本体研究,按我现在的认识和体会,应包括以下五部分内容:第一部分是,根据汉语作为第二语言教学的需要而开展的服务汉语教学的语音、词汇、语法、汉字之研究。第二部分是,根据汉语作为第二语言教学需要而开展的学科建设理论

① 参见杨庆华《对外汉语教学研究丛书·序》,北京语言文化大学出版社1997年版。

研究。第三部分是,根据汉语作为第二语言教学需要而开展的教学模式理论研究。第四部分是,根据汉语作为第二语言教学需要而开展的各系列教材编写的理论研究。第五部分是,根据汉语作为第二语言教学需要而开展的汉语水平测试及其评估机制的研究。"[①]这里既包括理论研究的内容,也包括应用研究的内容,可供参酌。根据第二语言教学的三个组成部分的思想,即"教什么""怎样学""如何教",上述的观点非常正确地强调了"教什么"和"如何教"的研究,却未包括"怎样学"的研究。

陆先生认为,对外汉语教学学科的本体研究必须紧紧围绕一个总的指导思想来展开,这个总的指导思想是:"怎么让一个从未学过汉语的外国留学生在最短的时间内能最快、最好地学习好、掌握好汉语。"[②]正是基于这样的指导思想,才有上述五个方面的研究。

业内也有人从研究对象的角度出发,认为"教学理论是对外汉语教学的本体理论"。吕必松认为,"每一门学科都有自己特定的研究对象,这种特定的研究对象就是这门学科的本体"。那么,"对外汉语教学的研究对象是作为第二语言的汉语教学,作为第二语言的汉语教学就是对外汉语教学研究的本体"。[③]

我们认为,几十年来,对外汉语教学这门学科的建设取得了长足的进步与巨大的发展。它由初始阶段探讨学科的命名,学科的性

---

① 参见陆俭明《汉语作为第二语言之本体研究》,载《作为第二语言的汉语本体研究》,外语教学与研究出版社 2005 年版。

② 参见陆俭明《增强学科意识,发展对外汉语教学》,《世界汉语教学》2004 年第 1 期。

③ 参见吕必松《谈谈对外汉语教学的性质与对外汉语教学的本体理论研究》,载《语言教育与对外汉语教学》,外语教学与研究出版社 2005 年版。

质和特点,学科的定位、定性和定向,发展到今天,概括汉语作为第二语言教学需要而开展的服务于汉语教学的汉语本体研究,与教学研究互动结合已成为学科建设的主要内容,教学理论与学习理论研究,形成有力的双翼,加之现代教育技术的应用,从而最终构架并完善了学科体系。对外汉语教学作为第二语言教学或外语教学,经业内同仁几代人的苦心孤诣、惨淡经营,目前在世界上汉语作为第二语言教学领域已占主流地位,这是值得欣慰的。

对于学科建设上的不同意见,我们主张强调共识,求大同存小异。面对欣欣向荣、蓬勃发展的“汉语国际推广”的大好局面,共同搞好汉语作为第二语言教学的学科建设,以便为“致广大”的事业尽力,是学界同仁的共同愿望。因此,我们赞赏吕必松下面的意见,并希望能切实付诸学术讨论之中:

“我国对外汉语教学界在对外汉语教学的学科性质和特点等问题上一直存在着不同的意见。因为对外汉语教学是一门年轻的学科,学科理论还不太成熟,出现分歧在所难免。就是学科理论成熟之后,也还会出现新的分歧。开展不同意见的讨论和争论,有利于学科理论的发展。”①

三　关于汉语作为第二语言研究

汉语作为第二语言研究,不少人简称为“对外汉语研究”。比如上海师范大学创办的刊物就叫《对外汉语研究》,已由商务

---

①　参见吕必松《语言教育与对外汉语教学·前言》,外语教学与研究出版社2005年版。

印书馆于2005年出版了第一期。

1993年，中共中央和国务院颁布了《中国教育改革和发展纲要》，里面提到要“大力加强对外汉语工作”。此后，在我国的学科目录上“对外汉语”专业作为学科的名称出现。

汉语作为一种语言，自然没有区分为“对外”和“对内”的道理，这是尽人皆知的。我们理解所谓的“对外汉语”，其实质为“作为第二语言的汉语”，也即“汉语作为第二语言”。它是与汉语作为母语相对而言的。在业内，在“对外汉语”的“名”与“实”的问题上，也存在着不同意见。我们认为，随着“汉语国际推广”大局的推进，“对外汉语教学”无论从内涵还是外延看都不能满足已经变化了的形势。我们主张从实质上去理解，也还因为“名无固宜”，“约定俗成”。

在这个问题上，我们同意刘珣早在2000年就阐释清楚的观点：“近年来出现了‘对外汉语’一词。起初，连本学科的不少同仁也觉得这一术语难以接受。汉语只有一个，不存在‘对外’或‘对内’的不同汉语。但现在‘对外汉语’已逐渐为较多的人所认同，而且已成为专业目录上我们专业的名称（专业代码050103）。这一术语的含义也许应理解为‘作为第二语言教学与研究的汉语’，也就是从一个新的角度来研究汉语。”“对外汉语教学是汉语作为第二语言的教学，它与汉语作为母语的教学的巨大差别也体现在教学内容，即所要教的汉语上，这是从对外汉语教学事业初创阶段就为对外汉语教学界所重视的问题。”①

① 参见刘珣《近20年来对外汉语教育学科的理论建设》，《世界汉语教学》2000年第1期。

汉语作为第二语言，这是对外汉语教学的主要内容，是要解决“教什么”的问题，故而对外汉语作为第二语言的研究就成为学科建设的极其重要的组成部分，随着国家“汉语国际推广”战略的提出，汉语作为第二语言教学，无论从学术研究上，还是从应用研究上，都会得到极大的提升，名实相副的情况，当会出现。

还有人从另一个新的角度，即世界汉语教育史的研究，阐释了作为第二语言的汉语研究之必要，张西平说：“世界汉语教育史是一个全新的研究领域。这一领域的开拓必将极大地拓宽我们汉语作为第二语言教学的研究范围，使学科有了深厚的历史根基。我们可以从汉语作为第二语言教学的悠久历史中总结、提升出真正属于汉语本身的规律。”①

那么，服务于对外汉语教学的汉语本体研究，或称作作为第二语言的汉语本体研究，其核心是什么呢？潘文国对此作出解释：所谓“对外汉语研究，应该是一种以对比为基础、以教学为目的、以外国人为对象的汉语本体研究”。②

我们认为，“对外汉语”作为一门科学，也是一门学科，首先应从本体上把握，研究它不同于其他学科的本质特点及其成系统、带规律的部分，这也就是“对外汉语研究”，也就是汉语作为第二语言的研究。

这种汉语作为第二语言的研究，以及汉语作为第二语言的教学研究和汉语作为第二语言的学习研究，加之所有这些研究

---

① 参见张西平《简论世界汉语教育史的研究物件和方法》，载李向玉等主编《世界汉语教育史研究》，澳门理工学院 2005 年印制。

② 参见潘文国《论“对外汉语”的科学性》，《世界汉语教学》2004 年第 1 期。

所依托的现代科技手段和现代教育技术,共同构筑了对外汉语教学研究的基本框架。这就是我们所说的本体论、方法论、认识论和工具论。①

从接受留学生最初的年月,对外汉语教学的前辈们就十分注意汉语作为第二语言的研究。这是因为"根本的问题是汉语研究问题,上课许多问题说不清,是因为基础研究不够"。也可以说"离开汉语研究,对外汉语教学就无法前进"。②

我们这里分别对作为第二语言的汉语语音、词汇、语法和汉字的研究与教学略作一番讨论,管中窥豹,明其现状,寻求改进。

(一) 作为第二语言的汉语语音

作为第二语言的汉语语音的研究与教学,近年来因诸多原因,重视不够,有滑坡现象,最明显的是语音教学阶段被缩短,以至于不复存在;但是初始阶段语音打不好基础,将会成为顽症,纠正起来难上加难。本来,对外汉语教学界曾有很好的语音教学与研究的传统,有不少至今仍可借鉴的研究成果,包括对汉语语音系统的研究和对《汉语拼音方案》的理解与应用,遗憾的是,近来的教材都对此重视不够。

比如赵元任先生那本《国语入门》,大部分是语音教学,然后慢慢地才转入其他。面对目前语音教学的局面,著名语音学家、对外汉语教学的前辈林焘先生发出了感慨:"发展到今天,语音

---

① 参见赵金铭《对外汉语研究的基本框架》,《世界汉语教学》2001 年第 3 期。

② 参见朱德熙《在纪念〈语言教学与研究〉创刊 10 周年座谈会上的发言》,《语言教学与研究》1989 年第 3 期。

已经一天一天被压缩，现在已经产生危机了。我们搞了 52 年，外国人说他们学语音还不如在国外。这说明我们在这方面也是太放松了，过于急于求成了，就把基础忘掉了。语音和文字是两个基础，起步我们靠这个起步；过于草率了，那么基础一没打稳，后边整个全过程都会受影响。”①加强语音教学是保证汉语教学质量的重要一环，无论是教材还是课堂教学，语音都不应被忽视。

(二) 作为第二语言的汉语词汇

长期以来，在汉语作为第二语言教学中，比较重视语法教学，而在某种程度上却忽视了词汇教学的重要性，使得词汇研究和教学成为整个教学过程中的薄弱环节。

其实，在掌握了汉语的基本语法规则之后，还应有大量的词汇作基础，尤其应该掌握常用词的不同义项及其功能和用法，唯其如此，才能真正学会汉语，语法也才管用，这是因为词汇是语言的唯一实体，语法也只有依托词汇才得以存在。学过汉语的外国人都有这样的体会，汉语要一个词一个词地学，要掌握每一个词的用法，日积月累，最终才能掌握汉语。近年来，我们十分注意汉语词汇及其教学的研讨，尤其注重词汇的用法研究。

有两件标志性的事可资记载：

一是注重对外汉语学习词典的编纂研究。2005 年在香港

---

① 参见林焘(2002)的座谈会发言，载《继往开来——新中国对外汉语教学 52 周年座谈会纪实》，北京语言大学内部资料。

城市大学召开了“对外汉语学习词典国际研讨会”，其特色是强调计算语言学家和词典学家密切合作，依据语料库语言学编纂学习词典的思路，为对外汉语教学的词汇教学与学习服务，有力地推动了汉语的词汇研究与教学。

二是针对汉语词汇教学中的重点，特别是中、高级阶段，词义辨析及用法差异是教学之重点，学界努力打造一批近义词辨析词典，从释义、功能、用法方面详加讨论。例如《汉英双语常用近义词用法词典》《对外汉语常用词语对比例释》《汉语近义词词典》《1700对近义词语用法对比》。[①]

这些词典各有千秋，在释文、例证、用法、英译等方面各有特色，能在一定程度上满足汉语教学和学习者的需要。

(三) 作为第二语言的汉语语法

作为第二语言教学的汉语语法研究与语法教学研究，如果从数量上看一直占有最大的分量，这当然与它受到重视有关。近年来，汉语语法研究范围更加广泛，内容也更加细致、深入，结合教学的程度也更加紧密，达到了前所未有的高度。

首先，理清了理论语法与教学语法之关系，为汉语作为第二语言教学语法的研究理清了思路。理论语法是教学语法的来源与依据，教学语法的体系可灵活变通，以便于教学为准。目前，

① 参见邓守信主编《汉英双语常用近义词用法词典》，北京语言学院出版社1996年版；卢福波编著《对外汉语常用词语对比例释》，北京语言文化大学出版社2000年版；马燕华、庄莹编著《汉语近义词词典》，北京大学出版社2002年版；王还主编《汉语近义词词典》，北京语言大学出版社2005年版；杨寄洲、贾永芬编著《1700对近义词语用法对比》，北京语言大学出版社2005年版。

教学语法虽更多地吸收传统语法的研究成果，而一切科学的语法都会对汉语作为第二语言教学语法有帮助。教学语法是在不断地吸收各种语法研究成果中迈步、发展和不断完善的。

其次，对汉语作为第二语言的教学语法进行了科学的界定，即：第二语言的教学目的决定了教学语法的特点，它主要侧重于对语言现象的描写和对规律、用法的说明，以方便教学为主，也应具有规范性。

再次，学界认为应建立一部汉语作为第二语言教学的汉语教学参考语法，无论是编写教材，还是从事课堂教学，或是备课、批改作业，都应有一部详细描写汉语语法规则和用法的教学参考语法作为依据。其中应体现汉语作为第二语言教学的自己的语法体系，应有语法条目的确定与教学顺序的排序。

最后，应针对不同母语背景的教学对象，排列出不同的语法点及其教学顺序。事实证明，很难排出适用于各种母语学习者的共同的语法要点及其顺序表。

对欧美学生来说，受事主语句、存现句、主谓谓语句，以及时间、地点状语的位置，始终是学习的难点，同时也体现汉语语法特点。而带有普遍性的语法难点，则是“把”字句、各类补语以及时态助词“了”“着”等。至于我们所认为的特殊句式，其实并非学习的难点，比如连动句、兼语句、“是”字句、“有”字句以及名词谓语句、形容词谓语句。这也是从多年教学中体味出的。

（四）汉字研究与教学

汉字教学是对外汉语教学的重要组成部分。然而，与其他汉语要素相比，汉字教学从研究到教学一直处于滞后状态。为了改变这一局面，除了加强对汉字教学的各个环节的研究之外，要突破汉字教学的瓶颈，首先应澄清对汉字的误解，建立起科学的汉字观。汉字本身是一个系统，字母本身也是一个系统。字母属于字母文字阶段，汉字属于古典文字阶段，它们是一个系统的两个阶段。这个概念的改变影响很大，这是科学的新认识。①当我们把汉字作为一个科学系统进行研究与教学时，要清醒地认识到汉字是汉语作为第二语言教学与其他第二语言教学的重要区别之一。在对外汉语教学中，究竟采用笔画、笔顺教学，还是以部件教学为主，或是注重部首教学，抑或是从独体到合体的整字教学，都有待于通过教学试验，取得相应的数据，寻求理论支撑，编出适用的教材，寻求汉字教学的突破口，从而使汉语书面语教学质量大幅度提高。与汉字教学相关的还应注意"语"与"文"的关系之探讨，字与词的关系的研究，以及汉语教材与汉字教材的配套，听说与读写之关系等问题的研究。

四　关于汉语作为第二语言教学研究

我们所说的教学研究，包括以下五个部分：课程教学设计、教学方法与教学技巧、教材编写理论与实践、语言测试理论与汉语考试、跨学科研究之一——现代教育技术在教学中的应用。

(一) 关于教学模式研究

近年来，对外汉语教学界尤其注重教学模式的研究，寻求教

① 参见周有光《百岁老人周有光答客问》，《中华读书报》2005年1月22日。

学模式的创新。什么是教学模式？教学模式是指具有典型意义的、标准化的教学或学习范式。

具体地说，教学模式是在一定的教学理论和教学思想指导下，将教学诸要素科学地组成稳固的教学程序，运用恰当的教学策略，在特定的学习环境中，规范教学课程中的种种活动，使学习得以产生。① 更加概括简洁的说法则为：教学模式，指课程的设计方式和教学的基本方法。②

教学模式具有不同的类型。我们所说的对外汉语教学模式，就是从汉语和汉字的特点及汉语应用的特点出发，结合汉语作为第二语言的教学理论，遵循大纲的要求，提出一个全面的教学规划和实施方案，使教学得到最优化的组合，产生最好的教学效果。这是一种把汉语作为第二语言教学的特定的教学模式。

教学模式研究表现在课程设计上，业内主要围绕着"语"和"文"的分合问题而展开，由来已久，且持续至今。

早在1965年，由钟梫执笔整理成文的《十五年汉语教学总结》就对"语"与"文"的分合及汉字问题进行了讨论。③ 当时提出三个问题：

1. 有没有学生根本不必接触汉字，完全用拼音字母学汉语？即学生只学口语，不学汉字。当时普遍认为，这种学生根本不必接触汉字。

---

① 参见周淑清《初中英语教学模式研究》，北京语言大学出版社2004年版。

② 参见崔永华《基础汉语教学模式的改革》，《世界汉语教学》1999年第1期。

③ 参见钟梫(1965)《十五年汉语教学总结》，载《语言教学与研究》(试刊，第4期，1977年内部印刷)，又收入盛炎、砂砾编《对外汉语教学论文选评》，北京语言学院出版社1993年版。

2. 需要认汉字的学生是否一定要写汉字？即“认”与“写”的关系。一种意见认为不写汉字势必难以记住，“写”是必要的；另一种意见认为，“认离不开写”这一论点根本上不能成立，即不能说非动笔写而后才能认，也就是说“认”和“写”可以分离。

3. 需要认(或认、写)汉字的学生是不是可以先学“语”后学“文”呢？后人的结论是否定了“先语后文”，采用了“语文并进”。而“认汉字”与“写汉字”也一直是同步进行的。

这种“语文并进”“认写同步”的教学模式，从上世纪50年代起一直是占主流的教学模式，延续至今。80年代以后，大多沿用以下三种传统教学模式：“讲练—复练”模式，“讲练—复练＋小四门(说话、听力、阅读、写作)”模式，“分技能教学”模式。

目前，对外汉语教学界广泛使用的是一种分技能教学模式，以结构—功能的框架安排教学内容，采用交际法和听说法相结合的综合教学法。这种教学模式大约在80年代定型。

总的看来，对外汉语教学界所采用的教学模式略显单调，似嫌陈旧。崔永华认为：“从总体上看，这种模式反映的是60年代至70年代国际语言教学的认识水平。30年来，国内外在语言学、第二语言教学、语言心理学、语言习得研究、语言认知研究等跟语言教学相关的领域中都取得了巨大的进步，研究和实验成果不可计数。但是由于种种原因，目前的教学模式对此吸收甚少。”①

这种局面应该改变，今后，应在寻求反映汉语和汉字特点的教学模式的创新上下功夫，特别要提升汉字教学的地位，特别要

---

① 参见崔永华《基础汉语教学模式的改革》，《世界汉语教学》1999年第1期。

注意语言技能之间的平衡,大力加强书面语教学,着力编写与之相匹配、相适应的教材,进行新的教学实验,切实提高汉语的教学质量。

(二) 教学法研究

教学方法研究至关重要。"用不同的方法教外语,收效可以悬殊。"[①]对外汉语教学界历来十分注重教学方法的探讨。早在1965年之前,对外汉语教学界就创造了"相对的直接法"的教学方法,强调精讲多练,加强学生的实践活动。同时,通过大量的练习,画龙点睛式地归纳语法。[②]

但是,对外汉语教学还是一个年轻的学科,教学法的研究多借鉴国内外语教学法的研究,这也是很自然的事情。而国内外语教学法的研究,又是跟着国外英语教学法的发展亦步亦趋。有人这样描述:

"纵观20世纪国外英语教学法历史,对比当前主宰中国英语教学的各种模式,不难发现很多早被国外唾弃的做法或理念,却仍然被我们的英语老师墨守成规地紧追不放。"[③]

对外汉语教学界也有类似情况。在上个世纪70年代,当我们大力推广"听说法",强调对外汉语教学应"听说领先"时,这个产生于40年代末的教学法,已并非一家独尊。潮流所向,人们

---

① 参见吕叔湘《语言与语言研究》,载《语文近著》,上海教育出版社1987年版。

② 参见钟梫(1965)《十五年汉语教学总结》,载《语言教学与研究》(试刊,第4期,1977年内部印刷),又收入盛炎、砂砾编《对外汉语教学论文选评》,北京语言学院出版社1993年版。

③ 参见丁杰《英语到底如何教》,《光明日报》2005年9月14日。

已不再追求最佳教学法,而转向探讨各种有效的教学法路子。70 年代至 80 年代,当我们在教学中引进行为主义,致力于推行"结构法"和"句型操练"之时,实际上行为主义在国际上已逐渐式微,而代之以基于认知心理学的"以学生为中心"的认知法。

在国际外语教学界,以结构为主的传统教学法与以交际为目的的功能教学法交替主宰语言教学领域之后,80 年代末至 90 年代初,在英语教学领域"互动性综合教学法"便应运而生,盛行一时。所谓综合,偏重的是内容;所谓互动,强调的是方法。①

90 年代末,体现这种互动关系的任务式语言教学模式在欧美逐渐兴盛起来。这种教学方法的基本理论可概括为:通过"任务"这一教学手段,让学习者在实际交际中学会表达思想,在过程中不断接触新的语言形式并发展自己的语言系统。

任务法是交际教学法中提倡学生"通过运用语言来学习语言",这一强势交际理论的体现,突出之处是"用中学",而不是以往交际法所强调的"学以致用"。

这种通过让学生完成语言任务来习得语言的模式,既符合语言习得规律,又极大地调动了学习者学习的积极性,本身也具有极强的实践操作性。因此,很受教师和学生的欢迎。以至于"20 世纪末、21 世纪初在应用语言学上可被称为任务时代"。②

在我国英语教学界,人民教育出版社于 2001 年遵循任务型教学理念编写并出版了初中英语新教材《新目标英语》,并在若干中学进行教学模式试验,取得了可喜的成绩。在对外汉语教

---

① 参见王晓钧《互动性教学策略及教材编写》,《世界汉语教学》2005 年第 3 期。

② 参见周淑清《初中英语教学模式研究》,北京语言大学出版社 2004 年版。

学界，马箭飞基于任务式大纲从交际范畴、交际话题和任务特性三个层次对汉语交际任务项目进行分类，提出建立以汉语交际任务为教学组织单位的新教学模式的设想，并编有教材《汉语口语速成》(共五册)。①

这种交际教学理论在教学中被不断应用，影响所及，所谓“过程写作”教学即其一。“写”是重要的语言技能之一，“过程写作法”认为：写作是一个循环式的心理认知过程、思维创作过程和社会交互过程。写作者必须通过写作过程的一系列认知、交互活动来提高自己的认知能力、交互能力和书面表达能力。②

过程写作的宗旨是：任何写作学习都是一个渐进的过程。这个过程需要教师的监督指导，更需要通过学生自身在这个过程中对文章立意、结构及语言的有意学习。由过程写作引发而建立起来的过程教学法理论，也对第二语言教学的大纲设计、语法教学、篇章分析等产生了深刻的影响。③

交际语言教学理论的另一个发展，是近几年来在西方渐渐兴起的体验式教学。这种教学法的特点是把文化行为训练纳入对外汉语教学之中，而不主张单纯从语言交际角度看待外语教学。在整个教学过程中，自始至终贯穿着“角色”和“情景”的观念。2005 年，我国高等教育出版社出版有陈作宏、田艳编写的《体验汉语》系列教材，是这种理念的一次尝试。

---

① 参见马箭飞《任务式大纲与汉语交际任务》，《语言教学与研究》2002 年第 4 期。

② 参见陈玫《教学模式与写作水平的相互作用——英语写作“结果法”与“过程法”对比实验研究》，《外语教学与研究》2005 年第 6 期。

③ 参见杨俐《过程写作的实践与理论》，《世界汉语教学》2004 年第 1 期。

今天,在教学法研究中人们更注重过程,外语教学是个过程,汉语作为第二语言教学也是一个过程。过程是组织外语教学不可忽视的因素。桂诗春说:“在70年代之前,人们认为提高外语教学质量的关键是教学方法,后来才发现教学方法只是起局部的作用。”①我们已经认识到并接受了这样的观点。

现在我们可以说,汉语作为第二语言教学在教学法研究方面,我们已经同世界上同类学科的研究相同步。

(三)教材研究与创新

教材的创新已经提出多年,教材也已编出上千种,但无论是数量还是质量均不能完全满足世界上学习汉语的热切需求。今后的教材编写,依然应该遵循过去总结出来的几项原则:(1)要讲求科学性。教材应充分体现汉语和汉字的特点,突破汉字教学的瓶颈,要符合语言学习规律和语言教学规律。体系科学,体例新颖。(2)要讲求针对性。教材要适应不同国家(地区)学习者的特点,特别要注意语言与文化两方面的对应性。不同的国家(地区)有不同的文化、不同的国情与地方色彩,要特别加强教材的文化适应性。因为“语言是文化的符号,文化是语言的管轨”②,二者相辅相成。因此,编写国别教材与地区教材,采取中外合编的方式,是今后的发展方向。(3)要讲求趣味性。我们主张教材的内容驱动的魅力,即进一步提升教材内容对学习者的驱动魅力。有吸引力的语言材料可以引起学习者浓厚的学习兴

---

① 参见桂诗春《外国语言学及应用语言学研究》第一辑发刊词,首都师范大学外国语学院主办,中央编译出版社2002年版。

② 参见邢福义《文化语言学·序》,湖北教育出版社2000年版。

趣。要靠教材语言内容的深厚内涵,使人增长知识,启迪学习;要靠教材的兴味,使人愉悦,从而乐于学下去。(4)要注重泛读教材的编写。要保证书面语教学质量的提高,必须编有大量的、适合各学习阶段的泛读教材。远在1956年以前就曾有人提出“学习任何一种外语都离不开泛读”。认为“精读给最必需的、要求掌握得比较牢固的东西,泛读则可以让学生扩大接触面,通过大量、反复阅读,也可以巩固基本熟巧”。[①] 遗憾的是,长期以来,我们忽视了泛读教材的建设。

(四)汉语测试研究

语言测试应包括语言学习能力测试、语言学习成绩测试和语言水平测试。前两种测试的研究相对薄弱。学能测试多用于分班,成绩测试多由教师自行实施。而汉语水平考试(HSK)取得了可观的成绩,让世界瞩目。HSK是一项科学化程度很高的标准化考试。评价一个考试的科学化程度,最关键的是看它的信度和效度。所谓信度,就是考试的可靠性。一个考生在一定的时段内无论参加几次HSK考试,成绩都是稳定的,这就是信度高。所谓效度,就是能有效地测出考生真实的语言能力。HSK信守每一道题都必须经过预测,然后依照区分度选取合适的题目,从而保证了试卷的科学水准。目前,国家汉办又开发研制了四项专项考试:HSK(少儿)、HSK(商务)、HSK(文秘)、HSK(旅游)。这些考试将类似国外的

---

① 参见钟梫(1965)《十五年汉语教学总结》,载《语言教学与研究》(试刊,第4期,1977年内部印刷),又收入盛炎、砂砾编《对外汉语教学论文选评》,北京语言学院出版社1993年版。

TOEIC。HSK作为主干考试,测出考生汉语水平,可作为入学考试的依据。而四个分支考试,是一种语言能力考试,它将测出外国人在特殊职业环境中运用语言的能力。主干考试与分支考试形成科学的十字结构。目前,HSK正致力于改革,在保证科学性的前提下,考虑学习者的广泛需求,鼓励更多的人参加考试,努力提高汉语学习者的兴趣,吸引更多的人学习汉语,以适应汉语国际推广的需要。与此同时,“汉语水平计算机辅助自适应考试”正在研制中。

(五)跨学科研究

近十几年来,对外汉语教学界的跨学科研究意识越来越强烈,集中表现在两个方面。一方面是与心理学、教育学等相结合进行的学习研究。另一方面便是与信息科学和现代教育技术的结合,突出体现在对外汉语计算机辅助教学的研究与开发上。

对外汉语计算机辅助教学是个大概念。我们可以从三个不同的角度来观察。

一是中文信息处理与对外汉语教学。研究重点是以计算语言学和语料库语言学为指导,研究并开发与对外汉语教学相关的语料库,如汉语中介语语料库、对外汉语多媒体素材库和资源库,以及汉语测试题库等。这些库的建成,有力地推动了教学与研究的开展。

二是计算机辅助汉语教学,包括在多媒体条件下,对学习过程和教学资源进行设计、开发、运用、管理和评估的理论与实践,比如多媒体课堂教学的理论与实践,多媒体教材的编写与制作,多媒体汉语课件的开发与运用。这一切给传统的教学与学习带来一场革命,运用得当,师生互动互利,教学效果会明显提高。目前国家对外汉语教学领导小组办公室正陆续推出的重大项目《长城汉语》,就是一种立体化的多媒体系列教材。

三是对外汉语教学网站的建立和网络教学的研究与开发。诸如远程教学课件的设计、网络教学中师生的交互作用等,都是研究的课题。中美网络语言教学项目所研制的《乘风汉语》是目前网络教材的代表作。

所有这一切都离不开对现代教育技术的依托。诸如影视技术、多媒体技术、网络技术以及虚拟现实技术等在教学与研究中都有广泛应用。

放眼未来,人们越来越认识到计算机辅助教学的作用与前景。当然,与此同时,仍然应当注重面授的优势与不可替代性。教师的素质、教师的水平、教师的指导作用仍然不容忽视,并有待不断提高。

五 关于汉语作为第二语言的学习研究

20 世纪 90 年代,对外汉语教学学科理论研究的一个重要进展是开拓了语言习得理论的研究。① 近年来汉语习得研究更显上升趋势。

中国的对外汉语教学中的学习研究,因诸多因素,起步较晚。80 年代初期,国外有关第二语言习得理论开始逐渐被引

① 参见李泉《对外汉语教学学科理论研究概述》,载《对外汉语教学理论思考》,教育科学出版社 2005 年版。

进，对外汉语教学研究的重心也逐步从重视“教”转向对“学”的研究。回顾近20年来对外汉语教学领域的第二语言习得研究，主要集中于四个方面：汉语偏误分析、汉语中介语研究、汉语作为第二语言的习得过程研究、汉语习得的认知研究。而从学习者的外部因素、内部因素以及学习者的个体差异三个侧面对学习者进行研究，还略嫌薄弱。

学习研究是逐步发展起来的，徐子亮将20年的对外汉语学习理论研究历史划分为三个阶段：1992年以前，在语言对比分析的基础上，致力于外国人学汉语的偏误分析；1992—1997年，基于中介语理论研究的偏误分析成为热点，并开始转向语言习得过程的研究；1998—2002年，在原有基础上研究深化、角度拓展，出现了学习策略和学习心理等研究成果。研究方法向多样化和科学化方向发展。①

汉语认知研究与汉语习得研究是两个并不相同的研究领域。对外汉语教学的汉语认知研究是对把汉语作为第二语言的学习者的汉语认知研究(或简称非母语的汉语认知研究)。国内此类研究始于20世纪90年代后期，20世纪90年代末和本世纪初是一个成果比较集中的时期。因其使用严格的心理实验方法，研究范围包括：学习策略的研究、认知语言学基本理论的研究、汉语隐喻现象研究、认知域的研究、认知图式的研究、语境和语言理解的研究等。② 我国心理学界做了不少母

---

① 参见徐子亮《对外汉语学习理论研究二十年》，《世界汉语教学》2004年第4期。

② 参见崔永华《二十年来对外汉语教学研究热点回顾》，《语言文字应用》2005年第1期。

语为汉语者的汉语认知研究，英语教学界也做了一些外语的认知研究，而汉语作为第二语言的学习者的汉语认知研究，还有待深入。

语言学习理论的研究方法是跨学科的。彭聃龄认为："语言学习是一个极其复杂的过程，其自变量、因变量的关系必须通过实验法和测验法相结合来求得。实验可求得因果，测验能求得相关，两者结合才能得出可靠的结论。"①

汉语作为第二语言的习得与认知研究，以理论为导向的实验研究已初见成果。与国外同类研究相比，我们的研究领域还不够宽，研究的深度也有待提高。在研究方法上，经验式的研究还比较多，理论研究比较少；举例式研究比较多，定量统计分析少；归纳式研究多，实验研究少。总之，与国外第二语言习得与认知研究相比，我们还有许多工作要做。②

今后，对外汉语学习理论研究作为一个可持续发展的领域，还必须在下列方面进行努力：(1) 突出汉语特点的语言学习理论研究；(2)加强跨学科研究；(3)研究视角的多维度、内容的丰富与深化；(4)研究方法改进与完善；(5)理论研究成果在教学实践中的应用。③

这五个方面的努力，会使学习理论研究这个很有发展前景

---

① 参见《语言学习理论座谈会纪要》，载《世界汉语教学》编辑部、《语言文字应用》编辑部、《语言教学与研究》编辑部合编《语言学习理论研究》，北京语言学院出版社 1994 年版。

② 参见王建勤《汉语作为第二语言的习得研究·前言》，北京语言文化大学出版社 1997 年版。

③ 参见徐子亮《对外汉语学习理论研究二十年》，《世界汉语教学》2004 年第 4 期。

的领域，为进一步丰富学科基础理论发挥重要作用。

六　回首·检视·瞻念

(一) 回首

回首近十几年来，正是对外汉语教学如火如荼蓬勃发展的时期，学科建设取得了令人瞩目的成绩。赅括言之如下：

1. 明确了对外汉语教学的学科定位，对外汉语教学在国内是汉语作为第二语言教学，在国外(境外)是汉语作为外语教学。目前，汉语国际推广的大旗已经揭起，作为国家战略发展的软实力建设之一，随着国际汉语学习需求的激增，原有的对外汉语教学的理念、教材、教法以及师资队伍等，都将面临新的挑战，自然也是难得之机遇。我们经过几十年的努力所建立起的汉语作为第二语言教学学科的覆盖面会更宽，对学科理论体系的研究更加自觉，学科意识更加强烈。

2. 对外汉语教学开辟了新的研究领域。重要的进展就是开拓了语言习得与认知理论的研究，确立了对外汉语研究的基本框架，即：作为第二语言教学的汉语本体研究(本体论)、作为第二语言的汉语认知与习得研究(认识论)、作为第二语言教学的教学理论和教学法研究(方法论)、现代科技手段与现代教育技术在教学与研究中的应用(工具论)，在此基础上规划了学科建设的基本任务。

3. 更加清醒地认识到要不断更新教学理念，特别是教材编写、教学法以及汉语测试要有新的突破。要深化汉语作为第二语言教学的教学模式与教学方法的探索，加强教学实验，以满足世界上广泛、多样的学习需求。更加强教材的国别(地区)性、适应性与可接受性研究,不断创新,以适应汉语国际推广的各种模式。要加强语言测试研究,结合世界上汉语学习的多元化需求,努力开发目的明确、针对性强、适合考生心理、设计原理和方法科学、符合现代语言教学和语言测试发展趋势的多类型、多层次的考试。

4. 跨学科意识明显加强,汉语作为第二语言教学与相关学科的结合更加密切,不同类型语言教育的对比与综合研究开始引起注意,在共性研究中发展个性研究。跨学科研究特别表现在现代教育技术与多媒体技术在教学中的广泛应用,以及心理学研究与汉语作为第二语言教学研究的联手,共同研究汉语作为第二语言的认知与习得过程、习得顺序、习得规律。

5. 不断吸收世界第二语言教学的研究成果,与国外第二语言教学理论的结合更加密切,"新世纪对外汉语教学——海内外的互动与互补"学术演讲讨论会的召开即是标志①,"互动互补"既非一方"接轨"于另一方,亦非一方"适应"另一方,而是互相借鉴、相互启发,但各有特色,各自"适应"。就国内汉语教学来说,今后还应不断借鉴国内外语言教学与研究的先进成果,充分结合汉语的特点,为我所用。

(二)检视

在充分肯定汉语作为第二语言学科建设突出发展的同时,

---

① 北京语言大学科研处《"新世纪对外汉语教学——海内外的互动与互补"学术演讲讨论会举行》,《世界汉语教学》2005年第1期。

检视学科建设之不足,我们发现在学科理论、学科建设、教材建设、课堂教学与师资队伍建设上均存在尚待解决的问题。从目前汉语国际推广的迅猛态势出发,教学问题与师资问题是为当务之急。

1. 关于教学。

目前,汉语作为第二语言的课堂教学依然是以面授为主,绝大多数学习者还是通过课堂学会汉语。检视多年来的课堂教学,总体看来,教学方法过于陈旧,以传统教法为主,多倾向于以教师为主,缺乏灵活多变的教学路数与教学技巧。我们虽不乏优秀的对外汉语教师以及堪称范式的课堂教学,但值得改进的地方依然不少。李泉在经过详细地调查后发现的问题,值得我们深思。他归结为四点:(1)教学方式上普遍存在"以讲解为主"的现象;(2)教学原则上对"精讲多练"有片面理解现象;(3)课程设置上存在"重视精读,轻视泛读"现象;(4)教学内容上仍存在"以文学作品为主"现象。①

改进之方法,归结为一点,就是加强"教学意识"。我们赞成这样的观点:

"对外汉语是门跨文化的学科,不同专业的教师只要提高教学意识,包括学科意识、学习和研究意识、自尊自重的意识,就一定能把课上好。"②

2. 关于师资。

---

① 参见李泉《对外汉语教学理论和实践的若干问题》,载赵金铭主编《对外汉语教学研究的跨学科探索》,北京语言大学出版社 2003 年版。

② 参见陆俭明《汉语作为第二语言之本体研究》,载《作为第二语言的汉语本体研究》,外语教学与研究出版社 2005 年版。

对外汉语教学事业发展至今，已形成跨学科、多层次、多类型的教学活动，因之要求对外汉语教师也应该是多面手，在研究领域和研究内容上也应该是宽阔而深入的。

据国家汉办统计，目前中国获得对外汉语教师资格证书的共3 690人，国内从事对外汉语教学的专职、兼职教师共计约6 000人。其中不少人未经严格训练，仓促上阵者不在少数。以至外界这样认为："很多高校留学生部的教师都是非专业的，没有受过专业训练，更没有搞过语言教学，其教学效果可想而知。"[①]而在国际上，情况更为不堪，简直是汉语教师奇缺，于是人们感叹，汉语教学落后于"汉语热"的发展，全球中文热引起了"中文教师荒"，成为汉语国际推广的瓶颈。

据调查，我们认为，在教学实践中带有普遍性的问题，还是教师没能充分了解并掌握汉语作为第二语言教学的特点和规律，或缺乏作为一名语言教师的基本素质，没有掌握汉语作为第二语言教学的方法与技巧。其具体表现正如李泉在作了充分的观察与了解之后所描述的现象，诸如：忽视学习者的主体地位，忽视对学习者的了解，忽视教学语言的可接受性，忽视教学活动的可预知性，缺乏平等观念和包容意识。[②]

什么是合格的对外汉语教师，已经有很多讨论。国外也同样注重语言教师的素质问题，如，2002 年美国国会通过了 No Child Left Behind(《没有一个孩子掉队》)的新联邦法。于是，

---

① 参见许光华《"汉语热"的冷思考——兼谈对外汉语教学》，《学术界》2005 年第 4 期。

② 参见李泉《对外汉语教学理论和实践的若干问题》，载赵金铭主编《对外汉语教学研究的跨学科探索》，北京语言大学出版社 2003 年版。

各州都以此制定教师培训计划,举国上下都讨论什么样的教师是合格、称职的教师。①

我们可以说,教好汉语,不让一个学习汉语的学生掉队,这是对教师的最高要求。

(三) 瞻念

当今訇訇盛世,汉语国际推广的前景已经显露出曙光,我们充满信心,也深感历史责任的重大。汉语国际推广作为国家和民族的一项事业,是国家的战略决策,是国家的大政方针。而汉语作为第二语言教学,或汉语作为外语教学,则是一门学科。作为学科,它是一门科学,它是一项复杂的系统工程,要进行跨学科的、全方位的研究。在不断引进国外先进的教学理念的同时,努力挖掘汉语和汉字的特点,创新我们自己的汉语作为第二语言的教学模式和教学法。我们要以自己的研究,向世人显示出汉语作为世界上使用人口最多的一种古老的语言,像世界上任何一种语言一样,可以教好,可以学好,汉语并不难学。我们认为,要达此目的,重要的是要转变观念,善于换位思考,让不同的思维方式互相渗透和交融,共同建设好学科,做好推广。

1. 开阔视野,放眼世界学习汉语的广大人群。

多年来,我们的对外汉语教学是面向来华留学生的。今后,随着国家汉语国际推广的展开,在做好来华留学生汉语教学的同时,我们要放眼全球,更加关注世界各地的3 000万汉语学习者,要真正地走出去,走到世界上要求学习汉语的人们中去,带

---

① 参见丁杰《英语到底如何教》,《光明日报》2005 年 9 月 14 日。

着他们认同的教材,以适应他们的教学法,去满足他们多样化的学习需求。这是一种观念的转变。

与此同时,我们应建立一种“大华语”的概念。比如我国台湾地区人们所说的国语,新加坡的官方语言之一华语,以及世界各地华人社区所说的带有方言味道的汉语,统统归入大华语的范畴。这样做的好处首先在于有助于增强世界华人的凝聚力和认同感;其次更有助于推进世界范围的汉语教学。我们的研究范围大为拓展,不仅是国内的汉语作为第二语言教学,还包括世界各地的汉语作为外语教学。

2. 关注学习对象的更迭。

对外汉语教学的对象是来华留学生,他们是心智成熟、有文化、母语非汉语的成年人。当汉语走向世界,面向世界各地的汉语学习者,他们的构成成分可能十分繁杂。其中可能有心智正处于发育之中的青少年,可能有文化程度不甚高的市民,也可能有家庭主妇,当然更不乏各种希望了解中国或谋求职业的学习者。我们不仅面向大学,更要面向中、小学,甚至是学龄前的儿童。从学习目的上看,未来的汉语学习者中,为研究目的而学习汉语的应该是少数,绝大多数的汉语学习者都抱有实用的目的。

3. 注意学习环境的变化。

外国人在中国学习汉语,是处在一个目的语的环境之中,耳濡目染,朝夕相处,具有良好的交际环境。世界各地的汉语学习者在自己的国家学习汉语是母语环境,需要设置场景,才能贯彻“学以致用”或“用中学”。学习环境对一个人的语言学习会产生重大影响,比如关涉到口语的水平、词汇量的多寡、所见语言现象的丰富与否、学习兴趣的激发与保持等。特别是不同的学习环境会在文化距离、民族心理、传统习惯等方面显示更大的差距，这又会对学习者的心理产生巨大的影响。于是，这就涉及教材内容的针对性问题。我们所主张的编写国别（地区）教材，可能某些教材使用的人数不一定多，但作为一个泱泱大国，向世界推广自己的民族语言时，应关注各种不同国家（地区）的汉语学习者的心态。

4．教学理念的更新与教学法的适应性。

对国内来华留学生的汉语教学，囿于国内的语言环境及所受传统语言教学法的影响，课堂上常以教师为主，过多地依赖教材，课堂教学模式僵化，教学方法放不开，不够灵活多变。在国外，外语教学历史较长，理论纷呈，教学法流派众多，教学中多以学生为主，不十分拘泥教材，强调师生互动，教师要能随机应变。

一般说来，在东方的一些汉字文化圈国家如东北亚的日、韩等国，以及海外华人社区或以华人为主的教学单位，我们的教学理念与教学方法基本上可以适应，变化不甚明显。在西方，在欧美，特别是在北美地区，因语言和文化传统差异较大，我们在国内采用的教学方法在那里很难适应，必须做相应的改变，入乡随俗，以适应那里的汉语教学。

5．汉语国际推广：普及为主兼及提高。

新中国的对外汉语教学已经走过55个春秋。多年来，我们一直竭力致力于汉语作为第二语言教学的学科建设，重视学科基础理论的扎实稳妥，扩大、拓宽学科的研究领域，搭建对外汉语教学的基本框架，探讨教学理论和学习理论，这一切都在改变社会上认为对外汉语教学“凡会说汉语都能教”以及对外汉语教学是“小儿科”等错误看法。而今，汉语作为第二语言教学已经成为一门新兴的、边缘性的、跨学科的科学,研究日益精深,已成“显学”。今天,我们已经可以与国际上第二语言教学界的同行对话,在世界上成为汉语作为第二语言教学的主流。目前,随着国家发展战略目标的建设,汉语正加速走向世界,我们要面向世界各地的3000万汉语学习者。这将不仅仅是从事国内对外汉语教学的几千名教师的责任与义务,更是全民的事业,是民族的大业,故而需要千军万马,官民并举,千方百计,全力推进。面对这种局面,首先是普及性的教学,也就是首先需要的是“下里巴人”,而不是“阳春白雪”。我们要在过去反复强调并身体力行地注重对外汉语教学的科学性、系统性、完整性的同时,更加注重世界各地汉语教学的大众化、普及性与可接受性。因此,无论是教材、教学大纲还是汉语考试大纲,首先要考虑的是普及,是面向大众,因为事实上,目前我们仍然是汉语教学市场的培育阶段,要想尽办法让世界上更多的人接触汉语、学习汉语,在此基础上,才能培养出更多的高水平的国际汉语人才,也只有在此基础上才能“尽精微”,加深研究,不断提高。

七　关于研究书系

恰是香港回归祖国那一年,当时的北京语言文化大学编辑、出版了一套《对外汉语教学研究丛书》,凡九册。总结、归纳了该校对外汉语教师在这块难以垦殖的处女地上,几十年风风雨雨,辛勤耕耘所取得的成果。这是一定范围内一个历史阶段的成果,不是结论,更不是终结。至今,八易春秋,世界发生了巨大的变化,祖国更加繁荣、富强,对外汉语教学,正向汉语国际推广转变,这项国家和民族的事业获得了空前的大发展,也面临着重大的机遇与挑战。

目前,多元文化架构下的"大华语"教学的新格局正逐渐形成,汉语国际推广正全面铺开。欣逢其时,具有百年历史的商务印书馆以其远见卓识,组织编纂"对外汉语教学专题研究书系",计七个系列,22 种书,涵盖对外汉语教学研究的方方面面。所涉研究成果虽以近十年来为主,亦不排斥前此有代表性的、具有影响的论文。该书系可谓对外汉语教学成果 50 年来的大检阅。从中不难看出,对外汉语教学作为一个学科,内涵更加丰富,体系更加完备,视野更加开阔,范围更加广泛,研究理念更加先进,研究成果更加丰厚。汉语作为第二语言教学作为一门科学,已跻身于世界第二语言教学之林,或曰已取得与世界第二语言教学同行对话的话语权。

"对外汉语教学专题研究书系"的七个系列及其主编如下:

1. 对外汉语教学学科理论研究

主编:中国人民大学　李泉

《对外汉语教学学科理论研究》

《对外汉语教学理论研究》

《对外汉语教材研究》

《对外汉语课程、大纲与教学模式研究》

2. 对外汉语课程教学研究

主编:北京大学　李晓琪

《对外汉语听力教学研究》

《对外汉语口语教学研究》

《对外汉语阅读与写作教学研究》

《对外汉语综合课教学研究》

《对外汉语文化教学研究》

3. 对外汉语语言要素及其教学研究

主编:北京语言大学　孙德金

《对外汉语语音及语音教学研究》

《对外汉语词汇及词汇教学研究》

《对外汉语语法及语法教学研究》

《对外汉字教学研究》

4. 汉语作为第二语言的学习者习得与认知研究

主编:北京语言大学　王建勤

《汉语作为第二语言的学习者语言系统研究》

《汉语作为第二语言的学习者习得过程研究》

《汉语作为第二语言的学习者与汉语认知研究》

5. 语言测试理论及汉语测试研究

主编:北京语言大学　张凯

《汉语水平考试(HSK)研究》

《语言测试理论及汉语测试研究》

6. 对外汉语教师素质与教学技能研究

主编:北京师范大学　张和生

《对外汉语教师素质与教师培训研究》

《对外汉语课堂教学技巧研究》

7. 对外汉语计算机辅助教学研究

主编:北京语言大学　郑艳群

《对外汉语计算机辅助教学的理论研究》

《对外汉语计算机辅助教学的实践研究》

这套研究书系由北京语言大学、北京大学、北京师范大学和中国人民大学的对外汉语教师共同协作完成，赵金铭任总主编。各系列的主编都是我国对外汉语教学界的教授，他们春秋鼎盛，既有丰富的教学经验，又有个人的独特的研究成果。他们几乎是穷尽性地搜集各自研究系列的研究成果，涉于繁，出以简，中正筛选，认真梳理，以成系统。可以说从传统的研究，到改进后的研究，再到创新性的研究，一路走来，约略窥测出本领域的研究脉络。从研究理念，到研究方法，再到研究手段，层层展开，如剥春笋。诸位主编殚精竭虑，革故鼎新，无非想“囊括大典，网罗众家”，把最好的研究成果遴选出来，奉献给读者。为了出好这套书系，世界汉语教学学会陆俭明会长负责审订了全书。在此，向他们谨致谢忱。

我们要特别感谢商务印书馆对这套书系的大力支持，从总经理杨德炎先生到总经理助理周洪波先生，对书系给予了极大的关怀和帮助。诸位责编更是日夜操劳，付出了极大的辛苦，我们全体编者向他们致以深深的谢意。

书中自有取舍失当或疏漏、错误之处，敬请读者不吝指正。

2005 年 12 月 20 日

综　述

孙　德　金

语法在对外汉语教学中一直居于非常重要的位置，也是汉语语言学界最为关注的研究领域。过去的十几年间，在中文信息处理和对外汉语教学这两大应用领域需求的推动下，汉语语法研究呈现出繁荣景象，大力开展面向对外汉语教学的汉语语法研究已经成为大家的共识，宏观的、微观的研究不断出新成果。功能语法、形式语法、配价语法、篇章语法等语法理论和流派也在影响并促进着面向对外汉语教学的汉语语法的研究，把这些理论自觉运用到对外汉语语法研究中的文章也越来越多，表现出明显的理论自觉意识，提升了研究水平。此外，随着学科建设的不断加强，对外汉语语法教学理论研究有了显著的加强，以往不曾关注的一些重要理论问题受到了重视并进行了初步的讨论，比如理论语法和教学语法的关系问题，语法本体研究成果在语法教学中的应用问题，语法教学的原则问题，语法点项的确立问题，语法点项的分级和排序问题，等等。尽管还有很多问题不能说已经达成广泛共识，但毕竟已经有了一定的基础，可以进一步讨论。

语法本体研究是语法教学研究的基础，前者解决的是“教什么”的问题，后者解决的是“怎么教”的问题，二者关系密不可分。

语法本体研究按照目的性大致分成两类，一是理论取向，二是应用取向。前者主要是为了构建或阐释某种理论体系，追求的是理论上的自圆其说；后者主要是为了解决语法实践（应用）中的实际问题，通过语法规则、规律的揭示，指导语言应用。尽管两者有密切的联系，但出发点和落脚点有所不同。我们这里关注的是后者，即以应用为研究取向的面向对外汉语教学的语法研究。近些年来，随着对外汉语教学事业的迅速发展，越来越多的语法研究工作者关注或者直接参与对外汉语教学工作，研究队伍的构成发生显著的变化，也改变了对外汉语语法研究的面貌，研究视野更宽了，研究深度更深了，这无疑极大地促进了这一领域研究的发展。与此同时，新的问题也随之出现，比如如何解决好理论和实践的结合问题，如何合理地、有效地实现语法本体研究成果的转化，从而真正实现对外汉语语法教学效率和质量的最优化。客观地讲，还有很多理论的、实践的问题需要很好地研究。

一 语法及语法教学研究现状

对外汉语语法及其教学研究成果大别为两类，一是语法著作，二是语法论文。此外，汉语教材和工具书中的一些语法描述和说明也包含着若干新的认识。这些类型的研究成果在近十几年来都呈现出快速增长的态势，反映了学科建设的繁荣。语法著作一般都有较强的系统性，多属教学参考语法。上世纪80年代有刘月华等（1983）的《实用现代汉语语法》、李德津等（1988）的《外国人实用汉语语法》；90年代主要有李英哲等（1990）的

《实用汉语参考语法》、房玉清(1993)的《实用汉语语法》等;进入新世纪以来,又出版了一些语法著作,如孙德金(2002)的《语法教程》、齐沪扬等(2005)的《对外汉语教学语法》等,另外,在对外汉语语法教学领域有较大影响的《实用现代汉语语法》进行了较大的修订,扩充了内容。除了这些以外,还有一批很有参考价值的语法工具书,如吕叔湘等(1999)的《现代汉语八百词》(增订本)、刘月华(1998)的《趋向补语通释》、彭小川等(2004)的《对外汉语教学语法释疑201例》、金立鑫等(2005)的《对外汉语教学虚词辨析》等[①]。这些著作各有侧重,也各有特色,在对外汉语语法及其教学研究中占有重要位置。限于篇幅等因素,我们这里对此类成果不做评述,只能按照本书章节安排,对本领域的论文类成果进行简要评述,从中窥见近十几年来的研究状况。

近些年来,加强面向对外汉语教学的语法研究已经有了广泛的共识,很多语法学者积极以服务于对外汉语语法教学为自己研究的出发点和归宿。在汉语语法研究领域,很早就有学者从对外汉语教学中发现问题,并把研究成果运用于教学中,王还先生就是一个突出的例子。她1956年发表的《"就"与"才"》、1957年发表的《说"在"》[②]等都是发前人所未发的好文章,尽管篇幅不长,也无深奥的理论,但所讨论的问题至今在语法教学中都有很好的指导价值。面向对外汉语教学的语法本体研究跟纯语法本体研究的关注热点基本上是一致的,纯本体研究领域的热点问题在这里也都得到了体现。

---

① 限于篇幅,这里所列著作的出版单位略去。

② 分别见于《语文学习》1956年12月号和《中国语文》1957年第2期。

词是语法中重要的一级单位，其范畴、语义和功能等方面一直是语法研究中的重要课题。在“词的范畴与功能”一章中我们选收了6篇文章。马庆株的《“V来/去”与现代汉语动词的主观范畴》[①]讨论了影响动词和趋向词“来/去”组配的语义范畴因素，试图从这一角度解决外国人汉语学习中趋向动词的难点问题，认为“外国人学习汉语的难点之一是趋向成分‘来/去’及其所构成的词，原因是不了解汉语的主观范畴”，“说话人主观上觉得是否可以看到或者感觉到决定了对‘来/去’的选择”。鲁晓琨的《助动词“会”的语义探索及与“能”的对比》[②]讨论的是语法教学中的一个难点问题——“会”和“能”如何区分。文章对两个助动词的语义语用特征进行了细致的分析和比较，得出了一些有启发性的认识和规律，比如对“会1”的习得性和恒常性的讨论，NP对VP的可控性影响“会”“能”的使用的认识，都很有新意。谭傲霜的《汉语虚词隐现的制约因素》[③]基于类型学观点，讨论了影响汉语虚词隐现的因素问题。作者从语用因素、语义因素和修辞因素三个方面以实例讨论了数量成分、时体成分等虚词的隐现规律，尽管是举例性的讨论，但提出的问题和观察的角度，以及得出的一些认识，对于此问题的深入研究大有裨益。刘勋宁的《现代汉语的句子构造与词尾“了”的语法位置》[④]观察到，无论是在单句还是在复合句中，“了”只附着在焦点动词或者焦点小句上，它们通常都在单句或并列复合句的后部。此外，在

---

① 参见第一章第一节。

② 参见第一章第二节。

③ 参见第一章第三节。

④ 参见第一章第四节。

并列焦点句中,也可能出现几个"了"。这几个应用规则对解决"了"的教学问题(主要是位置)无疑很有帮助。"了"的使用问题很复杂,规则以外的很多现象还需要进一步研究。副词是汉语词类中重要且复杂的一类,对外国人来说,也是难以掌握的一类。本书选收了两篇副词的文章。蒋琪、金立鑫的《"再"与"还"重复义的比较研究》①描写了两个表重复义副词的语法分布,并从"连"和"断"这两个语义范畴对两个词的分布做出了一些解释,对教学有启发意义。祖人植、任雪梅的《"毕意"的语篇分析》②讨论了留学生使用错误率高达70%以上的副词"毕竟"。文章通过语料考察认为,"毕竟"或者用于复句中表示原因部分,带有解释性语气;或者用于复句中表示"但是"部分,带有辩解或反驳的语气。这一认识有新意,并且能够帮助解决教学中的问题。总体上看,近些年来副词的研究已经从句法语义层面逐渐转移到了语用及篇章的层面,认识明显深化。

短语结构近些年来一直受到重视,成为汉语语法研究中的一个热点。在"短语结构分析"一章选收了4篇文章。"NP+的+VP"结构曾引起过汉语语法学界的热烈讨论,"这本书的出版"中的"出版"仍然是动词还是已经名词化了呢?陆俭明的《对"NP+的+VP"结构的重新认识》③换了一种思路,用形式语法学理论中的"中心词理论"重新讨论了这一问题。和传统观点不同,作者认为作为名词性功能标记的结构助词"的"才是该结构的"中心词",该结构是由"的"插入一个主谓结构中间所构成的

① 参见第一章第五节壹。

② 参见第一章第五节贰。

③ 参见第二章第一节。

名词性结构。值得注意的是，作者强调，用这种分析观点给外国学生讲解“NP＋的＋VP”结构，效果良好。“在”字结构讨论也比较多，崔希亮的《“在”字结构解析——从动词的语义、配价及论元之关系考察》①从新的角度讨论了“我在东京住”和“我住在东京”一类结构的有关问题。文章对两类结构中动词的语义特征、配价及论元关系进行了细致的分析，对相关结构的构成有一定的解释力。袁毓林的《并列结构的否定表达》②讨论谓词性并列结构的否定形式。文章观察到，在直陈式中，谓词性并列结构的各组成成分在功能上保持着相当的独立性，否定词无法对这种并列结构的整体实施否定。动补结构是汉语中很有特点的一类，沈家煊的《汉语“动补结构”的类型学特征》③从语言类型学角度考察了这类结构。对于“动补结构”的两个成分孰为核心语这个争议问题，作者认为现代汉语动补结构的动词是核心语，补语是附加语，并在语言类型上把汉语看作和英语一样的“附加语构架语言”。

句式问题无论在语法本体研究中还是在对外汉语语法教学中都占有举足轻重的位置。对句式的句法构造、语义关系等方面的研究一直是语法研究中的热点。在“句式的句法语义研究”一章选收了 4 篇文章。“把”字句仍然是句式研究中的热点问题。人们入手的角度无非是两个：一个是从句式内部考察“把”字句的句法语义问题；一个是从句式外部考察“把”字句的语用问题，即人们究竟在什么情况下会使用“把”字句，而不是“主动

---

① 参见第二章第二节。
② 参见第二章第三节。
③ 参见第二章第四节。

宾”句式。崔希亮的《“把”字句的若干句法语义问题》[1]认为“把”字句的典型形式是在动词后加上述补结构(结果补语、趋向补语、介宾补语),体现在语义上主要是表示一种结果,能进入该句式的动词是动态动词。在前人研究基础上又进了一步。沈家煊的《如何处置“处置式”?——论“把”字句的主观性》[2]则从人们的心理认知角度解释了“把”字句的“处置义”是一种“主观处置”,即说话人主观认定主语甲对宾语乙做了某种处置。文章的新意在于跳出了以往单从句子内部的动词身上寻找“处置义”的局限,将“把”字句种种看上去互不相联的句法语义特征联系起来,做出了统一的解释。吴春仙的《“一·V”构成的不完全句》[3]讨论了“一 V”小句的表达功能、出现的语境。文章对句式和语境间关系的强调有助于解决句式教学中的问题。王弘宇的《说“一 A 就 C”》[4]讨论了“一……就……”句逻辑的、语用的构成和实现条件,文章关于倚变关系、中间项的讨论有启发性。

句法成分一直是语法研究中的重要内容。在各种成分中,相对而言,对补语和修饰语(定语和状语)的关注要多一些。在“句法成分的功能与位置”一章选收了 4 篇文章。张旺熹的《再论补语的可能式》[5]采用定量和定性结合的方法,从新的角度讨论了一般称为“可能补语”的成分,主张把这样的成分看作“结果补语和趋向补语的可能式”。文章对动词的自主性和补语的目

---

① 参见第三章第一节。

② 参见第三章第二节。

③ 参见第三章第三节。

④ 参见第三章第四节。

⑤ 参见第四章第一节。

标性的语义分析很有新意，解释力较强。趋向补语和宾语的位置问题是一个比较复杂的问题，也是对外汉语语法教学中的一个难点，因此研究的学者也比较多。金立鑫的《趋向补语和宾语的位置关系》[1]和郭春贵的《复合趋向补语与非处所宾语的位置问题补议》[2]从不同的角度讨论了这个问题。金文试图通过认知解释说明两个成分的位置表现，认为趋向补语和宾语的语序关系反映了三种时体特征：未实现、实现—未结束、实现—结束。郭文则从日本汉语学习者偏误入手，采用正误对比分析、语义语用分析等方法，归纳出几种格式中各成分的语序规律，认为成分位置决定于宾语是施事或受事、有定或无定及动作是已然或未然。两文对语法教学都很有参考价值。唐翠菊的《数量词在多层定名结构中的位置》[3]讨论的也是语法教学中常遇到的一个问题，即数量词和其他定语的位置关系。文章重点讨论了数量词的个体化功能对其位置的影响，认为“数量词一般位于领属性定语之后、属性定语之前，这跟数量词的个体化功能和定语的性质有关”。

对外汉语语法教学的核心问题有两个，一是教什么、二是怎么教。上面介绍的对外汉语语法本体研究的成果涉及的是教什么的问题，怎么教的问题就是语法教学理论的问题。近十几年来，对外汉语语法教学理论的研究已经呈现出一些新的面貌，尽管研究的深度还不够，但毕竟很多问题开始有人研究了，也召开了专题性的学术会议，名为“国际对外汉语教学语法研讨会”开

---

① 参见第四章第二节壹。

② 参见第四章第二节贰。

③ 参见第四章第三节。

了两届，成果已经发表[1]。

语法教学研究涉及的面很广，教学理论、教学原则和方法，以及具体语法项目的教学，等等，都有大量的问题要研究。在"语法教学总论"一章，我们选收了 6 篇文章。关于教学语法和语法教学问题，刘月华的《谈对外汉语教学语法》[2]和陆俭明的《"对外汉语教学"中的语法教学》[3]从不同侧面讨论了有关理论问题。刘文结合其参与编写的教材和参考语法，对"教学语法"的范围和范围内的各部分进行了讨论。其对"教学语法"的范围界定有学者提出不同看法[4]。陆文讨论了语法教学的定位、内容（教什么）和方法（怎么教）的问题。赵金铭的《教外国人汉语语法的一些原则问题》[5]和孙德金的《语法不教什么——对外汉语语法教学的两个原则问题》[6]讨论了语法教学中的若干原则。赵文是对外汉语教学研究领域最早系统论述语法教学原则的重要文献，所论的六条原则有重要的指导和参考意义。孙文在前贤的基础上提出要限定语法教学的范围（词汇范畴的不教），并要充分利用学习者的认知能力（共知范畴的不教），认为遵循这

---

① 国家汉办教学处编《对外汉语教学语法探索》，中国社会科学出版社，2003 年版。

② 参见第五章第一节壹。

③ 参见第五章第一节贰。

④ 赵金铭认为刘月华确定的五个方面"教学语法"表现形式，只有四项属于"教学语法"，一项属于"语法教学"，强调"二者不应混淆"，"教学语法说的是'道'，是客观的存在；语法教学讲的是'术'，是教学中具体的策略和方法"。详见《对外汉语教学语法与语法教学》，载《对外汉语教学语法探索》，中国社会科学出版社 2003 年版。

⑤ 参见第五章第二节壹。

⑥ 参见第五章第二节贰。

两个原则可以实现教学效率的最大化。如何利用、借鉴相关语法理论，提高语法教学质量，也是语法教学研究中的一个重要问题。陆俭明的《配价语法理论和对外汉语教学》①和屈承熹的《功能篇章语法及其在对外汉语教学上的应用》②讨论了两种语法理论的利用问题。陆文通过动词、名词、形容词在价的表现上的实例强调，在对外汉语语法教学中合理地利用配价语法理论可以解决很多传统方法所难以解决的问题，提高教学效果；屈文在功能篇章语法理论背景下主要讨论时体成分（如“了”）、话题等在篇章连接中的重要作用，以及信息结构同语法结构的关系等问题，并讨论了“了”的教学问题。

教学语法体系是语法教学的基础。上世纪50年代《汉语教科书》构建了对外汉语教学语法的基本框架，50多年来虽有一些调整和变化，总体格局基本一仍其旧。近十几年来，对教学语法体系的宏观思考是对外汉语语法教学研究中的一个重要内容，发表了不少文章。在“教学语法体系”一章，选收了5篇文章。对现行教学语法体系进行再思考是改进的前提。吕文华的《关于对外汉语教学中的补语系统》③主要关注的是现行体系中的补语问题。文章主张根据频率优选补语项目，并对现行体系中的“程度补语”等问题提出了自己的意见。李珠的《建立三维语法教学体系——初级阶段对外汉语语法教学研究的回顾与展望》④对以往的语法教学进行了总结，提出初级阶段语法教学的

---

① 参见第五章第三节壹。

② 参见第五章第三节贰。

③ 参见第六章第一节壹。

④ 参见第六章第一节贰。

三维体系:维度一:语音、语法、词汇三要素,维度二:语义、结构、语用三结合,维度三:听说读写技能综合训练,认为"这三个维度是相互紧密结合,交互重叠和渗透的统一体"。在构建新型的教学语法体系方面,一些学者也进行了有益的探讨。德国学者柯彼德的《汉语作为外语教学语法体系革新的焦点——汉语动词词法》[1]强调词法在对外汉语教学语法体系中的重要地位,认为对外汉语语法教学要以动词词法为纲。文章主张取消"结果补语""趋向补语"等句法范畴,纳入词法范畴,扩大动词范围,并分出几个动词下位类。李芳杰的《句型为体 字词为翼》[2]在总结对外汉语语法教学实践的基础上提出了一个教学语法体系的构想,强调句型的核心地位。李泉的《基于语体的对外汉语教学语法体系的构建》[3]特别关注语法教学中的语体问题,提出建立基于语体的对外汉语教学语法体系的构想,该体系由共核语法、口语语法和书面语语法三部分组成。

近些年来,随着对外汉语语法教学研究的不断深化,一些重要的理论问题引起重视,语法点项及其难易度的确定、语法点项的分级和排序等的研究有了若干成果,尽管从量和质上都还有待提高,但毕竟有了良好的开端。在"语法项目的分级和排序"一章选收了 3 篇文章。邓守信的《对外汉语语法点难易度的评定》[4]把研究目的表述为"提供一套系统、合理的方式,借以探讨对外汉语教学语法,使汉语教学不再限于传统上个人主观式的

---

① 参见第六章第二节壹。
② 参见第六章第二节贰。
③ 参见第六章第二节叁。
④ 参见第七章第一节。

教学方式”。文章对语法点的困难度作了定义，提出了确定困难度的原则。我们认为，困难度本身就是一种主观性概念，且涉及教者、学习者等多个方面，要完全做到客观判定很困难。陈珺等的《比较句语法项目的选取和排序》①和李英等的《“把”字句语法项目的选项与排序研究》②是同一个项目的两个成果，这两篇论文采用了统一的研究方法：参考有代表性的语法大纲，考察留学生语料中该项目的使用频率和偏误情况，同时对比中国人使用相关语法点的情况，测量语法项目的常用度和难易度，据此提出对外汉语教学中该语法项目的选项和排序。语法项目的分级与排序直接关系到教材的编写，一本教材用起来是否顺手，与教材中语法点的数目、难易度及编排顺序息息相关。可以说，教材中语法项目选取与排序的成功与否，是教材成败的关键。如果语法项目的确定、分级与排序这个基础性的工作没有做好，教材在根本上就无从创新，教学效率的提高就无从谈起。

对外汉语语法教学采用何种模式和方法，才能有良好的教学效果，一直是语法教师不断探讨的问题，近些年有一定的进展。在“语法教学模式与方法”一章选收了5篇文章。温云水的《现代汉语句型与对外汉语句型教学》③和吴勇毅的《汉语作为第二语言语法教学的“语法词汇化”问题》④讨论的是语法教学模式问题。温文讨论了现有的句型系统和理论的缺陷，认为应把功能词等纳入句型构造中，强调重视句型交际功能的差异，提

① 参见第七章第二节壹。
② 参见第七章第二节贰。
③ 参见第八章第一节壹。
④ 参见第八章第一节贰。

出建立功能句型体系的思路。吴文讨论了语法教学中存在的"语法词汇化"的诸种表现,对此种教学模式作者在肯定的基础上也强调是有条件的,认为不适宜初级阶段的教学[①]。李小荣的《谈对外汉语虚词教学》[②]、高顺全的《试论"被"字句的教学》[③]和赵雷的《谈反问句教学》[④]是三篇讨论具体语法内容的教学策略和方法的文章。这方面的文章近些年发表不少,从这三篇文章中可以看到一些研究的倾向。虚词是对外汉语教学中的重点和难点,李文从总体上讨论了虚词教学中的几个策略,包括细致揭示虚词意义、揭示虚词的适用环境和调动学生的认知能力、科学设计教学方法几个方面,意见值得参考。高文在分析"被"字句教学中存在的问题基础上,主张吸收语法研究中的成果(特别是语用的)改进教学,文章还讨论了"被"字句的教学原则和方法。赵文通过调查了解学生理解和使用反问句的情况,分析了所存在的问题的原因,提出了教学对策。

二 语法及语法教学研究的特点和趋势

从上面的现状描述中可以看到,近十几年来,语法及其教学的研究取得了长足的进步。无论是研究的广度还是深度都和过去有很大的不同,呈现出一些可喜的发展趋势。

---

① 对此种"语法词汇化"现象有学者持不同意见,参见孙德金《语法不教什么——对外汉语语法教学的两个原则问题》,《语言教学与研究》2006 年第 1 期。

② 参见第八章第二节壹。

③ 参见第八章第二节贰。

④ 参见第八章第三节叁。

1. 注重新的语法理论的借鉴和运用,理论意识显著增强。国外语言学的新理论、新方法越来越普遍地被学者们拿来解决汉语的问题,而且语法本体研究领域的一些新理论、新成果也应用到了对外汉语教学研究实践中来,如配价语法、功能语法、篇章语法、认知语法、语法化理论等。这些理论的引入开拓了对外汉语语法教学研究的视野,也深化了对一些问题的认识。比如关于"可能补语"问题,虽然在汉语语法和对外汉语语法教学研究中早就有过"结果补语和趋向补语的可能式"的认识[①],但以往的研究在认识的深度上显得不够,张旺熹(1997)借用认知语言学的理论对这个问题做出新的分析和解释,令人耳目一新,有助于将这一认识吸收到对外汉语语法教学中来。类似的研究还有很多。

理论意识增强的另一个表现是,一些重要的理论问题已经在对外汉语语法教学研究中提出并有了初步的讨论。对外汉语语法教学研究中,以往主要关注具体语法教学内容,比如王还先生的《关于怎么教"不、没、了、过"》[②],这些研究无疑非常重要,今后还要加强研究,但如果仅限于此类研究,而不关注重要的理论问题,学科的发展就会受到影响。比如笔者参加在上海外国语学院举行的第二届国际对外汉语教学语法研讨会时,突然发现教了这么多年的对外汉语语法,什么是语法点都成了问题,而这恰恰是理论要管的问题。有学者认为"高兴"和"快乐"的区分

---

① 1977年北京语言学院编写的《汉语课本》是一种富有探索精神的教材,在语法上有很好的内容,补语的第四项内容就是"结果补语和趋向补语的可能式"。遗憾的是,像补语系统一类的新认识在随后的教材中又被改掉了。

② 参见王还《门外偶得集》(增订本),北京语言学院出版社,1994年版。

是个语法点，也有学者认为汉语的类型学特点（比如主题凸显）应该作为一个语法点。如果语法点的界定原则不明确，这些意见都可能会影响教学语法体系的构建和教学实践。同样，有学者认为“存现句”难度高①，而笔者在教学实践中感觉这个语法点并不难，到底谁说得对呢？需要研究，尤其是需要实证性的研究。

2. 研究范围不断扩大。传统的语法研究和语法教学，范围比较有限，基本局限在词、句、句子成分、句型、句类等范围内，关注的主要也是类型和关系，偏于静态的分析。新的理论的引入，扩大了研究的领域，也丰富了语法及其教学研究的内容。比如语法中的韵律问题、以语体为基础的语法体系问题、语法的认知教学法问题、句型功能化问题、语法和词汇的关系问题，等等，都有学者开始研究。尽管很多问题还需要在研究中加深认识，有的可能不一定立得住，但范围的扩大无疑对学科发展是大有益处的。

3. 注重语义和篇章功能分析。以往的语法研究和教学通常注重的是句法结构和句法关系的分析，随着语法研究和教学研究的不断深入，语义、功能、篇章等方面愈渐受到重视。特别是站在对外汉语教学的立场上，人们越来越明确地认识到，要实现语法教学指导学习者掌握语言规则、获得语言交际能力的目标，就不能只强调句法结构和形式，必须真正做到形式和意义的紧密结合，要注重语义对句法的制约作用，而且要在话语和篇章

① 参见邓守信《对外汉语语法点难易度的评定》，《对外汉语教学语法探索》，中国社会科学出版社，2003 年版。

这种大的语境中寻找句内难以说清的规则和规律。比如对“了”的认识、对“把”字句和“被”字句的研究、对“毕竟”一类副词的考察，等等，因为视角的扩大，得到的认识也有了突破。这种研究路子应该在今后进一步坚持和深化。

4. 实证性研究有了明显增强。无论是语法本体研究还是语法教学研究，采取何种研究方法，直接影响到研究结果的可信度。近十几年来，随着方法论意识的不断加强，研究工作有了新的气象。在语法本体研究中，以往举若干个例子就讲规律的文章越来越少了，很多文章采用调查、试验、统计等方法，在定量的基础上进行定性分析，并作进一步的语用的或认知的解释，论证更加充分、可信。语料库的运用越来越普遍。在语法教学研究中，过去总结经验式的研究路线越来越少见了，不少文章从调查中获取第一手资料，再进行教学策略分析。这方面还应该进一步加强。

三 语法及语法教学研究的不足

从前面的描述和分析中，我们已经看到了过去十几年来语法及语法教学研究所取得的进展，成绩是喜人的。同时也要看到，在一些方面还存在着需要改进和加强的问题。

1. 加快语法本体研究成果向教学资源的转化。在对外汉语教学事业的强力推动下，语法本体研究明显表现出了为教学服务的意识，但遗憾的是，目前大部分的语法本体研究成果仍然很难为对外汉语教师直接采用。这些成果如何能有效地转化为教学资源，如何能与教学实际紧密结合，是每位关心对外汉语教学事业的人都需要努力的方向。客观地讲，汉语语法经过百多年来的研究，特别是近几十年来的研究，已经挖掘出不少语法事实，其中很多是规则化很强的语法规律，但由于种种原因，这些有用的成果没有能够吸收到对外汉语语法教学中来。比如"一人一个"这种配比句，规则很清楚，功能也很确定，是一个难度不高且很有用的语法项目，但无论是语法大纲还是教材，我们都看不到它，这种局面需要尽早打破。

2. 加强跨语言的对比研究。当代的汉外对比研究，不应仍满足于对两种语言基本语法事实的描写分析与对比上，而是要站在语言类型学的角度，在寻求人类语言的共性中挖掘汉语的个性，这样我们才能"知己知彼"，宏观地把握住学生在学习中出现的问题。在这方面，沈家煊(2004)关于"动补结构"的研究给了我们一个很好的范例。只是这方面的研究还太少。语法教学应该同语音教学、词汇教学一样，要加强教学的针对性，只有这样才能在教学效率和质量上有所突破。比如到底汉语和日语在语法上共性的有哪些？差异点又是哪些？我们目前的对日语法教学并没有很好地研究，这就造成了一位日本汉语教师在谈到国内汉语教材时所说的现象，"其中的语法规则有三分之二对日本学生是不需要讲的，要讲的三分之一又太简单"①。对英语背景的学生进行语法教学也存在类似的问题。一般的"主动宾"句不需要讲，时间、处所状语的位置只需要在开始阶段强调一下，而像"了"这样的时体成分则需要细致的规则。

---

① 见施光亨《对外汉语教学也要转变观念——且说汉外比较》，《汉日语言研究文集》(三)，北京出版社，2000年版。

3. 加强第二语言语法教学理论的借鉴。以英语为代表的第二语言教学研究中，语法教学研究有不少成果（比如上海外语教育出版社 2002 年引进出版的《如何教授英语语法》(Explaining English Grammar)），值得我们在研究中借鉴。但在我们看到的文章中，很少能看到这类文献，这反映了我们在研究上的闭目塞听。无论我们采用何种方法教授语法，都是在一定的语言教学理论背景下进行的，以往的凭经验办事毕竟在科学性上有欠缺，应注重学习国外最新的教学理论，借鉴英语语法教学领域的成功经验，用理论来指导实践。

4. 对外汉语教学语法体系的建设还需加强。对外汉语教学语法体系的建设是一项基础工程，这方面的论文数量不少但鲜有突破，研究者们的观点基本上大同小异，而中高级阶段的语法教学体系如何构建几乎无人涉足。教学语法体系建设涉及很多问题。首要的问题是解决好理论基础问题，解决好理论语法和教学语法的关系问题，尽管已经有一些文章讨论这个问题，但还没有形成可以操作的理论共识；其次要解决好语法项目的确定和分级的问题。语法项目的确定、分级与排序在对外汉语教学界还是个处于起步阶段的新领域，研究还很薄弱；第三要解决好句法、语义、语用、篇章等方面的协调问题。这方面只是有学者提出了一些想法，还有很多问题没有具体研究。

5. 应加强语法教学的实验研究。目前一些文章讨论的教学思路、教学模式等都基本上停留在纸上谈兵的阶段，还看不到有教学实验的支持，因而也就很难了解这些思路和模式到底可行性如何。我们希望能在语法教学研究领域看到类似陈贤纯所作的词汇教学模式改进实验的研究成果①。思考型的、设想型的研究自然需要,可以启发人们的研究思路,但如果仅仅是停留在思考和设想层面,对改进教学也是缺乏实际意义的。

2006 年春

① 参见陈贤纯《对外汉语教学中级阶段教学改革构想——词语的集中强化教学》,《世界汉语教学》1999 年第 4 期。

上编　汉语语法本体研究

第一章

词的范畴与功能

第一节　动词的主观范畴①

在《指人参与者角色关系和汉语动词的类》一文②中作者讨论了与尊敬义和谦让义有关的动词小类，这种意义是一种与说话人主观态度有关的语用功能意义，这种动词小类是一种和语用密切相关的语义功能类，如果说这是动词的一种准语法类的话，那么下面讨论的就是比较严格意义上的语法类了。本节将继续讨论与说话人态度有关的动词的类。这是关于汉语动词主观范畴研究的一部分。主观范畴是一种解释方法，可以帮助外国人掌握汉语学习难点之一的趋向动词"来/去"和包含{来/去}的趋向动词的用法。

现有的研究成果不能说明"来/去"的所有用法。例如说"吃进去/吃下去"，不说"＊吃进来/＊吃下来"，其中用"来"不用"去"，不能用是否向说话人移动来解释，因为"吃"以前吃的东西和吃东西的人有距离，"吃"是食物与动作者合二而一的

---

① 本文以《"V来/去"与现代汉语动词的主观范畴》为题发表在《第五届国际汉语教学讨论会论文选》，北京大学出版社，1997年版，作者马庆株。

② 参加第22届系统功能语法国际大会（22nd International Systemic-Functional Congress，北京大学1995）宣读的论文，待刊。

过程，动作以前食物在体外，动作使食物由体外移动到体内，如果按照过去的向说话人移动用“×来”的说法来推论，动词后面跟着的自然应该是“进来/下来”，可是事实并非如此，只说“吃进去/吃下去”，不能说“*吃进来/*吃下来”。因此这须要另作一番解释。

我们从事的语法研究是语义范畴语法的研究。语义范畴语法属于语义功能语法。语义功能语法强调语义是聚合和组合的基础，语义是广义的意义，包括实词的范畴意义、虚词的意义、组合成分之间的关系意义以及语用意义。功能是广义的功能，包括结构功能、语义功能和表达功能，后者还包括语篇功能和人际功能。语法则是聚合、组合及其相互关系的规则。语义范畴语法应该是现代汉语语法有中国特色的本体研究的中心内容。

一 汉语和藏语动词的主观范畴

因为汉语主观范畴的研究受到了藏语语法的启发，所以首先稍微看看藏语的主观范畴的表现。藏语表示强调肯定、亲见确知有一系列的办法，例如现在时动词加 gi-vdug 表示肯定陈述第三人称现在正在进行的动作和特指问，加 gi-mi-vdug 表示否定陈述，加 gi-vdug-gas 表示肯定是非问，加 gi-mi-vdug-gas 表示否定是非问，加 gi-vdug-mi-vdug 表示正反选择是非问；过去时动词加 song 表示肯定陈述第三人称动作过程和特指问，加 ma-song 表示否定陈述，加 song-ngas 表示肯定是非问，加 ma-song-ngas 表示否定是非问，加 song-ma-song 表示正反选择是非问。藏语和景颇语以及其他藏缅语动词后面加上去的表示亲见确知的判断动词和存在动词[①]都可以看作辅助动词，也都是表示强调的。虽然我们看不出汉语和藏语表现主观范畴的相应成分之间有发生学上的关系，但是在都有表示所述事实与说话人的关系的手段这一点上，汉语和藏语、景颇语还是有共同点的。汉语和藏语、景颇语以及其他藏缅语一样，也可以用存在动词、判断动词来表示强调。

汉语动词的主观范畴除了表示强调的手段，还与相对方向、态度和主观感受有关，狭义的态度次范畴反映指人参与者角色关系，我们已在《指人参与者角色关系和汉语动词的一些小类》一文中讨论过了，为了比较完整地说明主观范畴，下面要稍微提一下。广义的态度还包括相对方向，也叫主观方向。本节主要讨论相对方向次范畴。方向包括客观方向和主观方向。客观方向一般与说话人的态度无关，而主观方向用{来/去}表示，受说话人所处地位的制约，形成主观方向范畴。这个范畴反映动词所表示的动作与说话人之间的关系。

方向在汉语中用方位词或趋向动词来表示，与说话人无关的方向是绝对方向，用方位词如"东/西/南/北/内/外"、趋向动词如"进/出/过/回/开/起"表示；与说话人有关的方向是相对方向，用方位词如"前/后/左/右/上/下"、趋向动词如"来/去"表示。趋向动词"上/下"既可以用来表示绝对趋向，也可以用来表示相对趋向。在动词性结构中，方向用趋向动词来表示。从出

---

① 参见戴庆厦、徐悉艰《景颇语语法》，中央民族学院出版社，1992 年版；马学良主编《汉藏语概论》，北京大学出版社，1991 年版。

现频率来看，主要的复合趋向动词有以下几个：

出来 过来 回来 起来 下来 出去 下去

“下去”可以用于实际的空间趋向，也可以用于抽象的空间趋向。例如：

你下去锻炼锻炼吧

这里的“下去”可以是从机关、学校到工厂、农村去，或者从上级单位到下级单位去。这种相对方向即主观方向是和态度分不开的，例如：

拜上 报上 呈上 递上 寄上 敬上 升上 拨下 撤下 发下 寄下 退下

动词后面的“上/下”在表示态度的时候可以认为表示的是主观方位，这时就不受实际客观空间方位的限制了。例如，如果上级单位在二楼，下级在三楼或更高楼层，那么下级单位向在楼下的上级单位报送文件时也就只能说“报上/送上”，而不能按照实际空间方位说“*报下/*送下”。另外为了表示尊敬和谦逊，对于没有上下级关系的人，甚至对于年幼者也完全可以用“V上/下”，“V上”是自己的动作，“V下”是对方的动作，这样说是为了褒扬对方，贬抑自己。当动词是[向上]义动词、[向下]义动词或者其他有移动义的动词的时候，后面的“上/下”表示实际的客观空间方向，自然也就与主观范畴无关了。

趋向成分“来”和“去”表示主观趋向，它们分别表示由远到近和由近到远。这种移动方向是以说话人的主观看法为转移的。动词可以根据与含{来}、{去}的趋向动词（分别简称为“来”

类趋向动词和“去”类趋向动词）补语（重读）组合时的相互选择情况来划类，第一类只出现在“来”类趋向动词的前面，第二类只出现在“去”类趋向动词的前面，第三类在“来”类、“去”类趋向动词前面都能出现，第四类在“来”、“去”前面都不能出现。本节为了讨论主观范畴，将根据与前面所列出的几个高频趋向成分组合时的相互选择情况来给动词划类，顺便涉及几个相关的趋向动词。

二　内向动词和外向动词

在上面列举的表示相对方向的词中，“上”、“下”兼属方位词和趋向动词，“来/去”及其构成的趋向动词都表示相对方向。首先讨论“进来/进去”和“出来/出去”。

“×来/×去”类趋向动词可以分别与内向动词和外向动词较为自由地搭配。内向动词表示受事客体进入施事主体，如“吃/抽/喝/吞/吸/咽/咂/嘬”（“吃”类）、“瞅/看/瞄/瞧/听/望/闻/嗅/学”（“看”类），表示受事客体进入施事主体可以控制的范围，如“拔/抱/扯/借/拉/买/取/娶/拽/赚”（“抱”类）；表示工具或材料进入某一个客体，如“插/戳/捣/钉/灌/渗/捅/喂/陷/扎/注射”（“插”类）。“抱”类内向动词所表示的动作向说话人所处的地方移动，当主语是第一人称时，后面可以加重读的“来”，而不能加重读的“去”，比较：

我买来了　　　*我买去了

我赚来了一百块　　*我赚去了一百块

当主语不是第一人称时，后面既可以加“来”，也可以加“去”。

“插”类内向动词表示引起由可见到不可见的变化的动作，后面就只能加“进去”而一般不能加“进来”，例外情况只是在又由不可见变为可见的情况出现时才会产生，这样这组动词又可以分出可穿透与不可穿透的两类。“插”类内向动词前面可以加“往(N)里”。例如：

往里戳　往里捅　往嘴里喂　往里扎　往静脉里注射

内向动词后面可以加上“进去”，加了“进去”就看不见或者不能感知了。例如：

吃进去　钉进去　喝进去　看进去　捅进去　吸进去　扎进去

这里由于降雨量大，形成了很多沼泽，稍不注意，就会陷进去。

当然，方向自由的位移动词如“搬/抱”等也都可以和“进来”搭配的，动作一旦实现就可以被感知。

外向动词中表示由主体内到主体外的移动的，如“放/呼/拉/尿/排泄/喷/撒/射/生/吐/下”（“呼”类）、“表达/表现/唱/答/反映/喊/回答/叫/讲/教/流露/露/说/谈/显/显露/想/写”（“表达”类），后面一般只加“出来”而不容易加“出去”。“表达”类外向动词后面加“出去”很受限制，只是当表示由主体可以控制的地方移动到主体不能控制的地方时，后面才可以加上“出去”，如“说出去可了不得”。外向动词还包括“踹/给/借/漏/卖/扔/搡/射/甩/送/踢/推/走”（“踹”类）。外向动词后面可以加上“出来”，表示由不可感知到可以感知的变化。可否感知与主观条件有关。例如：

吐出来 说出来 送出来

我总感到她身上有一种大陆女孩子所没有的东西，想了很久想不出来，和我一起出差的一位同志感叹说：“见到她，我才觉得我们这些人都太缺少女人味儿了！”

他和妻子由大海的浩淼谈到了肖邦的作品所表现出来的磅礴的气势。

社会种种矛盾都会在毕业分配问题上反映出来。

在求职中，这种情绪便不由自主地流露出来了。

推荐自己是合理的，用人单位也希望有更多、更合适的人供它选择，这时你不走出来，就等于放弃了推荐自己的机会和权利。

反之，外向动词后面加上“出去”，表示由可见到不可见即由可以感知到不可感知的变化。例如：

她家里有个嫁不出去的老姑娘。

有些动词含有多个意义成分，在表示不同意义时应该归入不同的类。例如“读”、“念”表示阅读义，是内向动词，表示动作者从书面材料中获得信息，“读进去/念进去”有理解了的意思；表示朗读义时是外向动词，有动作者用发音器官发出声来的意思，声音从内到外，“读出来/念出来”有念出声的意思。

三 “V来”和“V去”与“V×来”和“V×去”

“来”、“去”分别表示动作与说话人的关系，是表示主观范畴的形式手段。“来”表示向说话人的方向移动，“去”表示向离说话人远的方向移动。表示可以向不同方向移动的动作的动词后面可以自由地加上“×来”、“×去”，与说话人的主观态度关系不十分大，不过也仍然与是否目击亲见有关，与说话人的所处位置有关。当这位置不是空间时间位置的时候，就只能理解为与主观态度或主观感觉有关了。这可以解释很多语法现象。比如从衣兜里掏出东西，使东西从贴身的地方移动到不贴身的地方，按说是向离说话人远的方向移动，应该说“掏出去”，可是实际上说“掏出来”。还有“说”不表示位置移动，“说出来”、“说出去”虽然都能说，但意思不一样：“说出来”表示在说话人所处的环境的范围中，动作者把信息拿出来，使在场人能够知道；而“说出去”是把信息扩散到说话人所处环境范围之外，常有把信息扩散到不该扩散到的地方的意思。抽象地看，“说”表示信息在观念中的由内到外的位置移动。如果墨守原来关于“来/去”用法的解释，不能说明“吃/掏/说”这类动词后面“×来/×去”的用法，因而需要寻找新的角度来解决这个问题。

“V 出来”和“V 出去”。动词后面的“出来”可以看做表示主观范畴的手段。“出来”前面出现的动词常见的有：

(1) 扮　编　编排　变　冲洗　筹备　筹划　创办　创造　点　雕　纺织　卷　炼　拍摄　拼凑　区分　圈　染　认　设计　呻吟　生　想象　绣　演　养　译　印　预备　榨　攒　造　增加　争　织　指　制定　制造　制作　准备　作

(2) 安排　摆弄　拌　刨　辨别　标　表达　表现　表演　憋　补　猜　裁　测　查　拆　炒　搓　叠　冻　炖　剁　翻译　分　缝　改　概括　画　教　看　磨　闹

捏　拍　排　泡　配　培养　评　切　商量　审　审查　收拾　说　算　体会　听　闻　问　洗　想　写　修　训练　研究　砸　整理　煮　装配　装饰　追查　追究　追问　琢磨　总结　组合

第(1)组动词表示可以造成某种结果的动作,第(2)组动词比较复杂,它们的宾语与动词的关系不止一种。其中总有一种是表示动作造成了某种结果,这结果是说话人可以感觉到的,抽象地看,这种动词所表示的动作造成的结果从不可见变为可见。它们后面不能加"出去"。表示感知的内向动词"尝/吃/喝/看/瞧/认/听/闻"包括单纯表示感知的和兼表感知的两类,前者如"看/听"表示感觉器官的动作,表示从外部世界获取信息,所以是内向的;后者如"吃/喝",因为当吃的或喝的东西经过口腔时会造成味觉器官和口腔内触觉神经的感觉,所以可以兼表感觉。表示感知的内向动词后面可以加"出来"或"出"。例如:

尝出味道来/看出门道

是不是金子,他一眼就能看出来。

在两千多女子中,禄东赞一眼就认出了文成公主。

禄东赞凭他那敏锐的眼力,一下子就把那端庄、大方的公主认出来了。

这里的"出/出来"前面的动词表示感受,"出/出来"表示发现,发现者是动作施事。"吃出来一粒沙子"就是动作的施事通过"吃"这个动作发现了一粒沙子。"出来"常常被宾语名词隔开,例如"这茶喝到这会儿,喝出点儿味儿来了吧?"发现者不一定是施事的例子如"扎出血来了"。

“表达/查/产生/呈现/创造/发明/感觉/画/揭示/看/露/摸索/弹(弹琴)/体会/显露/写/绣/织”一类动词后面只能加“出来”,不能加“出去”。这类动词所表示的动作有了结果,人们才能感知,因而“出来”仿佛表示完成,其实还是表示出现的。“夹”类动词后面可以出现“出来”,也可以出现“出去”。看例子:

人们都说锯就是这样发明出来的。

只要我们发挥自己的聪明才智,任何人间奇迹都可以创造出来。

我叫比尔赶快把羊肉片夹出来,放到酱油、醋等调料里,蘸着吃。

钢琴有人弹得好,有人弹得不好,这两种人弹出来的调子差别很大。

如果你不亲身实践,是很难体会出来的。

既能后加“出来”又能后加“出去”的动词所表示的动作的方向是不确定的,是不定向动词。不定向动词加上趋向动词就可以表示确定的方向。加“出来”表示变为可见,加“出去”表示变为不可见。例如:

第二天,天气好转,又得把花都搬出去,就又一次腰酸腿疼,热汗直流。

溪水从山上流下来,草儿发了青,树枝上长出绿芽,躲在洞里过冬的动物,也都钻了出来。

经过他们的艰苦劳动,这支“地下王国”的卫队终于雄赳赳、气昂昂地走了出来。

另一类动词后面不能加“出去”,例如“买”,“买”是内向动词；可以说“卖出去”，不能说“卖出来”，“卖”是外向动词。但可以说“卖出了好价钱”，“卖”这种动词属于交换类，“卖”的结果是货物出了手，同时又得了钱，钱出现了。还有一些动词后加“出来/出去”似乎都可以，但是动词和“出来”的语义关系不同于和“出去”的关系。下面句子中的“出来”不能换成“出去”：

　　一个人发了阑尾炎，医生把阑尾割了，这个人就救出来了。

有发现义的动词后面只能加“出”或“出来”。例如：

　　打　导演　提　想　引　找

“V下来”和“V下去”

后面加“下来”的动词和例句如：

　　掰　抄　记　记录　录　停　写　咬　摘

　　这树上的嫩芽，全是我含过的，我用这会唱歌的嘴把它咬下来，沏点儿茶给阿祥喝，来尽尽我的心意吧！

　　有一天，他叫学生把埋在地里的缸挖出来，取出树叶，一张张地抄下来，进行整理，编成了书，这书就叫《辍耕录》，意思是劳动休息时写的书。

　　我们每走一段路就停下来休息一会儿，看看山下的风景。

后面能加“下去”而不能加“下来”的动词是内向动词和有[＋消失]义的动词，例如：

　　擦　吃　摁　喝　抹　吞　咽

　　这顿饭我们能够吃下去。但是具体地吃，却是一口口地吃的，你不可能把一桌酒席一口吞下去。

干粮和罐头摆在地上，可是谁也吃不下去，就想喝水。

说完，他把一壶酒都喝下去了。

有消极意义的形容词后面可以加"下去"表示不企望的意思，例如：

可是，从此碧螺春姑娘却一天天瘦了下去，得了重病；没过多久就离开了人间。

可是如果表示[＋企望]义，表示事物的变化向说话人的希望的方向发展，就要用"下来"，如减肥的理想结果是"瘦下来了"。

向下义动词和分离义动词后面既可以加"下来"，又可以加"下去"。这种动词及其例句如：

按　扒　拔　掰　剥　擦　铲　扯　抻　垂　低　搓　掉　跌　剁　刮

降　截　锯　砍　落　趴　掐　切　扔　摔　甩　撕　躺　剃　跳

脱　洗　削　卸　压　摘　拽　走　坐

要不是他一把抓住那棵树，非从山上掉下来不可。

山这么高，掉下去就没命了。

"活"这类动词后加"下来/下去"表示时间意义。不拟展开讨论，仅举一例：

活下来的人以大无畏的精神，继续前进。

"V过来"、"V回来"和"V起来"

可以后加“过来/过去”的动词有必要分别考察，“缓/缓醒/活/明白/暖和/救/苏醒/挽救/歇/醒/醒悟/休息”后面只能加“过来”，有[+企望]义。例如：

春天来了，大地在阳光下苏醒过来。

悟空先把老妖婆打死，然后自己变成了老妖婆，决定用计揭穿白骨精的诡计，好让唐僧醒悟过来。

与此相反，“昏/昏迷/昏死/死/晕”后面只能加“过去”，有[一企望]义。

表示可以有不同移动方向的动作的动词如“带/调/夺/飞/流/跑/扔/走”和可以有不同变化方向的动词如“改变”，后面既可以加“过来”，又可以加“过去”。加“过来”表示经过动作，变为可感知；加“过去”表示经过动作，变为不可感知。例如：

蚂蚁带着丝线，爬过明珠的九曲孔道，丝线也就带过来了。

文成公主从这儿经过以后，河水流了过来，青草茂盛，牛羊遍地，生气勃勃。

医生和数学教授们赶紧跑过去让他躺下。

曹操命令士兵一齐往江中射箭，箭像雨点儿似的飞过来。

可以后加“回来/回去”的动词后面到底加“回来”还是加“回去”，与说话人所处位置和动作方向有关。这些动词及其例句如：

搬 办 打 端 夺 返 勾 汇 寄 借 扛 买 拿
跑 抢 取 缩 抬 推 学 引 运 找 捉 走

他们出发时曾带着两个小行李卷儿和其他许多东西，不久只剩下换洗衣服、雨具和修车工具，别的就都寄回去了。

怎么还要跑回去拿尺寸呢？

接着二十只船就飞似的划回去了。

可以后加不表示时间义而表示[＋向上]等义的“起来”的动词及其例句如：

保存 蹦 担 顶 端 发扬 发展 浮 集中 夹拣 结合 举 撅 扛

立 连接 联合 联系 膨胀 捧 漂 翘 升 抬 实行 提 挑 跳

挽 行动 站 长 涨 胀 综合 组织 坐

她站起来了。

秦始皇统一中国以后，为了防御北方民族，把原来各国修的一段段的城墙连接起来。

这些传说把许多群众的发明创造也都和鲁班联系起来。

我知道太阳就要从天边升起来了，便目不转睛地望着那里。

比如吃面条吧，如果只用一把叉子，就很难把面条儿挑起来送进嘴里，必须用勺子或刀子来帮助。

可是用筷子，只需要一只手就可以很容易地把面条夹起来。

就是把手握起来，但是不握紧，样子像抓，还是抓不住东西。

四　结语

汉语主观范畴的表现方式有很多，包括用表示判断的动词，加“（×）来/去”。本文只是就动词后加“来/去”和“×来/×去”的情形作了初步的探讨。外国人学习汉语的难点之一是趋向成分“来/去”及其所构成的词，原因是不了解汉语的主观范畴。不同方言中“来/去”的使用情况有所不同，许多问题还有待于继续研究。

“来”、“去”分别与主观上可见不可见、可感知不可感知有关，可以认为“来”与目击相联系，“去”与消耗义有关，消耗义是由不可见义和不可感知义引申出来的。例如：

吃下去一口袋粮食　搭进去二百块　花出去八百块

表示主体空间位移时，动词对人称有要求。当主体是说话人因而用第一人称时，多选择“去”或“V 去”；当主体不是说话人因而用第二、三人称时，多选择“来”或“V 来”。其余情况都与是否亲见目击或是否可感知有关。凡是动作造成可见结果的动词，后面出现“来”或者“V 来”；反之，后面出现“去”或者“V 去”；如果既可能见到结果，又可能见不到结果，那么在可能见到结果的时候动词后面出现“来”或者“V 来”，在可能见不到结果的时候动词后面出现“去”或者“V 去”。

主观范畴可以用来解释不少语法现象，包括向近处移动、向远处移动；说话人主观上觉得是否可以看到或者感觉到决定了对“来/去”的选择。包括目击亲见或可感知义表达方式在内的主观范畴，表示动作与说话人的关系和主观方面的感知，可以涵盖过去的向近处或远处移动的意思，很有解释力，可以证明汉语语法的理据性是很强的。

第二节　助动词的语义和功能[①]

"会"是一个常用助动词。在教学上我们谈"会"的语义时，不能不谈"能"。正是因为"会"和"能"的区别是教学上亟待解决的问题，所以既往研究"会"的论文和语法书，几乎都把"会"和"能"进行对比。这些研究虽然也有一定成果[②]，但都没有系统解决"会"和"能"语义语用区别问题。"会"和"能"的语义语用辨析问题至今没有得到解决的原因在于以往的研究都没有对"会"和"能"的语义进行深入研究。从使用的语言材料上看也仅仅限于一些常用例句。这种停留在表面上的研究不可能揭示"会"和"能"的全貌，也不可能揭示"会"和"能"的语义语用联系和区别。为此，鲁晓琨曾在检索了 120 万字语料的基础上，系统探讨过"能"的语义和语义构成条件[③]，本文仍以语言事实为根据先揭示"会"的语义。在此基础上分别从"能"和"会"出发，确定"能"

---

① 本文以《助动词"会"的语义探索及与"能"的对比》为题发表在《第七届国际汉语教学讨论会论文选》，北京大学出版社，2003 年版，作者鲁晓琨。

② 如许和平(1992)发现了"能"和"会"在褒贬上的对立；史有为(1994)发现"会"带"的"时，用于第一人称表示"主观决定"，虽然有很大的片面性，但是对本稿的研究很有启发。相原(1997)深入探讨了什么是"技能"，特别是区分了"典型的技能类"和"谁都可以做的一类"。

③ 参见鲁晓琨《助动词"能"的语义构成及其肯否不对称现象》，《现代中国语研究》，朋友书店，2001 年总 3 期。

和“会”的语用交叉部分，也就是需要辨析的部分，进而从语义和语用上对“能”和“会”的语用交叉部分进行系统辨析。

一　“会”的语义分析

我们把“会”所在句表示为：NP 会 VP，对“会”的义项作了重新划分。这里给“会”概括出三个义项，为了行文方便，称为：“会 1”、“会 2”、“会 3”。

会 1：NP 都是施事，“会 1”表示施事的本领。

会 2：把[NP＋VP]作为一个整体，表示为“某种情况”，“会 2”表示某种情况存在的必然性。

会 3：也把[NP＋VP]作为一个整体，表示为“某种情况”，“会 3”表示主观推测某种情况出现或存在的必然性。

当然，我们也可以把“会”分成两个，一个是表示“施事的本领”，另一个是表示“必然性”，之后再对“必然性”进行下位分类。由于“会 2”和“会 3”在和“能”的对比上体现出不同特点，这里把“会”概括成三个义项。

1. “会 1”表示施事的本领

相原曾把本领分为“典型的技能类”和“谁都做的一类”，并认为因本领的类型不同，出现在这些本领前的“会 1”表义也不同①。邹韶华在解释“小王好抽”可以说成“小王好抽烟”，而“小王好穿”却不能说成“小王好穿衣服”这种现象时，把“抽”类称作“或然性行为”，把“穿”类称作“必然性行为”②。因为“抽”不是

---

①　参见相原茂《謎解き中國語文法》，讲谈社，现代新书 1997 年版。

②　参见邹韶华《歧义成因举隅》，《语法研究与探索》，语文出版社，1997 年第 8 期。

人人必需，“好抽”是指“抽烟”这种行为反复出现；而“穿”却是人人必需的，“好穿”就不能指“穿衣服”这种行为反复出现，而是相当于“小王好穿好衣服”。概括起来说，就是“或然性行为”前的“好”表达的是一种量，而“必然性行为”前的“好”表达的是一种质。我们发现“或然性”和“必然性”这两个概念也可用于对“本领”的分类。我们把相原“典型的技能类”称作“或然性本领”，把“谁都做的一类”称作“必然性本领”。把“或然性本领”定义为“在一定范围内存在着无此本领的对比项”。如，说汉语、打网球、画画儿、弹钢琴、思考、走路等。把“必然性本领”定义为“在一定范围内不存在无此本领的对比项”。如，说、吃、喝、穿、笑、哭、买东西等。我们发现，“会 1”用在典型的“或然性本领”前，表示“施事具有某种本领”，因为在一定范围内存在着无此本领的对比项，就有一个本领的有无问题。“会 1”用在典型的“必然性本领”前，表示“施事的本领高”，因为在一定范围内不存在无此本领的对比项，就不存在本领有无的问题，只存在本领高低的问题。

上面通过“或然性本领”和“必然性本领”的分类，区别了“会 1”的两种意义，即表示“施事具有某种本领”和表示“施事的本领高”。如，“喝酒”是“或然性本领”，“喝”是“必然性本领”，所以“会喝酒”的“会”表示“有本领”，“会喝”的“会”表示本领高。但是“本领”自身，并不是黑白分明的，在“或然性本领”和“必然性本领”之间存在着一个中间地带，有些本领既有“必然性本领”的特点，又有“或然性本领”的特点，如：体贴人、吹牛、拍马屁等，其特点是“会 1”用在这类本领前表示“施事的本领高”，其否定式“不会 1”用在这类本领前表示“施事不具有某种本领”。下面我们将具体分析一下这三种类型。

(1)“会 1”表示施事具有某种本领。具有习得性和恒常性

“会 1”用在典型的“或然性本领”前,表示“施事具有某种本领”。根据其对比项的不同,又有三种表现形式:

A 组

[1] 她的母亲是奥地利人。曼利小姐自己是英国籍,会说一口流利的英语。

[2] 由于小丁是生平第一次搭自行车,不会上车,蹦跳了几次才上去。

B 组

[3] 人是会思考的动物。

[4] 老鼠生来会打洞。

C 组

[5] 孩子会爬了。

[6] 孩子会走路了。

以上三类中的本领都是“或然性本领”,都存在一个无此本领的对比项。A 组用例的对比范围是人类,通过人和人的对比来谈“会不会”,“会 1”表示部分人具有的本领;B 组用例的对比范围是包括人在内的动物类,通过人和动物的对比或动物和动物的对比来谈“会不会”,“会 1”表示人或某种动物的类本领;C 组用例的对比范围是儿童成长的前后阶段,通过和前一阶段的对比来谈“会不会”,“会 1”表示儿童在成长期自然习得的本领。我们把 A 组和 B 组称为“横向对比”,即把施事跟他人或他类对比;把 C 组称为“纵向对比”,即把施事自身的不同成长阶段进

行对比。

以上三组除对比对象不同外，其用例使用频率也不一样。我们把查找出来的用例作了一个统计，列表如下：

会1(有本领)			
用例数	A组	B组	C组
	264	3	3

从使用频率上可以看到，A组属于原型用例；B组、C组属于边缘用例。

以上三组虽然有上述不同，但各组都有"习得性"和"恒常性"两个特征。

所谓"习得性"就是排除生来具有的本能，即使是人人具有的本领也是后天经过练习获得的。相原谈到的可以说"孩子会笑了"，却不能说"孩子会哭了"就是这个道理。因为"哭"是与生俱来的本能，所以才有"从娘胎哇哇落地"的说法。①

所谓"恒常性"是说"会"表示的"本领"是超时空的，不随时间空间的变化而改变。所以"会"不能进入与具体时空相联的句子。

[7] 你会游泳吗？

[8] *你今天会游泳吗？

[9] *你在学校会游泳吗？

---

① 机器人的情况比较特殊。有一些对人来说属于本能，对机器人来说却是一种本领，因此可以用"会"，王朔《编辑部的故事》谈"机器人"本领时，就有下面的用例。

戈玲叫："你们看，她还会眨眼呢。"

"眨眼"是人的本能，对机器人来说却是一种本领。

例[7]单纯问“施事有无游泳的本领”,用“会”。例[8]在“会”前加上“今天”这一时间状语,就把行为和具体时间联系起来;例[9]在“会”前加上“在学校”这一处所状语,就把行为和具体空间联系起来。这时,就不是单纯问“施事有无游泳的本领”了,而是问“施事有无在一定时间或空间实现游泳这一行为的条件”,这里当然包括“本领”在内,除此之外,还包括其他条件,是否有时间,有体力,有环境等。因此[8][9]不能用“会”。

(2)“会 1”表示施事的本领高

“会 1”用在典型的“必然性本领”前,表示“施事的本领高”。如:

[10]“晚上你爸妈回来,在这儿吃的饭。”“你不在,两人就抓着我上课,嫌咱不会过日子,屋里乱。钱到手就花,不在人民银行存点。”

[11]还得说咱们政府会教育人。

例[10]“过日子”是人人具有的本领,[11]“教育人”是在一定范围内即教育者人人具有的本领,因此,加上“会”都表示“本领高”。典型的“必然性本领”有:吃、喝、穿、学习、考试、说话、打扮、买东西等。这也并不是说所有的“必然性本领”都可加“会”表示“本领高”,因为有的“必然性本领”是没有程度高低之分的,“吃饭”就属于这种情况。

表示典型的“或然性本领”本领高时,要用程度补语,不用程度副词。如:

[12]他游泳游得很快。*他很会游泳。

［13］她汉语说得很好。＊她很会说汉语。

“必然性本领”表现出的特点和“或然性本领”相反。“会”已经表示“本领高”，常常前加“很、特别、真、最、这么”等程度副词强调“本领高”，而不用程度补语。① 如：

［14］他给二奶奶一些钱，叫她带着大凤上街买东西去。她很会买东西。别看她好酒贪杯，情绪又变幻莫测，买东西，还价钱，倒很内行。＊她买东西买得很好。

［15］陆武桥笑着说：太太，你真得这么会当家吗？＊你当家当得很好。

把对比范围限定在人类，通过人和人的对比来谈会不会时，“或然性本领”和“必然性本领”的区分，必须考虑所涉及的范围。首先有成人和儿童之分。如，“买东西”，对成人来说是“必然性本领”，对五六岁的孩子来说是“或然性本领”，因此，“会买东西”用于五六岁的孩子就表示“有本领”，用于成人就表示“本领高”。其次，还决定于谈话中规定的范围。如，“吃饭”本来是无程度高低的“必然性本领”，但是在下句中它却成了“或然性本领”。

［16］他们既不是中国人，也不是日本人，而是还会吃饭的死人。

例［16］由于是和“死人”比较，“吃饭”就成了“他们”还剩有

---

① 有时表面上程度补语也成立，那只是语法上成立，和“会 1”表达的意义已经完全不同。如：

A. 她会学习。B. 她很会学习。C. 她学得很好。

A 句“会学习”是说她掌握了学习技巧，在学习方法上“本领高”；B 用“很”进一步加强程度；C 已经不指学习技巧了，而是说她学习成绩好。

的一个“本领”。

(3)“会1”表示“本领高”，“不会1”表示“无本领”

我们发现有些本领前用“会”就表示“本领高”，用“不会”则表示“无本领”，兼有两种语义特点。如：

[17] 林珠看好过贺汉儒，贺汉儒会体贴和讨好女人，可他们的关系就是深入不下去。

[18] 这人一看就会甜言蜜语。

[19] 原来秦静也是很会斗嘴的，看来是过去的平淡日常生活埋没了她。

[20] 在这种时候，他也很会掏坏。

[21] 爸爸一向不让她跟人交际，她不会应酬人。

[22] 道是那么直，他的心更不会拐弯。

[23] 他不会和人谈心，因为他的话是血作的，窝在心的深处。

[24] 我向来不会拍马屁。

例[17]—[20]“会体贴和讨好女人”、“会甜言蜜语”、“会斗嘴”、“会掏坏”的“会1”是表示“本领高”，因此，可用程度副词来加强程度，如果换成否定式“不会体贴和讨好女人”、“不会甜言蜜语”、“不会斗嘴”、“不会掏坏”就变成“无此本领”了；反之，例[21]—[24]“不会应酬人”、“不会拐弯”、“不会和人谈心”、“不会拍马屁”的“不会1”是表示“无此本领”，如果换成肯定式“会应酬人”、“会拐弯”、“会和人谈心”、“会拍马屁”就变成“本领高”了。

上述用例中“会1”所表现出的语义特点仍然可以用本领类

型来解释，只是这些本领在类型上具有模糊性，“体贴和讨好女人”、“甜言蜜语”、“斗嘴”、“掏坏”、“应酬人”、“拐弯”、“和人谈心”、“拍马屁”等本领处于“或然性本领”和“必然性本领”的交叉地带。处于交叉地带的本领也“存在无此本领的对比项”，因此有“或然性本领”的特点。但是这种本领习得性很弱，常常是由性格和心理决定的，如果想这样做就可以很快学会，因此，从这个意义上说，它们又接近于“在一定范围内不存在无此本领的对比项”的“必然性本领”。

此外典型的“或然性本领”和“必然性本领”不包括消极意义的本领，这一类多为消极意义的本领。

2. “会 2”表示某种情况存在的必然性

A 组

[25] 人类这种生物肯定也不是纯粹的，就像一块草坪上会混进一些杂草一样。

[26] 像虫子会对农药产生抗药性一样，我对杜梅的歇斯底里和恐吓症也渐渐习以为常。

[27] 当某种事物一旦突破极限，事物的实质就会发生突变。

[28] 既然你摆了场子，就会有输赢。生死有命，富贵在天。

B 组

[29] 秦静从心里瞧不起谁她就会用腼腆和胆怯的方式与之拉开距离。

[30] 只要谁能谦虚地听完他的这一套老生常谈，他一般就会考虑谁的要求。

[31] 要是的话,他总得把他们请到后台喝茶。于是就会有那么一位,自动跑上台去,当场送一幅幛子,给他捧场。

[32] 有时我也想到杜梅,独处时或看电视时思绪会突然飘落到她身上,过去我们共同生活的一些片段会有声有色极其生动地出现在我眼前,令我久久怅然。

这一类是说话人叙述现实存在的某种必然性。A组表示的是一种超时空的必然规律;B组表示与现实相连的反复出现的情况,由于反复出现因而就有了规律性。①

3. "会3"表示主观推测某种情况出现或存在的必然性

"会3"表示的主观推测一般是由说话人进行的,但是,当由"会3"构成的主谓短语或动词短语出现在宾语位置时,主观推测则由全句主语进行。谓语动词是"认为、以为、觉得、认定、知道、相信、担心、想、盼"等。如:

[33] 他一个劲儿地抽,不光是为过瘾,还觉得这样会抬高他的身份。

例[33]"这样会抬高他的身份"是全句主语"他"的推测。

此外,在用于句中主语推测时,还常出现对已然情况追述在未发生前的推测。

[34] 他本以为会出来个男的,却来了个女的。

例[34]"来了个女的"的事实出现后,追述这之前的推测。

---

① 参见许和平《试论"会"的语义与句法特征》,《汉语研究》1992年第3集,南开大学出版社。许和平注意到这种现象,不过他没有举相当于B组的例子。

“会3”所进行的主观推测，主要是推测某种新情况的出现，也可以推测某种情况作为原因而存在。如：

[35] 也许分手之后，我们冷静了，有了更多的比较和思考，没准将来还会走到一起，起码会成为好朋友，人生知己。

[36] 段莉娜的钢笔字是一手非常漂亮的行书，这倒没有让康伟业感到意外，像段莉娜这样的有志青年，一定是会刻苦练字的。

例[35]“会3”是推测“我们将来还走到一起，起码成为好朋友，人生知己”这一未来情况的出现；[36]用“会3”推测已经存在的“段莉娜写一手非常漂亮的行书”的原因。由于有两种情况，我们才把“会3”的语义概括为主观推测某种情况出现或存在的必然性。

考虑到和“能”的对比，有必要把“会3”分成两类：

I. 当NP不能控制VP时，“会3”表示根据某种条件来推测某种情况出现或存在的必然性。

[37] 似乎他们认定我将来会成为一个了不起的人，而这点在当时我自己一点把握也没有。

[38] 他明知道骆驼不会帮助他，但是他和它们既同是俘虏，好像必须有些同情。

[39] 只要做好宣传，很多人都会立即认识到你们这项工作的意义。

[40] 你要五点整去找我，肯定会在办公室门口遇见我。也许你表慢了五分钟。

这一类的特点是，NP 不能控制 VP，整个情况出现或存在的必然性由某种条件决定，“会 3”就表示根据某种条件来推测某种情况出现或存在的必然性。[37]“我是否将来成为一个了不起的人”不是“我”所能控制的，“他们”根据“我”的条件推测“我将来成为一个了不起的人”；[38]“帮助他”与否也不是“骆驼”所能控制的，“他”根据“骆驼”的能力条件推测帮不了他；[39]“很多人能否认识到这项工作的重要性”也不是由“很多人”所能控制的，而决定于是否能做好宣传工作；[40]“你是否在门口遇见我”也是要看你是否五点整去找我。

II. 当 NP 能控制 VP 时，“会 3”表示通过推测主体的主观决定来推测某种情况出现或存在的必然性①。

当 NP 不能控制 VP 时，NP 可以是有生命的主体，也可以是无生命的事物，但当 NP 能控制 VP 时，NP 一定是有生命的主体。

[41] 她回头一看，发现得屋是回家以后疯的，而不是像大家认为是在外面疯的，她再也不会回家了。咚儿打定主意从此不再回家，所以三年里只给家里寄了三封信。

---

① 许和平(1992)、史有为(1994)都注意到了这种意义的第一人称用法。许和平认为，表示预见的“会”用于第一人称时，就有了“许诺”的语义。如“我会打电话给那边，请你进去”；史有为认为“会”用于第一人称时表示“主观决定”，如“我会来上课的”。我们发现这种用法不只是用于第一人称，也可用于其他人称。“许诺”的语义概括不了第一人称以外的用法，只能说是第一人称产生的交际效果，但是“主观决定”的说法也可以解释其他人称的用法，这里采用了这种说法，参见史有为《得说“不能来上课了”》，《汉语学习》1994 年第 5 期。还有一点要说明，第一人称的用法也不都表示“主观决定”。如：“我得吃药，吃了药我会好的。”这里的“会”是根据某种条件进行的推测。第一人称也和其他人称一样，是推测主体的主观决定，还是根据某种条件进行的推测，要看 NP 是否能控制 VP。

[42] 在舒适的异国他乡,有一个终身视我为迷的外国丈夫,同样,我也不会去了解他,我们至死都保持着对彼此的神秘。

[43] 其实你们即便请我,我也不见得会去。

[44] 女作家没有漂亮的,漂亮也不会去当作家了。

这一类的特点是NP能控制VP,[41]—[44]“不回家”、“去了解他”、“去”、“去当作家”等行为都分别是“她”、“我”、“我”、漂亮女人等行为主体所能控制的。“会3”通过推测主体的主观决定来推测整个情况出现或存在的必然性。[41]用“会”推测“她”自身决定“她不回家了”;[42]用“会”推测“我”主观决定“我不去了解他”;[43]用“会”推测“我”决定“去”;[44]用“会”推测漂亮女人将决定“不去当作家”。

“会3”的这种用法,下文通过与“能”的对比会看得更清楚。

二 “能”和“会”语用交叉范围的确定

1. 从“能”出发,确定“能”和“会”的语用交叉范围

鲁晓琨把“能”所在的句子分为三个部分:NP能VP。把“能”的语义概括为:“能”表示“NP具备实现VP的条件”。在相同意义下,“能”又有“根源意义”用法和“判断意义”用法之分。“会”也有“根源意义”和“判断意义”之分,只是不像“能”表现在同一义项上,而是表现在不同义项上。“会1”、“会2”虽然意义不同,但在说话人传达某种客观事实这一点上是一致的,都是“根源意义”;“会3”是表达说话人或句中主语的主观推测,因此是“判断意义”。

在“能”为“根源意义”用法时,“能”可以表示有生命者的

“能力”，广义的“能力”中也自然包括“施事的本领”。“能”在表示“施事的本领”时和“会1”构成语用交叉。也就是说在这一意义上既存在二者可以替换的现象，也存在二者不能替换的现象。

“能”的“判断意义”用法和同是“判断意义”的“会3”构成语用交叉。这是因为“能”的“判断意义”用法和“会3”都表达说话人或句中主语的主观推测。比较以下三例：

[45] 他不能（*会）来了，他刚才来电话了。（根源意义）

[46] 这么晚了，他不能（〇会）来了。（判断意义）

[47] 他能（*会）帮助你。（判断意义）

例[45]表明“能”为“根源意义”用法时，都不能用“会”替换，二者的区别是很明确的。[46][47]表明“能”为“判断意义”用法时，有时可以用“会”替换，有时不能用“会”替换，因此，只有“判断意义”用法的“能”和“会3”构成语用交叉（以下把“能”的判断意义用法表示为“能p”）。

2. 从“会”出发，确定“会”与“能”的语用交叉范围

我们给“会”概括出三个义项：“会1”、“会2”、“会3”。在这三个义项中，“会2”不和“能”发生关联。选“会2”A组、B组各一例为代表：

[48] 人类这种生物肯定也不是纯粹的，就像一块草坪上会（*能）混进一些杂草一样。

[49] 秦静从心里瞧不起谁她就会（*能）用腼腆和胆怯的方式与之拉开距离。

这样“会”和“能”的语用交叉范围就限定在：

I. 表示"施事的本领"时,"会1"和"能"存在语用交叉。

II. 表示主观推测时,"会3"和"能p"存在语用交叉。

下文将对表示"施事的本领"的"会1"和"能"、表示主观推测的"会3"和"能p"进行辨析。

三 "会1"与"能"的语义语用区别

1. "会1"和"能"在表示"施事具有某种本领"时的语用范围和条件

关于表示"能力"时"会"和"能"的区别已有一些定论。用本节的用语可以概括为:"能"的使用范围比"会"大得多,"会"只能表示"施事具有某种本领","能"可以表示各种"能力"。就是在表示"施事具有某种本领"时,"能"也比"会"的范围大,"能"可以表示"本领的恢复"和"本领所达到的程度"。这些结论明确了哪些情况下只能用"能",不能用"会",但是我们却不知道什么情况下只能用"会",不用"能"。从"她会/能说汉语"这样的用例中,学习者会得出"会"都可换成"能"的结论,事实并非如此。

笔者检索到的264个A组用例中有240个用例"会"不可用"能"替换,以下表示为I组;24个用例"会"可以用"能"替换,以下表示为II组。

I组:"会1"不能换成"能"。

[50] 我想我得坦率地告诉你,我不会(*能)做菜,我也不愿意做菜。

[51] 她没有唱,她不会(*能)唱歌。

[52] 秦二爷要是再来找我,你就说我只会(*能)念经,不会(*能)干别的。

[53]“这天这么热，才几月份。”她嘟嘟囔囔地抱怨。“你会（＊能）游泳么？”“不会。”

[54] 可怜的大凤就是因为不会（＊能）挣钱，爸要她嫁谁就得嫁谁。

表示“施事具有某种本领”的“会1”90％以上不能换成“能”，是因为“能”的意义宽泛，尤其是“不能”还有“禁止”的意义，换成“能”就会被理解为“能”或“不能”的其他意义。[50]如果说“我不能做菜”就理解为“情理上不允许我做菜”；[51]如果改成“她没唱歌，她不能唱歌”，“她没唱歌”的原因就可以理解为她临时失去了唱歌的能力，还可以理解为外在条件不允许她唱歌；[52]如果说成“只能念经，不能干别的”，就理解为外在条件不允许“干别的”；[53]如果说成“你能游泳么？”就不是问本领而是问时间等临时条件了；[54]如果说成“因为不能挣钱”，“不能”虽然也表能力，但是宽泛，可以理解为身体不好等其他能力原因，用“不会”就只能理解为没有挣钱的本领。

II组：“会1”可以换成“能”。

[55] 外国老板看中了这位小姐的一个优点：会（○能）一口流利的英语。

[56] 美已经是别人，她只是一个半老得可恶的不会（○能）生育的废物妇女。

[57] 孟先生，您聪明，会（○能）写点东西，只要您肯认真，您还能有用处。

[58] 我会（○能）下笔万言，引经据典地写状子！

[59] 这可省了我的电影票钱，人家会（○能）自己演。

表示“施事具有某种本领”的“会1”近10%可以换成“能”，是因为即使换成“能”，仍然表示“施事具有某种本领”。这是因为这些行为的实现只取决于本领，不取决于其他条件。

以上考查的都是“会1”的A组原型用例，B组、C组边缘用例可以换成“能”，但是用“会”本领义更清晰。B组、C组之所以可以用“能”，也是因为这些行为的实现只取决于本领，不取决于其他条件。如：

[60] 骆驼不会(〇能)过山，他一定是来到了平地。

[61] 三千多善良的人民变成死尸，刚会(〇能)说话的小儿的身上挨了三刺刀！

从上述分析得知，当行为的实现只取决于“本领”时，也可用“能”表示“施事具有某种本领”。于是，我们又观察了“能”的使用情况。在检索的120万字中，表示“施事具有某种本领”的“能”只有一例：

[62] “她也能(〇会)做诗什么的吗？”戈玲问。

这一调查结果表明，由于“会1”专门表示“施事具有某种本领”，所以“能”很少用来表示“施事具有某种本领”。可以说单纯表示“施事具有某种本领”时，用“会1”，一般不用“能”，这样就可以避免“我不能打篮球，你教教我吧”之类的误用。

2. “会1”表示“施事的本领高”时，与“能”的语义区别

上文我们把“本领”分成“或然性本领”和“必然性本领”。如果把“会”用在“必然性本领”前，就表示“施事的本领高”。同样“能”也可用在“必然性本领”前，关于这时“会”和“能”的区别，许多专家都有探讨，综合各家的意见，我们认为“‘能’表示‘施事行

为量大'"。如：

她会说。/她能说。

她会吃。/她能吃。

她会打扮。/她能打扮。

她会说笑话。/她能说笑话。

观察出现的语境，这一点会更清楚。如：

[63] 因为第一次见面就给她一张报纸垫石凳，说明他会照顾人。

[64] 孟良是那么友爱，那么乐于助人，他最能体贴人，了解人。

从[63]的语境可以看到"他照顾人"的本领高，因此用"会1"；从[64]的语境可以看到"他体贴人"的量大，因此用"能"。

上述"必然性本领"前，既可加"会1"，也可以加"能"，但意义不同。下面的用例只能加其中一个。

[65] "我不喜欢那个人，一脸蛮相，透着没文化。""我发觉你很会看人。"我从恍惚状态中摆脱出来，注意起李百玲的话。

可以说"会看人"，不能说"能看人"，这是因为"看人"这个行为只有本领高低问题，没有量的大小问题。

四　"能p"与"会3"的语义共性特征

我们发现"能p"和"会3"可以互换是由二者的语义共性特征决定的。"能p"和"会3"的语义共性特征为：当NP不能控制VP时，二者都可以根据某种条件来推测某种情况的出现或存在。

当NP不能控制VP时，"能p"和"会3"基本上可以互换，虽然各有侧重，但都说得通。我们先来看"能p"可以换成"会3"的用例。

[66] 要是我做生意，我就发明一种念奴娇防沙罩，准能(〇会)让京城女性纷纷解囊。

[67] 穿上新的，素净的长棉袍，头上脚下都干干净净的，就凭她的模样，年岁，气派，一定拿得出手去，一定能(〇会)讨曹太太喜欢。

[68] 这点光明丝毫不能(〇会)减少将来的黑暗，他们自己也因此在擦着汗的时节常常微叹。

[69] 我说："你以为你出国就一定能(〇会)发财？"他说："那不管，我管不了那么许多，走一步看一步。"

"会3—I"都是NP不能控制VP的用例，所以也都能换成"能p"。会"3—I"中的用例抄写如下：

[70] 似乎他们认定我将来会(〇能)成为一个了不起的人，而这点在当时我自己一点把握也没有。

[71] 他明知道骆驼不会(〇能)帮助他什么，但是他和它们既同是俘虏，好像必须有些同情。

[72] 只要做好宣传，很多人都会(〇能)立即认识到你们这项工作的意义。

[73] 你要五点整去找我，肯定会(〇能)在办公室门口遇见我。也许你表慢了五分钟。

为什么当NP不能控制VP时，"能p"和"会3"基本上可以互换呢？这是因为当NP不能控制VP时，整个情况的出现或存在只取决于某种条件，“能p”和“会3”都可用于根据某种条件来推测某种情况的出现或存在，“能p”和“会3”就可以互换。

五 “能p”与“会3”的语义区别特征

“能p”和“会3”在使用上还存在大量不能互换现象，其中“不会”不可换成“不能”时，一部分是由语用原因造成的。“不能”既表示“不可能”，也表示“禁止”，有时用“不能”替换“不会”就变成了“禁止”义，所以，这时的“不会”都不能用“不能”替换。如：

[74] 你怎么知道？田园决不会(＊能)对你讲，当时你在哪儿？

[75]“你们不必再唱!”黎连长告诉大家，“去和战士们谈谈话，一定更有用，而且不会(＊能)耽误他们的工作。”

除上述语用原因外，其他都是由“能p”和“会3”的语义区别特征决定的。我们发现“能p”和“会3”有三个语义区别特征：

一是“能”具有积极性特征，“会”具有中性特征。

二是“能p”的语义重心在前，“会3”的语义重心在后。

三是当NP能控制VP时，“能p”推测主体已具备条件，“会3”推测主体的主观决定。

1.“能p”具有积极性特征，“会3”具有中性特征

“能”的积极性语义特征早已被注意到，但是由“能”的积极性语义特征决定的不能用“能”的范围却一直没有得到解决。经考查我们发现，“能”不能用于消极意义的范围可以概括为：除反问句和意外句外，对“NP”来说“VP”是负向义时，不能用“能”。

这里通过“能 p”和“会 3”的对比可以证明这一点。

[76] 他也会极马虎。在用不着逗心机的时候，一个十多岁的小儿也会(〇能)欺骗了他。

[77] 他不担心她这行贱业会(〇能)使她堕落。

[78] 可是不能让琴珠待在她屋里，她会(〇能)把什么都偷走。

[79] 她依然微笑着，悄声对康伟业说：“这只是一个警告。康伟业，如果我发现你是为哪一个女人，我一定会(〇能)杀了她！”

上面四例，虽然 VP 是负向义，说话人对[NP＋VP]也是负评价的，但其中的“会”也可以换成“能”，只是[76][77]用“能”意义也不发生变化，[78][79]用“能”意义发生变化，这时“能”和“会”的区别请参看下面内容。不管意义如何，可以用“能”的事实是不变的。这是因为对“NP”来说“VP”并不是负向义。但是当对“NP”来说“VP”也是负向义时，除反问句和意外句外，就不能用“能 p”了，这时表示“消极意义”的任务就由“会 3”来承担了。如：

[80] 只有品行端正才能受人尊敬，否则就会(＊能)遭到所有人的唾弃。

[81] 如果我保持自己的一点儿什么，就会(＊能)不断地被派往农村出苦差。

[82] 他从来不肯吃亏，也不相信别人会(＊能)自己找亏吃。

[83] 也许到了明晚上，整条街都会(＊能)化为灰烬，

一个茶碗也不剩。

因为"会 3"既可以用于积极意义,也可以用于消极意义,所以我们说"会 3"具有中性特征。

下面我们探讨"能 p"和"会 3"另外两个语义区别特征时,不举"消极意义"用例,因为只有这样才能证明二者的区别特征不在积极和消极,而在其他方面。

2. "能 p"的语义重心在前,"会 3"的语义重心在后

我们把"能 p"所在句表示为"NP 能 pVP",把"会 3"所在句表示为"NP 会 3VP",发现"NP 能 pVP"是以 NP 为语义重心,着眼于 NP 是否具备条件,"NP 会 3VP"是以 VP 为语义重心,着眼于 VP 结果是否出现,即"能 p"的语义重心在前,"会 3"的语义重心在后,首先我们可以用二者在句法上的区别证明这一点。

[84] 你说,他能帮助我吗? 他能。/ * 他能的。

[85] 你说,他会帮助我吗? * 他会。/他会的。

[86] 会不会他来? / * 能不能他来?

例[84]表明由于"能"的语义重心在前,就可以用"能"来结句,反之,[85]表明由于"会"的语义重心在后,所以不能用"会"来结句,当"会"后省略其具体内容时,要补上一个加以强调的"的"。此外,[86]也表明由于"会"的语义重心在后,它可以出现在[NP+VP]结构之前,即它前面可以不出现任何成分;相反,"能"的语义重心在前,就要求其前面有 NP 出现,所以"能"不能用在[NP+VP]结构前。

由于这一语义特征的区别,特别强调 VP 结果时,就只能用

“会 3”,不能用“能 p”。在形式上我们发现了下面三种强调 VP 结果的情况：

I. “会 3”带“的”。

[87] 我呐呐地说：“我以为电话不会(*能)通的。”

[88] 不过,衣服算不了什么;身上的伤不久就会(*能)好的。

上两例如果去掉“的”,“会”也可以用“能”替换。为什么“会”带“的”就不能换成“能”了呢？显然句末“的”从形式上标示出语义重心在后,所以就不能换成“能”了。史可为发现“会”可以带“的”,“能”不能带“的”,而且“会”带“的”只限于陈述句,但原因作为课题留下了。我们认为“的”是语气词,有强调 VP 结果的作用,疑问句是对整个情况发问,自然无法强调 VP 结果。①

II. “会 3”前出现副词“将”等表示将来性的状语。

[89] 写出漂亮的流行病学调查报告,寄给世界卫生组织。然后我将会(*能)被邀请参加世界卫生组织年会。

[90] 你还年轻,有朝一日,你会(*能)找到个比我胜强十倍的好青年。

如果[89]去掉“将”,[90]去掉“有朝一日”也可以用“能”,因为表示将来性的状语使 VP 结果显性化了。

---

① 下面的用例即使去掉“的”也不能换成“能”。

闻达说：你这个小丫头,又来将我的军,以为我还是那么窝囊？不,我有绝对的权威了。你放心地走吧,我会马上让他们去办的。

这一例不能说成“我能马上让他们去办的”,也不能说成“我能马上让他们去办”。前者是不成立,后者是不符合原文的意义。后者的原因来自“能 p”和“会 3”的第三个语义区别特征,请参看下文。

III. “会 3”后接否定式。

［91］我知道见到那两个卑鄙的家伙，我肯定会（＊能）控制不住自己。

［92］幸亏康伟业就蒙住了眼睛，不然他的眼睛就会（＊能）没有地方躲藏。

因为“会 3”的语义重心在后，在 VP 是否出现或存在，因此，VP 可以是肯定的，也可以是否定的。而“能 p”的重心在前，在 NP 是否具备条件，VP 如果是否定行为，就谈不上实现了，也就不需具备条件了。①

在第 4 节我们说“能 p”和“会 3”表现出语义共性特征时，二者可以互换，但仍有一个语义侧重点的问题，也就是用哪个贴切的问题。如：

［93］追我的人多了，今天我跟你离了，明天我就能（○会）找个比你强百倍的。

例［93］用“能”是强调“我”具备了“找个比你强百倍的”这样一种条件，用“会”只强调“找个比你强百倍的”这种情况必然出现。根据上文，显然是用“能”更合适。

3. 当 NP 能控制 VP 时，“能 p”推测主体已具备条件，“会 3”推测主体的主观决定

我们先来作一个对比：他能帮助你。

他会帮助你。

---

① 但虚拟句可以说“能不去，就好了”，这是因为虚拟句的前一分句的“能”是“根源意义”，不能用“会”，否定也只能由“能”承担。

单看这两个句子，都是说话人推测“帮助你”这一行为的实现没问题，很难发现二者的不同点。但是当二者出现在更大的语言环境里，其区别就显现出来。请看下两句：

[94] 我哥能（＊会）帮您的忙，孟先生，他又会做，又会唱。

[95] 听我的话呢，我会（＊能）帮助你找条正路儿；不听我的话呢，你终究是玩儿完！

例[94]和[95]中的“能 p”和“会 3”是不能互换的。[94]是说“我哥”具备了“帮您的忙”的条件，[95]相反，“我是否帮助你找条正路儿”取决于“我”的决定。正因为如此，就可以有下面的说法。

[96] 我觉得你能帮助我，你也会帮助我。

例[96]用完“能”又用“会”，绝不是重复强调，而是分别表达不同的意义内容。

为此，表现出这一语义区别特征的“能 p”和“会 3”不能互换。二者互换以后虽然在句法上成立，但意义会发生变化。先来看“能 p”不能换成“会 3”的用例。

[97] 有时候他也往远处想，譬如拿着手里的几十块钱到天津去。……虎妞还能（＊会）追到他天津去？在他的心里，凡是坐火车去的地方必是很远，无论怎样她也追不了去。

[98] 虽然是老婆给买的，可是慢慢的攒钱，自己还能（＊会）再买车。

[99] 他说过，我要买电视的话他也许能（＊会）帮忙。

例[97]“虎妞还能追到他天津去”中的“能”表示推测“虎妞”不具备“追到他天津去”的条件，如果换成“会”，改为“虎妞还会追到他天津去?”，就成了推测“虎妞”主观决定“不追到他天津去”。其他两例也可作同样的解释。例[97]—[99]中整个情况是否出现都取决于主体是否具备条件，因此，都用“能 p”。如果换成“会 3”，就表示取决于主体的主观决定，和原文的意义不符。

“会 3—II”都是 NP 能控制 VP 的用例，所以“会 3”都不能换成“能 p”。

[100] 她回头一看，发现得屋是回家以后疯的，而不是像大家认为的在外面疯的，她再也不会(＊能)回家了。咚儿打定主意从此不再回家，所以三年里只给家里寄了三封信。

[101] 在舒适的异国他乡，有一个终身视我为迷的外国丈夫，同样，我也不会(＊能)去了解他，我们至死都保持着对彼此的神秘。

[102] 其实你们即便请我，我也不见得会(＊能)去。

[103] 女作家没有漂亮的，漂亮也不会(＊能)去当作家了。

上述用例，如果把“会 3”换成“能 p”，意义就会发生变化。如[100]“他再也不会回家了”中的“会”表示推测“他”决定“不回家了”，如果换成“能”，改为“他再也不能回家了”，就成了推测客观情况使“他”失去了回家的条件；[101]“我也不会去了解他”中的“会”表示推测“我”决定“不去了解他”，如果换成

“能”，改为“我也不能去了解他”，就成了推测环境使“我”不具备“了解他”的条件。其他都可作同样的解释。例[100]—[103]中整个情况是否出现都取决于主体的主观决定，因此，都用“会 3”。如果改成“能 p”就表示取决于主体是否具备条件，和原文的意义不符。

这一语义区别特征决定当 VP 是由“认为、以为、觉得、主张、看、是”等动词构成的“判断类可控行为”时，只能用“会 3”，不能用“能 p”。如：

[104] 那时我父亲已先走一步，否则，他会（＊能）认为这些谴责同样是针对他的，那样的话，我当真就要为朋友们的行为承担后果了。

[105] 从乘客们丢魂失魄的样子来看，人家会（＊能）以为船上着了火，而不是船靠了岸。

[106] 他已经习惯了表演，会（＊能）不由自主地觉得身边所有的人都是听众。他应该对他们笑，友好地打手势。

[107] “总是讲我们没目的，可长此以往，别人会（＊能）对我们怎么看？能相信我们吗？”

为什么“判断类可控行为”前只能用“会 3”呢？道理很简单。“判断类可控行为”的出现只取决于主体的主观判断，不需要其他任何条件，所以只能用推测主观决定的“会 3”，不能用表示主体具备实现条件的“能 p”。这也是“能 p”和“会 3”这一区别特征的一个显著形式标志。

但是我们又发现，这一语义区别特征在“意愿类可控行为”句中被抵消，也就是说，如果 VP 是“意愿类可控行为”，“能 p”和“会 3”可以互换。我们先看“能 p”可以换成“会 3”的用例。

[108] 曹先生是“圣人”，必能（〇一定会）原谅他，帮助他，给他出个好主意。

[109] 哪个遇到这种待遇的人，能（〇会）不感到愤恨？

[110] 我想知道有没有人能（〇会）爱干我们这一行的姑娘。

[111] “我爹妈能（〇会）让我去上学吗？”“我去跟他们说。”

同样条件下，“会 3”也可以换成“能 p”。

[112] 他不会（〇能）答应只管那个孩子，不嫁给那个病鬼。

[113] 他以为人家会（〇能）领情。

[114] 他有钱，手头又大方，他会（〇能）好好待承你。

[115] 有了钱，张文就会（〇能）听话，服服帖帖。

这是因为“意愿类可控行为”和“一般可控行为”不同。“一般可控行为”的实现既可以取决于主体具备的条件，也可以取决于主体的主观决定，为此“能 p”和“会 3”就有了分工，“能 p”推测主体具备条件，“会 3”推测主体的主观决定。“意愿类可控行为”的实现只取决主体的主观意愿，因为“能 p”的语义构成条件中有“意愿条件”，所以可用“能 p”，因为一般情况下主体的主观决定是合于意愿的，因此又可用“会 3”。

六　从教学出发概括“能 p”与“会 3”的语用条件

以上关于“能 p”和“会 3”的对比，不是只停留在什么时候用“能 p”，什么时候用“会 3”的描写上，而是要解释存在于背后的原因。但是在教学上只要分清“能 p”和“会 3”的使用条件就可以了，所以从教学需要出发再做一次整理。把“能 p”和“会 3”的语用条件概括为三种情况：

1. “能 p”和“会 3”一般可互换：NP 不能控制 VP 或 VP 是意愿类可控行为。

2. “能 p”和“会 3”不能互换：NP 能控制 VP，VP 是一般性可控行为。

3. 可用“会 3”不可用“能 p”：I. 对 NP 来说，VP 是负向义（除“反问句”和“意外句”）II. 会……的。/将来性状语＋会……/会＋不/没……会不会[NP＋VP]？ III. VP 是判断类可控行为。

此外，由于“不能”除表示“可能”外，还可以表示“禁止”，要注意“不会”换成“不能”变成“禁止”义的问题。

第三节 虚词隐现的制约因素[①]

我们在汉语作为第二语言教学实践中往往会遇到这样一种现象：在不应该使用表名词数量指称和动词时体范畴的虚词时，俄罗斯学生偏偏要把它们加上。这是受母语（主要是印欧语）相应范畴必须要用词形变化来表示、有词必有形态这一语言类型学特征的影响所致。虚词隐现是汉语语法体系的重要特点，那

① 本文以《汉语虚词隐现的制约因素》为题发表在《世界汉语教学》1999 年第 2 期，作者谭傲霜。

么，汉语的虚词什么时候要用，什么时候不用，它是有规律可寻的。隐与现是受什么因素制约的，这是本节将要探讨的问题。

一　语言中"零"的概念和"语法标记"的隐现

一提到"零"的概念，往往使人联想到在屈折语变格变位聚合关系中不带标记的那个成员。例如俄语名词的第一格——主格，雅可布逊称它为无标记格或零标记格。英语名词词尾在表单数时也算是零标记。一些研究孤立语的学者往往会把"零"标记的概念用于孤立语的语法中，认为如果在篇章中应该有某一个语法标记而看不到它，就可以说此处是个零标记。我们认为这个说法并不妥当，它和零标记本来的内涵不太一样。零标记是有形态的语言经常会有的现象，为了节省语言符号起见，在表现某一种语义时，不专用一种形态作为标记，而是用零标记来表示它与同一个聚合体中的另一个或另一些具有形态标记的成员在语义上的对立，而不是说零标记是有形态的标记在某种场合中的代号。这里必须声明一下，"零"的概念不是绝对不能在汉语描写中出现，但那完全是另一层次的描写。

那么，语法标记在汉语的使用中有什么现象呢？为什么从一个屈折语使用者的观点来说，应该有的所谓"语法标记"往往不翼而飞，但说话人和听话人却若无其事，就好像他们之间有一种默契似的。原因是那些貌似"语法标记"而实际上不是语法标记的汉语虚词，是根据十分严格的规则，即相当于默契的语言公约在这个符号系统中运转着。它们或隐或现，各行其是地行使着自己的功能。举两对例子：

1a. 来了一个人。（A man has come.）

1b. 人来了。(The man has come. /The men have come.)

1a 句里修饰名词的虚词,是一个数词和量词。这个成分,既表单数,又表特指,还表示无定和新知。它和英语译文中的不定冠词“a”有一些相同之处。1b 句里的“人”没有“一个”修饰它,虽然这里所说的完全可能是单数一个人。既然听话人已经知道是单数还是复数,虚词成分可以不出现。再看例 2:

2a. 小王回来了。(Xiao Wang has come back.)

2b. 小王回来你怎么不告诉我?(Why didn't you tell me that Xiao Wang has come back?)

例 2 两句的中文语句和英文语句是等值的。2a 句里虚词“了”的功能是表示“回来”的情状为已然,它和英文动词现在完成式的功能在这里应该是一样的。在 2b 句里却隐去了虚词“了”,也就是说没有虚词“了”,虽然在英文句子里动词的形态并没有改变。2b 句中不用“了”跟 1b 句不用“一个”的道理一样。这里,已然的语义听话人已经很清楚。但对语言学家来说,这不是一个简单的心照不宣的问题。从交际的角度来看,1a 句“来了一个人”是一个独立的言语行为,是一个“通知”。说话人向听话人传发一个新的信息。1a 句从实际切分来说,是个无主题述题句,述题焦点是“人”,所以语句重音落在“人”上面。修饰它的成分“一个”告诉我们,“人”所代表的客体对听话人来说是不定的,是新知。1b 句“人来了”有主题也有述题,它可能是个“通知”,如果语句重音落在“来”上面;但它也可能是个“确认”,用逻辑重音重读动词所描述的情状,以表示确认。说话人这样说是因为有人对这个事实表示怀疑或提出质问。但这句话也可能是对提问做出的肯定答复:"人来了吗? 来了,人来了!"

不管是这三种言语行为中的哪一种,句首的"人"都是说话双方视野中的已知成分,说话人和听话人都知道是单数还是复数,因此代表它的名词性成分没有必要再用其他手段去加以修饰。但是,第一,已知性这个特征并不是一个单纯的语义。在语言篇章中有三种不同性质的已知信息:上文提供的已知信息,情景提供的已知信息,用逻辑推理的方法得到的已知信息。如果谈话的语境必须要用近指或远指的方式引起对方的注意,加强语效,那么虽然为已知,还是要把单复数说出来。这时 1b 句就可以说成"那人来了"或"那些人来了"。第二,在某些语境中,事物的单复数从交际的角度来说是毫不重要的。这时,名词性成分根本不用修饰。请看例句:

3a. 甲说:我去买书。

3b. 乙说:书买了吗?

在这种语境中双方关心的并不是所买的东西的数量,而是它的名目。可见这样的语境也能成为数量词隐去的条件。换句话说,数量问题在这种语境中是不重要的。

我们再回头看一看 2a 句。这句话与其说是个"通知",不如说是个"宣布",重音落在"小王"的"王"字上。"小王"这个称名对听者虽然是已知,但并不在他的短时记忆中,要用重读的方式把它从长时记忆中唤出:"小王回来了!""回来"这个情状对听话人来说是和"小王"有关的、在说话瞬间才被对方引进他视野中的信息。这里用"了"是为了交代,"回来"这个情状是个已然的既成事实,不能没有它,否则会被理解成另外一个言语行为,即

“小王回不回来”问句的肯定答复:“小王回来。”①

2b 句里的“小王回来”出现在句首表事实的主题地位上,是动词“告诉”的宾语,从语义结构来说,“小王回来”这个短语是“告诉”这个情状的“内容”。“小王回来”就是“小王回来这件事(这个事实)”。从逻辑语义范畴来说,凡是事实都是已经发生的事,应该是已然(我们并不排除在某种语境中是未然的可能性)。从句法关系来看,2b 句中的“回来”已从 2a 句谓语的地位转到句首,变成宾语中的一个成分。从实际切分来说,2a 的整个主谓结构变成了 2b 的主题,是已知的部分。这句话的述题焦点可能是“我”,如果那样,“我”就成了对比焦点,“告诉别人,不告诉我”。也可能是“告诉”:应该告诉我,却没有这样做。不管怎样,说话人选择这样一个质问的言语行为,并不是想获得某一个信息,而是为了对听话人表示不满,是在责备对方。

由此可见,汉语中的虚词或语助词不是随时出现的语法标记,也不是实词不可分割的部分。当它所代表的语义,从语用的观点来说,可被推定,或已用其他手段表达出来,或在某些交际场合下,这种语义并不重要,虚词就无须出现。因此从这些虚词在汉语语法体系中所起的作用来看,可以说它是一种语法操作

① 上面说的零标记的概念适用于这里“回来”不被修饰的事实。如果我们从语言符号的标记系统着眼,汉语里已然与未然的对立,在出现的情况下,表现在“了”和“要”的对立上。但在这两个虚词都可隐去的时候,又没有其他手段说明“已然”,怎么区别“已然”和“未然”的对立呢?这时就用零标记表示“未然”,用“了”表示“已然”。在这个层次上,我们可以说“已然”是汉语时制中有标记的成员。由此可见,在汉语里有两个层次的标记体系:第一层次是基本语言标记体系。在这个体系中可以出现零标记的概念。第二个层次是言语标记体系,它是基本标记系统在符号运转中的体现,在这个体系中虚词符号有隐现现象。

单位或逻辑情态操作单位,称它们为操作词(operator)。

二 汉语虚词隐现的制约因素

(一)语用因素

第一,语用因素是在初始的或基本的指称体系中产生作用的。所谓基本指称体系,指的是对话这个语体。在这个体系中,说话人掌握的关于谈话瞬间听话人意识状态的信息以及说话人发话的动机这两方面的情况,我们可以用已知性和重要性两组特征来表示。"已知性"指的是发话瞬间,根据说话人的判断,他所想说的情状对听话人来说是已知还是新知。重要性指的是从说话人来讲,要想说的信息是否重要。汉语虚词"要"、"在"、"了"、"过"在表层结构中的隐现是受到这两组特征约束的。

第二,汉语的横向组合关系。这里指的是虚词的隐现,决定于语句交际范畴的纵向聚合关系,它表现在语旨独立的言语行为和语旨不独立的言语行为的对立上。上面所说的语句交际范畴指的是具有共性的普遍范畴,即凡是自然语言都有的范畴。前面提到的"通知"、"询问"、"直接"、"确认"以及"否定答复"、"肯定答复"、"说明"、"更正"等言语行为,都属于普遍的交际范畴。我们可以把它们看作是一个纵向聚合中的若干成员。但它们在这个聚合体中的地位不一样:有的是语旨独立的言语行为,有的是语旨不独立的言语行为。

语旨独立的言语行为的特点是,在说话中,它的语旨对说话的另一方具有强制性,要求对方有所反应。语旨不独立的言语行为,在语旨上是不得已的,是对语旨独立的言语行为做出的反应。在一般的情况下,一个语旨独立的言语行为会给对方引出一个新的谈话题目。这里必须声明一下，语旨独立和新知这两个特征的关系并不是绝对的。一个语旨独立的言语行为有时也会具有已知的特征。

当甲乙两人开始交谈时，如果这次谈话不是上次谈话的继续，那么甲要向乙传达某一个信息，通知他一件事，表达这个“通知”的言语行为，就必然是个语旨独立的言语行为。因为说话人要在说话瞬间，将一个不处于对方视野中的情状引进对方的视野，对方也必然对他说的话有所反应。当这个情状已被引进，围绕它提出询问、对询问的答复、对该情状补充性的说明、对它真实性的确认或否定、否定时作出的更正等都是语旨不独立的言语行为。

那么语旨独立的言语行为所表现的语法形式，跟语旨不独立的言语行为有什么区别呢？作为语旨独立的言语行为的语句，一是它的句法结构必须是完整的，句法成分不能省略；二是它的主语，除了表示说话人的第一人称代词外，不是一个前指词；三是修饰名词和动词的虚词必须出现在表层结构中，以便把名词的单复数和指称的特点、动词的时体特点交代清楚。这些虚词在一个表示语旨独立的言语行为的句子中起着把某一情状及它的参与者同客观现实对应起来的作用。四是语句重音一般落在句尾的音节上。在一个语旨不独立的言语行为中，除了是为了强调确有其事、其人、其物或表现夸张以外，虚词就必须免掉，句法成分也可以出现不同程度的省略，除非要强调情状中的某一个参与者。主语一般也用有前指功能的人称指示词来表现。除此以外，用逻辑重音重读述题焦点。这是一般的规律。

修饰动词的虚词隐现的规律，从整体来说，还取决于已然和未然的对立。已然是已经发生的情状，未然是尚未发生的情状，但已然不等于过去时，过去该发生而没发生的事仍然是未然。现在正在发生的情状却是已然。由此可见，在已然和未然的对立中，既包含时的概念，又包含体的概念。①

但是如果我们想求得修饰动词和名词的各种虚词在体现这种或那种言语行为时的具体隐现情况，仅仅考虑语用上的因素显然是不够的。换句话说，当我们想知道修饰汉语动词和名词以表时体、指称概念的虚词在对话体制中运转的规律，还必须考虑到动词和名词语义上的特征。举例说，行动动词和非行动动词修饰的方式不一样，名词泛指、特指、指类和表谓词的修饰方式也会有区别。因此需要考虑的特征，动词方面可能有：a)有止境，b)瞬息性，c)可控性，d)可复原性，e)过程/事件，f)计划性，g)施动性，h)短时性，i)固定状态，j)进入状态瞬间，k)有征兆，l)双向性；名词方面可能有：a)数量，b)有定性，c)存在，d)表类，e)泛指，f)表谓。关于名词性成分的语义特征，我们这里不详细分析，关于动词语义和修饰动词的虚词隐现关系见下页表。

从表中可以看到，修饰动词以表时体特征的主要虚词"要"(包括"要……了"或"了")、"在"(包括"了")、"了"、"曾经"、"过"在对话语体中的隐现规律。这些虚词的隐现，一方面决定于语用方面的特征，这反映在言语行为的类型上；另一方面又受到动

---

① 请看"现代汉语言语行为类型和动词时体范畴虚词隐现关系表"。从表中可以看到动词时体范畴虚词使用的规律受到以下特征的约束：1)动词语义特征；2)时制特征；3)言语行为特征；4)已然未然特征。

现代汉语言语行为类型和动词时体范畴虚词隐现关系表

时体制		言语行为性质		虚词	来	挂上	丢	死	唱[歌]	哭	下雨	饿	病	知道
未然	将来	独立	通知	要	+	+			+		+			
				了					+					
				要……了	+	+		+	+	+	+		+	
		不独立	确认其他	是要	+	+			+					
				是要……了	+			+	+	+	+			
				0′	+	+				+				
				0	+	+			+					
已然	现在	独立	通知	在					+	+	+			
				(了)						(+)	(+)	(+)	(+)	(+)
		不独立	确认其他	是……(了)						(+)	(+)	(+)	(+)	(+)
				是/在					+	+	+			
				已/在……了					+					
				0					+	+	+	+		+
				得					+	+	+		+	
	过去	独立	通知	了	+	+	+	+	+	+	+			
				曾经										+
				曾经……过	+		+							
				过	+		+							
		不独立	确认和其他	[是]……了	+	+	+	+	+	+	+	+	+	+
				[是]……过	+		+		+	+	+		+	
				是……的	+	+	+	+	+					+
				得	+		+	+	+	+	+	+	+	
				刚	+	+	+	+	+		+			
				0″	+	+	+	+	+	+	+			

词本身的语义约束。这里要说明的是，当我们说某一个虚词成分隐去时，从整个符号体系来说，有两种可能性，一种是应该有虚词却没有，另一种可能性是应该有的虚词隐去了，但却出现了其他的虚词。那些虚词的功能并不是表示相应的时体语义，它出现在这里，是为了表示某一种语义或语用特征。例如“是……的”句式是为了突出动词前的述题焦点，是出于实际切分的需要，结构助词“得”是为了对动词所描述的情状或施动作出评价，副词“刚”是为了说明动词的情状是在说话瞬间前一点时间发生的。但是，这三种语言手段都是在情状为已然的大前提下才能使用，因此，在它出现时就蕴涵着一个信息：动词所表现的情状已经发生，而这种语句的交际特征（言语行为性质）也说明它们具备时体虚词可隐去的条件。

表中带括号的地方说明，这里用“了”是表示过程的开始或进入状态，同时也表示在说话的瞬间相应的动作在进行中，相应的状态在持续着。“0′”表示这里“确认”言语行为是用重音手段隐去虚词的“零标记”。“0″”表示这个“零标记”的出现是有某种限制的，即动词是处在弱位上。大致会有四种情况：一种是当动词出现在非主要用语中；另一种是当它出现在一个意思不完整的句子中；再一种是语句的交际焦点落在“原因”等语义成分上。

从表中还可以看到，汉语的时制（将来、现在、过去）和体制（开始体、多次体）受到已然和未然两组时体特征的约束。如果从整个符号体系来说，有标记的成员应该是已然中的过去时。零标记表示未然—将来。对有三种时制的动词来说，零标记由未然的将来和已然的现在分用。这时区别性特征就必须在语境、句式和重音模式中去寻找。试比较：

4a. 他回来/他回来了。

4b. 我吃饭,[肚子饿着呢!]/我吃饭,[你别闹!]/我吃了饭。

第四种是,虚词的隐现决定于两组语用特征。换句话说,隐和现是通过这两组特征相互作用而显现出来的,请看:

汉语虚词在话语篇章中隐现的条件(两组语用特征组合模式)

1. 已知(一)+重要(+)=现　我昨天看了一个好电影。

2. 已知(+)+重要(一)=隐　[这个电影我看过],是在上海看的。

3. 已知(+)+重要(+)=现　没错,小王是走了。

4. 已知(一)+重要(一)=隐　你买了什么? 我买了书。

这两组特征,"已知性"反映了交际过程中客观上的需要,否则,不可能实现正常的交际;"重要性"反映了主观上的需要,否则听话人无从了解说话人的要领,说话人就无从收到必要的语效。

下面,我们可以看到11类不同的言语行为,它们之间存在着纵向的组合关系。

普遍交际范畴言语行为聚合关系和虚词隐现规律(以行为动词为例)

1. 通知(现)

1)张先生明天要去北京。

2)小王在跟明明一起看电视。

3)老李昨天来北京了。

4)那些资料我在楼上查过。

5)为了让孩子们学音乐,我们买了一架钢琴。

2. 询问(隐)

1) 张先生什么时候去北京?

2) 小王跟谁一起看电视?

3) 老李是哪天来北京的?

4) 那些资料是在哪儿查的?

5) 你们买钢琴是为了什么?

3. 说明(隐)

1) 张先生明天去北京。

2) 他跟明明一起看电视。

3) 老李是昨天来北京的。

4) 那些资料是在楼上查的。

5) 我们买钢琴是为了让孩子们学音乐。

4. 明确(隐)

1) 张先生是不是明天去北京?

2) 小王是不是跟明明一起看电视?

3) 老李是不是昨天来北京的?

4) 那些资料是不是在楼上查的?

5) 你们买钢琴是不是为了让孩子们学音乐?

5. 肯定答复(隐)

1) 是的。[他明天去北京。]

2) 是的。[他跟明明一起看电视。]

3) 是的。[他是昨天来北京的。]

4) 是的。[是在楼上查的。]

5) 是的。[买钢琴是为了让孩子们学音乐。]

6. 否定答复(隐)

1) 不,他不是明天去北京。

2) 不,他不是跟明明一起看电视。

3) 不,他不是昨天来北京的。

4) 不,不是在楼上查的。

5) 不,我们买钢琴不是为了让孩子们学音乐。

7. 更正(否定+通知)(隐)

1) [……],他后天去。

2) [……],他跟欣欣一起看电视。

3) [……],他是前天来的。

4) [……],我是在地下室查的。

5) [……],我们买钢琴自己弹着玩儿。

8. 澄清(现)

1) 张先生是要去北京吗?

2) 小王是在看电视吗?

3) 老李来北京了吗?

4) 那些资料你查过吗?

5) 你们是不是买了一架钢琴(买钢琴了)?(隐)

9. 确认(现)

1) 张先生是要去北京。

2) 小王是在看电视。

3) 老李是来北京了。

4) 那些资料我查过。

5) 我们是买了一架钢琴(买钢琴了)。(隐)

10. 否认(隐)

1) 不,他不去北京。

2) 不,他没看电视。

3) 不,他没来北京。

4) 没有,那些资料我没查过。(现)

5) 没有,我们没买钢琴。

11. 更正

1) 他去沈阳。(隐)

2) 他在玩儿牌呢。(现)

3) 他去沈阳了。(现)

4) 我只问过怎么查。(现)

5) 我们买了一架电子琴(电子琴)。(隐)

可以看到,动词和名词的这些重要的修饰成分,在具有不同性质的言语行为的句子中所表现出的隐现规律。请看1“通知”句。这是个独立的言语行为,它必然具有上文所说的第1种组合模式。这种组合的结果是虚词显现在表层结构中。第8类“澄清”和第9类“确认”句是非独立言语行为,但是因为它们从语用的观点来说属于第3种组合模式,所以虚词必须出现。唯一的例外是第8类“澄清”言语行为的第5句和第9类“确认”言语行为的第5句,括号里出现了隐的可能性。因为在这两句中实现了第2个组合模式“既为已知又不重要”。问题是这两种言语行为“澄清”和“确认”关系到情状本身的真实性,虚词“了”在这里不能少,但修饰与此情状相关的,表示参与者的名词是否有虚词是无关紧要的,所以可有可无。

其他2、3、4、5、6、7、10类言语行为都属于第2种组合模式,虚词隐去。请注意最后一个言语行为“更正”。“更正”是个综合性的言语行为，包含“否定”和“通知”两个行为(请看第 7 类)，但是，这里的“通知”可能不是一个独立的言语行为。例如在第 7 类“更正”里的“通知”中，说话人否认的不是情状本身，而是与此情状相关的事实，因此虚词不出现。

第 11 类“更正”句中，凡是虚词出现的语句，原来的情状的真实性都被否认，而用另一种真实的情状取而代之，表示更正。例如第 2 句“在玩儿牌”是跟“看电视”对立的新的情状；第 3 句“去沈阳”是和“来北京”对立的新的情状；第 4 句的“问过怎么查”是和原来的“查过”对立的新情状，因此都必须修饰。在虚词隐去的第 1 句和第 5 句，情状的真实性没有被推翻，而只是更正了与它相关的事实：“不是去北京，而是去沈阳”，“买了电子琴，不是钢琴”。

(二)语义因素

虚词的隐现也可能纯然是个语义问题，它决定于篇章中这个或那个片段里是否有必要表示这种语义。例如虚词“们”用来修饰名词时，它的主要功能并不是表示复数，而是为了说明说话人，把他用“们”修饰的那个名词所代表的人或事物纳入他个人的范畴中。“个人范畴”是语言中一个十分重要的特征。俄国语言学家阿帕列西扬曾对这个范畴语义的特点作了详尽的说明。我们看一看例 6：

6a. 这些孩子真淘气！

6b. 这些孩子们真淘气！

6a 句中“这些孩子”和说话人没有什么个人的关系，他只是批评这些孩子的表现。6b句中评价的语气虽然保存着，但骂中有爱，说话人对这些孩子的行为是很关注的，因为他们被纳入他的个人范畴中。正是因为“们”和名词搭配时含有这种语义，我们才感到校长跟学生讲话时，用“各位同学”或“诸位同学”跟“同学们”的称呼有什么区别。也正是因为“们”的语义主要不是为了表复数，所以语法书和词典中说的禁区——“有数量词修饰名词时，不可用‘们’”也不是绝对的。举个例子，餐厅里的伙计在热心地招呼顾客时，未必不能说例6c的句子：

6c. 三位小姐们，请里边儿坐！

此外，像虚词“着”的基本功能是将行动动词转换为状态动词。请看例7：

7a. 把画挂在墙上→墙上挂着画

7b. 把羊牵过去→牵着羊过去

7c. 你记住，我不是好惹的→你记着我不是好惹的

7d. 我渴，给我倒杯茶→不给他喝，让他渴着。

状态动词本身（请看7d中的第一个“渴”字）并不需要“着”去修饰它，如果修饰的话（请看7d中的第二个“渴”字）是为了加强状态动词的状态语义，不强调时可以隐去。

（三）修辞因素

从修辞的角度看影响虚词隐现的因素有两个方面。一方面是为了强调或渲染，以便更有效地去影响说话人；第二个方面是出于节奏的考虑。像上面4a句里“企业家”前面有“一个”好像更恰当一些。虚词也像实词那样，在一句话的节奏结

构中可以充当一拍，有了它，上下两句话在节奏上就达到对称，更有音乐感。但在某些场合，这一个节拍就不是可要可不要的问题了。不要它，这句话在语法上不能成立。请比较例 8 的两句：

8a. 小王的父亲已经去世。

8b. ＊小王的父亲已经死。

很明显，8b 句“死”后要加上个虚词“了”，这是因为“死”是一个单音节动词。如果把“死”换成“去世”，后面那个“了”字就可以隐去。

（四）篇章语体的特点和语言公约

这两点也是影响汉语虚词隐现的因素。对话体是以“我”、“你”、此时、此地为指示坐标，虚词的隐现在这个语体中的规律同其他语体不一样。在叙述体中不存在篇章与语言情景的关系问题，也就是说，不存在说话瞬间这个概念。表时间的虚词在这里担负着其他功能，比如说，表示两种情状在时间上的关系是共时、先时还是后时。在叙述体的并列结构中，有的动词后有“了”，有的没有。使用不使用这个虚词，在哪里用，是出于说话人想不想强调其中某一个情状。动态助词“了”在叙述体中很少出现，甚至可以完全不出现。但是作者把它安排在段落开始和终了的地方，往往又是为了表现一个新的主题的开始，或这个主题到此为止。这样就起到承前启后、保证篇章上下文前后连续的作用。

报刊中的消息和报道也有它作为大众媒体的特点。我们可以把它称为语言公约，或约定俗成。新闻报道不同于小说叙述体的一个特点是，它的时间体制和对话体的时间体制有某些相同之处。报刊中的“今天”、“昨天”、“明天”甚至“现在”可以从报纸的日期、发稿排印时间，对照读报时间推出来。但是我们在报纸中，特别是报纸标题中，很少看到用虚词“了”。这是什么原因呢？根据统计的材料，可以看到报刊使用动词时，如果讲的是已然的事，动词一般不用“了”来修饰，而在描述将来要发生的事，或现在正在进行的事，反而要用“将”、“要”、“正在”等虚词加以修饰。其实这也很自然，报纸消息里90％以上的报道是已经发生的事，因此，在三种可能的选择中，零标记就用来表示已然，这是符合语言经济性原则的。学术性文章，特别是有关自然科学的论文，所描述的情状一般是用表多次体和常态的虚词手段表现的。这样的文章里也基本上见不到虚词“了”。

三　结语

虚词的隐现是汉语语法体系的重要特征。根据我们的观察，它也牵涉到形容词和副词的修饰成分以及前置词和关联词。如果印欧语言词形的变化是具有强制性的，也就是说，不管相应的信息是否已由词汇手段或其他手段表达，该变的必须变。那么汉语虚词的使用有没有强制性呢？我们的回答是肯定的。这种强制性表现在动词时体体系和名词数量指称体系虚词的隐现规律中，该现的必须现，该隐的必须隐，现和隐都有其强制性。不遵守这些规则，就会像上面所说的出现语法错误，或引起语义上的纠纷，甚至影响到言语行为选择不当、言不达意。这是第一种性质的强制性。第二种性质的强制性属于修辞范围。比如说，这个虚词在这里是可有可无的，有没有它都不违反语言的规范。[①] 换句话说，从句法、语义和语用的观念来说，它的隐与现具有任意性。但是从语效的角度来说，说话人或作者为了对听话人或读者产生一定的影响，取得应有的语效，他就必须这样用。因此从说话人主观上来讲，这就不是可有可无的事，也具有强制性。

汉语作为无形态语言，其语法体系还有一个特点，即普遍交际范畴和表示体、表示数量指称的符号体系的运转机制是息息相关的。而在印欧语中，它们的关系是间接的。对汉语来说，它的纵向聚合关系不体现在形态变化上，而表现在普遍交际范畴虚词使用的隐现中。换句话说，汉语时体等虚词的使用在很大程度上决定于言语行为的性质以及语义和篇章的要求。

第四节 “了”的语法位置[②]

本文讨论词尾“了”的使用条件。为了把问题说清楚，不得不同时讨论相关的一些现代汉语的句子构造问题。由于汉语句子构造方面的研究目前还十分薄弱，有些问题我们只能点到为止。作为汉语时态表达的最基本的手段之一，“了”的使用牵扯

---

① 我并不是说，一切和修辞有关的问题都是可有可无的。有许多我们过去认为是修辞学范围的问题，实际上是篇章语言学的范畴，也就是说属于语用范畴。它的许多规则是说话人（作者）必须遵守的。这里只是指具有同样语旨、但不同语效的语句，在使用时会出现任意性。

② 本文以《现代汉语的句子构造与词尾“了”的语法位置》为题发表在《语言教学与研究》，1999 年第 3 期，作者刘勋宁。

到汉语语法的许多方面。这些方面的研究，有的目前还完全是空白，有的虽然有些成果可是需要重新考虑。所以，目前这篇文章所谈的只是一个最重要的方面。

一　*基本规则*

先看一个例子：

系里开了会
系里开会表扬了老王
系里开会表扬老王去了现场
系里开会表扬老王去现场开了会
系里开会表扬老王去现场开会表扬了老李
系里开会表扬老王去现场开会表扬老李去了现场
……

可以预测，这个句子如果有条件不断延长的话，“了”只出现在最后一个谓语动词节上。

这样，我们就得到了一条规则：

一个句子里有多个谓语动词节的话，词尾“了”只出现在最后一个谓语动词节上。

如果用公式描写的话，就是：

S句＝S主（VO＋VO＋……＋）V了O

汉语的句子不一定要有主语。即使有主语，也不一定是施受关系。赵元任先生（1968）曾举了一个有名的例子：

他是个日本女人。（＝他的佣人是个日本女人。）

从此以后，许多人注意到了主谓语之间的不相应的关系。

其实，这还不够。汉语的主语谓语之间的关系远远不是一个不相应的问题。即使把谓语前的部分都叫作话题，也不能从根本上解决问题。可以说，汉语的主语只不过是给表述提供了一个背景，一个着落点。因此，汉语的句子应该分两部分研究。就谓语部分来说，完全可以抛开主语进行独立的描写和研究。

许多人说到了汉语句子的信息焦点（focus）在句子后部。很明显，上面例句的表达重心都在最后的动词节上。“系里开了会”说的是有“开会”这件事。“系里开会表扬了老王”说的是发生了“系里表扬老王”这件事，“开会”只是表扬的方式。“系里开会表扬老王去了现场”说的是表扬的内容。我们可以把这句话用对话的方式逐层展开：

老王去了现场了。

——是吗，又去了？你怎么知道的？

——系里开会表扬了。

——系里开会了？

——啊，系里开会你都不知道吗，你也真够呛！

但对话不可能从“系里开了会”开始，除非故意卖关子。这可以说明汉语的表达重心的确在最后的谓语动词节上。

有鉴于此，我们把上面的构造式略去主语代号，改写为：

P＝（VP＋VP＋VP＋……＋）VPf

我们把这个构造式看作词尾“了”出现的基本规则，简称为汉语的“VVF”规则。①

① 初稿把焦点句节写为“FP”。“VPf”的写法是史有为先生建议的。他的意见很好，我们就采用了。称呼的办法仍然不变，叫“VVF”规则。

长期以来,汉语语法研究集中在词组构造上。词组与词组,或者说小句与小句之间的关系研究相当薄弱。最近张伯江、方梅出版了他们合著的《汉语功能语法研究》①,填补了这方面的空白。他们指出:

> 主位标志既然是次要信息和重要信息的分界线,它就绝不会出现在焦点成分里:
>
> * 这伙人没事总爱在胡同口大槐树底下玩**啊**台球。
>
> * 其实你也就是**啊**一般人。
>
> * 咱们谁也不要使**啊**这个电话了。
>
> * 最好谁也别欠**啊**谁的情儿。
>
> * 咱们国家又没有**啊**去那儿的飞机。

前三个例子由于语义的关系,无法带“了”——第一句的“总爱”与“了”是反对关系,反复“实现”等于没实现,第二句是属性动词(属性动词带“了”有特殊限制),第三句的动作是预期而不是事实②。其他两句带“啊”成为死句的地方正好都是带“了”可以活起来的地方:

> 最好谁也别欠了谁的情儿。
>
> 咱们国家又没有了去那儿的飞机。

第一句如果没有“总爱”也可以把“啊”换成“了”而让它活起来:

> 这伙人没事在胡同口大槐树底下玩了台球。

---

① 参见张伯江、方梅《汉语功能语法研究》,江西教育出版社,1996年版。

② 参见刘勋宁《现代汉语词尾“了”的语法意义》,《中国语文》1988年第5期。

我们认为，词尾“了”只出现在最后一个谓语动词节上。张伯江、方梅他们指出，主位标识“啊”绝不会出现在焦点成分里。两种认识合起来，我们可以说，汉语的句子焦点在句尾上；“了”用于焦点动词，是焦点动词的标志。

一般认为“了”表示某种时态意义，于是就有一个问题，为什么符合这些时态语义的动词后面并不是总能够加“了”。房玉清曾经仔细分析了留学生下列病句：

> 昨天天气很暖和，我们去了散步。（英）
>
> 客人一来了，他连忙跟他们说了一些闲话，然后请他们入席。（法）
>
> 外国学生往往把“一了”误认为“过去时”的标志，到处套用。其实汉语表示过去的动作不一定用“一了”。[①]

现在可以明白，外国学生误认为“过去时”也不比误认为“完成体”更坏[②]，出这些病句的原因并不在“到处套用”，汉语也不是“不一定用”。试把这些句子里的“了”去掉，立刻就知道不通，甚至意思相反（我们去散步≠我们去散了步）。这些句子之所以有病的根本原因是“了”用错了地方。如果要用“了”，第 1 句的“了”只能在“散”的后面，第 2 句的第一个“了”应该删除（这里的短句是从属结构，用不用“了”另有规则），全句如

---

① 参见房玉清《从外国留学生的病句看现代汉语的动态范畴》，《语言教学与研究》1980 年第 3 期。

② 无论从实际用例，还是从统计数字看，汉语和英语相比，汉语的“了”都更像过去时而不像“完成体”，参看赵世开等（1984）、拙作（1988）6.2 节。有一回，我一位研究语言学的香港朋友跟我讨论“了”的问题，转过头去就对她的美国丈夫说我们刚才讨论汉语的“past tense”。可见，许多人自作多情，把自己的“了”比附于英语的“perfect”，美国人还不买这个账。

果想结句，“了”只能在“入”的后面[①]（这两句也都可以改为加句尾“了”，放在最后）。

许多人以为汉语的时态标志加不加是自由的，现在看来这是误解。至于有人褒扬汉语，把不能到处加“了”归功于汉语的灵活性；有人贬抑汉语，又归咎于汉语的缺乏规律性，都只能说是一叶障目了。

我们知道，英语是有形态的语言，可是，英语的时态成分也只能加在主要动词上，并不是任意一个符合时态语义的动词都可以带上时态成分的。从这点上看，汉语也是有“主要动词”的，所不同的只是汉语的“主要动词”在句子的后面。

也有人把说话时用重音强调的成分叫作“焦点”[②]。他的例子是：

他写了一张请假单。

“他”、“写了”、“一张”、“请假单”、“写了一张请假单”、“一张请假单”都可以是焦点。这，可以从它们能回答的问题上得到证明。“他”能回答“谁写了一张请假单”的问题。“写了”能回答“他对一张请假单做了什么”的问题。“一张”能回答“他写了几张请假单”的问题。“请假单”能回答“他写了一张什么”的问题。“写了一张请假单”能回答“他做了什么”的问题。“一张请假单”能回答“他写了什么”的问题。

我们不采取这样的说法。因为重音强调的可以是句子中的

① 本文对例句的修改，只就语法问题修改，不考虑修辞，也就是说，我们并不以为这是最好的修改法。

② 参见沈开木《句段分析》，语文出版社，1987 年版。

任何一个部分，这样就处处是焦点了。我们还是用最朴素的办法，把重音强调的地方叫作“强调部分”或者“强调点”。

根据以上论述，我们可以把“了”字所在的动词节称作“焦点动词节”，把“了”字所附的动词称作“焦点动词”。需要注意的是，我们没有在最前面的例句最后加上句号。这是因为它出现在具体的句子里时，还要受成句规则的制约。因此，严格说来，这一节讨论的只是一种句法形式，不是句子。

二　应用规则(1)——单焦点句

严格来说，单焦点句应该叫作“单焦点叙述句”。我们曾指出，“了”多用于叙述句。[①] 所谓“多用”的部分是一种非谓语情况，不在本文讨论的范围之内。以下不作说明。

从这一节开始，我们讨论 P 怎样进入句子。正像本文一开始说的那样，汉语句子的研究是十分薄弱的，我们还无法把握本文的讨论在整个句子系统中的价值和作用。因此，本节以后的论述，只是就“了”出现时所遭遇的环境立论，不全面估价句子的功能以及与其他句型之间的关系。

下面先看一个例子：

系里开会，我得了一个奖杯。

系里开会，给大家发奖，我得了一个奖杯。

系里开会，表彰今年的模范，给大家发奖，我得了一个奖杯。

……

① 参见刘勋宁《现代汉语词尾“了”的语法意义》，《中国语文》1988 年第 5 期。

我们同样可以预测，如果小句可以不断增加的话，这些不带“了”的小句总是加在带“了”的小句之前。也就是说，“了”只出现在最后一个小句上。这样，我们就得到了第一条应用规则：

应用规则(1)：几个小句合成一个连续谓语句，词尾“了”只用于最后一个小句。

用公式表示的话，就是：

Ss＝VP1(＋VP2＋VP3＋……＋)P

从这一点来看，汉语不仅有焦点动词，而且有焦点句。二者是相应的：焦点动词在连续排列的几个动词节的最后一个，焦点句也在连续排列的几个小句的最后一个。

下面我们再重点分析两个例子。第1个例子是从一本书上摘下来的。

(1)他曾于1983年和1985年两次来华讲学，通过在北京、上海和广州等地举办系列讲座，培训了一大批骨干。1991年7月，他又专程来到苏州，参加由苏州大学主办的第二届全国系统功能语法研讨会，并在大会上就语言研究的指导原则做了重要发言。(《语言·语篇·语境》前言，清华大学出版社，1993)

从语意上看，我们可以在很多地方加上“了”，可是加上以后，句子就变得松散起来，甚至相当不通顺了：

(2)i 他曾于1983年和1985年两次来华讲[了]学，ii 通过在北京、上海和广州等地举办[了]系列讲座，培训了一大批骨干。iii1991年7月，他又专程来到[了]苏州，参加

[了]由苏州大学主办的第二届全国系统功能语法研讨会，并在大会上就语言研究的指导原则做了重要发言。

问题就在于增加了焦点，失去了层次，原来“眉目”清楚的句子变得不清楚了。尤其是第ii句，因为“通过在北京、上海和广州等地举办系列讲座”是介宾结构作状语，从属于主句“培训了一大批骨干”，增加“了”之后就格外别扭。

第2个例子是从报纸上抄下来的：

(3)中国国家主席江泽民和美国总统克林顿今天在举行正式会谈之后，共同会见了中外记者。江泽民主席首先讲话说，刚才我同克林顿总统举行了正式会谈。双方就中美关系和重大的国际和地区问题广泛、深入地交换了意见。会谈是积极的、建设性的和富有成果的。中美两国元首成功实现互访标志着中美关系进入一个新的发展阶段。(《中美两国元首共同会见记者》，《光明日报》1998.6.28)

可以看到，每个句号之前只有一个“了”字。按说第一句的“举行”后面可以加“了”(下面一句“刚才我同克林顿总统举行了正式会谈”正是这样)，但因为这一句后面还有一个分句，“了”字给了下一句“共同会见了中外记者”。最有意思的是最后一句的“中美两国元首成功实现互访”部分，因为是后面部分的“主语”，所以没有“了”字，可是同样的话在同一天报纸上的另外一篇报道中，因为是作谓语就带上了“了”(见下例)。

(4)朱镕基说：“在江泽民主席去年访美之后，你来到中国进行国事访问，实现了中美元首的互访。这代表了中美两国人民的共同愿望，将推动两国关系进入一个新的发展阶段。”(《朱镕基为克林顿举行工作午餐》，《光明日报》1998.6.28)

房玉清在分析留学生病句时曾经列举一些必须用“了”而没用的句子：

后来我给他找(　)一个地方，把他交给一个宋伯伯。(英)

虽然这些话是以后说的，它们却也反映(　)土改以后中国农村的情况。(德)

她通过新同志的批评，改正(　)思想上的错误。(朝)

作者认为“以上句子的括号中都必须用动态助词‘了’，因为这些动词都表示完成”。我们看到，一个稍微复杂一点的句子，在语义上属于“完成”的动词就不止一个，可是能带“了”的动词却往往只有一个。就这几个例子也可以看出，除了作者在后面加了括弧的动词之外，“交给”、“说”、“批评”也应该是“完成”的(有人不承认汉语有介词，那么，“通过”、“给”也是动词，语义上显然也是“完成”的)，那么又为什么不需要加“了”呢？如果“因为这些动词都表示完成”而加了“了”，一定会被老师画上红叉。如果凡是“完成”的动词后都加“了”，一定会把老师气疯了。可见，以上有括弧的地方需要“了”，它的理由完全不是“因为这些动词都表示完成”。

上面这些句子都还有另外一种改法，即在后面再增加一个带“了”的分句，句子就依然成为合法的：

后来我给他找一个地方，把他交给一个宋伯伯，<u>他也就</u>

有了安身的地方。[1]

虽然这些话是以后说的，它们却也反映土改以后中国农村的情况，给我们敲了警钟。

她通过新同志的批评，改正思想上的错误，得到了大家的谅解。

这从另一个方面又告诉我们：汉语的句子是有焦点的，不论是单句，还是复合句，焦点都在后部。

最后举一个散文里的例子结束本节。

(5)等到方桂同赵元任先生等把范围扩充到语言，利用近代的方法，就奠定了中国语言学的基础。（陈省身序，徐樱《方桂与我五十五年》，商务印书馆，1993）

本句的一些动词如“扩充到、利用”等后面也是可以加“了”的，可是作者要聚焦(focusing)于最后一句，因而只在最后一句上加了“了”。

三 应用规则(2)——并列焦点句

我们很容易发现本文一开始的例句也可以做另一种变换：

系里开了会，表彰了今年的模范，给大家发了奖，我得了一个奖杯。

这好像否定了我们在前面提出的规则，每个小句都有一个

---

① 有朋友觉得，这一句即使最后加上带“了”的句子，前面的“后来我给他找一个地方”最好也加“了”。这是对的。但这要看说话人是不是要把这件事也作为一件事情数落。参见下文。

“了”。其实不然。任何一个说汉语的人都可以看出，这样的句子是“数落句”。也就是说，这样的句子是同时说了几件事，而不是一件事。不过上面句子的“数落”不很自然。因为我们看不出是什么样身份的人会说这样的话。如果是系领导摆谱儿表功，则没必要把自己得奖的事也数上，而且开会也是表彰发奖时的自然做法，没必要数落。所以在自然的谈话中，常见的数落是这样的：

我今天写了信，填了报表，去了菜市场，回来还看了一会儿书。

这样我们就得到应用规则(2)：

应用规则(2)：汉语的一个句子中，也可以同时容纳几件事，这时候也可能有几个“了”。这些“了”字句之间是并列关系。

用公式表示的话，就是：

Ss＝P(＋P＋P＋……＋)P

数落句其实也是焦点句，只是并列了多个焦点句而已。并列焦点句中会有几个小句存在，单项焦点句中也可能有几个小句存在。那么，二者有什么不同呢？我们再多看几个例句：

A	B	C
去食堂吃饭——	去食堂吃了饭——	去了食堂(，)吃了饭
去公司吃饭——	去公司吃了饭——	去了公司(，)吃了饭
写信买东西——	写信买了东西——	写了信(，)买了东西
找人看地方——	找人看了地方——	找了人(，)看了地方

A是歧义结构，可能跟B同类，也可能跟C同类。B和C不同，B的前动词节只能是后动词节的从属成分(这里分别是场所和

手段），而C类就只能是两件事。有时候，即使C的前项相当于后项的一种凭借，只要加上“了”，说话人也是作为两件事来说的，比如“去了食堂，吃了饭”，也许“去食堂”仅仅是为了“吃饭”。可见，多一个“了”就多了一个焦点，在表达上一件事就会变成两件事。

数落句的特点是：各小句之间是并列关系，项目是根据说话人的意图不断递加上去的。因而在项目多少上没有限制。不过，过多的并列会失去重心，造成啰嗦感，因此，无论是口语还是书面语中，都习惯将比较重要的事件放在最后“压阵”，或者用总括性的话给予总结。前面所举例句的如果最后是简单的“看了一会儿书”，就成了完全报账式的了。所以从语气上来说，要用其他成分照应一下，比如用副词“还”，而且加上“回来”把句子总括一下，语气就紧凑圆转了。下面再看一个书刊上常见的“内容简介”的例子：

(6)本书介绍了语段的基本知识，分析了语段的结构和类型，指出了语段使用中常见的错误，阐述了语段的修辞作用。可供中学师生和语文爱好者阅读。（郝长留《语段知识》，北京出版社，1983）

没有最后一句“可供中学师生和语文爱好者阅读”，前面的句子就会压不住。

有了以上分析，日常遇到的多数句子已经可以得到解释了。我们略举几个例子（下面具体分析前两句，用T表示话题，P表示谓语，其后的例句请读者自己分析）。

(7)中国经济的繁荣带来了中国注册会计师事业的发

展，也为国际会计师行业提供了极大的市场和发展机遇，国际资本一体化带来了会计市场的一体化。这一发展趋势，不仅为中国注册会计师提供了更为广阔的执业领域，同时也从客观上对注册会计师提出了更高的执业质量要求。(《会计》，中国财政经济出版社，1998)

T(中国经济的繁荣)
P1(带来了中国注册会计师事业的发展)
P2([也为国际会计师行业]提供了极大的市场和发展机遇)
T(国际资本一体化)
P1(带来了会计市场的一体化)
T(这一发展趋势)
P1([不仅为中国注册会计师]提供了更为广阔的执业领域)
P2([同时也从客观上对注册会计师]提出了更高的执业质量要求)

(8)老师发现了她的举动，严厉地点了她的名：“玛丽！”(《故事会》1998年第7期)

T(老师)
P1(发现了她的举动)
P2(严厉地点了她的名：“玛丽！”)

(9)……一书，对刑法部分的内容，全部根据新修订的刑法重新进行了改写；对行政处罚法、房地产管理法等部分又增加了新的内容；对书中凡涉及到新公布或修订的法律的有关内容也均进行了相应的修改。(《新华书目报》第512期)

(10)这种新的分析尽管仍有若干不能令人满意的地方,但它既体现了各种语言在辖域等方面的相同之处,又反映了不同类型语言之间在疑问句上的差异,从而达到了汉语语法和普遍语法比较有机的结合。(《当代语言学》1998年第2期)

(11)从病情上面来说,有的属于语言结构方面出了问题,有的属于其他方面(例如逻辑、事理、习惯、情调等等)出了问题。(张清常序,《汉语病句辨析九百例》,华语教学出版社,1997)

有时候句子会稍微复杂一些,相当于各种句式的复合,这里也略举数例。

(12)你很聪明,你本可以写出很地道的作品,可你却当上了聪明的文学玩主。你很敏锐,本可以写出很深刻的小说,可你却只是借文学撒了一把野。你很机智,本可以写出很有深度的文字,可你却机智地当上了文坛的痞子。(凡人主编《给名人上课》,中国广播电视出版社,1998)

S1:T(你)

P1(你很聪明)

P2(你本可以写出很地道的作品)

P3(可你却当上了聪明的文学玩主)

S2、S3(略)

(13)……好比一条鱼不洗不开膛就上了桌,让人出了全鱼价,一口没留神还添了恶心。(《王朔自选集》序,华艺出版社,1998)

S1：T（好比一条鱼）

P1（不洗不开膛就上了桌）

P2（让人出了全鱼价）

P3（一口没留神还添了恶心）

P1“不洗不开膛就上了桌”，如果按时态分析，好像可以写成“不洗了不开了膛就上了桌”，可是作者处理为连续的动词节，只把“了”放在最后一个动词节上，作为一件事，让它和其他两句并列。

目前汉语课堂上或语法书中，几乎都是举单句为例，只相当于我们对一个 P 的分析。因此，本文的结论已经囊括了目前语言教学和语法分析中遇到的绝大多数情况。不过，这不是全部。下面这些句子，它们的“了”并不因为后面动词节的增加而后移：

下了课你来找我。

给了他就对了。

支持了他就等于支持了我。

不过，我们可以感觉得到，这些句子与我们前面分析的句子不是同类的。既然类不同，规律也有所不同，这并不奇怪。

四 一个优秀分析的再分析

我们在以前的文章的一条注里指出：“工作做得越细致越具体，就越容易给人留下挑剔的机会。这样，学术才能进步。”①我们在一些文章中不可避免地批评过一些时贤前辈的著作，这不

① 参见刘勋宁《现代汉语句尾“了”的语法意义及其与词尾“了”的联系》，《世界汉语教学》1990 年第 2 期。

意味着这些著作不好，而是说它们是这样的好，可以成为我们前进的基础。的确，在研究当中，我们常常为提出一个看法而没有足够的参考而苦恼，也就更加感谢那些"给我们提供了分析解剖的基础，才使我们有了深究的可能"的论著，感谢他们为我们的事业打下了基础。下面我们要分析的就是这样一篇优秀论文。

李兴亚先生的《试说动态助词"了"的自由隐现》[①]一文是讨论"了"字使用条件时引用比较多的一篇文章。应当说，李文已经猜测到了其中的一些微妙之处，有些说法是与我们暗合的。请看原文最后一段（括号[　]是原有的，意思是原文中没有用"了$_1$"，但可以用上；[了]表示原文中有"了$_1$"，但可以不用）：

> 二、在表示"行为—结果或者方式—结果"关系的复句中，如果表结果的小句动词后头用有"了$_1$"，则前头表示行为或者方式的小句中动词后头"了$_1$"常常可以自由隐现，因为结果既已出现，行为、方式当然已经完成。例如：
>
> (62)党认真补救[　]农业合作化后期以来农村工作上的失误，提高[　]农副产品价格，推行[　]各种形式的联产计酬责任制，恢复并适当扩大[　]自留地，恢复[　]农村集市贸易，发展[　]农村副业和多种经营，极大地调动了农民的积极性。(《中国共产党中央委员会关于建国以来党的若干历史问题的决议》)
>
> (63)五中全会增补[了]政治局常委委员，成立[　]中央书记处，有力地加强了党中央领导。(同上)
>
> (64)中国微型电脑应用协会最近在湖南长沙举行[　]

---

① 参见李兴亚《试说动态助词"了"的自由隐现》，《中国语文》1989年第5期。

成立大会，通过了协会章程，选举了理事会和常务理事会，制定了协会工作计划。(《光明日报》1981.10.25)

(65)罗贯中搜集[了]所有的关于曹操奸诈恶毒的传说，集中起来，塑造了一个剥削阶级的利己者的典型。(《中国文学史》，中国科学院文学研究所)

以上例子中“补救、提高、推行、恢复并适当扩大、恢复、发展、增补、成立、举行”后头都可以用上“了$_1$”；用上“了$_1$”之后，前后小句之间的“行为—结果或者方式—结果”关系不及原句显著。例(65)“搜集”后头“了$_1$”可以去掉；去掉后，小句之间“行为—结果或者方式—结果”关系比原句显著。

为什么会有“行为—结果或者方式—结果”这样的关系，其实就是“VVF”规则在起作用。带“了”的地方是焦点所在，也就是作者所说的“结果”。那些没有用“了”的动词之后，正像作者所说，“用上‘了$_1$’之后，前后小句之间的‘行为—结果或者方式—结果’关系不及原句显著”。不过，现在看来，就不仅仅是“不及原句显著”的问题了。

下面就让我们重新来看一看李兴亚先生分析过的这些句子。先看加上“了”之后的例(62)：

(62)党认真补救了农业合作化后期以来农村工作上的失误，提高了农副产品价格，推行了各种形式的联产计酬责任制，恢复并适当扩大了自留地，恢复了农村集市贸易，发展了农村副业和多种经营，极大地调动了农民的积极性。

这就成了一种“数落句”。可是就这句来说，前面都是具体措施，最后一句不是措施而是效果，就是我们第三章所说的“总括性的话”，无法与之“并列”。所以，要保留最后一句的“了”，前面几项动词之后的“了”就不是可加可不加的问题，而是完全不能加。

再看作者分析的例(65)：

(65)罗贯中搜集[了]所有的关于曹操奸诈恶毒的传说，集中起来，塑造了一个剥削阶级的利己者的典型。

作者以为“例(65)‘搜集’后头‘了$_1$’可以去掉；去掉后，小句之间‘行为—结果或者方式—结果’关系比原句显著”。其实不然。原句说的是罗贯中两方面的成绩，一是“搜集”，一是“塑造”。因为“搜集”与“塑造”之间还有一段距离，所以才有了“集中起来”一句。如果真的去掉了“搜集”后头的“了”，关系就完全变了(搜集的目的只是为了塑造)。

其他两例同样，“了”也是不能够“自由隐现”的。比如：

(64)中国微型电脑应用协会最近在湖南长沙举行[ ]成立大会，通过了协会章程，选举了理事会和常务理事会，制定了协会工作计划。

后三个分句说的是大会进行的三项工作，“举行大会”根本无法与之并列。如果一定要加“了”，就必须用句号点断此句，并在后三句之前加上“会议”另起一句。同理，例(62)如果要保留前面一连串的“了”，一个改法就是把最后一句前的逗号改为句号，另加上主语成为“党的一系列措施极大地调动了农民的积极性”。

例(63)也是一样，请读者自己体会一下。从这里我们可以看出，“了”字的使用要受到句法位置的限制，并不是任意的。语言学家常常喜欢给文学家纠正“语法错误”，其结果却是纠正了

“语法错误”,犯了“语言错误”——一种更加无法容忍的天性错误。

五 余论

十九年前,陆俭明先生曾以“一个难题”为小标题,在《语言教学与研究》上发表文章说:

> 我们在虚词教学中还有不少难题,这里只讲一个,那就是对于“的”和“了”这两个最常用、最普通的虚词,我们至今未找到一种理想的行之有效的讲法。……学生在“的、了”使用上的主要毛病是:该用时不用,不该用时反而用了。然而必须指出,毛病出现在学生的笔下、口中,责任却在我们汉语教员,乃至汉语语法工作者身上,因为到底什么情况下必需用“的、了”,什么情况下不该用“的、了”,至今我们讲不清楚。例如:
>
> ……
>
> (3a) * 我下车后,中国同学热情地帮了我搬行李。
>
> (3b)我下车后,中国同学热情地帮我搬行李。
>
> (4a) * 昨天你们真是帮我的大忙。
>
> (4b)昨天你们真是帮了我的大忙。
>
> ……为什么例(3)“帮”的后面不能加“了”,而例(4)“帮”的后面又非得加“了”呢?[①]

现在我们可以高兴地告诉陆老师,我们已经可以回答这个

① 参见陆俭明《关于汉语虚词教学》,《语言教学与研究》1980 年第 4 期。

问题了。根据“VVF”规则，例(3)的焦点动词是“搬”而不是“帮”，如果要用“了”就只能用在“搬”字上而不是“帮”字上[①]：

我下车后，中国同学热情地帮我搬了行李。

例(4)是一种估价。这种估价句的一种类型是对所估价的内容是否实现做出判断。所以只有(4b)才是正确的。

为了解决什么时候用“了”，什么时候不用“了”的问题，人们已经花去了太多的精力和太长的时间。这些努力绝大部分都放在“了”前面的动词的研究和分类上。这就有点像遇到：

X＋1＝Y

因为X是一个变量(有许多不同的动词)，人们就以为问题出在X上；并根据Y值的变化推测X值的类型，其中不免“郢书燕悦”。其实，问题是为什么要“＋1”而不是“X”是什么。现在我们换了角度，情况就不一样了。

由于人文科学中的理想主义的失败，许多人又以为统计的方法可以解决一切。但仅仅依靠统计并不能统计出我们这篇文章的方法来。比如，我们在统计中遇到这样的例句：

昨晚下了一场大雪。早上开门朝远处的雪望了一眼。

这两个句子不能说接得不紧密，意义不能说不相关，可也不见得就能想得到“焦点”向后转移的事实(只想到焦点无济于事，因为“了”不是汉语唯一的焦点标志)，更不用说那些长长短短、意义毫无关涉的散碎的剔出物了。我们一直认为，方法是客观

---

①　这几个句子的成立与否，还有其他因素支配。比如我们可以让动词句不带“了”，使它成为非限定形式，所以(3b)虽然可以成立，但可以感觉得到语气未完。

事物规律的对应物，一个方法只对同一规律起作用。俗话说，什么钥匙开什么锁，不是那把锁的钥匙，任凭你怎么费力也没用，除非把锁砸了。

从前面的论述可以知道，制约“了”的使用的条件在句外，而不在句内。长期以来在句内找原因，自然不能如愿。“了”的使用条件在句外，这就扩大了我们的研究范围，也给我们带来了新的困难。研究语法，常常要判断什么是合格的句子，什么是不合格的句子。简单句的判断，一般来说容易把握，尚且存在不少问题。对复合句乃至句群的判断，就更增加了一层困难。这里我们引一个知名出版社出版的一位名家的著作里的一段，来说明正确选择例句在研究中的重要性。原文如下：

> “$了_1$”“$了_2$”“已经”这套表达完成、实现时态的句法手段在语言中使用灵活，配合常常天衣无缝。以下举几个例句，并略加分析：
>
> (63)中央对此十分重视，已经部署有关部门专门研究并有了初步的安排。
>
> (64)上海首次公房拍卖已经结束，这一消息吸引了众多的公众。
>
> (65)假如诫告有效，那么，生活一开始就会已经十分的美好，再没有长长的历史了。
>
> (66)但不知怎样一来，我又还是走过去了，拉开了门栓。

说实话，在我们看来，这全是“天衣有缝”的句子。如果我们的分析都建立在这样的句子上，怎么能指望得出正确的结论呢。

复句和句群的研究一方面把我们的研究引向了深入，一方面又对我们提出了更高的要求。精于鉴别材料，善于辨别含义，这是需要我们在研究中充分注意的。

第五节　副词的意义和功能

壹　“再”与“还”重复义比较[①]

请比较下面的例句：

(A) 我还买一个　　　　　　我再买一个
(B) 他还在学习　　　　　　*他再在学习
　　他还在教室里学习　　　？他再在教室里学习
(C) 别急，再坐一会儿　　　*别急，还坐一会儿
　　他年过七十精神还那么好　*他年过七十精神再那么好
(D) 我还想吃一只苹果　　　*我想还吃一只苹果
　　我想再吃一只苹果　　　*我再想吃一只苹果

上面的四组例句中，有的句子“还”与“再”都可以用，如A组；有的句子只用“还”不用“再”，如B组；有的句子只用“再”不用“还”，如C组；有的句子用“还”和用“再”位置上有差别，如D组。这是为什么？

---

① 本文以《“再”与“还”重复义的比较研究》为题发表在《中国语文》1997年第3期，作者蒋琪、金立鑫。

这里试图对以上“再”和“还”这两个词的语法分布作出大致的描写，并且通过比较，对以上语法现象作出一些解释。

《现代汉语八百词》认为，“再”表示一个动作（或一种状态）重复或继续，多指未实现的或经常性的动作。“还”表示动作或状态持续不变；仍然。动作或状态不因为有某种情况而改变。

《现代汉语八百词》指出了“再”的重复义和“还”的持续义。但是它的一些解释似乎还可以商榷。比如“再”“多指未实现的或经常性的动作”，如果这种动作指“再”之后的动作，那么“还”也有这样的意义（比如“我还要吃”）。这两个词在语义上到底有哪些不同，《现代汉语八百词》及以往的文献几乎没有涉及。

我们根据一些初步的观察，假设“再”与“还”的区别是：“再”表现的是“断”后之重复，即动作行为在一个阶段结束之后的重复；“还”表现的是“连”之延续，即动作行为不间断的延续。下文中试图用这一假设来解释上面提到的有关语法现象。

一　还/再＋在

这是一种比较典型的分布，先看例句：

(1) 他还在图书馆

(2) 他还在教室里学习

(3) 他还在打针吃药

上面三例中“还”的后面都有“在”。(1)中的“在”是动词，表示

“他处于(存在于)图书馆里”的这一状态,而“还”在这里则表示“他”在此之前就在“图书馆”,这一状态一直持续到说话的时间;(2)中的“在”是介词,所构成的介词结构表示“他学习”的位置,而“还”则着重表示“他学习”这一行为“在此之前一直到现在”的持续;(3)中的“在”是副词,表示“打针吃药”这一行为进行的状态,这种意义应该属于语法上“体”的范畴,“还”字在这一个例子中表示的也是从“在此之前一直到现在”“打针吃药”一直在延续。以上三例中的“还”所表示的意义有一个共同之处,就是表示“在此之前一直到现在”行为不间断的持续。请再比较:

他在打针吃药(他现在正在打针吃药)

他还在打针吃药(他从过去到现在一直在打针吃药)

但是我们可以见到,这个句型不能用“再”,如:

(4)＊他再在图书馆

(5)＊他再在打针吃药

(6)?他再在教室里学习(他先在图书馆学习,然后再在教室里学习)

(4)、(5)是绝对不能用“再”的句子,“再”和“在”在语音上的问题是次要的,主要的是它们体现了这两个词在语义上的对立。副词和动词“在”表示的是状态的持续,根据我们的假设,“再”的“断”意义正好与表持续的“在”造成语义冲突,因此它们不能组合在一起。这一点也可以通过(6)中它和介词“在”不产生冲突的例子来说明。因为介词“在”并不表示延续,表示的是存在,因而就出现例(6)在有前提的情况下可以成立的现象。当然,(6)似乎不太常见(我们认为可能主要出于语音上的原因),但是在语义和语法上,这个句子没有问题。相反的情况是"还"的延续意义与表示"持续"的"在"的相容。如例(1)—例(3)。

二 还/再+实义动词

这是最为典型的一种分布,先看A、B两组例句:

A. (7) 他明天还来

(9) 我下次还到麦当劳去

(11) 我还要一只苹果

(13) 走了一次,还走一次

B. (8) 他明天再来

(10) 我下次再到麦当劳去

(12) 我再要一只苹果

(14) 走了一次,再走一次

可以看出,上面的例子分别为一组意义相近的句子,分别使用了"还"和"再"。在这里意义很明确,"还"和"再"都表示动作的继续和重复。这些句子的含义是,说这句话之前需重复或继续的动作已经进行过,或已经开始进行。例如(7)、(9)、(11)可以作下面的理解:

(15) 他明天还(再)来(今天来过了)

(16) 我下次还(再)到麦当劳去(这次去的是麦当劳)

(17) 我还(再)要一只苹果(刚才已要过苹果)

但是A组和B组在意义上是不同的。它们在意义上的区别是，用“再”时，说话人的心理上认定，前一个动作行为已经结束，同一个动作行为将重新开始；用“还”时说话人的心理上认定，同一个动作并未结束，将要继续下去。一个比较典型的例子是：

(18) 我再买一个　　(19) 我还买一个

如果前一个商品顾客已经付了钱，那么他倾向于用“再”(例18)，如果前一个商品顾客还没有付钱，那么倾向于用“还”(例19)。

需要申明的是，有些句子可能是歧义的，这一点取决于重音的位置，如果重音落在“再”上，表示的是重复(如对上面例子的理解)；如果重音落在别的成分上(主要是前面的成分)，则不表示重复，如：

(20) 他明天再去(语境是“今天我没去过”，这时不表示重复)

(21) 我下次再到麦当劳去(语境是“这次没去”，这时不表示重复)

但这个问题和说话人的参照点有关，这里不展开讨论。

值得注意的是，在使令语气的句子中不用“还”而用“再”，如：

(22) 别急，再坐一会儿　　(25) * 别急，还坐一会儿
(23) 没关系，再努把力　　(26) * 没关系，还努把力
(24) 请再吃些　　(27) * 请还吃些

在这样的祈使句中，说话人总是根据一些特征断定听话人在主

观上已经(或已经决定)结束一个行为,而这一行为是说话人认为不应该结束的,应该继续,所以说话人用“再”请求对方重复停止以前(或已经决定停止)的行为,如例(22)—(24)。如果这一行为听话人仍然在继续,并且主观上也不想结束,那么说话人没有必要劝听话人,这样的句子也就没有存在的必要,所以它们是不合格的。如例(25)—(27)的祈使句使用了“还”(表示行为的不间断的连续),在意义上是“请求一个不会中断的行为的继续”,这在意义上是荒谬的。

三　还/再十希望/能愿动词

“还”和“再”与希望/能愿动词组合,它们的分布是互补的,请看下例:

(28) a. 我还想吃一个苹果　b. * 我想还吃一只苹果

(29) a. 我想再吃一只苹果　b. * 我再想吃一只苹果

(30) 旧的矛盾解决了,新的矛盾还会产生

(31) 旧的矛盾解决了,新的矛盾会再产生

(32) 我还愿意干这一行

(33) 我愿意再干这一行

(34) 有了些成绩,也还需要继续努力

例(28)与例(29)的意义基本相同,都表示“刚才已吃过苹果”,现在“又想吃一只苹果”。例(30)与例(31)也是同样情况。通过比较我们发现,这组句子有一个共同的特点,当修饰希望/能愿动词时,“还”与“再”在句中的位置不同:“还”在希望/能愿动词之前,而“再”则在希望/能愿动词之后。或者说在有希望/能愿动

词的句子中,“还”只能修饰希望/能愿动词,而“再”只能修饰实义动词。为什么会出现上面的这种互补分布的状态?这同样与它们各自的语义特征有关。

先看“还+希望/能愿动词”和“再+希望/能愿动词”。我们知道,希望/能愿动词表示的是一种心理状态,或者一种可能性。对已经发生的心理状态或可能性,它是否具有潜在的形式,是否实际上存在,这是很难断定的。所以我们无法绝然断定这一状态不是潜在的。对于这种“可能性”的存在,处理成一种延续的可能性,也就是说用表示“不断”的“还”来表示这种潜在的可能性的存在,而不用表示“断”之后的重复的“再”(*我再想吃一块),这比较符合人的心理感觉。所以上面a例合格,b例不合格。

再看“希望/能愿动词+再”和“希望/能愿动词+还”。例(29)a的“再”指向的是后面的动词,在能愿动词之后,它表示的是前一个行为结束之后该行为重复的要求。不是心理上的重复,如果表示心理上的重复,它的位置应该在能愿动词之前,然而如前所述,这是不合格的(*再想吃)。例(29)b中的“还”指向动词,试图表示一个行为的持续,但是它在能愿动词之后,显然具有心理上的要求,在心理上要求一个并未结束的行为“持续”是荒谬的。

四 还/再+形容词短语

形容词总是表示某种性质或状态,从理论上来说,性质或状态应该是可以保持并延续的。我们还是来看下面的例子:

(35) 他年过七十精神还那么好

(36) 这里是新发展的住宅小区,所以交通还不太方便

(37) 我肚子还不饿

(38) 去美国一个星期没擦鞋,可鞋子还很干净

应该说,形容词表示的是一种性质或状态,而性质或状态是一种匀质的运动态,不存在间断性,这一种特征与"还"的语法意义是相吻合的,使用"还"强调的是句中形容词所描述的状态一直延续到现在。

上面的例子却不能用"再",如下例:

(39) * 他年过七十精神再那么好

(40) * 这里是新发展的住宅小区,所以交通再不太方便

(41) * 我肚子再不饿

(42) * 去美国一个星期没擦鞋,可鞋子再很干净

由于形容词所表示的性质不存在间断性,所以使用这些形容词的句子也就不能用表示"断"以后重复的"再"来表示延续。也许会有人提出这样的反例:

(43) 你再不认真,可就不行了

(44) 他再大大咧咧,就真没治了

为什么这些形容词却可以用"再"表示延续?吕叔湘《现代汉语八百词》认为,此处的"再"表示假设关系,与这里所讨论的表继续义的"再"不属于同一项。

五 还/再+否定词

"不再、没再"与"再不、再没"

“再”与否定词连用，否定词可在“再”之前成为“不再”、“没再”，也可以在“再”之后成为“再不、再没”。“再不、再没”（如果不是假设意义）表示“永远不”，可以认为是否定语气的加强。

关于“不”和“没”的差别以往已有不少论文讨论过，主要和时间的因素有关。“不再”、“再不”与“没再”、“再没”的区别基本上可认为是“不”和“没”的差别，即“不”否定的是“现在或以后”，而“没”否定的是“以往”。请看例句：

(45)唱了一个不再唱了

(46)他走了之后没再回来过

例(45)中前一个动作“唱”为已然的、已经完成的，而后一个动作是未然的、还未开始的并且也不打算开始的。例(46)中则表示一个已经过去了的状态，是表示在他走后这一时间点开始到现在这一个时间段中，他一直保持着没回来的状态。可以说，“不再”与“没再”的区别在于未然与已然的区别。

“还不”与“还没”

“不”和“没”都可与“还”连用，但位置固定，只能在“还”的后面。二者的区别主要体现在语用上。“还不”的意思是应该（或想要）怎样而现在却没有怎样，表示了说话人的主观态度；“还没”的意思是陈述某一行为未发生状态的持续，态度基本上是客观的。请看下例：

(47) 他还没走　　(49)我还没吃过这么好吃的菜呢

(48) 他还不走　　(50) 我还不能做到这一点

例(47)着重于“他没走”状态的报道，而例(48)着重于“该走却没走”的态度。同样，例(49)是对一种事实的描述，而例(50)则是想说“我想做到这一点，但是现在却不行”。这种意义上的差别，正是通过“还不”和“还没”这样的组合来体现的。

“再没”和“还没”

试比较以下的例句：

(51) 打那以后，我再没吃过那么好吃的菜

(52) 打那以后，我没再吃过那么好吃的菜

(53) 我还没吃过这么好吃的菜

(54) 她还没结婚呢

“再没”表示的是动作作为一个阶段已经结束，以后再也没有重复；“还没”表示的是“动作没有发生”状态的延续。

贰　“毕竟”的语篇功能[①]

“毕竟”是《汉语水平等级标准和等级大纲》“语法大纲”里的丙级语法项目，在许多对外汉语教材中，“毕竟”是中级课本中的一个语法点。教学中我们发现，留学生初学“毕竟”时说出的句子大多数似是而非，错误率高达70%以上；而这些错误，《现代汉语虚词例释》与《现代汉语八百词》的解释似乎都不解决问题，这是我们进行以下探讨的动因。

系统功能语言学派的奠基人英国语言学家弗思(J. R. Firth)指出，和语言结构是一个关系的网络一样，语言的意义是一个语义功能的网络，“每一种功能都是和一定上下文相关联的

① 本文以《“毕竟”的语篇分析》为题发表在《中国语文》1997年第1期，作者祖人植、任雪梅。

语言要素的使用，因此，意义是前后情境关系的复合体；语音、句法、词汇、语义都在各自的上下文中进行着相应的意义组合（Firth 1935）。

从这样的语言观出发，系统功能语言学派勾画出下列语言系统模型

层次：情境（situation）
- 社会性结构（social structures）
- 对多样性的使用（access to varieties）
- 多样性（varieties）
- 情境类型（situation types）

中介层（interlevel）：上下文（context）

层次：形式（form）
- 句法（syntax）
- 词汇（lexis）

中介层： 音位学/字符学 （phonology/graphology）

层次：物质（substance）语音/文字 （sounds/writing）①

这一理论框架和我们在教学中的体会是相符的。对一个已达到中级水平（即达到 HSK 考试的中级 A 以上）的留学生来说，掌握"毕竟"的语音、句法知识并不难，难的是通过上下文把"毕竟"的正确词汇意义和它出现的适当情境结合起来，并掌握其中的规律——而这一点，是我们目前对"毕竟"的研究尚不能保证的。

这里以 M. A. K. Halliday 等人提出的语篇（text）分析的内聚性（cohesion）理论作为探讨"毕竟"的意义理论指导。在哈氏

---

① 参见 Hartley, Anthony F. *Linguistics for Language Learners*, London: Macmillan 1982.

等人那里，语篇是"使用中的语言"[①]，篇幅可长可短，参与者可多可少；不过，这个概念的价值集中体现为可用来揭示语言表达的组织形式——语篇可通过语义上的语篇功能而相互关联起来表达连贯、相对完整的意义；语篇功能则是一种潜在的各种语义选择，通过语篇功能我们可创造(create)或重建(reconstruct)出较大的、表达较连贯的、完整的语篇，从而清晰地表情达意。在各个语篇分析层次，[②]语句间关系这一层次被看作是最重要的；内聚性是这一层次中决定语句内在、外在联系的语篇功能，被定义为"使得语篇能结合为一体的可能性的总汇，是人们进行口头或书面表达时可支配的潜在性的聚合"[③]。遵循这一理论，我们以"毕竟"所出现语言片段的语义结构模式和"毕竟"在实现内聚性方面的语篇功能作为分析、研究的重点。

一　包含"毕竟"语段的语义结构模式

(一) 语料的搜集与语料的性质[④]

在约150万字的书面材料中，我们查阅到178个出现"毕竟"的语言片段；从电视节目中，我们也记下了50个这样的语言

---

① 参见 Halliday, M. A. K. *Language as Social Semiotic*, London: Edward Arnold. Edited by Hill, Archibald A. 1969 *Linguistics Today*, New York: Basic Books, 1978.

② 语篇研究宏观上可分三个层次：genetic structures，以体裁为主；cohesion，以句际关系为主；information focus，以语句内表达为主。

③ 参见 Halliday, M. A. K. and Hasan, R. *Cohesion in English*, London: Longman. 1976.

④ 语料的来源有：《笑傲江湖》(小说)，《中国知青梦》(报告文学)，10种期刊，5种报纸，CCTV和BTV的电视节目，除《笑傲江湖》外，其他材料均为1992年下半年发表或播出的。

片段。所有这些语言片段都表达了一个前后连贯、相对完整的意义，可以看作是一个具有内聚性的语篇。从长度上看，它们中长的可达几个段落，短的只有两个分句；从参与者的角度看，它们大多是一个说话/写作人的陈述，少数从电视节目中搜集到的语段为两人间的对话。

（二）基本语义结构模式及其信息表达

对比分析后我们发现，这228个语段的意义成分是一定的，意义成分之间在语义结构上也存在着共性，从中可归纳出两种类型。各意义部分在出现顺序上有一定的灵活性，但它们之间的语义关系并无不同；为概括方便起见，我们以基本语义结构中的典型模式为描写对象。

表1 包含“毕竟”语段的典型语义结构模式与信息表达

<table>
<tr><th colspan="2"></th><th>模式I</th><th>模式II</th></tr>
<tr><td rowspan="2">典型模式</td><td>繁式</td><td>（虽然）A＋[（但是）B＋（因为）毕竟C]</td><td>[（虽然）A＋（但是）毕竟C]＋（因此）B</td></tr>
<tr><td>简式</td><td>B＋（因为）毕竟C</td><td>（虽然）A＋（但是）毕竟C</td></tr>
<tr><td rowspan="5">信息表达</td><td>预设信息</td><td>B的情况不会因A而改变</td><td>确认C意味着对B的肯定</td></tr>
<tr><td>基本信息</td><td>对C的确认</td><td>确认C这种情况</td></tr>
<tr><td>附加信息</td><td>C具有某种属性</td><td>C具有某种属性</td></tr>
<tr><td>推断信息</td><td>确认C意味对B情况的肯定</td><td>预设信息不会因A而改变</td></tr>
<tr><td>表达重点</td><td>解释性评论</td><td>辩解/反驳性评论</td></tr>
</table>

（三）模式I

1. 繁式（以下简称为Ia）

Ia中，A、B、C三个意义部分呈显性语义联系。例如：

(1) 她愿意赔偿损失，买回版权，电影公司不同意，她也没办法，毕竟合约是她签的。(《海外文摘》1992.5)

(2) 郝柏村不会下围棋，但他对围棋的话题还感兴趣，因为台湾毕竟曾将吴清源封为大国手……。(《新体育》1992.11)

(3) 师父他老人家虽然责打大师哥……但在师父心中恐怕也是喜欢的，毕竟大师哥替本派争了光。(金庸《笑傲江湖》)

Ia 中如果有适当的连接词，“毕竟”也可省去；虽说全句语气有所减弱，但信息表达不受影响。

2. 简式(以下简称 Ib)

Ib 与 Ia 不同在于，A 不和(B+C)直接发生语义联系而只是隐含在上下文中，有时 A 是不言自明的而成为(B+C)的“言外之意”。例如：

(4) (上文介绍了割除脑垂体可延长小白鼠寿命的科学实验)不过，这种尝试只能作为一种实验研究，脑垂体毕竟还担负着分泌人体所必需的激素。(《知识与生活》1992.4)

(5) 那些因此将要远迁的世世代代居住在王府井周围大杂院的百姓们，对此又该做如何想？也许不会可笑地重蹈那些无谓的争论。毕竟，“华人与狗不许入内”的悲剧一去不复返了。(《北京青年报》1992.10.11)

(6) 从某种意义上说，新闻记者黎明伸张正义的决心也许不仅仅出自路线觉悟和正义感，他毕竟上过大学，有文化，属于知识分子的范畴。(《中国知青梦》)

例(4)隐含于上文的A很明显。例(5)、(6)上下文中找不到隐含的A,但一般读者都能体会到例(5)暗示改革之初有不少“无谓的争论”,例(6)则暗示在“文革”十年中人们的一般性思路。

Ib的“毕竟”一般不可省略;省略后,隐含的A则会消失。

Ib还有一种变体,B不直接和C发生关系,但在上下文中总能找到隐含的B;以下简称这种句组为Ib′,例如:

(7) 孔祥明没有让聂卫平担任何责任,她只在协议上写明,日后聂云聪一旦出了大事,聂卫平应当协助解决。(另起一段)“我个人能力毕竟很有限。”她说。(《中国体育报》1992.8.23)

(8)(主持人在谈完税务管理的话题,着重肯定大多数人均能依法纳税后总结说)我们的百姓毕竟是知法守法的。

Ib′脱离语境后,既要求上下文中的B为C的参照,又隐含着A,故言外之意非常丰富;此时,“毕竟”绝对不可省略。

(四) 模式II

1. 繁式(以下简称为IIa)

IIa的A、B、C之间的语义联系也是显性的。例如:

(9) 这小贼人虽然品行不端,毕竟是你我亲手教养长大,眼看他误入歧途,实在可惜,只要他浪子回头,我便许他重归华山门户。(金庸《笑傲江湖》)

(10) 看到三分钟被攻进两球,我心里非常难过。但是上海毕竟是工作的开始。我相信,到了八月份,这支球队会比现在好得多。(《文汇报》1992.7.3)

(11) 过去中央知道上海作为奶牛的重要……那时实

行的是"全国保上海"的倾斜政策……然而,特别被关照的日子毕竟过去了,市场引入竞争机制后,某些原料的价格放开,吃惯了国家计划供应原料的上海企业日子就不好过了。(《读者文摘》1992.10)

由于语境完备,当有适当的连接词时,"毕竟"省略并不会使 IIa 的信息表达受到很大影响。

2. 简式(以下简称 IIb)

IIb 中,B 不与(A+C)直接发生语义联系而隐含于上下文中,有时 B 是不言自明的,无须在上下文中提及,而只是(A+C)的"言外之意"。例如:

(12) 在三峡问题上,不论赞成者还是反对者,科学家们都声称只尊重事实和真理,不屈从于权势。实际上,人们都明白,起决定作用的毕竟是政府。(《南风窗》1992.6)

(13) 虽然时至今日,水门事件仍为疑云所笼罩,但它毕竟发生了,并且影响极大。(《北京青年报》1992.9.19)

(14) 过去制造假币多用涂改变造、拓印、手绘、影印等手段,虽然星星点点散布于乡村,但数量毕竟有限。(《啄木鸟》1992.6)

例(12)紧接着说的是科学家竞相向政府进言,可视为隐含的 B;例(13)作者在上下文中多次强调真相一定会大白于天下;例(14)上下文中无隐含的 B,但"数量有限"意味着危害不大,和当时这一问题尚不为人们所重视相呼应。

IIb 中的"毕竟"一旦省略,一般会影响到语段的信息表达的完整。

IIb 也有一种变体 IIb′，A 不直接和 C 发生句际关系，但 C 总要求 A 在上下文中与之相呼应，否则语义表达则出现模糊。例如：

(15)（前文谈到当头儿的种种好处）在这世界上，无论从宏观上，还是从微观上，当头儿的毕竟是少数（下一段转而谈当“兵”的种种好处。（《北京青年报》1992.8.1）

(16)（评论员 A 正大谈福尔曼已挨了霍利菲尔德不少拳，故现处在下风，评论员 B 插话）打到目前为止，他毕竟没有挨到重拳。（《霍利菲尔德—福尔曼拳王争霸战解说辞》）

IIb′总需求 A 作为它的参照，而“毕竟”一旦省略，这种意味便消失了；故 IIb′中的“毕竟”绝对不可省略。

（五）模式 I 与模式 II

在所搜集的用例中，两种模式的“毕竟”句数量基本上保持平衡；而又以 b 类句为最多。

表 2　模式 I/II 各类句式所占数量与百分比一览表

	模式 I	Ia	Ib	Ib′	模式 II	IIa	IIb	IIb′
数量	100	21	74	5	128	30	91	7
百分比	44%	9%	33%	2%	56%	13%	40%	3%

由于材料仅限于书面语体，b′类句所占比例很低，是一个缺憾。

两种模式的语段由于不同之点只在于“毕竟”所出现的位置及综合语义关系构成，故可根据表达重点的变化而对它们进行相互变换。

二　“毕竟”的语篇功能

(一)“毕竟”与具有连贯性语篇的复制

上文谈到，通过语篇的内聚性的功能我们可创造或复制出较大的、具有连贯性的语篇。在对含“毕竟”的语言片段的语义结构模式的分析中，我们注意到，当语篇的前后语境完整并有适当的连接词时，“毕竟”的内聚性功能并不显著，故在 a 类句中，即使省略，信息表达也不会受到大的影响；b 类句中情况则不同，由于 A/ B 的隐含，“毕竟”省略与否在大多数情况下信息表达会受到影响；而在 b′类句中，“毕竟”显得极为重要，一旦省略则所表达的信息完全不同。

循着这一思路，我们对含“毕竟”语段的“毕竟”句脱离语境后的信息情况进行了考察。我们发现，和一般的内聚性功能只是潜在的性质不同，一旦脱离语境，“毕竟”赋予一个一般的陈述句以完全不同的内涵；一个陈述句一旦使用了“毕竟”，就会自动强制性地要求按模式 I 或模式 II 的语义结构模式复制出自己独特的连贯性语篇，试比较：

{她是个女人。
她毕竟是个女人。　　　　{他是个人。
他毕竟是个人。

我们认为，“毕竟”这种自动强制按自己特有的句际语义结构模式的功能是“毕竟”所独有的内在语篇功能；而这种功能是同样表示确定、肯定的副词“一定”所不具备的。

(二)“毕竟”句表达的双重信息

“毕竟”句表达双重信息，“毕竟”的语篇功能主要在由第一重信息“对 C 的确定”到第二重信息“C 具有某种属性”，并要求与相应的预设信息参照，进而得出推断在信息中得以体现。

语篇的内聚性功能体现为两方面：一、和语言内在的一致性相关，是语言内部的；二、与外在的情景发生关系，是外部世界的。

有时，“毕竟”句的信息表达也会受到外部世界知识的影响，特别是文化知识的背景。“我毕竟是个女人”这句话出自一个有强烈女权意识的人之口与出自一个具有浓厚男尊女卑思想的人之口，含义是大相径庭的。

（三）“毕竟”的词汇意义与语篇功能

综上所述，“毕竟”的词汇意义和语篇功能是相辅相成的，词汇意义是语篇功能的基础，而词汇意义只有通过语篇功能才能在情景中得到充分的体现；二者共同构成“毕竟”的意义。

我们试描写这种“毕竟”的意义如下：

“毕竟”（副词）含强调语气，通过强调某一情况而表明说话人的某种判断、观点或结论。

1. 用于因果转折二重复合句际关系句组的表示原因部分，带有解释性语气。典型句际模式为：

繁式：（虽然）A＋[（但是）B＋（因为）毕竟 C]　简式：B＋（因为）毕竟 C

2. 用于转折因果二重复合句际关系句组的表示“但是”部分，带有辩解或反驳的语气。典型句际模式为：

繁式：[（虽然）A＋（但是）毕竟 C]＋（因此）B　　简式：（虽然）A＋（但是）毕竟 C

以上 A、B、C 表示的是相同的相应意义部分。

第二章

短语结构分析

第一节 “NP＋的＋VP”结构分析[①]

一

现代汉语中存在着“这本书的出版”、“春天的到来”、“她的走”和“长城的伟大”、“柠檬的酸”这样一类“NP＋的＋VP”的结构（VP包括动词和形容词，下同），汉语语法学界都认为这是名词性偏正结构。曾有一段时间，这类结构引起了汉语语法学界的热烈讨论。讨论的焦点有两个：一是这些结构里的“出版”、“到来”、“走”和“伟大”、“酸”仍然是动词或形容词呢还是名词化了；二是这类结构是否跟布龙菲尔德（L. Bloomfield）所提出的向心结构（endocentric construction）的理论相悖。意见当然不一致。

一种意见认为，这类结构里的“出版”、“到来”、“走”和“伟大”、“酸”仍是谓词，布氏的理论需修改。[②]

---

① 本文以《对“NP＋的＋VP”结构的重新认识》为题发表在《第七届国际汉语教学讨论会论文选》，北京大学出版社，2003年版，作者陆俭明。

② 参见朱德熙《关于动词、形容词“名物化”的问题》，《北京大学学报》1961年第4期。

一种意见认为，布氏的理论无需修改，这类结构里的“出版”、“到来”、“走”和“伟大”、“酸”已经名词化了（即所谓动词、形容词名词化）①。

一种意见认为，这类结构里的“出版”、“到来”、“走”和“伟大”、“酸”仍是谓词，布氏的理论也无需修改；而所以会出现这种似乎矛盾的现象，是由于汉语词类跟句法成分是一对多对应的缘故②。

我们觉得，上述三种意见都缺乏解释力和说服力。

第一种意见，不好解释这样一些问题：为什么中心语是谓词性的，而整个偏正结构会呈现体词性？整个结构的体词性由什么决定的？如果我们把整个结构的体词性说成是由偏正格式造成的，那么将会陷入循环论证之中。再说，说布氏的理论要修改，这要有足够的语言事实为根据，光凭汉语“这本书的出版”、“春天的到来”、“她的走”和“长城的伟大”、“柠檬的酸”这样一类结构的情况还不足以动摇布氏理论，如果硬要根据上述结构的情况对布氏理论进行修改，可能会引发更多的问题，将会付出很大的代价。

第二种意见，说这种偏正结构里的谓词名词化了，其理由是，那谓词不能再带“体貌成分”，不能再带补语、宾语，因此谓词性减弱了。这种看法是站不住的。作为某一类词里的某个具体的词，它当然会具有它所属词类的各种语法功能，但当它进入某个具体

---

①　参见施关淦《“这本书的出版”中“出版”的词性——从向心结构理论说起》，《中国语文通讯》1981 年第 4 期。参见施关淦《现代汉语里的向心结构和离心结构》，《中国语文》1988 年第 4 期。参见胡裕树、范晓《动词形容词的“名物化”和“名词化”》，《中国语文》1994 年第 2 期。

②　参见项梦冰《论“这本书的出版”中“出版”的词性：对汉语动词、形容词“名物化”问题的再认识》，《天津师大学报》1991 年第 4 期。

的语法位置后，我们没有理由再要求它具有它所属词类的所有语法功能。譬如一个及物动词（如“吃”），它一旦带上补语后（如“吃快了”、“吃得很饱”、“吃不完”等），就不可能再带上宾语，再带上“了、着、过”一类体貌成分，不可能再重叠，它本身不可能再直接受“不”的修饰，等等。我们能据此认为那带补语的及物动词（如“吃”）改变词性了吗？事实上，在现代汉语中，即使像“春天的到来”这种结构里的“到来”的情况也不少见。例如，“所看的”、“所做的”里的“看”、“做”同样不能再带“体貌成分”，不能再带补语、宾语，不能再重叠，可是没有人认为其中的“看”、“做”的谓词性减弱了，更没有人认为其中的“看”、“做”名词化了。

第三种意见难以自圆其说。我们知道，所谓“汉语词类跟句法成分是一对多对应”，是说在汉语里，不像印欧语那样，名词只能作主宾语，动词只能作谓语，形容词只能作定语或补足语；而是名词、动词、形容词在作主宾语、作谓语、受定语修饰等方面从句法层面看是基本一样的。如果承认“汉语词类跟句法成分是一对多对应”，就得承认“这本书的出版”、“春天的到来”、“她的走”和“长城的伟大”、“柠檬的酸”这样一类结构里的“出版”、“到来”、“走”和“伟大”、“酸”仍是谓词性的，而这又势必跟布龙菲尔德提出的向心结构的理论相悖。

能否换一种思路来考虑这个问题，我们觉得不妨可以运用以乔姆斯基（N. Chomsky）为代表的形式语法学理论中的“中心词理论”（head theory）①，来对这类结构进行再分析、再认识。

---

① 参见 N. Chomsky *The Minimalist Program*, Cambridge, Massachusetts: The MIT Press 1995.

二

以乔姆斯基为代表的形式语法学理论中的所谓"中心词"，跟我们汉语传统语法学里所说的"中心语"不是一个概念，传统汉语语法学里的"中心语"是指修饰性偏正结构里受修饰语（定语或状语）修饰的那个句法成分，如"高大的建筑物"、"慢慢儿说"里的"建筑物"、"说"。而形式语法学理论中的所谓"中心词"，是指某种结构里要求与之在同一个结构里共现的、其他成分都从属（subordinate）于它的那一个成分①。具体说，有一个短语结构 XP，如果其中所含的句法成分 A 的语法特性决定了整个 XP 的语法特性，那么 A 就被看做是 XP 的中心语。按照中心语的渗透性原则（Percolation Principle），中心语的语类特点会渗透到其所在的母节点，因此，当我们知道某一个中心语是名词性语类（标记为[+N]），那么就可推知，其所在的母节点也属于名词性语类（[+N]）。

按照上述中心词理论来考虑、分析"这本书的出版"、"春天的到来"、"她的走"和"长城的伟大"、"柠檬的酸"这样一类"NP+的+VP"的结构，我们觉得可以提出如下新的认识：

"NP+的+VP"是名词性结构，但不是偏正结构，而是由结构助词"的"插入"NP+VP"这种主谓词组中间所构成的另一类"的"字结构。

上述分析与认识跟传统的分析与认识有相同点，也有不同点。相同点是都认为"这本书的出版"是名词性结构。不

---

① 参见 R. A. Hudson *on heads*. Linguistics 23 1987.

同点是：

第一，对整个结构性质看法不同——按传统的分析，这类结构是“定—中”偏正结构，中心语由谓词（动词或形容词）充任；按现在的分析，这类结构是一种名词性的“的”字结构，这种“的”字结构是由结构助词“的”插入一个主谓结构中间所构成的。

第二，对这类结构的“心”的看法不同——传统的看法是，这类结构的“心”是后面的动词或形容词，即所谓中心语，如上面所举的实例中的“出版”、“到来”、“走”和“伟大”、“酸”等；而按现在的认识，即按中心词理论，这类结构的“心”是作为名词性功能标记的结构助词“的”。①

以上所述异同可列如下表：

	传统的看法	**现在的看法**
整个结构性质	**名词性**	**名词性**
内部结构关系	偏正结构	“的”字结构
中心词	“出版、到来、伟大”等	“的”

显然，按传统认识来分析“这本书的出版”、“春天的到来”、“她的走”和“长城的伟大”、“柠檬的酸”这样一类结构所存在的两个矛盾：(1) 整个结构性质（名词性）与作中心语的词语的性质（动词性或形容词性）之间的矛盾，(2) 这类结构与 L. Bloomfield 向心结构理论之间的矛盾，按现在的认识就都没有了。

① 参见司富珍《汉语的标句词“的”及相关的句法问题》，《语言教学与研究》2002 年第 2 期。

三

按上述认识，现代汉语里主谓结构跟结构助词“的”构成的名词性“的”字结构有两类：

甲类：“的”附在主谓词组的后边，如“张三写的”、“张三买的”和“个儿高的”、“叶子宽的”等；

乙类：“的”字插在主谓词组的中间，如“这本书的出版”、“春天的到来”、“她的走”和“长城的伟大”、“柠檬的酸”等。

从语法性质上看，这两类“的”字结构，都是名词性的；从表述功能看，它们都表示指称。但是，它们无论在表述功能、语法意义或语法功能上都有重要的区别。

(a) 从表述功能看，甲类“的”字结构可以表示转指，也可以表示自指。拿“张三写的”和“叶子红的”为例，在“张三写的是诗歌”、“叶子宽的是韭菜”里，“张三写的”转指写的东西，“叶子宽的”转指某种植物；而在“张三写的内容”、“叶子宽的说法”里，“张三写的”、“叶子宽的”都表示自指。而乙类“的”字结构在任何情况下都只能表示自指。从另一个角度说，乙类只能表示“名词语＋谓词语”事件（这也就是表示自指），甲类则既能表示“名词语＋谓词语”事件，也能表示与谓词相关的某个事物（这也就是表示转指）。有关“指称”、“自指”、“转指”的概念，请参看朱德熙①。

(b) 甲类“的”字结构除了作主语、宾语外，还可以作定语、

① 参见朱德熙《自指和转指——汉语名词化“的、者、所、之”的语法功能和语义功能》，《方言》1983年第1期。

中心语、谓语等。以“张三写的”和“叶子宽的”为例，请看实例：

(1) **张三写的**是一首七言诗。|**叶子宽的**是韭菜。 [作主语]

(2) 说到小说，我喜欢读**张三写的**。|韭菜，我喜欢吃**叶子宽的**。 [作宾语]

(3) **张三写的**那首诗有诗意。|**叶子宽的**韭菜好吃。 [作定语]

(4) 我买了两本**张三写的**。|我那**叶子宽的**是韭菜。 [作中心语]

(5) 那首诗，**张三写的**。|我买的**叶子宽的**。[作谓语]

乙类“的”字结构则只能作主宾语，不能作别的句法成分。

(c) 甲类“的”字结构经常用来提取谓词的论元，例如“张大夫用中草药治疗肺气肿”，这句话里动词“治疗”的论元有三个——施事论元“张大夫”，受事论元“肺气肿”，凭借论元“中草药”，当我们要提取其中的任何一个论元时，可以而且只能用甲类“的”字结构。请看：

(6) 张大夫用中草药治疗的是肺气肿。 [提取受事论元]

(7) 用中草药治疗肺气肿的是张大夫。 [提取施事论元]

(8) 张大夫治疗肺气肿用的是中草药。 [提取凭借论元]

乙类“的”字结构不能用来提取谓词的任何论元。

四

如果接受上述观点与分析，那么一定要改变一些观念。

一是要改变对“中心语”这一概念的看法——不要认为偏正

结构里跟修饰语相对的那个成分才是中心语，更不能认为只有实词性词语才能成为中心语。按标杠理论（X-bar theory）和中心语理论（head theory），语言中任何一个句法结构都有中心语，其中心语可以是实词，也可以是虚词。

二是要改变对结构助词"的"的看法——不能认为它只是后置的，事实上它也可以有条件地中置，只是不能前置。

上述看法不违反"的"是名词性标记的认识，而且跟前人关于"所"的分析相一致——朱德熙（1982）[①]、陆俭明（1989）[②]认为，"他所反对的"作如下的切分比较合理：

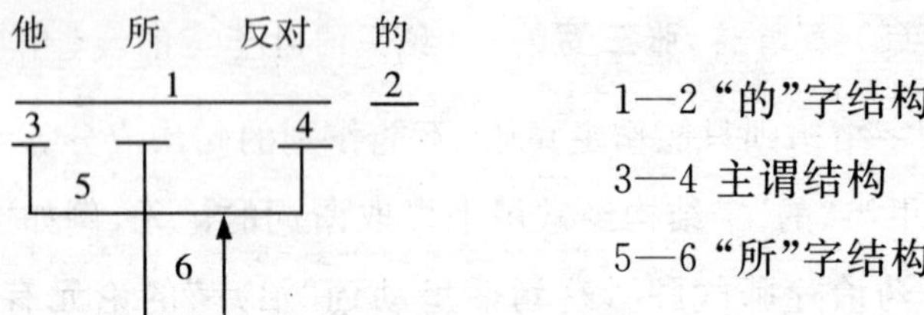

值得注意的是，吕叔湘、朱德熙[③]将"中国的解放"、"态度的坦白"看做"主谓短语"，而将处于被包含状态的"自己不懂（的东西）"、"中国人民获得解放（是世界历史上的一件大事）"看做"句子形式"，以示区别。关于主谓短语，他们是这样说的："主谓短语：一个主语加上一个谓语，中间用'的'字连接，如'中国的解放'、'态度的坦白'。"

---

① 参见朱德熙《语法讲义》，商务印书馆，1982年版。

② 参见陆俭明《关于"他所写的文章"的切分》，《语言学通讯》1989年第1—2期。

③ 参见吕叔湘、朱德熙《语法修辞讲话》，中国青年出版社，1953年版。

五

我们曾用上述分析与观点给外国留学生讲解“这本书的出版”、“春天的到来”、“她的走”和“长城的伟大”、“柠檬的酸”这样一类结构，效果相当好。因此，这里所得结论对于对外汉语教学中有关结构助词“的”的教学，将会有一定的参考价值。

最后需要指出的是，不是所有的主谓结构都能形成甲类“的”字结构，也不是所有的主谓结构都能形成乙类“的”字结构。

第二节 “在”字结构解析①

一 “在”字结构的界定和描述

这里所说的“在”字结构指的是由介词“在”构成的两种结构形式：“A 在 NL－VP”（S1）和“A－V 在 NL”（S2）。“在”字结构表达的都是一种关系，是一些语义论元与动词之间的关系，以及语义论元之间的关系。这种关系的确定是以人的认知为基础的，在语言形式上是有迹可循的。但有时相同的语言形式表达的是不同的关系，如：“在火车上写字”，“火车上”可以理解为一个平面（火车表面），也可以理解为一个三维空间（火车里边），有

---

① 本文以《“在”字结构解析——从动词的语义、配价及论元之关系考察》为题发表在《世界汉语教学》1996 年第 3 期，作者崔希亮。

时也可以理解为位置点(火车顶上)。这实际上反映了论元之间不同的位置关系,这种不同的位置关系表现在论元的语义角色上。朱德熙先生把这种句子叫做有歧义的句子①。朱德熙从动词语义特征上去寻找产生歧义的条件,用变换的办法来区分歧义格式,用动词的语义特征来描写结构,这种做法具有方法论意义。另外,范继淹和平井和之的两篇文章也从不同的侧面讨论了"在"字结构的一些具体问题②,最近齐沪扬又从动词的配价方面讨论了位置句的一些问题③,他们的研究都给了我们许多有益的启示。

在对外汉语教学中,我们经常碰到这样的问题:"我在东京住"和"我住在东京"都是合法的句子,它们有什么不同?"他在街上逛"为什么没有"他逛在街上"的对应形式?"他死在海外"为什么没有"他在海外死"的对应形式?另外有些动词,如"爱戴、标志、爱护、变迁、并列、鞭策、保重、在座、准许、自主"等,根本不能用于"在"字结构,有什么条件没有?针对这些问题,我们对2898个常用动词进行了试验分析,并从动词的语义、配价、论元之间的关系等几个方面探讨问题的答案。

---

① 朱德熙《"在黑板上写字"及相关句式》一文最初发表于1978年《语言教学与研究》5月号上,1981年修改后重新发表于《语言教学与研究》第1期,1989年发表的这篇是第二次修改稿。

② 参见范继淹《论介词短语"在+处所"》,《语言研究》1982年第1期。平井和之《从"V+在~"句式看有关静态动词的一些问题》,《日本近、现代汉语研究论文选》,北京语言学院出版社,1993年版。

③ 参见齐沪扬《位置句中动词的配价研究》,《现代汉语配价语法研究》,北京大学出版社,1995年版。

二 “在”字结构中的动词

在我们所考察的2898个常用动词中，有1504个不能用于“在”字结构，能用于“在”字结构的有1394个①。凡是不能用于“在”字结构的动词在语义上都有共同的特征：它们没有空间特征，它们不必强调论元(actant)所占据的空间位置，它们本身也不要求占据任何空间方位。它们通常不是表示现实动作、现实行为或现实结果的动词，大部分动词的语义内涵不具有主动或被动的特性，在形式上表现为不能用于“把”字句或被动句，它们当中的双音节形式指称性比较强(带词缀的双音节形式除外)。从词的长度上看，双音节占绝大多数(约78%)，既不能出现在“在NL—VP”中，又不能出现在“V－在NL”中的动词，举例如下：闭，奔，卜，成，创，除，付，敢，慌，爱护，败坏，备用，比喻，贬低，表达，迟到，承办，变迁，仇恨，充满，报复，补助，好像，加以，敢于，不堪，回避，感觉，合伙，后退，互助，供应，告诫，富有，告辞，冲击，害怕，缓和，活该，及格，忽视，逃跑，通用，投降，推迟，重视，自信，尊重，治理……

它们与能用于“在”字结构的动词情况有些不同。崔希亮曾根据动词是否具有动量特征把动词分成动态动词(dynamic verbs)和静态动词(stative verbs)②。从我们的考察结果来看，

---

① 这些动词是从《汉语水平词汇与汉字大纲》(北京语言学院出版社，1992年版)中挑出的。分类是根据个人语感来检验的。

② 参见崔希亮《“把”字句的若干句法语义问题》，《世界汉语教学》1995年第3期。动态动词和静态动词有时有交叉，比如“旅行、游泳、指导、祝贺、服务”类动词有时表现为动态动词，有时表现为静态动词，但是这两种相互对立的特征不能同时出现，我们说它们没有共存性。

凡是不能用于"在"字结构的动词都有静态动词的句法特征。

能够进入"在"字结构的动词具有动态动词的特征，这并不是说，所有的动态动词都能进入"在"字结构。能进入"在"字结构的动态动词又有不同的情况。有的只能出现在"在 NL－VP"中(Va)，有的只能出现在"V－在 NL"中(Vb)，有的既能出现在"在 NL－VP"中，又能出现在"V—在 NL"中(Vc)。例如：

Va：听，蹦，唱，吵，吃("吃在广州"例外)，催，逗，逛，吼，喊，叫，哭，读，搜，问，学，练习，伴奏，报销，参观，测算，劳动，辩护，调查，打听，沉思，比赛，表演，补习，波动，操劳，观察，吹捧，效劳，颤动，爆破，测验，膨胀，申请，示威，袭击，张望，增添，制造

Vb：爱，败，凑，昏，溶，应，泄，喜，升，出，淹，陷，渗，关，皱，涌现，照耀，分散，发配，打发，出身，附属，隔离，重叠，呈现，伴随，漏，束缚，保管，沉淀，反射，堵塞

Vc1：活，死，憋，堵，病，陪，套，烫，愣，忍，活跃，包括，分配，包围，清除，封锁，固定，分布，限制，排除，消灭，捐赠

Vc2：浇，躲，编，包，绑，抱，背，插，冲，抽，捶，打，叠，放，盖，钉，画，焊，堵，飞，改，挂，踢，咬，煮，游，安排，安装，布置，奔驰，抄写，登记，陈列，储存，等候，复制，颠簸，躲藏，发表

我们把 Vc 类动词分成 Vc1 和 Vc2，是因为它们在使用中存在着明显的差别：Vc1 用于"在 NL－VP"时是有条件的，即 VP 必须是一个复杂形式，而 Vc2 不必，例如：

表 1

Vc1	Vc2
* 在心里憋～ 在心里憋了三天了	在黑板上画～ 画在黑板上
* 在园子里清除～ 在园子里清除杂草	在外边等候～ 等候在外边

其实 Vc 类动词内部还存在着一种区别，有的 Vc 类动词用于“在 NL－VP”和用于“V－在 NL”A 的语义角色不变（Vcx），如“躲、飞、颠簸、陈列”；有的动词用于“在 NL－VP”和用于“V－在 NL”A 的语义角色发生了变化（Vcy），如“浇、绑、抄写、安装”。试比较：

表 2

Vcx		Vcy	
A 在 NL—VP	A—V 在 NL	A 在 NL—VP	A—V 在 NL
他躲在门后	他在门后躲着	他在园子里浇水	水浇在园子里
飞机在空中飞	飞机飞在空中	他在树上绑着什么	他绑在树上
小船在风浪中颠簸	小船颠簸在风浪中	他在纸上抄写什么	什么抄写在纸上
文物在台上陈列着	文物陈列在台上	他在家里安装空调	空调安装在家里

这三类动词在数量上是不均衡的，Vc 最多，Va 次之，Vb 最少。它们音节长度的分配也是不平衡的。下面是我们统计的结果：

表 3

动词的类	动词数量	单音节百分比	双音节百分比
Va	697	19.66	80.20
Vb	213	46.48	53.52
Vc	484	68.60	31.40

Va、Vb 类动词和 Vc 类动词各具不同的语义特征：Va 类动词是主动态动词或者自发态动词，Vb 类动词是被动态动词或者自发态动词，Vc 类动词可以是自发态动词，也可以是包含被动、主动两重语义特征的动词，其中的 Vc1 类动词对于论元 A 来说都是被动态动词或者自发态动词，Vc2 类动词对于论元 A 来说主动态和被动态都是可能的。实际上我们可以这样理解：Vc 类动词兼有 Va 类动词和 Vb 类动词双重身份，或者说在 Vc

类动词身上共生着两种语义属性，在不同的结构环境中表现出不同的语义特征，即在“在NL－VP”中表现为Va类动词的语义特征，在“V－在NL”中表现为Vb类动词的语义特征，如果是Vcy类动词，论元A的语义角色会发生变化。

我们可以这样界定动词的主动态、被动态、自发态：在一个由体词性成分和谓词性成分构成的结构里，有这样一种序列：

(A)－V－(B)(其中A、B是体词性成分，它们是动词的必有论元)

所谓主动态动词是指：对于论元A来说，动词V是A自主发出的动作，动作的动力来源于A；所谓被动态动词是指：对于论元A来说，动词V不是A所发出的动作，动作的动力来源于别的论元，但是这个动作却对A发生影响(包括使A位移、固定或受损)，这个动作可能通过A表现出来，但A是不自主的；所谓自发态动词是指：只有一个必有论元A，且对于论元A来说，动词V所发出的动作是不受控制的，无所谓主动或者被动，动作的动力来源是自然力，它通过论元A表现出来。而包含被动、主动两重语义特征的动词是指，在某个搭配条件下它表现为论元A自主发出的动作，在另外的搭配条件下它又会表现为论元A以外的论元发出的动作，此时对于论元A来说动词表现为被动态。自发态动词不能变换为被动句，主动态动词如果是一价动词，也不能变换为被动句，如果是二价或三价动词，在形式上可以有被动形式，但是语义指向已经发生了变化，只有被动态动词可以顺理成章地改写为被动句。例如：

柳絮飘在空中→＊柳絮被飘在空中(“飘”是自发动词)

他住在东京→＊ 他被住在东京("住"是一价主动态动词)

他踢在石头上≠他被踢在石头上("踢"在这里是二价主动态动词)

衣服挂在树上→衣服被挂在树上("挂"在这里是二价被动态动词)

动词的语义态不能把Va、Vb和Vc彻底分开，所以我们在这里还可以借用郭锐(1993)的研究结果：郭锐根据动词的过程结构把动词分成三个连续类，从一个方向到另一个方向依次是状态类动词、动作类动词、结果类动词。如图所示：

状态 ←——动作——→ 结果

从动词的内部语义特征上看，Va类动词属于典型的动作类动词；Vb类动词有的属于结果类动词，有的属于状态类动词，是一种内部不稳定的类；Vc1类动词兼属状态类和结果类的动词；Vc2类动词兼属动作类和状态类的动词，它们在"在NL—VP"中表现为动作动词，在"V—在NL"中表现为状态动词，只有此时才表现出朱德熙所说的[＋附着]的语义特征。

每个动词在进入句子之前都只有动相，动词的动相可以看成是动词的遗传特性，而动词一旦进入句子，它们就会取得一些表现特性，在我们的心理词典(mental lexcon)中，动词的遗传特性和表现特性的关系是一种共生(symbiont)关系。

不同的动词在配价和对论元关系的制约方面也表现得十分复杂，所以在句子运用中才会出现这样的差异。

三 "在"字结构各论元的语义角色

我们把"在"字结构中的VP具体化，VP可以是动词与前后成分构成的任何一种结构形式。动词前后可能出现的成分如图所示。如果说动词本身有变化的话,那只有一种,就是动词的重叠。

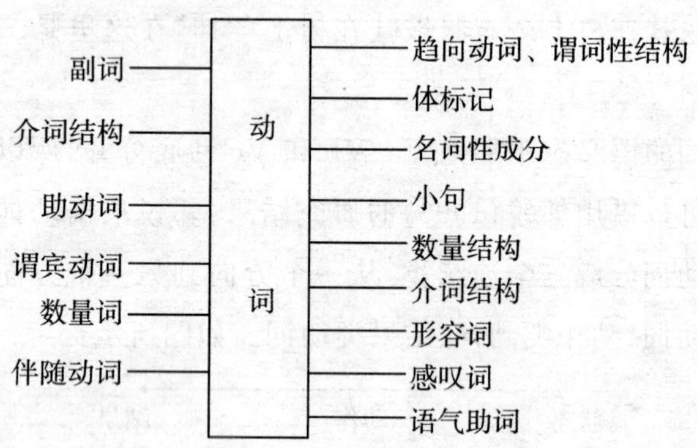

为了研究"在"字结构论元之间的关系,我们把"在"字结构写成以下形式:

(1) A－在－NL－V－(B)

A、B 只是体词性论元出现在结构中的先后顺序,只有当 V 是二价或三价动词时才会有 B 这个论元,在我们所考察的结构里,B 出现与否会影响到结构的意义,这个格式在一定的条件下可以写成:

(2) A－(B)V－在－NL

(3) (A)－把－B－V－在－NL

(4) A－被－(B)－V－在－NL

在这里,动词 V 至少有一个语义论元作为它的配价成分,至多有三个语义论元作为它的配价成分。如果动词只有一个语义论元作为配价成分,那么这个论元可以是 A,也可以是 B。如果动词有三个语义论元,那么除了 A、B 之外,还有 NL。NL 有时是动词的必有论元，有时不是。各个语义论元在不同的结构里表现为不同的关系，也就是说，它们在不同的句法环境中扮演着不同的语义角色，在“在”字结构中，动词的语义论元主要表现为以下一些语义角色：

施事论元(Agt= agent)；受事论元(Pat= patient)；数量论元(Qnt= Quantifier)；处所论元(Loc= location)；当事论元(Exp= experiencer)；与事论元(Dat= dative)；对象论元(Tgt= target)；成果论元(Pdc= product)；工具论元(Ins= instrument)；内容论元(Sub= substance)；指事论元(Ref= referent)。下面我们举例说明：

(1) 他在教室住(他=Exp;教室=Loc)

他在教室洗(衣服)(他=Agt;教室=Loc;衣服=Pat)

他在教室看(书)(他=Exp;教室=Loc;书=Tgt)

他在教室研究(了三天)(他=Exp;教室=Loc;三天=Qnt)

我在家里总是吃大碗(我=Exp;家里=Loc;大碗=Ins)

他在业大学(外语)(他=Exp;业大=loc;外语=Sub)

这支笔在黑板上写(字)(这支笔=Ins;黑板上=Loc/Tgt;字=Pdc)

三天在业大学外语，三天在家(三天=Qnt;业大=Loc;外语=Sub)

(2) 他待在教室(他=Exp;教室=Loc)

字(我)写在黑板上(字=Pdc;我=Agt;黑板上=Loc)

画儿(我)挂在教室(画儿=Tgt;我=Agt;教室=Loc)

那件事发生在教室(那件事=Ref;教室=Loc)

他死在海外(他=Exp;海外=Loc)

他关在教室(他=Pat;教室=Loc)

一刀砍在石头上(一刀=Qnt;石头上=Loc/Pat)

那笔账记在我头上(那笔账=Sub;我头上=Loc/Dat)

(3) 他把画儿挂在教室(他=Agt;画儿=Pat;教室=Loc)

敌人把他关在教室(敌人=Agt;他=Pat;教室=Loc)

他把字写在黑板上(他=Agt;字=Pdc;黑板上=Loc)

他把这笔账记在我头上(他=Agt;这笔账=Sub;我头上=Loc/Dat)

(4) 画儿被(他)挂在教室(画儿=Pat;他=Agt;教室=Loc)

他被(敌人)关在教室(他=Pat;敌人=Agt;教室=Loc)

这笔账被记在我头上(这笔账=Sub;我头上=Loc/Dat)

从这里我们可以看到各语义角色在不同结构里的搭配格局:

(1) A—在—NL—V—(B)

Exp—在 Loc—V

Agt—在 Loc—V—Pat

Agt—在 Loc—V—Tgt

Exp—在 Loc—V—Qnt

Exp—在 Loc—V—Ins

Agt—在 Loc—V—Sub

Ins—在 Loc/Tgt—V—Pdc

Qnt—在 Loc—V—Sub

(2) A—V—在—NL

Exp—V 在 Loc

Pdc—(Agt)—V 在 Loc

Tgt—(Agt)—V 在 Loc

Ref—V 在 Loc

Exp—V 在 Loc

Pat—V 在 Loc

Qnt—V 在 Loc/Pat

Sub—V 在 Loc/Dat

(3) A—把—B—V—在—NL

Agt 把 Pat—V 在 Loc

Agt 把 Pdc—V 在 Loc

Agt 把 Sub—V 在 Loc/Dat

(4) A—被—B—V—在—NL

Pat 被 Agt—V 在 Loc

Sub 被 Agt—V 在 Loc/Dat

从这里我们还可以看到，在结构(1)中，论元 A 表现为以下语义角色：当事、施事、数量、工具，论元 B 表现为以下语义角色：受事、对象、数量、成果、内容、工具；当动词是一价动词时，只有一个语义论元，而且这个论元只能是当事；在结构(2)中，当动词是一价动词时，也只有一个语义论元，而且这个论元也只能是当事；当论元A表现为受事、数量、指事时，论元B一般不出现；当A表现为成果、对象等语义角色时，论元B可以出现，也可以不出现，但论元B一定为施事；在结构(3)中，论元B可以是受事、成果和内容，论元A永远是施事；在结构(4)中，论元A可以是受事和内容，论元B永远是施事。NL在结构(1)中有时表现为对象，条件是A的语义角色是工具，B的语义角色是成果；NL在结构(3)(4)中表现为与事，条件是论元A或B为内容。

为了看得更清楚一些，我们把各个论元表现的语义角色以及它们与结构的关系列在一张二维图表中：

表4

	A语义角色									B语义角色								NL语义角色		
	Agt	Pat	Tgt	Sub	Qnt	Exp	Pdc	Ins	Ref	Agt	Pat	Tgt	Sub	Qnt	Exp	Pdc	Ins	Tgt	Loc	Dat
(1)	+				+	+		+			+	+	+	+		+	+	+	+	
(2)		+	+	+		+	+										+			
(3)	+										+		+				+			
(4)		+		+						+										+

从这个表中我们看到：在结构(1)和结构(2)中，A和B的语义角色分配有一种奇妙的对应关系：即结构(1)当中论元B所充当的语义角色在结构(2)中大部分由论元A来承担。只有当A或B的语义角色表现为当事的时候，(1)(2)才有可能重合，也就是说，只有当论元A或B为当事的时候，结构(1)与结构(2)所表达的意义才是相同的；结构(3)(4)中A和B的语义角色也是严格对应的。

语义角色是由结构和动词决定的，不同的结构要求不同的语义角色，或者相同的语义角色在不同的结构里要求占据不同的句法位置。但是为什么在相同的结构里并占据相同句法位置的论元会表现为不同的语义角色呢？这就由动词决定了。在A和NL不变的情况下，改变动词就会使A和NL的语义角色发生变化，也会使论元的语义关系发生变化。例如：

1. 他在树上蹲着（他＝Exp；树上＝Loc；Exp附着于Loc）

2. 他在树上吊着（他＝Exp/Pat；树上＝Loc；当A＝Exp时，Exp附着于NL；当A＝Pat时，Pat附着于NL，此时Agt位置不明）

3. 他在树上绑着（他＝Agt/Pat；树上＝Pat/Loc；当A＝Agt时，Agt可能挨近或附着于NL；当A＝Pat时，Pat附着于NL，此时Agt位置不明）

4. 他在树上看着（他＝Exp；树上＝Tgt/Loc；当NL＝Tgt时，Exp挨近NL；当NL＝Loc时，Exp附着于NL）

5. 他在树上听着（他＝Exp；树上＝Loc；Exp附着于NL）

6. 他在树上摘着（他＝Agt；树上＝Loc；Agt与NL的关系不明）

7. 他在树上砍着（他＝Agt；树上＝Pat/Loc；当NL＝Pat时，Agt位置不明；当NL＝Loc时，Agt附着于NL）

8. 他在树上蹭着（他＝Exp；树上＝Tgt；Exp挨近并接触NL）

以上8个例子从形式上看都是“A在NL－V着”（“着”表示动作的静止态），但是它们在语义层面上的区别是很明显的。它们具有不同的变化形式：

1. 他在树上蹲着→他蹲在树上

2. 他在树上吊着→他吊在树上

3. 他在树上绑着→他绑在树上(他=Pat)*他绑在树上(他=Agt)

4. 他在树上看着→*他看在树上(树上=Loc)他往树上看着(树上=Tgt)

5. 他在树上听着→*他听在树上

6. 他在树上摘着→*他摘在树上 他从树上摘着

7. 他在树上砍着→*他砍在树上 他往树上砍着(树上=Tgt)

8. 他在树上蹭着→*他蹭在树上

在这些例子里,所有动词都要求论元A具有[+有生]这样的语义特征,("吊"和"绑"有例外)。如果我们把A换成带[-有生]语义特征的动词,情况会怎么样呢?

1. 果子在树上结着(果子=Exp;树上=Loc;Exp附着于NL)

2. 蘑菇在树上长着(蘑菇=Exp;树上=Loc;Exp附着于NL)

3. 泡沫在树上沾着(泡沫=Exp;树上=Loc;Exp附着于NL)

4. 烟雾在树上弥漫着(烟雾=Exp;树上=Loc;Exp附着于NL)

5. 衣服在树上挂着(衣服=Exp;树上=Loc;Exp附着于NL)

6. 刀在树上插着(刀=Exp;树上=Loc;Exp附着于NL)

7. 斧子在树上砍着(斧子=Exp;树上=Tgt/Loc;Exp附

着于 NL)

8. 布告在树上贴着(布告=Exp;树上=Loc;Exp 附着于 NL)

这 8 个例子简单多了,尽管它们在我们大脑中形成的印象很不相同,但是各个论元之间的语义关系却出奇地一致,并且它们具有一致的变换关系,它们都可以变换为"A-V 在 NL"。由此可见,动词内部的语义特征对语义角色的影响是很直接的。

其实,结构(3)、(4)跟结构(1)没有直接的变换关系,它们都是从结构(2)变换来的。可以这样理解,只有结构(1)和结构(2)才是"在"字结构最基本的结构。下面主要讨论结构(1)和结构(2)。

四 "A 在 NL—VP"和"A-V 在 NL"的变换分析

"A 在 NL—VP"(S1)和"A-V 在 NL"(S2)是"在"字结构的两种基本表现形式,前者是用状语的方式表达论元所处的方位、空间或状态,后者是用补语的方式表达论元所处的方位、空间或状态。这两种表达方式在上古汉语和中古汉语中都已经有了,例如:

上古汉语:S1:子在川上曰:"逝者如斯夫,不舍昼夜!"(《论语·子罕》)

S2:鱼在在藻,依于其蒲。(《诗经·小雅》)

中古汉语:S1:今在家习学,何愁伎艺不成?(《敦煌变文集·秋胡变文》)

S2:余乃生于巴蜀,长在藿乡。(《敦煌变文集·

伍子胥变文》）

可见S1和S2的存在已经有了很长的历史了。虽然S1和S2结构在一定的条件下具有可变换性，而且是可逆的变换①，但是我们必须知道，第一，它们之间的变换是有条件的；第二，它们在表意方面的区别是不能忽视的。下面我们考察一下Va、Vb在S1、S2中的表现。

S1(Va)　星星在天上闪烁

他在寒风中颤抖

他们在操场上比赛

S2(Vb)　人们拥挤在一起

他暴露在寒风中

他们留在操场上

这6个例子里面的动词都是一价动词，每个动词只联系一个必有论元。其中S1结构都不能变换为S2结构，而S2结构在一定的条件下似乎可以变换为S1结构，如：

人们在一起拥挤了三个小时

他在寒风中暴露出自己的身体

他们在操场上留下了汗水

其实变换以后的结构在表意上与原来的结构已经大相径庭，所以它们不是S2真正的变换形式。论元A在原式中的语义角色都是当事，而在变式中A的语义角色已经变为施事。这里有两个因素在起制约作用：一个是两种结构表达的语义

---

① 参见朱德熙《"在黑板上写字"及相关句式（修改稿）》，《语法丛稿》上海教育出版社，1989年版。

焦点不同，S1 侧重于动作的具体动态，S2 侧重于动作的结果；另一个是语言中自我调节机制在起作用，动词后边的东西太多，就把一部分移到动词前边去。在汉语句子结构格局里，有两个中心点，一个是作为话题或宾语的体词性成分，它对动词具有选择和限制作用，这种选择和限制不是性数格等语法范畴上的一致关系，而是语义上的一致关系。另一个是谓词性成分，它在语义上与体词性成分保持一致关系，同时通过前后的伴随成分和后续成分表达时（tense）、体（aspect）、态（mood）等语法意义，而不是通过动词本身的词形变化来表达这些语法意义。

用配价语法的眼光来看，动词前后的成分可能影响对动词价的计算。动词的价反映的是动词内在的语义属性，配价成分是这种语义属性对体词性成分的内在要求，但是同一个动词在不同的结构中可能表现为不同的配价要求，在计算动词价的时候要仔细甄别。比如在“他暴露在寒风中”，动词“暴露”只有一个必有论元“他”，而在“他在寒风中暴露出自己的身体”中，同一个动词“暴露”就有了两个必有论元“他”和“自己的身体”。动词在不同的结构中有不同的价，也会影响论元的语义角色。

在上面所讨论的例子中，我们所选择的 Va 和 Vb 都是一价动词，在这里 S1 和 S2 的区别表现为论元关系的不同。这种不同既是结构的不同，又是动词的不同，因为归根结底结构是由动词决定的，这种不同最终会在结构方面表现出来：

S1 星星在天上闪烁——→星星在天上，星星在闪烁呢

他在寒风中颤抖——→他在寒风中，他在颤抖呢

他们在操场上比赛——→他们在操场上,他们在比赛呢

S2 人们拥挤在一起——→人们在一起,＊人们在拥挤呢

他暴露在寒风中——→他在寒风中,＊他在暴露呢

他们留在操场上——→他们在操场上,＊他们在留呢

上例中的 Va 和 Vb 都是一价动词,在配价数目上没有什么不同,但是动词和论元之间的深层语义关系还是有所不同的,Va 是论元所发出的动作,它们是有过程结构和时间结构(郭锐 1995)的动词,而 Vb 则不是论元所发出的动作,它们隐含着一种被动意义(所以由 Va 构成的句子不能变换成被动句,而由 Vb 构成的句子可以变换成被动句),它们是结果兼状态动词,它们表达的是既成事实以后的状态。如果说有过程的话,那么这个过程也已经完结,因此不能进入“在……呢”框架。正是这种动词和论元之间深层语义关系的不同造成了 S1 和 S2 在表达上的差异。

当动词表现为二价动词和三价动词的时候,它们所具有的不同变换关系就更加清楚了。例如:

S1(Va) 他在饭馆吃饺子

他在汽车上看书

他在业大补习外语

S2(Vc) 地图挂在墙上

骨灰撒在海里

车堵在半路上

S2 可以用“把”字句来表达,如果不是祈使句,也可以用被动句来表达,它们所表达的基本事实没有变化。如:

把地图挂在墙上　　　地图被挂在墙上

把骨灰撒在海里[①]　　骨灰被撒在海里

把车堵在半路上　　车被堵在半路上

但是S1如果变换成“把”字句或被动句，问题就复杂了。第一，必须在动词后加上一些后续成分句子才有可能成立，因为“把”字句和被动句中的动词不能是简单形式；第二，变换后的句子与原句所表达的基本事实已经发生了变化。例如：

他在饭馆把饺子吃了　　饺子在饭馆被他吃了

他在汽车上把书看了　　书在汽车上被他看了

他在业大把外语补习了补习　　*外语在业大被他补习了补习

原句中的受事——饺子、对象——书、内容——外语，都是未知信息，它们不在听话人的预设(presupposition)之内，而变换句中的“饺子”、“书”、“外语”都是已知信息，它们在听话人的预设之内。另外，变换句还有一些言外之意：“把”字句中的“吃饺子”、“看书”、“补习外语”对施事来说是计划之内的事，被动句中的“吃饺子”、“看书”对某些人来说是预料之外的事，是违背某(些)人意志的事，属于被禁止的事。

S1和S2的不同还表现在论元之间现实关系的不同：

S1(Va)

他在饭馆吃饺子(Agt位于NL，通过Va使Pat发生位移，位移的终点是Agt)

---

① 其实“把骨灰撒在海里”的另一个必有论元可以指代不同的实体，它们的语义角色一个是当事，一个是施事：(1)周总理把骨灰撒在海里(当事)；(2)卫士们把周总理的骨灰撒在海里(施事)。在这里论元和动词的关系是不同的，因此动词本身的语义内涵也是不同的。例(1)的“撒”不是一个现实的行动，例(2)的“撒”是一个现实的行动。这两个句子所指涉(denote)的事件是不同的，例(1)所指涉的不是现实状况，(2)所指涉的事件是现实状况。

他在汽车上看书(Agt 位于 NL,通过 Va 使 Agt 发生变化,对象论元不发生位移,但是对象论元的信息被 Agt 吸收了,所以 Agt 仍然是信息的运动终点)

他在业大补习外语(Agt 位于 NL,通过 Va 使 Agt 发生变化,内容论元不发生位移,但是对象论元的知识被施事论元吸收了,所以 Agt 仍然是信息的运动终点)

S2(Vc)

地图挂在墙上(Agt 并不位于 NL,也不是 Pat 位移的终点,Pat 位移的终点是 NL)

骨灰撒在海里(Agt 可能在 NL,也可能不在 NL,但 Pat 位移的终点是 NL)

车堵在半路上(没有 Agt,当事论元 Exp 在 NL,没有位移)

S1 和 S2 都可以写成两个表述,但是它们所写成的两个表述是不平行的:

S1(A 在 NL,A V B,* B 在 NL)

S2(* A 在 NL,A V B,B 在 NL)

从论元之间的关系上看,S1 和 S2 的区别是很明显的。在 S2 类句子里,Agt 都是隐性的,或者根本就找不到 Agt。如果有 Agt 的话,一定要变成"把"字句或"被"字句。这两个不平行的表述说明了这样一个问题:S1 的功能在于强调 A 所在的位置、环境以及 A 所发出的动作,而 S2 的功能在于强调 B 所处的位置、环境以及 B 的持续状态。

五 结语

"A 在 NL—VP"(S1)和"A－V 在 NL"(S2)是现代汉语

“在”字结构的两种基本形式，出现在S1中的动词Va对于必有论元A来说具有[＋主动]或[＋自发]的语义特征，而出现在S2中的动词Vb对于必有论元A来说则具有[＋被动/受损]或[＋自发]的语义特征，既能用于前者又能用于后者的动词Vc对于必有论元A来说可以有[＋自发]的语义特征，也可以有[＋主动]的语义特征，还可以有[＋被动/受损]的语义特征，有时动词对于A来说无所谓主动被动。如果是一价动词，A只能是当事；如果是二价动词，S1和S2有不同的语义解释，它们在句法形式上好像具有变换关系，但在语义上不具有等值关系。此时S1通常是有歧义的，因为动词的两个必有论元与NL之间的关系具有不确定性。从句法上来说，S1通常是不自足的，动词后边还要加上一些成分（第二个必有论元或者数量词语），而S2是自足的，后边不能再加别的成分。从表达的语义焦点上看，S1侧重于动作的具体动态表现，V在这里指涉的是现实动作或即将变为现实的动作；S2侧重于动作的结果，尤其是当动词为二价动词时更是如此，此时动词所指涉的动作已经结束，表现为一种持续态。

现在我们可以回过头来解释最开始提出的问题了：一价动词“住”对于它的必有论元来说在语义上无所谓主动被动，所以“我在东京住”和“我住在东京”在语义上是等值的，如果说有什么不同的话，主要表现在句法上：“我在东京住”可以在后边扩展，“我在东京住了三年”；而“我住在东京”不能做同样的扩展。至于为什么不说“他逛在街上”和“他在海外死”，这是因为动词“逛”对于“他”来说具有[＋主动]的语义特征，“死”对于“他”来说具有[＋被动/受损]的语义特征。不能用于“在”字结构的动词的语义上只有动相，没有动态，它们不必强调论元所占据的空间位置，它们本身也没有方位特征，它们是静态动词。

第三节 并列结构的否定表达①

否定句的理解和构成是对外汉语教学的一个难点。相对而言，造出否定句比理解否定句要困难一点。比如，谓词性偏正结构“认真学习”的否定表达是“不/没有认真学习”，而谓词性并列结构“讨论和通过”的否定表达却不是“不/没有讨论和通过”。有鉴于此，我们来研究现代汉语中谓词性并列结构的否定形式，分析为什么谓词性并列结构不能通过在前面加上“不、没有”等否定词来构成否定形式。

一 汉语并列结构的否定表达

在现代汉语中，由动词、形容词等谓词性成分组成的并列结构在整体功能上仍然是谓词性的。这种谓词性并列结构的否定表达形式是比较复杂的，其复杂性表现在：通常不能通过直接在这种谓词性并列结构的前面加上“不、没有”等否定词来构成否定式，而是要在这种并列结构的各个直接成分之前分别加上“不、没有”等否定词。例如：

(1) 吃饭喝水→＊不/没有吃饭喝水→不/没有吃饭也不/没有喝水

① 本文发表在《语言文字应用》1999年第3期，作者袁毓林。

(2) 愁吃愁穿→＊不愁吃愁穿→不愁吃(也)不愁穿

(3) 分析研究→？不/没有分析研究→不/没有进行分析研究

(4) 征服自然和改造自然→？没有征服自然和改造自然→没有征服和改造自然→没有征服自然也没有改造自然

(5) 又哭又闹→＊又不哭又不闹→(既)不哭(也)不闹

(6) 美丽健康→＊不美丽健康→不美丽(也)不健康

(7) 机智而勇敢→＊不机智而勇敢→不机智(也)不勇敢

(8)又痛又痒→＊不又痛又痒→又不痛又不痒→既不痛又不痒

从上例可以看出,谓词性并列结构的各组成成分在功能上保持着相当的独立性,否定词无法对这种并列结构的整体实施否定。说得专门一点,"不,没有"等否定算子(negative operator)不能把谓词性并列结构作为其操作域(oprative scope)。当然,例外的情况是存在的,例如:

(9)他们不调查研究就匆忙地下结论。

(9′)？他们不调查和研究就匆忙地下结论

(9″)他们不作调查和研究就匆忙地下结论

(10)教练的意图她们没有贯彻执行

(10′)？教练的意图她们没有贯彻和执行

(10″)教练的意图没有得到贯彻和执行

这种例外是可以得到合理的解释的,因为这里的"调查研究、贯彻执行"已经成为固定习用的成语,在功能上就跟单个的动词差不多。说它们是成语，一个重要的证据是：其中的构成成分不能随便交换次序（如：* 研究调查、* 执行贯彻）。在这种固定的习语中间插入连词"和"以后，它们就变成了一般的并列结构；于是，它们也不能加上否定词作一次性的整体否定。只有在这种并列结构的前面加上"作、进行"等形式动词以后，否定词才能加在这种动宾结构之前。也就是说，形式动词加名动词这种动宾构造为并列结构接受一次性的整体否定提供了一种句法机制。既然如此，人们自然要问：为什么并列结构不能像述宾、述补等谓词性结构那样施行一次性的整体否定呢？比如，跟"骑马、卖了汽车、拧紧、搬进去"相应的否定式是"不骑马、没卖汽车、没拧紧、不搬进去"。一个初步的回答是：为了避免歧义。因为谓词性并列结构的前项既可以是肯定式，也可以是否定式（当然，把否定式置于后项是最保险的）。例如：

(11)不去和去都不合适～去和不去都不合适

(12)不起床和哭哭闹闹都不顶事～哭哭闹闹和不起床都不顶事

(13)不睡懒觉和多吃蔬菜都能减肥～多吃蔬菜和不睡懒觉都能减肥

如果允许对并列结构施行一次性整体否定，那么这种偏正结构就跟前项是否定式的并列结构分不清了。事实上，这种不能作一次性整体否定的限制对并列复句也是适用的。即只能对并列的各分句分别实施否定，而不能进行一次性的整体否定。例如：

(14) 梦见春的到来，梦见秋的到来（鲁迅《春夜》）→ * 没有梦见春的到来，梦见秋的到来→没有梦见春的到来，

(也)没有梦见秋的到来

(15) 粉碎了敌人的阴谋,扩大了革命根据地→*没有粉碎敌人的阴谋,扩大革命根据地→没有粉碎敌人的阴谋,(也)没有扩大革命根据地

这种限制对古代汉语也是适用的。但是,我们似乎可以在近代汉语中找到一些例外:

(16)休做贼说谎,休奸猾懒惰。(《老乞大》)

如果认为"休"是否定副词,那么这种例外(exception)将是上述规律的反例(counter example)。事实上,"休"跟现代汉语中的"别、甭"一样是助动词,它们跟后面的动词性成分构成述宾结构。所以,"休+并列结构"不受上述规则的约束。

二 直陈式否定和假设式否定

上文说,否定词"不、没有"不能对谓词性的并列结构实施一次性的整体否定。这种论断是很片面的,因为在表示假设的语言形式中,否定词可以出现在并列结构之前。例如:

(1)人不吃饭喝水就活不下去

(2)不读书看报就不知道国际形势

(3)不美丽健康能当服装模特吗?

(4)不分析研究就不能找到答案

(5)没有分析研究就无法认识事物的本质①

① "没有分析研究"是个歧义形式,一种意思是"无分析研究",一种意思是"未分析研究"。参见朱德熙《语法讲义》第61页,商务印书馆,1982年版。

可以看出，这种表示假设的语言形式，或者是反问句，或者是前后否定词相互呼应的格式。据此更为严格的说法是：在直陈式中，并列结构不能实施整体否定；在假设式中不受此限。现在的问题是：用在直陈式中的"不"和用在假设式中的"不"是同一个语素，还是不同的语素？为了回答这个问题，我们来讨论下面两种不同的语素处理方案：(1)认为"不"代表两个不同的语素，"不1"是个单纯的否定副词，含有〔＋否定〕的语义特征；"不2"是个否定性假设连词，含有〔＋否定〕〔＋假设〕的语义特征。从分布上看，"不1"不能出现在谓词性的并列结构之前，"不2"可以出现在谓词性的并列结构之前。这种方案能够很方便地解释下列歧义现象：

(6)不作笔记不看书

(6′)(既)不作笔记(也)不看书

(6″)(如果)不作笔记(就)不看书

如果其中的"不"是"不1"，那么其语义解释就是(6′)；如果其中的"不"是"不2"，那么其语义解释就是(6″)。例(6)是报纸上一篇谈治学经验的短文的标题，笔者初一看吃了一惊，心想既不作笔记又不看书还怎么做学问；往下看才明白说的是如果不作笔记就不看书，也就是凡看书必作笔记。(2)认为"不"只是一个语素，是个单纯的否定副词。所谓"不1"和"不2"在分布上是互补的，"不2"本身并没有假设意义，假设意义是由整个"不……不/就……"一类结构表示的。在评价这两种方案的时候，应该考虑到这样一个语言事实：在汉语中，假设关系既可以用"如果……那么……"一类连词来表示，也可以不用连词而通过所谓的意合法(parataxis)来表示。[①] 例如：

(7)(如果)不按市场规律来解决文化体制中存在的问题,(那么)文化体制的改革是没有出路的。(《北京青年报》1996.12.3)[②]

(8)(如果)我们历来早晨不吃稀粥咸菜而吃黄油面包,1840年的鸦片战争,英国能得胜吗?(《当代短篇小说选》)

上例括号表示假设的关联词语都是可以省去的,即也可以用意合法来表示假设关系。既然如此,我们就不必把一种语法格式拥有的语法意义归结到否定词身上。如果把上例中的"不"处理为否定性假设连词,那么下列例句中的"没有"就很难处理了。例如：

(9)(如果)没有跨出这一步又一步,就不会有胶带股份今天的发展。(《文汇报》1997.6.5)

(10)(如果)没有你的决定,我们绝不会那么快掌握滑雪技术。(《北京青年报》1996.12.28)

例(9)中的副词性的"没有"勉强可以比照"不2"说成是否定性连词,但是例(10)中动词性的"没有"则很难处理成否定性连词,因为它充当述宾结构的述语。而且,按照这种方案,"没有"就得分成四个,即副词"没有"和动词"没有"都得分成直陈的和假设的两套。

---

① 参见王了一《汉语语法纲要》第144—145页,上海教育出版社,1982年版。

② 例(7)—(10)转引自丁裕景《现代汉语假设复句研究》,北京大学中文系硕士学位论文1998年。

三　汉语和英语的比较

跟汉语不同，英语的谓词性并列结构可以用否定词作一次性的整体否定。① 例如：

(1) I could not have loved you and not meant well. (London)②

a. 我不能爱你同时又对你不怀好意。

b. 我不能爱你，也不能对你不怀好意。

英语用 and 连接的并列结构被否定时，所否定的既可以是用 and 连接起来的成分的加合关系，如(la)所示；也可以是用 and 连接起来的成分分别受到否定，即连续否定两个表述，如(lb)所示。这两种情况可以分别表示如下：

(2) a. Neg(A and B)＝～(P＋Q)

b. Neg(A and B)＝～P，～Q

在上述公式中，等号前的是语言表达式，后面是语义表达式。其中，Neg 代表否定性词语，A and B 代表谓词性的联合结构，P、Q 分别代表由 and 连接的谓词性成分 A、B 所表示的命题，～代表否定，＋代表加合关系，逗号代表顺序关系。当 Neg(A and B) 中的连词换成 or 时，只能有 b 一种解释。例如：

(3) I am never going to salute again, or wear a uni-

---

① 参见陈平《英汉否定结构对比研究》第 225 页。

② 例(1)和(3)转引自陈平《英汉否定结构对比研究》第 225 页。

form, or get wet-really wet, I mean. ——or examine men's feet, or stand to attention when I'm spoken to, or——oh, lots more things (Milne)我从此可以不再敬礼，不再穿制服，不再淋雨——淋得湿到骨头，不再检查士兵的脚，不再立正着听人训话，不再……，嗯，多着呢。

对比汉语译文可以看出，英语可以用否定词否定后面的一串用连词 or 连接的选言枝(disjunct)，而汉语则需要在各选言枝的前面分头加上否定词。英语和汉语的这两种情况，可以分别用公式表示如：

(4) a. Neg(A or B)＝～P，～Q

b. Neg A，Neg B＝～P，～Q

英语中(4a)这种情况，很容易使人想到命题逻辑中下面这个重言等值式(tautological equivalence)：

(5) －(PVQ)＝－P&－Q

这个变换等式表示，析取式(disjunction)的否定正好等于否定式的合取(conjunction)。这就是著名的德摩根定律(De Morgen's law)。其中，—是否定算子，V 是析取连结符，& 是合取连结符。当然，在这里我们并不暗示这样的意思，英语的(4a)这种表达式启发西方逻辑学家发明了(5)这样的变换等式，操汉语的逻辑学家不可能发明这种逻辑变换律。①

前文说，为了避免跟 Neg A＋B 发生混淆，因而汉语不允许

---

① 我们确实经常听到这样一种非正式的论断：如果爱因斯坦说的是汉语，那么相对论将是另外一副模样。

Neg(A+B)这种表达形式。为什么英语允许 Neg(A+B)这种表达形式呢?换一种问法,英语是怎样保证 Neg(A+B)不被理解成 Neg A+B 的?经过初步的考察,我们发现是形态标记清楚地显示了否定词 Neg 的辖域仅限于 A,还是遍及 A+B。比如,例(3)中用 or 连接的动词不定式都在 be going to 的管辖之下。例(1)中 not meant well 跟前面 could not have 的管辖关系不清楚,所以要确切地理解它的意思很费劲。事实上,为了让人们信息加工时不至于负担太重,英语中也并不常用 Neg(A and B)这种表达形式。例如:

(6) He didn't come and didn't give any reason, either. 他没来,也没说什么理由。

(7)? He didn't come and give any reason, either. 他没来,也没说什么理由。

(8)? He didn't come and give some reason. 他没来,还说了一些理由。

尽管有 didn't 管辖下的 give 这种不定形式,加上 any、either 等照应形式,例(7)的可接受性仍然很差。同样的道理,例(8)的可接受性也不佳。在英语中,表示连续否定的更明白无误的表达形式是用 neither... nor... 一类关联词语。例如:

(9) The enemy couldn't make any advance, neither could they retreat.
敌人进也不得,退也不得。

(10) The first one was not bad, neither was the second.

第一个不坏，第二个也不赖。

(11) In a position like this one can neither stand up nor lies down.

处在这样的位置，一个人既不能站直，又无法躺倒。

这种情况可以用公式表示如下：

(12) Neither A, Nor B=～P,～Q

当用 and 连接的两项中有一项是否定式时，倾向于把否定式置于后项。例如：

(13) This new product is of high quality and is not expensive either.

这种新产品不仅质量非常好，而且价格也不贵。

这一点跟汉语中的情况又是相同的。看来，在认知便利的制约下，不同的语言一定会有许多普遍现象。最后，请看一个用汉语翻译英语的例子：

(14) ……他(指邓小平——引按)是一个不推诿、搪塞的人。(Richard Evans《邓小平传》第 252 页，武市红等译，上海人民出版社，1996)

这种用法明显地违反汉语的语法规则，不知道英语原文是不是采用了 Neg(A and B)或 Neg (A or B)这类表达方式。

第四节 汉语“动补结构”的类型学特征①

一 “概念结构”和“概念分解”

一般而言，教外国人学汉语，将汉语与外语比较，找出异同，对教学有帮助。但是，来自不同国家的人有不同的母语，分属不同的语言类型，如何比较法？从普适的“概念结构”出发，对汉语和外语作语言类型学的考察和比较，这也许是作广泛比较的一个办法。下面以汉语动补结构为例来加以说明。

先看一个英语例子和对应的汉语句子：

The bottle floated out of the cave.

瓶子漂出岩洞。

按照 Talmy②，这个句子在概念上代表一个复杂的运动事件，对复杂事件的“概念结构”进行“概念分解”，它包含一个“主事件”和一个“副事件”，主事件“瓶子移动到岩洞外”是运动的基本构架，副事件“瓶子漂”是这一运动的方式：

[the bottle moved out of the cave]主事件+[the bottle floated]副事件

---

① 本文发表在《汉语口语与书面语教学》，北京大学出版社，2004 年版，作者沈家煊。

② 参见 Talmy, L. *Toward a Cognitive Semantics*. Vol. I & II. Cambridge, Massachusetts: MIT Press, 2000.

每个事件又可以分解出四个概念要素，它们是：

凸体(Figure)：指一个运动物体，它相对于另一个物体(衬体)而运动。

衬体(Ground)：指一个参照物体，另一个物体(凸体)相对它而运动。

运动(Motion)：指运动本身。

路径(Path)：指凸体相对衬体而运动的路径。

上面的例子中主事件四个要素俱全，分别为凸体“瓶子/the bottle”，衬体“岩洞/the cave”，运动“移动/move”，路径“出/out of”。副事件本身也是个运动事件，也可以作类似的概念分解，这里从略。

副事件与主事件之间概念上的联系，除了副事件表示运动的方式外，还经常是副事件表示运动的原因，例如：

The napkin blew off the table.

餐巾被风刮下桌子。

[the napkin moved off the table]主事件＋[the wind blew]副事件

副事件“刮风”是主事件“餐巾移动到桌子下”的原因。物体的静止存在可视为运动的一种特殊形式，例如：

The pencil lay on the table.

铅笔平放在桌子上。

[the pencil be located on the table]主事件＋[the pencil lay]副事件

“铅笔以平放的方式位于桌子上”，这里“运动”要素变为静止的

“位于/be located”，“路径”变为空间的“占据/on”。以上的运动事件不涉及一个有意愿的施事，可称为“自动事件”；如果运动是由一个有意愿的施事造成的，就称为“致动事件”(Agentive Motion event)，例如：

I rolled the keg into the storeroom.

我将小桶滚进仓库。

[the keg moved into the storeroom]主事件+[I rolled the keg]副事件

表示运动原因的副事件“我滚动小桶”含有一个有意愿的施事“我”。下面的事件可以看做空间运动事件的引申：

I shook him awake.

我将他摇醒。

[He moved into a state of being awake]主事件+[I shook him]副事件

主事件是“他移动到醒的状态里”，运动的原因是副事件“我摇动他”。“awake/醒”代表衬体，路径概念没有单独体现出来(与衬体合并)。这样的概念结构分析具有普适性，适用于所有语言。注意上面与英语例子对应的汉语句子都包含一个“动补结构”：漂出、刮下、放在、滚进、摇醒。

二　概念合并：词汇化的语言类型

底层的概念结构要体现为表层的语词形式，一般要经过概念要素的合并，简称“概念合并”。不同的语言有不同的概念合并方式，例如英语和西班牙语代表两种不同的合并方式：

The bottle floated out of the cave.

La botella salió de la cueva flotando.

The bottle exited from the cave, floating.

英语“运动”和“方式”两个要素合并为一个动词“float”,“路径”单独由 out of 表示。西班牙语“运动”和“路径”合并为一个动词“salió”(exited),“方式”单独由 flotando (floating)表示。

从语义上讲,主事件中的路径概念代表运动事件的抽象框架(frame),如 into 就代表一个抽象的运动框架:一个物体进入到另一个物体里,具体的凸体、衬体、运动等项目可以填充到这个框架中去,主事件因此也叫做构架事件(framing event)。从结构上讲,英语的 float 和西班牙语的 salió 是谓语动词,是句子的核心语(Core),英语的 out of 和西班牙语的 flotando 是谓语动词的附加语(Satellite)。

根据构架事件(主要是路径的概念)是由附加语还是核心语来表达,世界上的语言可以分为两种类型:附加语构架语言(Satellite-framed languages),构架事件由附加语表达,例如英语、德语、俄语、Atsugewi 语;核心语构架语言(Core-framed languages),构架事件由核心语表达,例如西班牙语、法语、日语。

三 汉语动补结构的类型归属

动趋式:瓶子漂出岩洞。(空间运动事件)

动结式:妈妈摇醒弟弟。(可视为空间运动事件的引申)

如果认为动补结构“漂出”的核心语是运动动词“漂”,趋向动词“出”是它的附加语(补语),那么汉语跟英语一样属于“附加语构架语言”；反之，如果认为核心语是趋向动词“出”，“漂”是它的附加语（状语），那么汉语跟西班牙语一样属于“核心语构架语言”。

实际存在三种不同的观点：

(1) 动补结构中的动词是核心语，补语是附加语。按这种观点，汉语属于“附加语构架语言”。其实，“动补结构”这个名称已经意味着动词是核心语，补语是附加语。这也是大多数人的观点。

(2) 动补结构中的补语是核心语，动词是附加语，起修饰补语的作用，“漂出”实际是个“状中结构”（状语＋中心语）。按这种观点，汉语属于“核心语构架语言”。持这种观点的依据主要是 Bloomfield“向心结构”（endocentric construction）的理论：在一个组合式结构中，如果一个成分的功能相当于整个组合的功能，这个结构就是“向心结构”，这个成分就是结构的“核心”。如李临定用“缩减”检测法证明补语是核心[①]：

我已经吃饱了 → 我已经饱了 /? 我已经吃了

小孩子吓哭了 → 小孩子哭了 /? 小孩子吓了

我听懂了你的意思 → 我懂了你的意思 /? 我听了你的意思

马希文用“增扩”检测法证明补语是核心[②]：

帽子掉了 /? 帽子吹了 → 帽子吹掉了

---

① 参见李临定《究竟哪个“补”哪个：“动补格”关系再议》，《汉语学习》1984年第2期。

② 参见马希文《与动结式动词有关的句式》，《中国语文》1987年第6期。

铅笔折了／＊铅笔写了 → 铅笔写折了

头发白了／＊头发愁了 → 头发愁白了

（3）动补结构有的是动词为核心语，有的是补语为核心语。按这种观点，汉语是“附加语构架”和“核心语构架”混合类型的语言。任鹰考察主宾语可以交换位置的动补结构[①]：

A. 老王喝醉了酒

老师讲烦了课

大家吃腻了剩菜

B. 酒喝醉了老王

课讲烦了老师

剩菜吃腻了大家

她认为 A 列是动词为核心，B 列是补语为核心，因为 B 列的补语有“致使”的意义。这样分析的前提是认为“醉、烦、腻”这样的形容词在现代汉语里仍然有致使的用法。

柯理思认为汉语动补结构的补语自身也能充当谓语的主要动词，如“漂进”的“进”，跟英语的 into 纯粹是虚词不一样，因此汉语是混合类型的语言。[②]

用缩减法或扩展法究竟能不能检测出动补结构的核心来？袁毓林认为马希文只是拿受事做主语的句式来检测核心语，如果改用施事做主语的句式，那么只能证明动词是核心语[③]，如下

---

① 参见任鹰《主宾可换位动结式述语结构分析》，《中国语文》2001 年第 6 期。

② 参见柯理思《汉语方言里连接趋向成分的形式》，《中国语文研究》2002 年第 1 期。

③ 参见袁毓林《述结式的结构和意义的不平衡性》，《现代中国语研究》2000 年第 1 期。

面的例子，补语能缩减而动词不能缩减：

大风吹掉了(帽子) * 大风掉了 大风吹了

哥哥写折了(铅笔) * 哥哥折了 哥哥写了

爸爸愁白了(头发) * 爸爸白了 爸爸愁了

缩减法似乎证明下面的动趋式是趋向补语为核心语：

走进来一个人 进来一个人 *走一个人

跑出去一个人 出去一个人 *跑一个人

但是换一下动词，情况就变了：

扔上来一包烟 *上来一包烟 扔一包烟

寄回去一包书 *回去一包书 寄一包书

范晓则用很简明的例子证明缩减或增扩法无法解决动词和补语谁是核心的问题①：

武松打死一只老虎|武松打一只老虎|?武松死一只老虎(动词是核心)

他跑丢了一只鞋|?他跑了一只鞋|他丢了一只鞋(补语是核心)

我学会了两门外语|我学了两门外语|我会了两门外语(双核心)

她哭昏了我的脑袋|?她哭了我的脑袋|?她昏了我的脑袋(无核心)

因此，"向心结构"的理论也许是正确的，但是缩减法和增扩

① 参见范晓《略论 V—R》，《语法研究和探索》(三)北京大学出版社，1985 年版。

法并不能检测出动补结构的结构核心。

要解决以上争端，首先要将语义核心（semantic core）和结构核心（syntactic core）区分开来。两者可能一致，也可能不一致。一致的如西班牙语，"La botella salió de la cueva flotando"一句中，谓语动词 salió 既是语义核心（事件的构架），又是结构核心（谓语动词）。不一致的如英语，"The bottle floated into the cave"一句中，语义核心（事件构架）由 into 来表达，而结构核心是谓语动词 floated。

在形态发达的语言里，哪个是核心语哪个是附加语可以用形态来判别。汉语由于缺乏形态标记，判别起来就比较困难。

按照 Talmy 的观点，核心语和附加语的区分是从结构着眼的，核心是指结构核心而不是语义核心。从结构上区分核心语和附加语主要依靠开放类（open class）和封闭类（closed class）这对概念，这对概念对有形态和无形态的语言都适用。核心语是开放类，附加语是封闭类。开放类是实词，封闭类是虚词或功能词（function words）。按照这一标准，我们可以判定汉语动补结构的核心语是动词而不是补语，因为充当动词的成分是一个相对开放的类，而充当补语的成分相对是一个封闭的类。动趋式里做补语的趋向动词是一个封闭类，这是公认的。虚化了的趋向动词更不可能是核心语，如下面例子中的"上"（范继淹，1963）：

快跑进去 ＝ 快跑

快跑进去 ＝ 快进去

快穿上 ＝ 快穿

快穿上 ≠ 快上

其他动词能做补语的也是一个有限的集合,为数不多,主要是不及物动词[①],如:

走 跑 动 倒 翻 病 疯 死 见 懂 完 通 穿 透

这些动词大多语法语义功能已经弱化,有的可以读轻声。意义实在的动作动词如"打、吃、写"等显然都不能充当补语。

从韵律上看,典型的动补结构组成一个"重—轻"的韵律格式。动趋式的趋向动词都读轻声[②],例外是"起、进、出"在句尾时不轻读:"信被原封退回","这话如何说起"。[③] 但是,这跟英语句子"He finally walked in"和"He kicked the ball in"中句末的 in 不轻读是一个道理。有的结果补语动词也读轻声[④],例如:

站住 听见 气死 改掉 拿开 想到

常用补语"完、好"也常读轻声,"了"和"着"作补语不仅失去调值,连韵母也弱化为一个央元音。这种读轻声的补语动词,其语法语义功能已经弱化,在语义上只能跟前面的动词发生联系。常作补语的词,其语音形式弱化后更加失去独立性,更加与前项动词结合成一个复合词。

---

① 参见朱德熙《语法讲义》,商务印书馆,1982 年版。

② 参见林焘《现代汉语补足语轻音现象反映的语法和语义问题》,《北京大学学报》1957 年第 2 期;参见赵元任《中国话的文法》,吕叔湘译《汉语口语语法》,商务印书馆,1979 年版。

③ 参见吕叔湘主编《现代汉语八百词》,商务印书馆,1980 年版。

④ 参见林焘《现代汉语补足语轻音现象反映的语法和语义问题》,北京大学学报,1957 年第 2 期。

从带宾语的情况看，袁毓林(2000)指出，动结式后头可以带时体助词“了”和“过”，及物的动结式可以带宾语[①]。动结式的前项绝大多数是动词，极少数是形容词，后项大多数是形容词，少数是动词。而带时体助词和宾语正是动词的语法特点。这说明动结式中动的语法功能与动结式的语法功能更一致。袁文还指出，动词之后可以直接跟宾语，例如：

走一个人进来 跑一个人出去 扔一包烟上来 寄一包书回去

动结式插入“得”扩展为带状态补语的动补结构，动词也可以带(把字)宾语：

这山路走累了我 这山路走得我累死了 这山路把我走得累死了

枪声吓哭了孩子 那枪声吓得孩子直哭 那枪声把孩子吓得直哭

白米饭吃胖了她 白米饭吃得她胖胖的 白米饭把她吃得胖胖的

这都说明动词不能分析为补语的修饰语。

既然缩减法和扩展法检测动补结构的核心并不管用，那么还有没有其他管用的检测方法？我们认为可以用“X没X”检测法来检测：动补结构AB能说成“A没AB”，也能说成“AB没AB”，但不能说成“A B没B”：

---

① 参见袁毓林《述结式的结构和含义的不平衡性》，《现代中国语研究》2000年第1期。

帽子吹掉了	帽子吹没吹掉
帽子吹掉没吹掉	*帽子吹掉没掉
铅笔写折了	铅笔写没写折
铅笔写折没写折	*铅笔写折没折
头发愁白了	头发愁没愁白
头发愁白没愁白	*头发愁白没白
孩子吓哭了	孩子吓没吓哭
孩子吓哭没吓哭	*孩子吓哭没哭
酒喝醉了他	酒喝没喝醉他
酒喝醉没喝醉他	*酒喝醉没醉他

这说明,尽管在语义上"掉了"的是帽子,"折了"的是铅笔,"白了"的是头发,"哭了"的是孩子,"醉了"的是他,但是在结构上,动补结构后头的"了"实际上是跟动词发生联系的("吹了"的否定式是"没吹"),也可以看做是跟整个动补结构发生联系,但肯定不是跟补语发生联系。相反,核心在后项的状中结构都不能有"A没A B"的格式:

坐看成败	*坐没坐看成败
怒斥敌人	*怒没怒斥敌人
泣诉不幸	*泣没泣诉不幸

还有一个证据来自否定词的语义指向。我们知道,句子中的状语有吸引否定词的能力①,即否定词的语义指向一般不是动词而是修饰动词的状语。尽管动词是结构核心,但吸

① 参见饶长溶《"不"偏指前项的现象》,《语法研究和探索》(四)北京大学出版社,1988年版。

引否定词的是语义核心状语。同样,在动补结构中,吸引否定词的是补语而不是动词,说明补语是语义核心,不是结构核心。

状中:我没有快跑。(跑了,但是不快。)

动补:我没有跑累。(跑了,但是不累。)

四　关于汉语动补结构的历史来源

要把现代汉语和古代汉语分开,在古代汉语里,动词和形容词都能很自由地表示致动意义,例如“远之”是“使它离得远”的意思,“败之”是“使他失败”的意思。但是这种致动用法在现代汉语已经衰退,现在如说“白了少年头”,那是古代汉语的残留,不是主流。余健萍提到动补结构可能有两种来源:

来源甲:B→A 而 B→AB　如:远之→推而远之→推远它

来源乙:A→A 而 B→AB　如:推之→推而远之→推远它[①]

余健萍认为,动补结构 AB 主要是从甲式发展而来的,即由 B 扩展而来,因此补语 B 是核心。有人因此还认为汉语经历了核心由后项 B 转移到前项 A 的过程。

其实,动补结构的产生跟动词形容词致动用法的衰落是密切相关的,即“推远”的产生和普遍使用跟“远”的致动用法的衰落密切相关,因此不能认为现代动补结构中的补语有致动用法还有普遍性。

从历史上看,动补结构应该是从双核心的连动结构或并动结构通过后核心的虚化弱化演变而来的,而不是从核心在后的

---

① 参见余健萍《使成式的起源和发展》,《语法论集》第 2 集中华书局,1957 年版。

状中结构核心前移而转变来的。[1] 例如：

The dog barked John awake.

狗叫叫醒了小张。

英语宾语 John 插在动词和补语之间，现代汉语动词和补语先形成一个句法单位“叫醒”（动补复合词），然后再跟上宾语“小张”。但是在中古汉语，语序和英语是一致的：

唤江郎觉（《世说新语·假谲》）

这种分离式的连动（或兼语）结构是现代汉语动补结构的来源[2]。原来前动词和后动词都是核心（“万物灭尽”也可以说成“万物尽灭”，前后动词可以颠倒），后来后动词“觉”虚化，虚化了的成分会失去独立性，变为黏附于前动词，造成动补结构，即；唤江郎觉→唤觉江郎。虚化了的成分结合面宽，例如，从“击杀之”（连动式）变出“愁杀人”（动结式）后，“杀”意义虚化，已经失去“杀害”这种实在意义，表示程度深这种抽象的意义，它的结合面变宽，除了跟动作动词结合还可以跟“愁、笑、妒、看”等心理动词结合。

因此，即使从历史演变来看，现代汉语动补结构也是动词是

---

① 古汉语连动式的另一个演变方向是转变为状中结构：如“坐（而）言”，“怒（而）飞”等，原来也是连动式，前项动词是不及物动词，意义衰退后演变为后项的修饰性状语。“生拘”和“长跪”，前项是形容词，本来就是状中结构。状中结构如前所说都不能说成“A 没 AB”（＊坐没坐言，＊长没长跪）。

② 参见梅祖麟《从汉代的“动杀、动死”来看动补结构的发展——兼论中古时期起词的施受关系的中立化》，《语言学论丛》1991 年第 16 辑，志村良治《中国中世语法史研究》，江蓝生、白维国译，1984 中华书局，1995 版；李讷、石毓智《汉语动补结构的发展与句法结构的嬗变》，《中国语言学论丛》第 2 辑，北京语言文化大学出版社，1999 年版。

核心语，补语是附加语。结论是，现代汉语属于"附加语构架语言"。

五 结语

从结构上看，汉语动补结构的动词是核心语，补语是附加语，现代汉语属于"附加语构架语言"。如果说英语和现代汉语都属于"附加语构架语言"，两者有什么差别？看例子：

The ball floated out of the cave.

球漂出岩洞。

The dog barked John awake.

狗叫叫醒了小张。

差别在于，英语的"路径"概念(out of)与"运动＋方式"概念(float)是分离的，没有结合为一个单位，现代汉语动趋式"漂出"中"路径"概念(出)和"运动＋方式"概念(漂)结合为一个单位(动趋复合词)。第二个例子英语的"衬体＋路径"概念(awake)也没有与"运动＋方式"概念(float)结合为一个单位，而汉语动结式的"衬体＋路径"概念(醒)也与"运动＋方式"概念(叫)结合为一个单位(动结复合词)。因此，在作跨语言的类型比较时，我们除了需要像 Talmy 那样比较不同语言"概念合并"的方式外，还需要比较"概念结合"的方式。

Talmy 不仅认为汉语属于"附加语构架语言"，而且认为汉语是一种强势"附加语构架语言"，理由是汉语经常用补语来表达事件的构架("路径"或"路径＋衬体")。英语用单个动词来表达的，汉语多用动补结构来表达，例如：

kick＝踢着

kill＝杀死

open＝开开

cure＝治好

break＝打破

select＝选出

英语“运动”和“路径”两个概念要素合并在一起，汉语是分开的。英语和古汉语很相像，古汉语的“污”现在要说成“弄脏”，“杀”要说成“杀死/弄死”。① 从这个角度看，似乎可以说汉语是一种强势“附加语构架语言”。

英语动词和补语之间有很强的选择性，可以用做补语的形容词非常有限，它们的搭配是惯用语性质的：

He ate himself sick.

* He ate himeself ill/full/nausious.

汉语动补结构是高度能产的结构，这一点似也能说明汉语是一种强势“附加语构架语言”。但是这只是问题的一个方面，汉语动补结构的高度能产性同时说明，充当补语的词封闭的程度不太高。虽然作补语的词相对前动词是个封闭类，特别是趋向补语和常用结果补语，但是几乎所有的单音节形容词都可以作补语：

吃饱、吃腻、吃病、吃胖、吃穷、吃晕、吃累、吃瘦、吃烦

这也就是说，汉语做补语的形容词不是一个封闭的类，做补语的

---

① 现代汉语也有不分的，如“瓻＝打碎”，“坑＝害苦”等，见袁毓林(2000)。

动词也要比英语开放。再考虑到汉语的补语都能单独充当谓语动词，有些句式里补语还残留古汉语的使动用法，可以说，汉语核心语和附加语的区分不像英语那么明显。从这个角度说，汉语又不是一种很典型的“附加语构架语言”。

对外汉语教学中动补结构的教学一直是一个难点，弄清汉语动补结构的类型学特点，并将它与其他语言加以比较，这也许有助于这方面的教学。

第三章

句式的句法语义研究

第一节 “把”字句的句法语义问题[①]

汉语的“把”字句是个很特别的句子结构形式，有许多学者对它感兴趣，并在许多方面作了深入细致的研究。关于“把”字句的语义语用问题薛凤生[②]和张旺熹[③]的两篇文章都有很精彩的论述。这是一个很有意思的学术现象，有那么多的学者对“把”字句感兴趣，写了那么多的文章，应该说“把”字句的研究是在一步步走向深入，但应该承认的是，“把”字句在教学中仍是一个老大难的问题，比如我们还经常听到或看到下面这些句子：

* 我把饺子吃在五道口。

* 他把花浇在院子里。

* 把她离婚了。

薛凤生把“把”字句写成：A 把 B＋VP，他对 A、B、VP 三者之间的关系做了概括的描写和解释，他说“‘把’字句中的

① 本文以《“把”字句的若干句法语义问题》为题发表在《世界汉语教学》1995年第3期，作者崔希亮。

② 参见薛凤生《试论“把”字句的语义特性》，《语言教学与研究》1987年第1期。

③ 参见张旺熹《“把”字结构的语义及其语用分析》，《语言教学与研究》1991年第3期。

VP 必须是一个说明由于某一行动而造成 B 的某一状态的描述语段”(a descriptive statement about B's condition as a result of a certain action)，我们说这种概括大体不错，但是还不够严谨。首先，不是所有“把”字句的 VP 都必须是一个说明由于某一行动而造成 B 的某一状态的描述性语段，例如“你先把课文念一遍”就不是；其次，我们很想知道这里的“某一行动”和“某一状态”到底是什么行动、什么状态。为了找到问题的答案，我们分两步走：第一步先看看都有哪些类型的“把”字句；第二步再考察一下有哪些动词可以进入“把”字句的 VP。

一　“把”字句类型——句法语义特征

(一)“把”字句的句法结构

我们将“把”字句记做(A)把/将 B—VP，其中 A 可以不出现，“把”和“将”语法价值相等，用法有别，B 通常是定指的体词性成分，在现代汉语普通话这个共时平面，VP 不是简单形式，VP 也不是否定形式。

现代汉语的句法结构以 VP 为中心，在 VP 中又以 V 为中心，一切变化都是围绕着动词 V 进行的。这里所说的变化不外乎三种情况：

(1) 在动词 V 前边加状语 AD；

(2) 在动词 V 后边加补语 R 或宾语 O；

(3) 改变动词本身，即重叠。

“把”字句的结构变化其实就是 VP 的变化，因为“把”字句的其他部分是不变的。VP 的变化离不开上述三种情况。可以说 VP 是“把”字句的核心,“把”字句的语义焦点就在 VP 上,这也符合 END－FOCUS 的一般规律。“把”的作用就是将 B 提到前边作为话题,而把语义焦点放在 VP 上。

(二) 关于语料来源的说明

为了说明“把”字句的结构类型,我们选择了两部在时间上相距 250 年的小说作为考察对象,它们是曹雪芹的《红楼梦》(简称《红》,庚辰本 1～80 回)和张贤亮的《男人的一半是女人》(简称《男》)。两部小说在“把”字句的使用上有一些差别,比如《红》有 1265 个例句,其中用“把”的 600 个,用“将”的 665 个,而《男》有例句 361 个,其中用“将”的只有 22 个。从“把”字句的结构类型上看,两部著作没有太大的差别,但是各种结构类型出现的频率是有差别的。

(三) “把”字句的结构类型

“把”字句的结构类型很多,但是最常见的是:

(A)**把/将** B—VP (VP 是述补结构或包含述补结构的谓词性结构)

这是“把”字句的典型形式,我们对《红》和《男》的语料统计说明:VP 是述补结构或包含述补结构的“把”字句占绝大多数,其中结果补语、趋向补语又占绝对优势,也就是说,薛凤生先生所说的 B 的状态多数情况下是由于某一行动而使 B 发生的变化:VP 描写的是 B 变化的结果、运动的方向、运动的终点等。薛凤生先生在这里只提到两个语义论元(argument):A 和 B,实际上“把”字句有时会涉及三个语义论元:A、B、C,其中 A 是句子的句法主语,B 是句子的语用话题(“把”字的句法宾语),C 是动词前后由“朝、向、往、到、给、在、进”等介词连接的成分,它通常是事件发生的场所、B运动的方向或运动的终点。例如：

她把针在头皮上刮了一下(事件发生的场所)

他把双手伸向空中(B运动的方向)

他把我领到第一道走廊(B运动的终点)

下面是我们对“把”字句结构类型的归纳：

1. VP是述补结构或包含述补结构

(1) VP＝VR或AD＋VR(R是结果补语，AD是状语，下同)

一场雨把我淋得浑身湿透　你把裙子都弄湿了

她把台布仔细地扫干净　用铅丝把一根根栏杆拧紧

把原来坑坑洼洼的土地几乎填平了　我不想把那条大船击沉

像一个盖子似的把决口盖住了　把钱藏好，路上别丢了

她把土踩瓷实　她用一块破毛巾把身体仔仔细细地擦干

(2) VP＝VR或AD＋VR(R是趋向补语)

我把他拉上来　想把我抓回去

她强迫我把厚厚的工作服脱下来　你去把窗帘拉上

我把心里正想的话说出来　我使劲地把我的精神拉回来

我把脸朝这个小人凑上去　把这最后的帷幕揭开

(3) VP＝VR(R是由介词短语构成的述补结构)[①]

他把我领到第一道走廊　她把水递到我面前

我把烟叼在嘴上　轻轻地把她拉进我的怀里

把眼睛移向别处　他把手指插在背心口袋里

---

① 也有人分析为述补结构带宾语。

任微风把我吹到任何地方　她把饭端到餐桌上

他把锹还给黄香久　　　我把马鞭交给他

(4) VP＝VR＋vp(VP是包含述补结构的连谓结构)

他们还要把你拉出来批斗　把我的诗拿出来示众

他们虽然把你拉去陪杀场　　他把那顶帽子摘下来递给我

我把手表摘下来交给她

他们将松树挖出来移植到院子里

2. VP是其他形式

(1) VP＝(AD)＋一 V(状语加上"一"再加上单个动词)

我把被头向下一拽

她把日记本往我怀里一塞,哭着跑进里屋

罗宗祺把筷子朝桌上一拍

他把帽子往桌子上一摔

他把袖子一挽,进了厨房

你们把王八脖子一缩,死生由我

(2) VP＝V(一)V(VP是动词的重叠形式)

你把衣裳换换　　　你把桌布洗一洗

你把头发理理　　　你把玻璃擦擦

(3) VP＝VR 或 AD＋VR(R是数量补语)

她把针在头皮上刮了一下　你把神经调整一下

她把这些过程又演了一遍　回身把平儿先打了两下

你把稿子先过一遍　　　又将林之孝家的申饬了一番

(4) VP＝0 或 VP＝Idiom (VP是零形式,这时的"把"字句是非完整形式,然而语义上常常是自足的;VP是Idiom,这时的VP是一个熟语形式):

我打你这小蹄子!

为什么那时候我没闯进来把你们两个……

你能把我怎么样?

把他千刀万剐方解我心头之恨!

(5) VP=V(VP是单个动词)

这种例子极少,多出现在韵文中,否则语感上有些别扭:

眉对眉来眼对眼,眼睫毛动弹把言传

不然也要当场将你逮捕

我们之所以把1.称做“把”字句的典型形式,是因为它们的出现频率大大高于2.(参看下面的统计资料)。当然,2.的(1)至(3)三种结构形式也是合格的“把”字句,只不过出现频率要低得多,句子的语义重心也与典型形式有些不同:典型形式的语义重心通常在R上,而非典型形式的语义重心通常在(B)—VP上。试比较:

a. 我把他打伤了

b. 他把眼珠子一翻

前者语义重心在“伤了”上,薛凤生认为“伤”才是真正的动词;后者语义重心在“眼珠子一翻”上[①]。我们可以用“怎么样”来提问:

a. 他怎么样? ⟶ 他伤了。

b. *眼珠子怎么样? ⟶ 眼珠子一翻。

---

① 参见薛凤生《“把”字句和“被”字句的结构意义——真的表示“处置”和“被动”?》,《功能主义与汉语语法》,北京语言学院出版社,1994年版。

我们还可以进行变换试验：

a. 我把他打伤了——→他被我打伤了

b. 他把眼珠子一翻——→＊眼珠子被他一翻

当然典型形式和其他形式的区别还表现在其他方面，我们将在下文里谈到。

（四）各类结构类型的统计及语义解释

表1

语料来源 / 结构类型	《红》		《男》	
例句数目及百分比	例句数	百分比	例句数	百分比
1. VP是VR或包含VR	1098	86.3%	335	87.4%
(1) VP=(AD)+VR(结果)	339		88	
(2) VP=(AD)+VR(趋向)	403		83	
(3) VP=VR(R是介词结构)	251		152	
(4) VP=VR+vp	105		12	
2. VP是其他形式	167	13.7%	26	12.6%
(1) VP=(AD)+一V	44		4	
(2) VP=V(一)V	18		5	
(3) VP=VR(R是动量补语)	81		4	
(4) VP=0或Idiom	14		9	
(5) VP=(AD)+V	10		4	

从以上的统计中我们可以得出下面的结论：

(1) 大部分“把”字句都具有这样的特征：(A)把/将B—VP中的VP是述补结构或者包含述补结构的谓词性结构。我们把它们称做典型的“把”字句。

(2) 典型的“把”字句在数量上占绝对优势（86％以上）。

(3) 典型的“把”字句在语义表达上有如下特点：VP是句子

的语义焦点所在，而在VP中，语义焦点又总是在后面的成分R上，VP是一个描述性语段，其功用在于说明B在某一行动的作用下所发生的变化或将要发生的变化，这些变化或将要发生的变化包括：

a. 某一行动带给或将要带给B的结果

我把玻璃打碎了——→玻璃碎了

把脸冻得通红——→脸通红

把烙铁烧热——→烙铁将要变热或已经变热

b. 某一行动对B的性质发生或将要发生的影响

把羊变成了狼——→羊成了狼

把他看作眼中钉——→他变成了眼中钉

把他当作你的老师——→他将要成为你的老师

c. 某一行动使B或将使B的位置发生位移

把画儿摘了下来——→画儿下来了

把目光移向别处——→目光到了别处

把你的东西拿走——→你的东西将离开原来的地方

d. 某一行动使B或将使B的状态发生改变

把门推开——→门由关到开(已然/未然)

把眼睛闭上——→眼睛由开到闭(已然/未然)

而“把”字句的其他形式又可以区分为两种情况：

a. VP描述动作的情态和/或表达动作的矢量

把筷子朝桌上一拍——→描述动作的情态(突然性)，矢量(频率是一次)

你把头发理理——→表示动作的情态(尝试性),矢量(量小)

他把这些过程又演了一遍——→表示动作的动量(一遍)

b. VP 是熟语等,我们认为主要是语用问题,这里不讨论。

从语义上看,我们可以把所有的“把”字句分成两个部分:一部分跟动作及动作的结果有关,典型形式的“把”字句属于这一类,这些句子的语义焦点都在 R 上(趋向补语和介词引导的补语也都有结果意义),我们把它们叫做结果类句子;另一部分跟动作的情态和矢量有关,其他形式的“把”字句属于这一类,它们的语义焦点在整个(B)—VP 上,我们把它们叫做情态矢量类句子。

结果类句子都可以分析为 P_1 和 P_2 两个表述(predication):

P_1=A~V

P_2=B~R

这两个表述通过“把”实现连接。例如:

我把玻璃打碎了(P_1=我打;P_2=玻璃碎了)

情态矢量类的句子不能做这样的分析。薛凤生先生的概括只适用于前者。

就结果类句子而言,P_1 和 P_2 之间存在着一种因果关系,前者是后者存在的必要条件,后者是前者合乎逻辑的结果。C 如果出现的话,它一定是 B 的运动方向或位移终点。因此我们不能说“*我把饺子吃在五道口”,“*他把花浇在院子里”,因为“他吃”与“饺子在五道口”,“他浇”与“花在院子里”不存在因果关系,C 也不是 B 的运动方向或位移终点。

为了更清楚地描写“把”字句的句法结构和语义结构,我们画两个树形图(如下)。

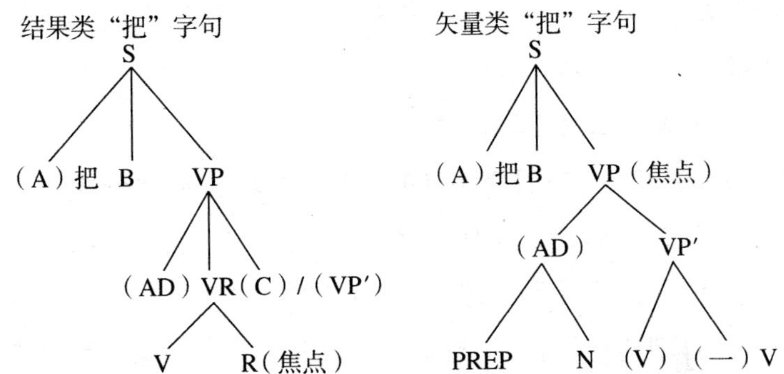

二 "把"字句 VP 中的 V

(一)"把"字句中动词的选择

VP 是一个非简单形式,那么是不是所有的动词都可以出现在"把"字句的 VP 中呢?回答是否定的。根据我们对 2167 个动词的考察,发现只有 63%的动词可以出现在"把"字句的 VP 中。哪些动词可以出现哪些动词不能出现呢?恐怕很难一言以蔽之。有人说跟动词的及物性有关,"把"字是句子高及物性的标志①。也有人说跟动词的处置意义有关,"把"字句主要用来表示处置②。到底跟什么有关,我们还得从语言材料出发。

VP 是"把"字句的关键所在,如果我们把 B 看作是"把"字句的实际话题,那么 VP 就是用来说明话题 B 的,从信息存在的结构上看,B 是已知信息,VP 是信息焦点。也就是说,说话人在组织句子时,首先考虑的是 VP。前面说过,"把"字句有两类:

---

① 参见王惠《从及物性系统看现代汉语的句式》,北京大学硕士论文 1992 年。

② 参见马真《"把"字句补议》,《现代汉语虚词散论》,北京大学出版社,1985 年版。

VP 或者表示动作的结果,或者表示动作的情态和矢量。这一点很重要,因为它可以为我们寻找"把"字句动词出现的条件提供线索。

(二)静态动词与动态动词

郭锐(1993)①在研究动词的过程结构时把动词分成三种典型形式:状态动词、动作动词和结果动词。这三类动词的核心是清晰的,但是边缘并不清楚,所以他把它们画在一个连续的数轴上。我们按照郭锐的做法对每一个动词进行了考察,发现能进入"把"字句的动词分配如下:

状态动词 51 例,占 3.7%

动作动词 1079 例,占 79%

结果动词 126 例,占 9.3%

其他动词 106 例,占 8%

从动词的过程意义方面考虑可能会找出一个带有柔性特点的规律来,但是从实用的角度考虑,状态、动作和结果(或者叫变化)都是模糊概念,不能直接观察,因此我们还得从形式和意义两方面找一找规律。

在上文的结论里,我们看到了"把"字句的 VP 有 86%以上都是包含述补结构的谓词性结构(三种述补结构:R 为结果补语、趋向补语、介宾补语),因此可以推论:能够出现在 VP 中的大部分动词一定能带补语。既然 VP 是用来说明 B 所发生或将要发生的变化的,而这个变化是由 V 造成的,因此又可以推论:V 一定是有动力的动词,它能够改变 B,使 B 发生变化。有动力

---

① 参见郭锐《汉语动词的过程结构》,《中国语文》1993 年第 6 期。

的动词我们把它叫做动态动词，没有动力的动词叫做静态动词。

动态动词有动量，因此它们或者有大小，或者有方向，或者有频率，或者有变化的结果。表现在形式上就是能带结果补语，或者能带趋向补语，或者能带动量补语，或者能重叠，或者能与介词共现。如“打、杀、吃、拉、推”等；静态动词没有动量，因此它们没有大小，没有方向，也没有频率，也不会产生结果，表现在形式上就是不能带动量补语，不能带趋向补语，不能与表示方向的介词（如朝、向、往等）共现，也不能重叠，如“离婚、成立、发现、到达、批准、通过”等。

为了证实我们的推论，我们统计分析了《红》《男》两部著作“把”字句中出现的全部动词，除去重复的，两部著作在“把”字句中共使用了 507 个动词，其中有 486 个动词在我们所设计的六项指标中至少占有一项，它们属于我们所说的动态动词。六项指标一项也不能满足的动词（有的不是动词）共 21 个，它们是：

不好意思 告诉 辜负 会说话的 懒的 烂了嘴的 伶俐的 没 随他的便 听见 瞎了眼的 悬念 一挥而尽 怎么样 指腹为婚 置之度外 处死 逮捕 公开化

下面是我们的具体统计结果：

表 2

	总数	结果补语	趋向补语	动量补语	重叠	V 一 V	介词共现	六项合取	六项析取
红	376	327	297	267	239	231	176	121 32%	358 95%
男	205	194	186	155	154	135	134	102 50%	201 98%

表中“总数”代表出现在“把”字句中的动词去重后的数目，“结果补语”代表能带结果补语的动词数目，“趋向补语”“动量补语”同此；“重叠”代表能重叠的动词数目，“V 一 V”指可以在 V

一V格式中出现的动词数目;“介词共现”指可以与“朝、向、往、在”这一类介词共现的动词数目。“六项合取”指六项指标全部满足;“六项析取”指六项指标至少满足一项。从这个统计中我们可以看出,出现在“把”字句中的动词能带结果补语和趋向补语的比例很大,六项至少带一项的比例就更大了。从语料上看,《男》比《红》比例更大。也就是说,“把”字句中出现的动词95%以上都可以至少带一项证明它们是动态动词的设定指标,这个结果充分证实了我们的推论。

六项俱全的动词是最典型的动态动词。我们发现最典型的动态动词有如下特点:从形式上看,它们百分之百是单音节动词:其中《红》121个,《男》102个;从意义上看,它们全都是动作动词。因此,我们可以说,动作动词是“把”字句的首选动词。

(三)动词与认知过程

从意义上说,动词是表示行为、动作或者变化的词,这个概括虽然不够准确,可也不能算错,因为在我们的认知范畴里,动词的确与行为、动作或者变化这些概念相联系,我们对世界的认识离不开这样一些概念:对象的存在(方式,范围,状态);对象之间的关系;对象的性质;对象的活动(方式,过程,空间,方向,大小,频率);动作(方式,过程,空间,方向,大小,频率),对象的变化(开始,持续,结果);对象的行为;对象的动作或对象变化的伴随情况等等。这些概念边界不是很清楚,但是它们更能反映语言的本质特点,也是语言学习者首先考虑的东西。

如果我们从认知的角度给动词分类的话,大致可以分出以下一些主观类来：

表 3

静态动词	V_1.存在动词	有，无，堆 b*，挂 b，站 b，摆 b，放 b，停(2)，……
	V_2.关系动词	是，为，指，像，相同，属于，姓，等于
	V_3.性质动词	讨厌，小心，轰动，热爱，信任，迷信，密切，……
	V_4.结果动词	出来，成立，发现，获得，分别，到达，批准，通过，……
	V_5.行为动词	帮助，服务，旅行，游泳，指导，祝贺，压迫，……
动态动词	V_6.变化动词	大，高，成，好，紧张，成熟，漂亮，地道，瓷实，……
	V_7.活动动词	布置，打扮，筹备，联络，交涉，准备，……
	V_8.动作动词	打，抓，摘，搂，拉，拽，脱，砍，剁，劈，砸，削，穿，……
	V_9.评价动词	看，当，说，夸，怀疑，算，称，叫，……
	V_{10}.感觉动词	愁，想，欢喜，忧伤，伤心，兴奋，疼，难受，寂寞，……
	V_{11}.生理动词	哭，笑，叫，喊，嚷，病，嚎，吵，……

* 堆 b 表示“堆”的静态义，下同。

还有一些动词，它们是其他动词的伴随动词，因为它们不能进入“把”字句的 VP 做主要动词，所以我们把它们从动词中排除出去。

表 4

伴随动词	能愿动词	能，会，可以，情愿，宁，要，肯，敢，应该，得(děi)，……
	前置动词	把，朝，向，往，被，对，对于，由，从，据，冲(chòng)，……
	谓宾动词	省得，值得，任凭，给以，予以，加以，显得，难免，……

考察“把”字句语料中的全部动词，我们发现，出现在“把”字句中的动词是表示动作、活动、评价、感觉和生理运动的动词。

三 结论

“把”字句在使用上有它的语用环境，这一点张旺熹有独到的见解；“把”字句也有它的句法环境：包括句法形式的选择和动词的选择。从句法结构形式上看，“把”字句可以分为两大类型：

典型形式 VP＝VR 或 VP 包含 VR

其他形式 (1) VP＝(AD)＋一＋V

(2) VP＝(AD)＋V(一)V

(3) VP＝(AD)＋VR(R 是动量补语)

(4) VP＝0 或 Idiom 或单个 V

它们在使用频率上是相差很大的，典型形式占 86％以上，而其他形式只占 13％强。这个差别很有意义，它说明我们在使用“把”字句的时候通常采用在动词后边加补语的方式，而不是采用在动词前边加状语的方式。当然动词前也可以加状语，但是 VP 中一定要有补语成分(有时“了”也可以)。例如：

他把烟叼在嘴上　　＊他把烟在嘴上叼

根据表达的需要，可以说“他把烟往嘴上一叼”，但这涉及另外一个问题：“把”字句的语义焦点在哪里的问题。典型的“把”字句形式语义焦点在 R 上；而在其他形式中，语义焦点显然在整个(B)—VP 上。

从句子所表达的情态上看，典型形式与其他形式是互补的：典型形式表达的是结果的已然态或者未然态，其他形式表达的是即时态(它靠动词前边的“一”来实现，“一”表达的是动作、变化的突然性和即时性)和尝试态(它靠动词的重叠来实现)。

现在我们回过头来看看薛凤生先生的结论：

(1) 语法结构：A 把 B＋VP

(2) 语义诠释：由于 A 的关系，B 变成了 VP 所描述的状态。

通过以上考察，我们把它修改补充为：

（1）语法结构：A 把 B—VP 典型形式的 VP 是一个 VR 或包含 VR 的谓词性结构；其他形式的 VP 是动词的重叠或者在动词前面加“一”。

（2）语义诠释$_1$ 从语义上看，“把”字句有两类：结果类和情态矢量类；结果类都可以分析成两个表述 P_1 和 P_2，两者之间存在着因果关系。而情态矢量类“把”字句不能做这样的分析；也就是说，这一类“把”字句不能解释为“由于 A 的关系，B 变成了 VP 所描述的状态”。

（3）语义诠释$_2$ 如果把汉语的动词看成一个连续统，那么能进入“把”字句的动词是动态动词。

（4）功能诠释：从语法功能上看，能进入“把”字句的动词大部分都有这样的特点：或能带结果补语或趋向补语或动量补语或重叠或与介词共现；从认知范畴上看，它们是表示活动、动作、评价、感觉和生理活动的动词，而最多的是动作动词。

第二节 “把”字句的主观性[①]

一 “把”字句的语法意义

“把”字句的语法意义是表示“处置”，“把”字句可以称为“处置式”，这最早是王力提出来的[②]。“处置式”的名称虽然已经叫

① 本文以《如何处置“处置式”？——论“把”字句的主观性》为题发表在《中国语文》2002 年第 5 期，作者沈家煊。

② 参见王力《中国现代语法》，商务印书馆，1985 年版。

开，但是一直有人对“把”字句的语法意义是表示“处置”提出质疑。吕叔湘认为“把”字句并不是都表示处置，他举的例子有“把日子误了”、“把机会错过”、“你把这句话再想想看”等[①]。

梅广认为，处置是动词的性质，不是“把”字句的功能。“我把他打了一顿”与“我打了他一顿”两句，不仅“把”字句有处置意味，而且动宾句也具有处置意味，因为“打”这一动词具有处置意味；“我把大门的钥匙丢了”与“我丢了大门的钥匙”两句都没有处置意味，因为“丢”这一动词没有处置意味[②]。这就从根本上否定了“把”字句的语法意义是处置。现在许多人认为“把”字句是对处置义加以强调，但是什么算强调，哪些情形需要强调，不明确也不好掌握，对学汉语的外国学生来说更是这样。

薛凤生[③]和戴浩一[④]等将“把”字句的语法意义重新归纳为“致使”，然而这一论断也只适用于一部分“把”字句，例如“你把这句话再想想看”就不能用“致使”来解释。蒋绍愚还表达了跟梅广类似的意思[⑤]：致使是动结式的性质，不是“把”字句的功能。因为“把花姑娘急疯了”和“急疯了花姑娘”都表示致使。这也就从根本上否定了“把”字句的语法意义是致使。

---

① 参见吕叔湘《把字用法研究》第176—199页，《汉语语法论集》（增订本），商务印书馆，1948年版。

② 参见梅广《把字句》，《台湾大学文史哲学报》1978年第12期。

③ 参见薛凤生《“把”字句和“被”字句的结构意义》戴浩一、薛凤生编《功能主义与汉语语法》，北京语言学院出版社，1994年版。

④ 参见戴浩一《以认知为基础的汉语功能语法刍议》戴浩一、薛凤生编《功能主义与汉语语法》，北京语言学院出版社，1994年版。

⑤ 参见蒋绍愚《把字句略论》，《中国语文》1997年第4期。蒋绍愚《〈元曲选〉中的把字句》，《语言研究》1999年第1期。

宋玉柱和马真[①]等认为不能狭隘地理解“处置”,“他把东西丢了”也是施事“他”对受事“东西”的一种处置。但是这样一来,“处置”的含义过于宽泛,成了一个空洞的名称,“把”字句的语法意义等于没有说明。

另一种观点不是放宽而是缩小“把”字句的“处置”含义。戴浩一和孙朝奋认为,跟相应的动宾句比较,“把”字句的语法意义是表示“高及物性”(high transitivity),也就是受事“完全受影响”(total affectedness)。例如:

(1) 他喝了汤了,可是没喝完。

*他把汤喝了,可是没喝完。

“他喝了汤了”,汤不一定已经喝完,“他把汤喝了”要理解为汤已经喝完。张伯江[②]进一步论证了这一看法的合理性。但是有一些“把”字句动词后可以带吕叔湘(1948)所说的“偏称宾语”,如“把一盏酒淹一半在阶基上”、“怎肯把军情泄露了一些儿”,淹的显然不是全部的酒,泄露的也不是全部军情。吕先生还指出,有些带偏称宾语的“把”字句换成动宾句反而不自然,如“砍了你的一根竹子”就不如“把你的竹子砍了一根”自然。因此,“把”字句的语法意义究竟是什么,这还是一个有待解决的问题。

二 “客观处置”和“主观处置”

虽然一直有人想取消“处置式”这个名称,但始终没能取消得了。这说明“把”字句有“处置”意味的判断还是基本符合我们

---

① 参见马真《简明实用汉语语法》,北京大学出版社,1981 年版。

② 参见张伯江《论“把”字句的句式语义》,《语言研究》2000 年第 1 期。

的直觉。问题的关键在于,要区分两种互有联系又性质不同的"处置",一种是"客观处置",一种是"主观处置":

客观处置:甲(施事)有意识地对乙(受事)作某种实在的处置。

主观处置:说话人认定甲(不一定是施事)对乙(不一定是受事)作某种处置(不一定是有意识的和实在的)。

这里要论证的就是,"把"字句的语法意义是表达"主观处置"。客观地叙述甲对乙进行了处置是一回事,主观上认定甲对乙进行了处置又是另一回事,虽然两者之间不是没有联系。主观与客观之间可能一致也可能不一致,就"把"字句而言一共有四种情形:

a. 客观上甲处置乙,说话人只是客观地报道这一处置。例如:

他喝了一碗酒。他打了她一顿。

b. 客观上甲处置乙,说话人主观上也认定甲处置乙。例如:

他把那碗酒喝了。他把她打了一顿。

c. 客观上甲未处置乙,而说话人主观上认定甲处置乙。例如:

他把大门的钥匙丢了。你把这句话又想了想。这可把花姑娘急疯了。

d. 客观上甲未处置乙,说话人主观上也未认定甲处置乙。例如:

他丢了大门的钥匙。他又想了想这句话。这可急疯了花姑娘。

b和d是主客观一致的情形，a和c是主客观不一致或不完全一致的情形。不管客观上甲是否处置乙，只要说话人是这么认定的，就用“把”字句（b和c），说话人不这么认定，就用动宾句（a和d）。“主观处置”的概念不同于“宽泛意义上的处置”，“主观处置”的核心是“说话人认定”，即便是“狭义的处置”，说话人仍然可以不认定有处置（如a）。也可以认为主观性是个程度问题，不可能有不带任何主观性的语句。不过可以肯定的是，动宾句a和d的主观性弱于对应的把字句b和c。

按照Lyons，“主观性”（subjectivity）是指语言的这样一种特性，即在话语中多多少少总是带有说话人“自我”的表现成分，也就是说话人在说出一段话的同时还表明自己对这段话的立场、态度和感情，从而在话语中留下自我的印记。[①] 已有的研究表明，语言的“主观性”主要表现在三个方面：说话人的情感，说话人的视角，说话人的认识。这三个方面互相联系，经常交织在一起。[②] “把”字句的主观性在这三个方面都有体现，下面主要通过“把”字句与动宾句的比较来加以说明。[③]

三 “把”字句如何表达说话人的情感？

“把”字句的“主观性”首先体现在说话人的“情感”上，这就是所谓的“移情”（empathy）现象。Kuno对“移情”的定义是“说

---

① 参见Lyons，J. *Semantics*. 2 vols. Cambridge：Cambridge University Press 1977.

② 参见Finegan，Edward Subjectivity and subjectivisation：an introduction. In D. Stein & S. Wright eds. 1995，1—15.

③ 特别是动宾句和把字句并用的例子，这类句子蒋绍愚（1997、1999）二文列举最多。

话人将自己认同于……他用句子所描写的事件或状态中的一个参与者”。[1] 汤廷池按照这一思路，曾用一系列句子说明汉语中存在的“移情等级”（speaker's empathey hierarchy），张洪明则从历时的角度证明汉语的“被”字句是“移情”过程的产物。[2]

就“把”字句而言，说话人移情于一个处置事件的参与者，常见的结果是，在说话人的心目中，施事成了责任者，受事成了受损者。先看下面一个例子：

（2）秦亦不以城予赵，赵亦终不予秦璧。

这是《史记·廉颇蔺相如列传》中“完璧归赵”这一段故事的结束语。先秦的“以”字句是汉语处置式的滥觞，陈初生认为，这里前一句用以字句，后一句用动宾句，可能是为了避免句式重复。他又说“处置式的产生是汉语施受关系表达方式多样化的结果，是修辞的因素刺激了这一句法的发展”。[3] 究竟是什么“修辞因素”在起作用？如果只是为了避免句式重复，为什么不反过来说成（2'）：

（2'）秦亦不予赵城，赵亦终不以璧予秦。

有一种可能的解释是“篇章衔接”。吕叔湘[4]和金立鑫[5]都认为，

---

① 参见 Kuno，Suzumo 1987 *Functional Syntax*：*Anaphora*，*Discourse and Empathy*. The University of Chicago Press.

② 参见 Zhang，Hongming The Grammaticalization of *bei* in Chinese. In P. Jenkuei Li，*et al*.（eds.）Chinese Languages and Linguistics，II，Taipei，Academia Sinica，1994，321—360.

③ 参见陈初生《早期处置式略论》，《中国语文》1983 年第 3 期。

④ 参见吕叔湘《怎样跟中学生讲语法》第 169—180 页，《吕叔湘语文论集》，商务印书馆，1983 年版。

⑤ 参见金立鑫《“把”字句的句法、语义、语境特征》，《中国语文》1997 年第 6 期。

篇章衔接是选用把字句的一个因素。像“从前有座山，山上有座庙，庙里有个和尚……”这种名词首尾相接的表达方式是“篇章衔接”的最佳方式之一①，因此（2）的表达顺序“秦……赵，赵……”显然比（2'）好。但是篇章衔接并不能解释为什么不说成（2''），尽管（2''）的篇章衔接跟（2）同样的好：

（2''）秦亦不以城予赵，赵亦终不以璧予秦。

写史要客观，但实际上不可能不带有写史人的主观立场和态度。（2）前后句式的变换用主观“移情”的概念就很好解释：在司马迁看来，秦不以城予赵，责任在秦，所以用以字句为宜；赵终不予秦璧，责任不在赵，所以用动宾句为宜。再看以下例子：

（3）这是书误了他，可惜他也把书糟蹋了。

这是《红楼梦》42回宝钗在婉言劝诫黛玉，说起男人读了书反倒变得更坏。前半句是动宾句，后半句是“把”字句。问题还是为什么（3）没有反过来说成（3'）：

（3'）这是书把他误了，可惜他也糟蹋了书。

在上述语境里（3'）听上去很别扭，因为说话人（宝钗）“可惜”的是“书”，“书”在说话人的心目中是受损者，“他”是使“书”受损的责任者。有的本子（3）作“这并不是书误了他，可惜他把书糟蹋了”，说话人同情于“书”的意味就更加明显。

（4）你拆了我们楼也罢了，怎么将这御书牌额也打碎

① 参见陈平《汉语零形回指的话语分析》，《中国语文》1987年第5期。

了？(《元曲选》)

这一句如果说成(4')听上去也很别扭：

(4') 你将我们楼拆了也罢了，怎么也打碎了这御书牌额？

“也罢了”(表示无所谓)和“怎么”(表示责怪)这样的词语明显地表现出说话人对事件参与者的情感，在“楼”和“御书牌额”两者之间，说话人更同情后者。

(5) 我的(行李)烧去也还罢了，总是你瞎捣乱，平白的把翠环的一卷行李也烧在里头，你说冤不冤呢？(《老残游记》)

这个例子开头用的虽然不是动宾句而是受事主语句，但是和后面的“把”字句相比，说话人对自己的行李和翠环的行李在移情上的差别是十分明显的。

(6) 割了你穷耳朵，剜了你穷眼睛，把你皮也剥了。(《元曲选》)

第三分句不顺着前面的动宾句式而独用“把”字句，显然是因为(6)是个语义上递进的句子，处置对象“你皮”成了说话人的移情重点，第三分句相当于“连你皮也把它剥了”(“连……也”是焦点标记)。①

报载一劳改释放人员恶习不改，因为在路上被人看了一眼

---

① 吕叔湘(1948)认为原因在于第三分句有个“也”字，“也”字跟“都”字一样只能放在意义上受它管辖的名词或代词之后。我们认为“也”在句中的位置固定，这是“移情”这一动因最终“语法化”的结果。

就上去大打出手。记者报道这个事件用的是(7)，如果改用(7')就很别扭：

(7) 她看了他一眼，他居然就上去打她。

(7')? 她把他看了一眼，他居然就上去打她。

客观上看人一眼，被看的人并没有受任何损害，但主观上就不一定。用了“把”字句“她把他看了一眼”，就有了“他”是受损者的意味，与后面的“居然”不匹配。

(8) 意大利队把德国队赢了。

此例是报载体育新闻的标题，用的是“把”字句，很有意思，因为一般应该用动宾句“意大利队赢了德国队”。看了详细报道才知道，原来意大利队本来想踢假球，跟德国队踢平，或输给德国队，结果不小心却赢了德国队。于是在这位记者的眼中意大利队成了责任者，德国队成了受损者，因此用了“把”字句。“把”字句有“追究责任”的意味，张伯江也有详细说明。

正因为有一个参与者(受事)在说话人心目中是受损者，所以“把”字句常常有不如意的含义。但是必须明确，所谓“不如意”是对说话人来说不如意。汉语中的“被”字句有较强的不如意含义，王力认为“被”字句表达的不如意是“对主语而言”的，但是李临定指出，“不是针对主语的，也不是针对句子里其他成分的，而是对说话人(未进入句子)说来是这样的”①，例如：

(9) 好的(姑娘)都叫人家挑完了。(赵树理)

① 参见李临定《“被”字句》，《中国语文》1980年第6期。

你进去，把小缸儿藏起来，省得(小缸儿)教四嫂看见又得哭一场。(老舍)

客观上“被人挑完”对“好姑娘”来说是好事，“被人看见”对“小缸儿”来说无所谓如意不如意，不如意都是对说话人而言的。第二个例句“小缸儿”同时是“把”字的宾语，正好说明“把”字宾语也是说话人的移情对象。

吴葆棠收集“把 NV 了”(V 为光杆单纯动词)句式的例句 62 个，其中 61 个动词是表示违愿或丧失义的，例如：把首饰当了/＊把首饰赎了，把书还了/＊把书借了，把钢笔丢了/＊把钢笔拾了。对“把”字句的这种语义倾向性必须做出解释。合理的解释仍然是说话人把受事看作同情的对象：人一般寄情于想得到而没有得到、得到了而又失去的东西。完全失去的东西又比部分失去的东西更容易获得同情，因此有“他把汤喝了”和“他喝了汤了”语义上的差别。可见，“把”字宾语“完全受影响”并不是使用“把”字句的根本动因，根本动因是受事成为说话人的移情对象。受事完全受影响比部分受影响更容易成为移情对象，但是部分受影响的受事如果是移情对象也可以用“把”字句。意义上受“都”字管辖的受事必须作“把”字句的宾语(他把汤都喝了/＊他都喝了汤了)，这应看作是主观移情这个动因最终“语法化”的结果。“移情”还能解释吴葆棠指出的如下现象①：

(10) 扔了手榴弹了

把手榴弹扔了

① 参见吴葆棠《一种有表失义倾向的“把”字句》,《句型和动词》，语文出版社，1997 年版。

“扔了手榴弹了”中的“扔”可以作抛弃解，但是主要作抛掷解；“把手榴弹扔了”中的“扔”可以作抛掷解，但是主要作抛弃解。这种语义差别显然也在于“把”字句的主观性：“抛弃”的对象容易被视为受损者，“抛掷”的对象不容易被视为受损者。

移情的对象主要是说话人“同情”的对象，此外，还可以是“钟情”的对象，例如：

(11) 先把这个派了我罢，果然这个办得好，再派我那个。

这是《红楼梦》24 回中贾芸对凤姐说的话。贾芸想方设法求凤姐，想得到在园子里种花种树的“这个”差事，凤姐却拿明年还有烟火灯烛的“那个”差事来搪塞他。贾芸知道那个烟火灯烛虽是个大宗，却可望而不可即，因此一心想得到的还是眼前“这个”差使。“这个”是说话人贾芸钟情的对象，因此用作“把”字句的宾语，“那个”不是钟情的对象，因此用作动宾句的宾语。如果把这样的配置掉个个儿，情形就大不一样：

(11') 先派我这个罢，果然这个办得好，再把那个派我。

这种说法的意味是，贾芸好像是无可奈何接受“这个”，一心想得到的是“那个”。

刘一之比较“你去溜溜马”和“你去把马溜溜”两句的语义，认为前一句的含义是“你的精神就好了”，后一句的含义是“马的精神就好了”，十分正确。“把”字句里的“马”显然是说话人钟情的对象。① “别把书乱扔”可以说，因为说话人钟情于书；不说

① 参见刘一之《“把”字句的语用、语法限制及语义解释》，《语法研究和探索》(十)2000 年。

“别把书乱看”，因为乱看书的结果是看书人会受影响，书不受影响。[①]

(12) 你把火盆里多添点炭。(《老残游记》)

这地方人起乳名，常把前边加个“小”字，像小顺，小保……等。(《李有才板话》)

这两句里的“把”字都可以换用“在”字，但是换用“在”字后，“火盆里”和“(乳名)前边”就只是表示处所，而用“把”字时它们不仅是处所，还是说话人钟情的对象。

最后，处置对象还可以成为说话人“厌恶”的对象，但多见于祈使句，例如：“把他杀了！”“把这些旧衣服赶快卖了吧！”同情、钟情、厌恶这三种情感都跟处置对象“受损”有关：同情于X是说话人认为X已经受损，钟情于X是说话人不愿意X受损，厌恶X是说话人愿意X受损。情感上的爱和恨是很容易转换的，爱恨交集的情形也不少见[②]。

四 “把”字句如何表达说话人的视角？

说话人对客观事件和状态的观察角度或是加以叙说的出发点叫做“视角”(perspective)。“横看成岭侧成峰”，对同一事物由于视角的变化就会形成不同的心理意象。同样是半瓶酒，乐

---

① 戴浩一(1989)有类似的看法，他认为动宾句“张三卖了车子”是中性句，没有施事也没有受事，只有参与者，句子的中心意思是表达“What has happened”，把字句“张三把车子卖了”和被字句“车子被张三卖了”才是回答“who did what to whom”，有施事和受事。从主观性的角度讲，所谓“没有施事和受事”，就是客观叙述发生了什么事情，有了施事和受事才有了说话人主观移情的对象。

② 参见孙德宣《美恶同辞例释》，《中国语文》1983年第2期。

观者说还有半瓶，悲观者说少了半瓶，这是对同一客观“量”，由于不同的视角形成不同的主观体验。“把”字句经常体现说话人对事物量的主观判断：

(13) 将些衣服金珠首饰一掳精空。(《儒林外史》)

把几个零钱使完了。(《儿女英雄传》)

后来他丈人家没了人啦，把几块地也归他种啦。(《白话聊斋》)

吕叔湘指出，这几句中把字宾语里的“些”和“几”不是偏称性的，而是描写性的，可以说是跟英语 the little 和 the few 相当。同样是“一些”或“几个”，在英语里说话人主观上觉得少就用 little 或 few，主观上觉得量还不少就用 a little 或 a few。可见(13)中的把字宾语都表示一种主观上的小量。下例不说“拉长一句话”而说“把一句话拉长”，也是说话人主观上觉得“一句话”量小。

(14) 我就怕和别人说话：他们必定把一句话拉长了，作两三截儿，咬文嚼字，拿着腔儿，哼哼唧唧的，急得我冒火……(《红楼梦》)

“一”是个特殊的数词，主要表示小量，但也能表示大量。“这个星期他一天活没干”中的“一天”是小量；“他从早睡到晚，一天没干活”中的“一天”是大量(一整天)。差别显然也是因为视角的不同。带“一”的把字宾语表示主观大量的例子如下：

(15) 知道了她的情况，就把一群马扔在草场上，挨家挨户地为她寻找出路。(《灵与肉》)

他还是把一肚子的话可桶儿的都倒了出来。(《儿女英雄传》)

有一个四川同学家里寄来一件棉袍子,……然后,几个馋人,一顿就把一件新棉袍吃掉了。(汪曾祺《落魄》)

口语中经常有如下的表达,“把”字宾语前的“大”和“小”显然是主观认定的:

(16) 看把个大小伙子伤心的!

看把个大礼拜天搅得!

把个小处长乐得屁颠屁颠的。

主观量经常跟移情交织在一起,因为一般的心理是同情弱小的、钟情强大的:

(17) 把我搞成这样,可我总想,共产党不可能总把一个老老实实的人这么搞。(汪曾祺《落魄》)

到七日上,把个白白胖胖的孩子跑掉了。(《儒林外史》)

“把”字句量对量的主观判断还可以是针对动作或性状的。朱德熙指出,状态形容词“表示的属性都跟一种量的观念或是说话的人对于这种属性的主观估价作用发生联系”①。比较状态形容词和性质形容词用在把字句的情形:

(18) 把嘴张得大大的　　把嘴张大

把东西抢得精光　　把东西抢光

---

① 参见朱德熙《现代汉语形容词研究》,《语言研究》1956年第1期。

把马路照得又光又亮　　把马路照亮

把那件东西抱得紧紧的　把那件东西抱紧

尽管谓语动词都是复杂形式，但左列的句子是自由的，右列的句子是黏着的，不能独立使用。这显然是因为状态形容词的主观性比性质形容词强。右列的句子如用作祈使句就没有问题，这是为什么？祈使句主语施事要做的事正是说话人想要他做的事，或者是说话人自己也想做的事，因此祈使句表现出说话人和句子主语之间的某种“认同”，祈使句的主语因此也叫做“言者主语”(speaker subject)。① 因为祈使句跟叙述句相比带有较强的主观性，下面二例中“把”字句都是祈使句，而对应的动宾句都是叙述句：

(19) 麝月笑道：“……你把那穿衣镜的套子放下来，上头的划子划上。”……(宝玉)便自己起身出去，放下镜套，划上消息。(《红楼梦》)

他说：“你就把它给我吧！”……我给他折扇时，他握了握我的手，握得好使劲。(《一百个人的十年》)

除了主观量，“把”字句的视角主观性还表现在动词的“体”(aspect)上。过去说“把”字句的动词须是复杂形式的，这并没有触及问题的实质，(18)和(19)的例子已经说明这一点。同样，“了”和“过”都是体标记，单纯的动词能加“了”构成“把”字句，但不能加“过”构成“把”字句，尽管“V 了”和“V 过”都是复杂形式。相反，动宾句用“V 过”能独立成句，用“V 了”不能独立成

① 参见“言者主语”也叫“言说主语”(utterance subject)，区别于“语法主语”(syntactic subject)或“句子主语”(sentence subject).

句,形成“互补分布”:①

(20) *我吃了野菜。 我吃过野菜。

我把野菜吃了。 *我把野菜吃过。

我们的解释是,用“V了”比“V过”的主观性强。《现代汉语八百词》在比较“过”和“了”时指出,“V了”总是和“现在”相联系,“V过”不一定和“现在”相联系:

(21) 这本书我只看过一半。(现在不在看)

这本书我看了一半了。(现在还在看)

(22) 他学过英语。(现在不一定会英语)

他学了英语。(含有现在会英语的意思)

因此“V过”只是客观地报道曾经发生一个事件(我吃野菜),用了完成体的“了”,在叙述一个过去事件的同时还表示出说话人的视角:说话人从“现在”(即说这句话的时刻)出发来看待这个事件,把它跟“现在”联系起来,比如说,因为吃了野菜,现在肚子不舒服。正因为如此,“我吃了野菜”给人以话还没有说完的感觉。“V了”后面可以用状态形容词作补语(加“个”),“V过”不行,这也证明“V了”的主观性比“V过”强:

(23) 输了个精光 *输过个精光

打了个落花流水 *打过个落花流水

王军虎指出,不能用“过”的“把”字句,如果动词后加上结果补语,或“过”后加上动量词语,或前面有全称量词语,就可以用

① 参见Liu(1997)用动作的“有界性”来概括把字句的语义特点也不能解决这一问题,“V了”和“V过”都是有界动作。

“把”字句[①]，例如：

(24) * 他没把饭做过　　他没把饭做煳过

* 我把这种菜吃过　　我把这种菜吃过多少次

* 又把两件东西试过　又把两件东西一一试过

这是因为这些手段都能起增强动量的作用，从而增强说话人对动量的主观感受。

五 “把”字句如何表达说话人的认识？

语言的“主观性”还表现在说话人对客观事件的“认识”上。这种“认识”主要跟语言中的情态范畴有关，所以叫“认识情态”(epistemic modality)。例如：

(25) a. 小王应该回家。

b. 小王该到家了吧。

虽然都用了情态动词“(应)该”，a 叙述的是客观上“小王”有采取某项行动(回家)的必要，“应该”表示的是一种“义务情态”(deontic modality)，而 b 中的“该”表示的是“认识情态”，是说话人根据自己的知识对命题“他到家了”为真的可能性所做出的推测。

和对应的动宾句比较，“把”字句往往有动作或事件出乎意料的含义。所谓“出乎意料”，是说话人觉得出乎意料，或说话人认为听话人会觉得出乎意料，从认识上讲就是说话人认为句子表达的命题为真的可能性很小。

---

① 参见王军虎《动词带“过”的“把”字句》，《中国语文》1988 年第 5 期。

马真和王还都指出,“把”字宾语为无定名词的句子“都含有出乎意外的意思”①,表示一种“意外的行动”,尤其当把字宾语前光带量词“个”而“一”不出现时②,例如:

(26) 我要向他借枝钢笔,他却把一枝铅笔递给了我。忽然,哐当一声,不知是谁把个凳子给撞翻了。

他只顾低着头想事,一不留神,把个孩子给撞倒了。倒把个亲女儿叫弟夫人拐了去了。(《儿女英雄传》)

怎么公公乐的把个烟袋递给婆婆了?(同上)

谁听说过把个抱来的闺女娇惯得像个娘娘似的。(《四世同堂》)

“忽然”、“倒”、“却”、“怎么”、“谁听说过”等字眼都带有出乎意料的意思。动作前不存在、通过动作而后存在的所指对象不能成为“把”字宾语,如“生了个孩子”、“盖了一间屋”、“织了件毛衣”等,因为从客观上讲,我们不可能对还不存在的事物进行某种处置。但是如果动词带上后附成分,使动作成为一种“意外的行动”,客观处置因而变为主观处置,那就可以用把字句了,如:

(27) 小张把个孩子生在火车上了。

你总不能把房子盖到别人家去吧。

小林把一件毛背心织得又肥又长。

不想把话又说造次了。

---

① 参见马真《“把”字句补议》,《现代汉语虚词散论》,北京大学出版社,1985年版。王还《“把”字句中的“把”宾语》,《中国语文》1985年第1期。

② 参见王惠《从及物性系统看现代汉语的句式》,《语言学论丛》1997年第19辑;衫村博文《论现代汉语“把”字句的宾语带量词“个”》,《世界汉语教学》2002年第1期。

“总不能”、“不想”等字眼也带有出乎意料的意思。如果说定指的“把”字宾语主要体现说话人的情感，那么不定指的把字宾语主要体现说话人的认识。

(28) 至其时，西门豹往会之河上。……即使吏卒共抱大巫妪投之河中。有顷，曰：“巫妪何久也？弟子趣之！”复以弟子一人投河。有顷，曰：“弟子何久也？复使一人趣之！”复投一弟子河中。凡投三弟子。(《史记·滑稽列传》)

第一次投弟子入水一定比第二次投弟子入水更出乎意料，所以第一次用处置式、第二次用动宾句是正常的。如果把两个句式换个个儿，读上去就十分别扭。“凡投三弟子”纯粹是对量的客观陈述，因此绝不能说成“凡以三弟子投”。

当“把”字宾语是专名(明显是定指成分)时，前面却经常加上“(一)个”(不定指的标记)，这跟把字宾语应该是定指成分的说法是矛盾的：

(29) 偏偏又把个老王病倒了。

怎么忽然把个晴雯姐姐也没了。

朱德熙[①]的解释是：老王虽然是一个确定的人，可是说话人没有想到生病的会是老王，而不是别人。从这一点说，老王又不是已知的，所以前面要加“一个”。可见关键在于“说话人没有想到”，是主观性决定了“一个”的增添。

---

① 参见朱德熙《语法讲义》，商务印书馆，1982年版。

"出乎意料"和"不如意"经常是联系在一起的：按照人的正常期待心理，应该发生的事情是如意的事情，出乎意料的是不该发生的事情发生了。下面这样的例子中，把字宾语"腿"和"嘴"都是泛指的，而动宾句的宾语"你的腿"和"她的嘴"倒是定指的，也只有从"移情"的角度才能解释[①]：

(30) 再闹，看不把腿打断了你的！

(比较：看不打断了你的腿！)

再撒谎，看不把嘴撕烂了她的！

(比较：看不撕烂了她的嘴！)

显然是"把"字句表达的威胁和警告的语气更重，对处置对象的移情程度也更高，因此是说话人的移情程度决定了句式的选择。

总之，说把字宾语一般是定指的，这并没有触及问题的实质。实质是，定指成分代表说话人认定听话人可以识别的事物，也就是说，"定指"跟"指示"有关。而"指示"本质上具有主观性，跟说话人的视角有关。

不少人指出把字句的宾语具有话题性，曹逢甫称之为"次要话题"[②]。话题应该是定指的，但是经常遇到把字宾语不定指的情形，遇到专名前加"一个"的情形。前文也说明，用篇章衔接(主要是话题的转换和接续)不能完全解释把字句和动宾句的选择。问题的实质是，话题代表说话人要对其做出说明的那个事

① 参见詹开第《把字句谓语中动作的方向》，《中国语文》1983年第2期。

② 参见 Tsao, Feng-fu A topic-comment approach to the *ba* construction. *Journal of Chinese Linguisitics*, 1987 15,1:1—54.

物，是说话人叙说的出发点，话题因此也叫做“心理主语”。同时，话题也容易成为说话人移情的对象。一个事物因为是叙说的出发点和移情的对象，所以才成为话题。不定指成分虽然不像话题，但只要是移情的对象就也可以充当把字宾语。叙述文中的“主角”是叙述者移情的对象，“主角”因而在语篇中最容易成为主要的话题，而且是经常被跟踪的话题，跟踪的常见手段就是用第三人称来回指。已有人指出，第三人称代词很少作动词宾语，但是却适宜作把字宾语，例如：

(31) 造出原子弹来，并不像有些人想像得那么神秘。……但要把它从无到有，实实在在制造出来，需要许许多多人的献身拼搏。(《一百个人的十年》)

鲁侍萍接过支票，把它撕了。(《雷雨》)

这二例中的“它”分别回指“原子弹”和“支票”，如果将把字句换说成动宾句“……制造它出来”和“撕了它”就很不自然。

就论述文而言，论述的“主题”是论述者移情的对象。王还指出，虽然把字宾语通常是定指的，但是泛指成分也可以充当把字宾语。王文中列出这样的例子共 5 个，其中 4 个都是文章的主题(另一个表示全称量，与“都”有关)：

(32) 我们平常把大豆拿去榨油，主要目的是为了提取它所含的脂肪……(《大豆是个宝》)

那么，应该怎样努力才能把字写好呢？(《大胆练写字》)

他们正好可以把自学与家传相结合。(《自学与家传》)

最近苏联也有人把意义看做是语言以外的范畴。(《语

言理论》)

"把"字句的认识主观性还表现在说话人对目的或因果关系的认定。当我们说主语为某一目的而处置某一宾语时,除非主语就是"我",实际上都是说话人推断主语为某一目的而处置宾语。例如:

(33) 现在,他把眼瞪圆了,自己摸着算盘子儿,没用。(《牛天赐传》)

他把汗湿的手掌紧紧捏成拳头,仍然克制不住周身簌簌地颤抖。(《人到中年》)

詹开第说,第一例是"眼"自己"瞪圆了"还是被他"瞪圆了",说不清,如是前者,就没有处置义[①]。我们说,正是因为说话人认为是后者(瞪圆的目的是摸算盘子儿),所以才用的"把"字句;如果去掉把字说成"他眼睛瞪圆了"就没有主观处置义了。同样,第二例客观上他紧捏拳头是无意识无目的的,但说话人眼中他紧捏拳头的目的是想克制颤抖。张旺熹在比较"我开汽车到语言学院"和"我把汽车开到语言学院"两句意义上的差别时认为,当人们"强调"目的关系时,便使用"把"字句,"把"字句最自然的使用环境是带一个目的状语,如"我把汽车开到语言学院门口等朋友"。"解这崔宁到临安府"和"把崔宁解去临安府断治"(京本通俗小说)是同样的例子。按本文的观点,所谓"强调",确切地说应该是"说话人主观上认定"[②]。孙朝奋认为,历史上连动式向

---

① 参见詹开第《"把"字句谓语中动作的方向》,《中国语文》1983 年第 2 期。

② 参见张旺熹《"把字结构"的语义及其语用分析》,《语言教学与研究》1991 年第 3 期。

处置式转化，目的构式的出现是个关键阶段，他说目的构式是“突出事件施事的意图”。与其说是“突出事件施事的意图”，不如说是“说话人推断施事有这样的意图”①。

对因果关系的判定也具有主观性，例如“他吃了这种药以后死了”，听话人一般会推断他吃了这种药是导致他死亡的原因，虽然客观上不一定如此。要表现这种主观的推断，“把”字句是适宜的表达方式，如“这种药把他吃死了”。说话人的主观判断如果与一般人的判断相同，也就带有了客观性。以动补结构表达的因果关系为例，郭继懋、王红旗将这种因果关系分为“规约性的”和“偶发性的”两类，前者如“睡着”、“杀死”，“睡”和“着”、“杀”和“死”之间的因果关系已成为一种固定的认知模式，因此客观性较强；后者如“老王在公园里睡得不会说话了”，“在公园睡觉”和“不会说话”之间的因果关系是偶发的，是说话人根据经验推断的，带有较强的主观性②。有意思的是，前者可以用动宾句也可以用“把”字句，而后者只能用“把”字句：

(34) 吓破胆子　　把胆子吓破
　　*吓回去胆子　　把胆子吓回去

(35) 说急了宝玉　　把宝玉说急了
　　*说没了话贾琏　　把贾琏说没了话

前者用在动宾句和“把”字句在结构上仍然有差别，例如“说急”，用

① 参见 Sun，Chao-fen *Word-order Change and Grammaticalization in the History of Chinese*. Standford：Standford University Press 1996.

② 参见郭继懋、王红旗《黏合补语与组合补语表达差异的认知分析》，《世界汉语教学》2001 年第 2 期。

在动宾句像个动宾复合词，中间不能插入“得”，不能说“＊说得急了宝玉”，用在“把”字句则像个动宾词组，中间能插入“得”，能说“把宝玉说得急了”。这种结构上的差别也体现意义上的差别，例如：

（36）这才提醒大家
　　　这才把大家提醒

动宾句的“提醒”接近于一个词，句子的意思是“提醒的动作晚了”；“把”字句的“提醒”接近于一个词组，句子的意思是“大家醒悟得晚了”（“大家”是受损者）。

还有一个过去注意不够的现象，单独成句倾向于用“把”字句，充当句子成分倾向于用动宾句，例如（下画线的是句子成分，充当主语、宾语、状语等）：

（37）把他杀了！不杀他不足以平民愤。

史湘云笑道：“……明儿倘或把印也丢了，难道也罢了不成？”宝玉笑道：“倒是丢了印平常……”（《红楼梦》）

不知那里来的一个庄家老子，把那先生放的去了。我问是谁放了这先生来？（《元曲选》）

（刘二公云）他做了官呵，来把你怎的？（张云）他敢怎的你？（同上）

（公子云）先把这厮刖了双足。……（孙膑云）将铜铡来先刖了这厮双足者。（同上）

（搽旦云）今日务要把家私分另了罢。（正抹云）不争分另了这家私，不违背了父母的遗言。（同上）

这样的现象只有用“把”字句的“主观处置”义才能得到解释：一

个独立的句子能充分表达说话人的主观感受，句子嵌入句子充当句子成分后主观性就大为减弱。

(38) 他把信看完了。　　　　他把信销毁了。

？这是他把信看完的地方。这是他把信销毁的地方。

“他把信看完”作定语不合适，“他把信销毁”作定语没有问题，原因显然是“信”被销毁而受损的程度比较高，说话人对它的移情程度也高一些。

总之，说明“把”字句表示“主观处置”的语法意义，这可以将“把”字句种种看上去互不关联的句法语义特征联系起来，这些句法语义特征包括：(1)“把”字宾语通常是有定的；(2)动词须是复杂形式的；(3)“把”字宾语具有话题性；(4)“把”字宾语受动作的完全影响；(5)有不如意的含义；(6)有出乎意料的含义；(7)和因果关系和目的相联系；(8)意义上受“都”字管辖的宾语要作“把”字的宾语。违背这些特征的种种“反例”也因此得到合理的解释。在对外汉语教学中，“把”字句至今是一个难点，这跟学生只知孤立地记取上述一个个特征而缺乏对把字句语法意义的整体把握不无关系。

六　关于处置介词的兴替

从历史上看，语词或结构式的主观义都是从客观义虚化而来的，这是语言演变或语义引申的一个共性。例如，情态动词表示主观认识的意思都是从表示客观义务的意思虚化而来的①，

① 参见 Bybee，Joan，R. Perkins，& W. Pagliuca 1994 *The Evolution of Grammar—Tense，Aspect，and Modality in the Languages of the World*. Chicago：The University of Chicago Press.

完成体标记和构式大多是从表示动作客观上“完结”的语词虚化而来的①。这种虚化过程因此是一种“主观化”(subjectivisation)的过程。同样,“把”字由动词虚化为介词,连动式演变为处置式,这个过程也是一种“主观化”的过程。

除了方言之间的相互影响,处置式的主观化和主观性也许是汉语史上“提、取、将、把”等处置介词兴替的原因之一。首先要把这一时期处置式的产生和发展区分开来。处置式产生时,动词多为简单形式,多表示不如意,大多能和动宾句转换,这一点是多人的研究结果。② 既然处置式产生之初都是简单形式,这说明处置式的产生不是由于动词复杂化而造成的。可以推测处置式产生的动因是说话人在表述客观处置事件的同时还要表达自己对事件的主观情感和态度,不然无法解释为什么处置式产生之初多表示不如意的事情。

处置式的发展与动词的复杂化有关。动词复杂化后,由于结构或韵律的原因,有些动宾句不得不用处置介词将宾语提前③,处置句变得多样化,结果是有的处置句不再能还原到动宾句。失去了对应的动宾句,处置介词表达的主观性因此而减弱,具体情形如下:

(39) 把饭菜吃净　　　　吃净饭菜
　　 把饭菜吃干净　　　？吃干净饭菜

---

① 参见 Carey, Kathleen 1995 Subjectification and the development of the English perfect. In D. Stein & S. Wright eds. 1995, 83—102.

② 参见祝敏彻《论初期处置式》,《语言学论丛》1957 年第 1 辑。

③ 参见 Feng, Sheng-li Prosodically constrained bare-verb in *ba* constructions. *Journal of Chinese Linguistics* 29, 2001 2:243—280.

把饭菜吃得干干净净　　*吃得干干净净饭菜

“把饭菜吃干净”和“把饭菜吃得干干净净”已失去对应的动宾句，但是由于还有表示客观处置的“吃净饭菜”存在，因此仍然带有一定的主观性。不过这种主观性是由“把”字和动词的复杂形式共同表达的，“把”字表达主观性的作用还是相对降低了。

“都”管辖宾语时近代汉语用“把”字句和动宾句都可以，而现代汉语只能用“把”字句①：

(40) 近代：把渔船都赶散了　都赶散了渔船(《水浒》)

现代：把渔船都赶散了　*都赶散了渔船

近代“把”字句和动宾句并存时，显然是“把”字句的主观性强于动宾句；现代只能用“把”字句，说明原来作客观叙述的现在也要用“把”字句来表达，因此说“把”字句的主观性减弱了。如果说“把酒都喝了”还是比“喝了酒了”的主观性强，那么这种主观性是由“把”字和“都”字共同表达的，“把”字表达的主观性相对还是减弱了。这也说明从近代汉语到现代汉语，“把”字处置式的主观性已有所减弱。

以上论述可以归纳为：表达主观处置是“把”字句产生的动因，而“把”字句的发展一方面适应了主观表达的需要，一方面又会导致主观性的减弱。这跟“被”字句的发展情形相似。“被”字句最初也都是表示不如意的，后来中性义甚至如意义也能表达，其主观性大为削弱。然而主观性的表达仍然是说话的需要，某一个处置介词的主观性减弱后，新的处置介词的产生正好能适

① 参见吕叔湘《把字用法研究》，《汉语语法论集》，商务印书馆，1948年版。

应这种需要，这也许是历史上处置介词不断兴替的原因。[①] 这就像表示程度高的副词用多了会逐渐减弱甚至失去程度高的意义，由此造成历史上程度副词的不断兴替。这一设想也意味着，如果在一种语言的共时平面上有数个处置介词并存，它们的使用频率和主观性程度肯定是不一样的。我们统计了《老残游记》中的处置句，用介词"将"的152句，用"把"字的214句，后者是前者的1.4倍。而这些处置句中的祈使句，用"将"字的仅3句，用"把"字的高达21句，是1∶7。下面是"把"和"将"共现的例子，祈使句都用"把"字，叙述句都用"将"字：

(41) 只听堂上惊堂一拍，大嚷道："人赃现获，还喊冤枉！把他站起来！去！"……众人没法，只好将于家父子站起，……(4、5回)

玉大人凝了一凝神，说道："……你们去把大前天站的四个放下，拉来我看。"差人去将那四人放下，拉上堂来。(5回)

玉大人说："……你还想狡强吗？拉下去站起来！——把布匹交还金四完案。"……话说店伙说到将他妹夫扯去站了站笼，布匹交金四完案。(5、6回)

黄人瑞站在院心里，大叫道："赶先把那帐箱搬出，别的却还在后！"说时，黄升已将帐箱搬出。(15回)

---

① 这种兴替不是简单的"词汇替代"，由实变虚，每个处置介词可以有自己的形成过程，参看马贝加《对象介词"将"的产生》，《语言研究》2000年第4期。

祈使句的主观性比叙述句强，这在前面已经说明，可见在《老残游记》中“将”字的主观处置义已经比“把”字弱得多。现代汉语“将”字的使用范围进一步缩小，菜谱的操作说明多用“将”字句（如“将盐一勺放入锅内”），主观性的程度已经变得十分微弱。可以推想，处置介词“把”也会面临同样的命运。

第三节 “一·V”构成的不完全句①

一 句式的界定

“一”在动词、形容词前的分布较为复杂，就目前的研究成果来看，可以归纳为三类情况：一是“一·V/adj.”用在其他动词之后，形成完整句，如“这部电影值得一看”、“这件事不值得一提”、“房间已经粉刷一新”、“精神为之一振”等。二是用于“一……就……”句式，此句式语法学界已经给予了较多的关注，做了比较多的研究，这里不再赘述。三是“一·V”后有停顿，形成小句，如：“我一说，你必定乐意。”“他嘿嘿一笑，说：‘我马上就有车了。是私车，不是单位的车。’”“医生一检查，果然是肺炎。”“我一想，他回去一趟也好。”这类句子，虽然“一·V”后有停顿，但除了表达V所体现的意思外，句意并不完整，故而称为不完全句。它只能以小句的身份出现在语篇中，自身不能独立成句（语

① 本文发表在《世界汉语教学》2001年第3期，作者吴春仙。

篇中的小句虽也称之为句，但它对语境有相当的依赖性）。这里要探讨的是这第三种情况。

二 “一·V”小句的表达功能

“一·V”构成的不完全句，是就语义而言的。一般说来，在“一·V”构成的小句后边，总有这样那样的小句出现，后边的小句和“一·V”小句共同构成一个语义完整的句子。两个小句在这一完整的句子里各自担任不同的角色，二者的关系也是多种多样的。从二者的关系上也可以看出“一·V”小句的表达功能，主要有以下几种：

1. 前后分句为假设关系的复句，“一·V”小句提出假设项，后分句是在这一假设项下得出的结论，且后分句常有“可能”、“一定”、“也许”等表示推测的词语，如例(1)；后分句有表推测的词语“必定”，前分句可换成有假设标志的小句，如例(1')。两句语义基本相同。

(1) 我一说，你必定乐意。(《现代汉语八百词》)

(1')如果我说了，你必定乐意。

2. 后分句是前分句动作的结果，如果不经过前分句的动作，则不会有后分句这一结果。如：

(2) 去年七月，我感到……竟一下子昏倒在办公桌前，到医院一查，“大压 200”，“小压 140”。(《北京晚报》1997)

(3) 朱怀镜觉得窗帘亮得异常，下床拉开窗帘一看，果然下雪了。(王跃文《国画》)

例(2)中，“大压200”、“小压140”是“查”的结果，如果不“查”，虽感觉身体极度不适，也不会得出这一确切的结论。例(3)中“下雪了”是看到的结果，如果没有“看”这一动作发生，心中虽有疑问，也不能得出这样的结果。

3. “一·V”小句有较强的描写作用，通过人物的短暂动作来描写人物的姿势、表情、心理情绪等。如：

(4) 吴之人把烟头往烟灰缸里一拧，抢过张天奇的话头，说：……(王跃文《国画》)

(5) 老莫哈哈一笑，说：“没有，这么久了，你还没有了解我，我是那种乱来的人吗？”(陈智胜《晃来晃去》)

(6) 裴大年把头一摇，说：“还谈什么错？反正是玩，我给你五千。”(王跃文《国画》)

(7) 他蒙头蒙脑地下楼来，路过一个办公室的门，随意望了下里面。他脑子里哄地一热，知道自己鬼使神差走错地方了。(王跃文《国画》)

(8) 一天，父亲从外面回来，拍了拍身上的尘土，试探的问我：“现在乡里征兵，你去当兵，怎样儿！”我一怔，心想这倒是一条出路。(《北京晚报》1997)

(9) 张天奇很有涵养地把大翻头往后一抹，微微一叹，说：……(王跃文《国画》)

例(4)中“把烟头往烟灰缸里一拧”是后分句动词“说”的伴随动作，描写了说话时的姿势；例(5)中“哈哈一笑”是说话时的表情；例(6)“把头一摇”这一动作既是后分句动词“说”的伴随动作，也表明说话人的态度；例(7)“脑子哄地一热”和例(8)“一怔”都是人物心理情绪的变化。例(9)是"一·V"小句连用的句子，两个动词分别描写了说话人的姿势和表情。

值得注意的是类似例(4)和例(6)的句子。乍一看来，"一·V"都用在了"把"字句中，但仔细观察就会发现，二者是有区别的。这一区别体现在"把"后的宾语与V的隐性语法关系上。例(4)中"把"的宾语"烟头"是动词"拧"的受事，例(6)中"把"的宾语"头"是发出动作"摇"的具体部位，更像真正的施事。基于这一点，二者存在着不同的变换形式，这种变换形式是在不改变基本语义的条件下，去掉"把"仍然成立的变换形式。前者要去掉"把"，须将原格式中"把"的宾语移至动词后作宾语，如例(4)可变为：

(4′) 吴之人往烟灰缸里一拧烟头，……

下面是本类句式的实例，这里只列"一·V"所在的"把"字小句，不列全句(旨在体现这类句子的特点，不再注明出处)：

把帽子往后一推	把信一丢	把腰一叉
把信往桌子上一撂	把门一带	把鞋袜一扒
把绳子一拉	把挎包往身上一甩	把门一锁
把那张小纸条一揉	把桌子一拍	把被子一卷

类似例(6)的句子如果要去掉"把"，有两种方式，一种和前者一样，将"把"的宾语移至动词后作该动词的宾语，如例(6)可变为：

(6′) 裴大年一摇头，说：……

二是直接去掉“把”就可以了，这时结构上也要发生变化，原来“把”的宾语变为动词V的主语，“一·V”所在的小句也由“把”字句变为主谓谓语句，如例(6)可变为：

(6'') 裴大年头一摇，说：……

在所收集的语料中，也有类似例(6'')的句子，如：

(10) 他眉毛一扬，把墨镜对着我，问我从哪里来。(林白《米缸》)

(11) 裴大年脸一红，摇头自嘲道：“对不起，我这人少见识啊。”(王跃文《国画》)

这类句子中，“把”的宾语多为身体的某个部位，V是和这一部位相符合的动作，再如：

把手一摆　把头一低　把脸一拉　把眼皮一低
把手一伸　把头一扬　把脸一扭　把膀子一横
把手一扬　把头一抬　把嘴一撇　把双手一拍
把手一挥　把头一扭　把眼一瞪　把脑袋一歪

在这类句式中，“一·V”和后边的动词之间几乎没有什么停顿，两个动作几乎同时相伴随而发生，不能明显地分出前后，只不过“一·V”所表示的动作是短暂的，当它结束时，后一动作仍在进行中。比如：

(12) 于是这女人就故作惊讶地把双手一拍，叫道：“呀！……”(柯岩《寻找回来的世界》)

(13) 满喜见他又要翻笔记本，就把手一伸说：“不要看

那个了,我知道。”(赵树理《三里湾》)

4.“一·V”是连续动作中的一个,如:

(14)每当理发时,他便端起一个小凳子,往自家门前一坐,再用一件旧衣服围住脖子,然后左手拿镜子,右手拿剪子,嚓哩咔嚓,三下两下,只需一会儿工夫,便把头收拾得既让自己瞧着满意,也让别人看了舒服。(李鸣生《中国863》)

在理发的整个事件中,涉及的动作是一连串的,这些动作是连续发生的,在时间上有先后顺序,“往自家门前一坐”只是其中的一个环节。

5.前分句是导致后分句产生的原因,如:

(15)严尚明一走,袁小奇再怎么鼓动,场面还是冷下来了。(王跃文《国画》)

“场面还是冷下来了”可以说是在“严尚明一走”的影响下发生的,但是二者从逻辑上没有必然的联系。这一点要和上边的第二种情况分别开来。第二种情况中,后分句是前分句动作的结果,这一结果是动作发生前所预期的,不管结果的具体情况如何,动作发生之后必然有某种结果,例(2)中,如果结果变了,变成“血压没有问题”等,那它仍是“查”的结果。例(3)中“下雪了”是看到的结果,即使换成别的情况,如“是月光”等,仍是看到的结果。而例(15)中的“严尚明一走”是不能预示后边的情况的。二者都选择了这一句式,但选择的语境要求是不一样的。

三 "一·V"句式出现的语境

上文提到,"一·V"只能以小句的身份出现在语篇中,对语境有相当的依赖性。考察发现,它出现的语境主要有以下几种情况。

1. 用于当事人对所见所闻的反应。

对上文另一人物话语的反应。如:

(16) 笔者问小贩:"你用这么低的价钱收月饼是不是有点儿坑人?"小贩嘿嘿一笑,对大伙儿说:"城里人发月饼,买月饼,谁家都有几盒月饼。现在生活好了,谁还吃那么多月饼,剩了月饼扔了可惜,留着又没用,我们买了再卖给乡下人,这还减少了浪费。"(《北京晚报》1997)

(17) 朱怀镜说:"我四处帮他化缘,已筹了一些了,还差万把块钱。"裴大年豪爽一笑,说:"万把块钱,好说好说。你说要现金还是开支票?"(王跃文《国画》)

(18) 裴大年上了车,却望着皮市长的车,等着它开动。方明远就笑道:"裴老板,我们的车得走前面啊。"裴大年脸一红,摇头自嘲道:"对不起,我这人少见识啊。"(王跃文《国画》)

(19) 香妹叹道,"女人啊,嫁人不要嫁太窝囊的,也不要嫁太出色的。只需嫁个平平常常的,安安稳稳过日子,就最好了。"朱怀镜嘿嘿一笑,问:"我是窝囊的,还是出色的?"(王跃文《国画》)

(20) 半晌,父亲轻咳了一声,抬起头来望着我说:"伢儿,咱可上自费学堂,是么?"浑浊的老眼内闪烁着希冀和坚

毅。我鼻子一酸,潸然泪下。(《北京晚报》1997)

以上几例,"一·V"都是当事人听了某人的话以后所作出的反应,所不同的是,例(16)—(19)的反应表现在表情上,这种表情反应主要伴随"说"类动词,如"说"、"道"、"问"等,而且"一·V"前可以加与V相匹配的修饰语,仅以"笑"为例,语料中就有"淡然一笑"、"凄然一笑"、"哈哈一笑"、"莞尔一笑"、"嫣然一笑"、"微微一笑"、"神秘一笑"、"纵声一笑"、"粲然一笑"、"歪着头一笑"、"哼着鼻子一笑"、"淡淡一笑""冷冷一笑"等多种形式。例(20)是对上文话语作出的情绪反应,后分句为这一情绪导致的结果。

对所见情景的反应,如:

(21) 他来不及说请进,一位身着红呢外套的女士推门进来了。他眼睛一亮,见是陈雁。(王跃文《国画》)

(22) 今天怎么了?我回过头去,让我一愣,不是琳琳,竟是一个从不认识的女孩正躺在我的床上。(陈智胜《晃来晃去》)

这两句中,"眼睛一亮"、"一愣"都是对所见情景作出的反应。例(21)所见情景在前,"一·V"后的分句是对这一情景的具体化。例(22)"我一愣"发生在"回过头去"之后,但"一·V"不是针对这一动作而言,而是针对动作的结果即"回过头去"所见情景而言,这里,所见情景放在了"一·V"之后的分句里。

2. "一·V"是在某种情理要求下发出的。

基于某种建议、命令等而发出动作,且建议、命令的目的不是让对方发出动作本身，而是让对方通过动作得到自己预期的某种结果。如：

(23) 小姐觉得奇怪，说明明是活鱼做的，怎么就臭了呢？袁先生就让她自己闻闻。小姐一闻，发现盘子里的鱼果然臭得闷头。(王跃文《国画》)

(24) 香妹坐了起来，指着床头柜，“你自己看看，这是你带回来的！”朱怀镜拿起床头柜上的一张名片一看，原来是那天晚上在天马娱乐中心玩的时候，那位李静小姐的。(王跃文《国画》)

例(23)描述的是在饭店就餐时的情景。小姐开始虽有疑问，却未真的去闻。在袁先生的建议下发出动作，闻到的结果证实了袁先生的话是真的，这一结果早就在袁先生的预料之中。例(24)是夫妻对话的一部分。此时，妻子香妹正在生气，丈夫朱怀镜回到家，见此情景，莫名其妙，在香妹的建议和催促下，发出动作“一看”，看到的结果正是香妹生气的缘由。香妹没有直接说出生气的原因，而是命令丈夫去看，这样做的目的是让丈夫自己去找问题的答案，丈夫动作的结果是在香妹意料之中的。

具有某种疑问前提，为解除疑问而发出动作“一·V”，动作发出后应有其结果。如：

(25) 猛然间觉得这办公楼静得出奇。一看手表，原来早下班了。(王跃文《国画》)

(26) 他看了一眼小明的妈妈，没说别的，只说：“放心放心，明日就好。”说罢就回来了。有个徒弟不太相信，第二

天跑去一看，果然见那妇人病好了，正在家里做家务哩！（王跃文《国画》）

(27) 一会儿，有人推门进来了，病房里有了小小的骚动。朱怀镜回头一看，见是县政协的王主席带着两个人进来了。（王跃文《国画》）

例(25)在当事人看来，如果是办公时间，办公楼不该静得出奇，而现在却是如此，心存疑问，发出动作“一看手表”，后分句“原来早下班了”使疑问得以解除。例(26)“师傅简单的两句话就能把病人治好”是徒弟的疑问点所在，正是在这一疑问前提下，他才“跑去一看”，看到的结果消除了他的疑问。例(27)在朱怀镜看来，如果来的是一般人，病房里不该有异常气氛，可如今“病房里有了小小的骚动”，那来的会是什么人呢？在这一疑问前提下，当事人发出动作“回头一看”，看到的结果就是他想要得到的答案。

在客观情理要求下发出动作“一·V”，动作以后应有结果。如：

(28) 正要出门，有人敲了门。开门一看，见来的是鲁夫。（王跃文《国画》）

(29) 电话响了，朱怀镜一接，正是方明远，说车已在楼下了。（王跃文《国画》）

(30) 现在发行工作已结束。一算账，包括发行收入……赚得不算很多，但年终发奖金是不愁了。（王跃文《国画》）

例(28)有人敲门去开门，例(29)电话铃响去接电话，在正常情况下，都是合乎情理的行为。“开门一看”、“一接”都是在这种情理要求下发出的动作。“看”的结果，知道了敲门的是谁。“接”的结果，知道了是谁打来的电话。例(30)中，按照正规的财务管理制度，每做完一件事都应结算账目。“现在发行工作已结束”，“算账”当是情理之中的事情。“算账”的结果，知道了本事项的账目盈亏情况。

在某情况下顺势发出动作“一·V”，动作后有结果。如：

(31) 开场锣鼓也是震天地响，这锣鼓是录音机里放的，侧耳一听，原来是“一条大河波浪宽”。(林白《米缸》)

(32) 张天奇说罢就从公文包里取出了论文。朱怀镜接过一看，见题目是《地方财源建设的现状及对策》。(王跃文《国画》)

(33) 朱怀镜很客气地双手接过书，一看，见书名是《大师小奇》。(王跃文《国画》)

例(31)开始只听到声音，这声音是不经意中传到当事人耳中的，也正是这声音才让当事人用心去听，“听”后才知道这声音的具体内容。例(32)(33)是极为相似的两个句子，前分句出现的事物“论文”和“书”都具有可视性文字，“一看”几乎都不是特意去进行的，而是在动作“接”的同时或紧随其后顺势发出的，“看”的结果是知道文字的具体内容。

3. “一·V”用在某情况和由此情况而引起的结果之间，起连接作用，“一·V”前常有“这”、“这么”、“这样”等词语。这时，V的动作性较差，有的甚至失去原动词的意义而只成为一种习惯表达。如：

（34）你考虑得真周到，不过，这样行吗？廖希问。怎么不行？办这种事情，小艾早已经是轻车熟路。老王这么一说，我的心情突然变得轻松了许多。（《花城》1999年第3期）

（35）朱怀镜请柳秘书长点菜，柳秘书长大手一挥，说："点就不要点了，请他们只拣有特色的菜上就是了，只是不要太铺张了，能吃就行。"他这么一说，博得满堂喝彩，都说柳秘书长实在、豪爽。（王跃文《国画》）

（36）你看这两口子：丈夫向人借钱，没借到，觉得没脸见人，服毒自尽；妻子觉得这事儿丢人，从5楼跳下自尽，谁想到皮肉无损。这一跳，才让他们大彻大悟：这是视生命为儿戏。（《北京晚报》1997）

（37）就是这益处多多的小东西，也有为难我们的时候。"嚼客"不肯把嚼过的"口香糖"吞在肚里，又不肯收装在随身衣袋中，回收利用，就只好排出口外，随意唾弃。这样一来，歌舞厅、影楼、公园、大街小巷，几乎凡是有人类足迹的处所，都能看到口香糖的遗骸横躺于地。（《北京晚报》1997）

（38）按理说养子已成家立业，老人家该安享晚年了，然而，儿子与媳妇总共200多元的收入，却要养育2子1女的境况却让老人悬心。于是，没多久，才1岁零8个月的大孙子梅川平来到了奶奶家。2年多后，2岁半的小孙子梅俊川又被梅太婆接到了成都。这一下，仅凭丈夫那一点微薄的工资和儿子每月寄来的20元钱显然是捉襟见肘了，于是梅太婆又拿起了当年捡垃圾用过的铁丝钩与竹背篓。（《北

京晚报》1997）

从例(34)—(38)我们可以看出，“这么一说”、“这一跳”、“这么一来”、“这一下”都有具体的先行文。其中，例(34)和例(35)的先行文都是说的具体内容，“这么一说”后的句子是由这一先行文所引发的情况，而不是“说”这一动作所引发的情况。例(36)“这一跳”的先行文是“跳”的前因后果，介绍的是这一事件，后面的分句是通过“跳”这件事使当事人明白的事理。例(37)(38)中的“这样一来”、“这一下”中的“来”、“下”，在这里都没有实际的词汇意义，“这样一来”、“这一下”分别整体使用，用来起连接分句的作用。其先行文都是在介绍某种情况，后边的分句是由此所引发的结果。

四 小结

据上文分析，“一·V”构成的句子从语义上不能完句，必须和其后边的分句一起，才能表达一个相对完整的意思。在表达这一完整语义上，“一·V”句和后分句形成的语义类别及各自承担的角色功能可见下表：

表1

	“一·V”句后分句	后分句
表义类别及角色功能	1.假设	该假设下的结论
	2.动作	动作结果
	3.致使原因	结果
	4.起描写作用	被描写动作
	5.连续动作中的一个	连续动作中的一个

“一·V”句和其后边的分句虽可表达一个相对完整的意思，

但如果没有一个适当的语境，使用“一·V”句会让人觉得莫名其妙。“一·V”句所依赖的语境可概括如下：

表2

<table>
<tr><th colspan="2">语境</th><th>“一·V”句</th><th>后分句</th></tr>
<tr><td rowspan="2">1.所见所闻</td><td>话语</td><td rowspan="2">对所见所闻的反应</td><td rowspan="2">反应结果</td></tr>
<tr><td>所见情景</td></tr>
<tr><td rowspan="4">2.某种情理</td><td>建议、命令</td><td>在建议、命令下发出动作</td><td rowspan="4">动作结果</td></tr>
<tr><td>某疑问前提</td><td>为消除疑问发出动作</td></tr>
<tr><td>客观情理</td><td>在情理要求下发出动作</td></tr>
<tr><td>情况描述</td><td>在此情况下顺势发出动作</td></tr>
<tr><td colspan="2">3.一种情况</td><td>起连接作用</td><td>该情况引起的结果</td></tr>
</table>

在教学中我们发现，句子结构方面的知识对留学生来说并不难，难的是在连续的语篇表达中，对某一句子格式和它出现的情境相结合的规律的掌握。而只有对汉语中的句子格式成分进行语境方面的描写，才能为教学提供依据。

第四节 “一A就C”句[①]

一 问题的提出

1. 外国人造的句子引发的思考

对“一……就……”格式的语义解释，一般认为“表示一种动

① 本文以《说“一A就C”》为题发表在《中国语文》2001年第2期，作者王弘宇。

作或情况出现后紧接着发生另一种动作或情况”。[①] 这是不错的。但我们把这个解释告诉外国留学生,外国留学生仍然不能准确把握。例如:

(1) 下了课以后我一去食堂就吃午饭。(本文未注明出处的语料均采自语料库)

(2) 我回头一看就吓了一大跳。

(3) 她一看了手表,就站起来,走到付款台交了钱,然后走出去了。

以上几例都符合“两件事紧接着发生”的语义解释,但我们还是觉得别扭,症结何在呢?

2. 替换引发的思考

“一……就……”格式的前后两项的确在时间上紧密相接,因此前后两项之间也可以用表示即时发生的副词“马上/立刻”连接,表示“紧接着发生”。我们看《现代汉语八百词》举的例子:(括号部分为本文所加)

(4) 一听就明白。(听后马上明白)

(5) 天一亮就走。(天亮马上走)

(6) 一干起活来就什么都忘了。(干起活来立刻什么都忘了)

例(4)(5)(6)“一……就……”格式虽然可以用“马上/立刻”替换,但是替换后的句子已经丧失了“一……就……”格式句的原汁原味。二者是不等值的。因此我们推测,“一……就……”格

① 参见吕叔湘主编《现代汉语八百词》,商务印书馆,1980年版。

式除了表示“两件事紧接着发生”之外，还有更深层次的实现条件。

二　格式内部两项之间的逻辑联系

1. 紧随关系和倚变关系

(a)紧随关系(连贯关系)。“一……就……”格式最明显的意义是表示“一种动作或情况出现后紧接着发生另一种动作或情况”。例如：

(7) 她一进门就哭了起来。

(8) 一上场就碰个倒好。

例(7)“进门”和“哭了起来”紧接着发生。两个动作只有先后关系，没有其他关系。例(8)“上场”和“碰个倒好”紧接着发生。两个动作只有先后关系，没有其他关系。

(b)倚变关系(条件关系)。后项依前项变化而变化。有一次性倚变关系和规律性倚变关系两种情况。一次性倚变关系：表示只要具备一次前面的条件，就必然会出现后面的结果。例如：

(9) 绿色的丛林底下，仙人掌疯狂地生长，一不小心就会掉进荆棘的陷阱。

(10) 一次拉二立方米木头，不能让爬犁滑到冰道以外去；人在前边跑，脚底下滑着呢，一跌倒，就得叫爬犁碾死。

例(9)“不小心”和“掉进荆棘的陷阱”并未发生，但二者是有倚变关系的。只要“不小心”一次，就必然会紧随着出现“掉进荆棘的陷阱”的结果，例(10)只要“跌倒”一次，就必然会紧随着出现“叫爬犁碾死”的结果。这种情况一旦发生就是一次性的，无可挽救的。规律性倚变关系：每次具备前面的条件，都必然会出现后面的局面。例如：

(11) 我的妻子，天天都是，我一进门，她就哇啦哇啦地叫个没完，好像我欠了她八辈子似的。

(12) 师长好学的行为，也感动了我们这些工农干部，平时一有空闲，我就读上几页，练上几笔，谈不上提高，能磕磕巴巴写个战斗总结。

例(11)“我进门”和“她哇啦哇啦地叫个没完”已经发生，而且是“天天”发生。二者之间的倚变关系不是一次性的，而是规律性的。每次“我进门”都会发生“她哇啦哇啦地叫个没完”的情况。例(12)“平时”不是一个确定的时间，但只要“有空闲”就会“读上几页”，这种情况总是有规律地出现。

紧随关系是第一性的，是最基本的语义关系；倚变关系是第二性的，是在使用中由紧随关系衍生出来的语义关系。

紧随关系和倚变关系不是截然分立的，二者之间有纠缠。倚变关系的两项在时间上也是紧密相随的，倚变关系包孕着紧随关系，如一次性倚变关系的例(9)“不小心”和“掉进荆棘的陷阱”紧随着发生，规律性倚变关系的例(11)“我进门”和“她哇啦哇啦地叫个没完”紧随着发生。倚变关系可以包孕紧随关系，但紧随关系不一定包孕倚变关系，如紧随关系的例(7)“进门”和“哭了起来”之间没有倚变关系，例(8)“上场”和“碰个倒好”之间也没有倚变关系。我们称只有紧随关系、没有倚变关系的为“单纯的紧随关系”，这种关系只有时间上的先后关系，没有其他逻辑关系。

单纯紧随关系的句子和有倚变关系的句子有怎样区分的问题。我们可以从意义和形式两个方面来把握。首先我们可以从意义方面来把握。邢福义先生指出：如果前后分句所表示的行为活动都是确指的和一次性的，那么分句与分句之间只有单纯的先后关系，即连贯句。如果各分句所表示的行为活动都是非确指性的和非一次性的，那么分句与分句之间除了有先后关系之外，还有条件假设关系，即条件句。例如：

(13) 今早，若木戛一出寨子，岩龙就跟上他了。(连贯句)(引自邢福义，下例同)

(14) 往年，在人民广场一开群众大会，公安局就要宣布断绝交通。(条件句)

例(13)句中有“今早”，说明表述的是确指的和一次性的事情，因此是连贯句。例(14)句中有“往年”，说明表述的是非确指的和非一次性的事情，因此是条件句。我们还可以从形式方面来区分这两种关系的句子。例如：

(15) * 上午，领导宣布完任命，刚一散会，他就被笑脸和寒暄包围了。

(16) 爸爸是和119连在一起的，只要一拨119爸爸就能听见。

这里，一是看形式标志。如果格式前有或可以嵌入“刚”，格式后有或可以嵌入“了”，构成“刚一……就……了”格式，那它一定表示单纯的紧随关系，如例(15)；如果格式前有或可以嵌入“只要”，格式中有或可以嵌入“会、能、要、可以”，构成“只要一……

就会(要、能、可以)……”格式,那它一定表示倚变关系[①],如例(16)。二是看格式部分在句中能否重复。单纯紧随关系的句子,前后分句所表示的行为活动都是确指性的和一次性的,因此它不能重复;有倚变关系的句子,前后分句所表示的行为活动都是非确指性的和非一次性的,因此可以重复。如:

(15) * 上午,领导宣布完任命,刚一散会,他就被笑脸和寒暄包围了,刚一散会,他就被笑脸和寒暄包围了。

(16) 爸爸是和119连在一起的,只要一拨119爸爸就能听见,只要一拨119爸爸就能听见。

2. “动作—程度”关系

以上是“一……就……”格式在使用中的两种语义表现。“一……就……”格式还有一种特殊形式:后项重复前动词,且多带数量词语,表示动作一经发生就达到很高程度。例如:

(17) 我一等就等了你几个月。

重复的动词可以省略,或用“是”代替,形成“一……就是……”。例如:

(18) 你一出去就一天,连饭都忘了吃了。

(19) 谁知,一下就是三天,连门也出不来。

“一……就是……”形式,如果后项接数量词语,既可表示一次性的行为,也可表示规律性的行为。例如:

(20) 她不远万里来到中国,一干就是八年。

(21) 朱先生很喜欢讨论问题,我们一谈就是一两个小

---

① 参见邢福义《复句与关系词语》,黑龙江人民出版社1985年版。

时，有时甚至是半天。（陆俭明）

例(20)格式部分不能重复（＊她不远万里来到中国，一干就是八年，一干就是八年），表述的是一次性的行为。例(21)格式部分可以重复（我们一谈就是一两个小时，一谈就是一两个小时），表述的是规律性的行为。如果后项接一般名词性词语，格式则只表示规律性的行为。例如：

(22) 一时间，无论机关，工厂，街头，巷尾，人们一见面谈论和打听的就是这件事。（正言、爱民《天地人心》）

(23) 一提起来，就是这件事，一提起来，就是这件事，我的行为不好，与你什么相干？

例(22)格式部分可以重复（人们一见面谈论和打听的就是这件事，人们一见面谈论和打听的就是这件事），表述的是规律性的行为。例(23)格式部分在实例中就是重复的，表述的当然是规律性的行为。

"一……就是……"形式是从"一……就……"格式衍生出来的一种特殊形式，因此"动作—程度"关系不能摆脱紧随关系和倚变关系。如表示一次性的行为，两项之间包孕着紧随关系；表示规律性的行为，两项之间包孕着倚变关系。

3. 关于因果关系

有学者认为，"一……就……"格式的内部语义关系是因果关系。我们认为，有时确有因果关系，但并不尽然。例如：

(24) 我已经不是青年了，但我身上仍流动着热血，仍爱激动，这些天，我一想到你、马青、杨重这些可爱的青年，我就不能自已，就睡不着觉。（因"想到你、马青、杨重这些可爱的青年”而“不能自已”）

(25) 就是丁小鲁没正经的，一进来就搅。（因“进来”而“搅”？）

我们不认为因果关系是“一……就……”格式具有普遍意义的语义关系。

三 中间项的观点

着眼于格式两项之间时间上的联系和逻辑上的联系，还不能使外国人准确把握格式的意义和用法。我们需要从语用分析中去寻找“一……就……”格式更深层次的实现条件。

1. “一……就……”格式的预设和会话含义

在交际中，存在着一个三维世界①，即说话人、听话人和交际中的预设信息。预设是一种潜在的已知信息，是交际双方共同认可的背景知识。例如：

(26) 武总一回来，我们就一个个上门找，也不让人家休息休息。

例(26)的预设是：

[1] 旅行后或工作一天后理应先休息一下。

[2] 在“回来”和“上门找”之间应有一个合理的间隔阶段，即：回来—休息—上门找。

[3] 武总也需要经过“休息”阶段。

对上述预设的认识，说话人的认识可能是一般人的共同认识，也

① 参见崔希亮《汉语“连”字句的语用分析》，《中国语文》1993年第2期。

可能是说话人自己的主观认识。但对于说话人来说，说话人认为听话人也跟自己一样具有上述认识。

会话含义是说话人想要表达的真正用意。说话人意在通过说字面意义而传达另外的意义。如例(26)会话含义是：

[1]大家都应遵守“回来—休息—上门找”这样三个程序。

[2]你们“也不让人家休息休息”就“一个个上门找”有悖常理。

会话含义的基础是比较。例(26)包含着两个序列：通常序列和非通常序列。

通常序列：回来—休息—上门找　A—B—C

非通常序列：回来—(休息)—上门找　A—(B)—C

“一……就……”格式表达的是非通常序列，它是跟通常序列比较而言的。

我们注意到，通常序列“回来”和“上门找”本不相邻，之间有一个中间项“休息”；而非通常序列“回来”和“上门找”之间，中间项“休息”被跨越了，使本不相邻的“回来”和“上门找”两项连在了一起。可见，“一……就……”格式不是表示顺序的两项紧接着发生，而是表示本不相邻的两项紧接着发生，跨越中间项是“一……就……”格式表示的真正意义。因此我们说，“一……就……”格式的内部语义关系不是“一A就B”，而是“一A(未经过B)就C”。这是它的本来面目。

“一……就……”格式在描述客观事物的同时，也表达了对客观事物的主观评价。如例(26)，客观上，“回来”和“上门找”是紧接着发生的，其间并无中间阶段。但主观上，在格式选用者看来，事物的运行是有序的，从“回来”到“上门找”之间就该有一个“稍事休息”的阶段。而“你们”跨越了这个中间阶段，所以格式选用者认为这样做有悖常理。正如邢福义先生所说：“复句语义关系具有二重性：既反映客观实际，又反映主观视点。客观实际和主观视点有时重合，有时则不完全等同，而不管二者是否等同，在对复句格式的选用中，起主导作用的是主观视点。”①我们不能从纯客观的角度来理解格式，格式主要表达的还是主观的东西，是根据常理，主观上认为跨越了一个通常应有的中间项。

中间项在多数情况下是隐含在句中的，但是在个别情形中也偶尔出现，这正好为我们提供了例证。我们先看例(26)：

(26) 武总一回来，你们就一个个上门找，也不让人家休息休息。

例(26)隐含的中间项虽未在句中出现，但我们在句后找到了它。移入句中就是：

武总一回来，你们(也不让人家休息休息)就一个个上门找。

(27) 甭问他，一看先生脸上表情就知道病轻病重了。

例(27)隐含的中间项虽未在句中出现，但我们在句前找到了它。移入句中就是：

一看先生脸上表情(甭问他)就知道病轻病重了。

(28) 一见面，他车子还没放稳，就很激动地对我说：“大有文章可做，大有文章可做呀！”(李存葆《高山下的花

① 参见邢福义《汉语复句格式对复句语义关系的反制约》，《中国语文》1991年第1期。

环》)

例(28)是直接揭示出中间项的实例。若隐去中间项,就是我们常见的情况:

一见面,他(车子还没放稳)就很激动地对我说:“大有文章可做,大有文章可做呀。”

绝大多数用例,B是隐含的,但是我们不难把它补出来。以下句中的括号部分,是我们补出来的B项。

(29) 他一听(未经中间阶段)就急了。

(30) 它们一落在地上(未经中间阶段)就化了。

(31) 一上船(未经中间阶段)就把你的药扔海里去了。

例(1)“下了课以后我一去食堂就吃午饭”。外国留学生没有中间项的概念,只记住了“紧接着发生”,而“去食堂”和“吃午饭”虽然紧接着发生,但二者之间没有中间项,是不宜使用“一……就……”格式的。留学生要表达的意思可能是“我一下课(不做其他)就去食堂吃午饭”,此时在“下课”和“去食堂”之间可以有中间项,如问老师课上的问题、回一趟宿舍等。例(2)“我回头一看就吓了一大跳”。“回头看”和“吓了一大跳”虽然紧接着发生,但二者之间没有中间项,不宜使用“一……就……”格式。例(3)“她一看了手表,就站起来,走到付款台交了钱,然后出去了”。“看了手表”和“站起来”虽然紧接着发生,但中间项是什么呢?没有中间项,就谈不上跨越,也就不宜使用“一……就……”格式。这三例告诉我们,仅告诉外国人“一……就……”格式表示“两件事紧接着发生”是不够的,应当指出隐含的中间项的存在。

如果没有中间项的概念，就变成了时间上顺序相接，用时间副词"马上/立刻"即能表达。但"马上/立刻"侧重于表现时间上的紧密相接，而"一A(没B)就C"格式侧重于表现空间上的隔项跨越。"马上/立刻"表现不出"一A(没B)就C"格式的跨越义。因此例(4)(5)(6)《现代汉语八百词》的例句不能用"马上/立刻"替换。

2. "一……就……"格式所处的会话结构

"一……就……"格式不能孤零零地使用，它必须处在一个特定的会话结构中。会话结构是自然会话的顺序结构，是几个话语单位联结而成的连贯的序列，其中隐含着会话构成的规律。"一……就……"格式所处的会话结构包括两部分：前一部分提出一个肯定或否定的断语，后一部分用一个例证对前述断语进行具体说明。"一……就……"格式用在例证部分。断语部分或隐含或显现，但它必须存在。为了集中用一个例子说明问题，我们仍以例(26)为例(括号部分为本文所加)：

(26) (你们太不为别人考虑了)(提出一个断语)武总一回来，你们就一个个上门找(用例证对断语进行具体说明)，也不让人家休息休息。

有许多实例，断语部分出现在句中，这为我们的观点提供了例证。例如(前面是断语，后面是例证)：

(32) 再看我二大爷也没摆什么架子，一请就到，也算难得。

(33) 脚底下忽然稳定了，力气也上来了，刷刷几大步走到囤顶，一歪肩膀，就把一袋粮食倒净了。

(34) 这儿属于内蒙古大草原的边缘地带，广漠辽阔而人烟稀少，一走出村庄，就进入极静的旷野。

一般地，断语部分在前，例证部分在后，"一……就……"格式用在例证部分。也有少数情况是例证在前，断语在后，但"一……就……"格式仍用在例证部分。例如：

(35) 你没见他刚才，一点评到我就卡了壳，说明了他对我并没有什么好印象。

还有少数情况"一……就……"格式用在了断语部分。例如：

(36) 后来笔者与雷蒙德先生带定之去外面吃西式自助餐，在一间非常有名气的餐馆里，定之狼吞虎咽，低头猛吃，一看就知是长期缺嘴。

"一……就……"格式表示的跨越义，使它能够对非通常情况起说明作用。

3. 中间项观点的覆盖面

是不是所有"一……就……"格式的用例都隐含着一个被跨越的中间项呢？我们把"一……就……"格式的用例做了以下分类。一般说来，单纯紧随关系的句子所隐含的中间项比较容易体会到。例如：

(37) 刚吃两口，孔毅就来了，一进门(未经过渡阶段)就嚷办成了，办成了。

(38) 中国队一开场(未经过渡阶段)就向年轻的沙特队发起强大攻势。

例(37)由于跨越了中间项，把孔毅迫不及待的心情充分表现出来。例(38)由于跨越了中间项，把中国队求胜心切的心情充分表现出来。而倚变关系的句子，因为附加了条件关系，所隐含的中间项就显得不那么清晰了。但我们可以试着把它补出来。例如一次性倚变关系的句子：

(39) 抬不得，有一条桌腿儿是残废，一抬（不做其他）就散架子了！

(40) 这可是国际港口，面对的都是专家，一张嘴（不做其他）就知道你有多少斤两。

又如规律性倚变关系的句子：

(41) 许大夫，你要晓得，一个人如果一生病（不挺一挺）就打针吃药，他的抵抗力就会越来越弱。

(42) 他见酒就喝，一喝（不经中间阶段）就醉，一醉（不经中间阶段）就睡。

再看“动作—程度”关系的句子：

(43) 初中文化水平的赵红江于1974年放下锄头，进了一家村办炉料厂当了购销员，一干（未经做其他工作阶段）就是十年。

(44) 你一说话（未经说有现实意义的话的阶段）就是头两年、头两年的，别一扯起来就东周列国地没个完。

用中间项的观点还不能令人信服地解释某些用例，例如：

(45) 水一到零度就结冰。（引例，下例同）

(46) 一到十八岁就有选举权。

例(45)表达的是一种自然现象，例(46)表述的是一种社会规约，说它隐含着一个中间项就不好理解。这类情况都是一次性倚变关系的用例。

四　结语

在继承吕叔湘先生关于“一……就……”格式“表示一种动作或情况出现后紧接着发生另一种动作或情况”解释的基础上，这里又换一个视角，提出对一部分用例可以用以下观点来补充。(1)存在“中间项”。在“一……就……”格式的前项和后项之间隐含着一个被跨越的中间项。格式表示的真正意义是“前项未经通常应有的中间阶段就与后项相接”，即：“一 A(未经过 B)就 C”。(2)存在“通常序列”和“非通常序列”两个序列。在使用“一……就……”格式的时候，我们是与通常情况比较而言的。通常情况的序列是 A—B—C，有 B 存在；非通常情况的序列是 A—(B)—C，没有 B 存在。“一 A 就 C”格式表现的是非通常序列。(3)存在“断语—例证”两个层次。在使用中，“一 A 就 C”格式前必有一个断语(或显现或隐含)，作为会话结构的第一梯次。没有断语部分，格式也会失去使用条件。三个观点中，中间项的观点是核心观点。

任何一种正确的、可以接受的说法实际上都是诸多条件层层限制的结果。“一 A 就 C”格式的实现有以下几个限制条件：(1)必须存在 A、B、C 三项。只存在两项时，格式不成立。(2)必须存在一个 A—B—C 的序列，构成格式的参照。没有这个参照，格式不成立。(3)取消 B 过程，使 A、C 相接。若两项通常顺序相接，格式也不成立①。

---

① 参见徐枢《谈语义制约和格式实现的条件》，《世界汉语教学》1993 年第 4 期。

第四章

句法成分的功能与位置

第一节　补语的可能式①

一　研究目标、理论依据和语料说明

1. 研究目标

讨论现代汉语中的“V不C”结构。汉语语法学界一般称之为“可能补语”，我们把它看作“结果补语和趋向补语的可能式”，在讨论中统称为“补语的可能式”。另外，“V”也包括能进入这个结构的形容词。

这里着重讨论的问题是：第一，“V不C”结构在实际语言使用中的语用特点是什么？第二，进入“V不C”结构的“V”和“C”具有怎样的语义特征？

2. 理论依据

讨论“V不C”结构所依据的理论认识有以下三点：

第一，范继淹先生在分析趋向补语时认为，“V得/不X”

① 本文以《再论补语的可能式》为题发表在《第五届国际汉语教学讨论会论文选》，北京大学出版社，1997年版，作者张旺熹。

是由基本式“VX”中间插入“得/不”而构成的扩展式[①]。我们把这一观点推及至结果补语，认为“V得/不C”结构都为由基本式“VC”插入“得/不”而形成的扩展式。“V不C”结构作为“VC”结构的扩展式不是无条件的，它必定要受到其基本式的制约。

第二，吕文华先生把“V不C”结构看成“可能补语的基本式”而不认为“V得C”也是“可能补语的基本式”。“V不C”的使用频率要远远高于“V得C”结构，其实际使用比率为30∶1[②]。从意义来看，刘月华等先生认为：可能补语的肯定式（V得C）的典型用法“都与否定意义有某种联系。”[③]从汉语史的角度来看，“V不C”结构要先于“V得C”结构而产生[④]。据此，我们把“V不C”结构看作“VC”结构扩展式的典型的和核心的形式着重加以讨论。

第三，刘月华先生把“V不C”结构的语义概括为“非不愿也，实不能也”[⑤]，我们把它简化为“愿而不能”。这一结构的核

① 参见北京语言学院语言教学研究所编《现代汉语补语研究资料》第157页，北京语言学院出版社，1987年版。范继淹先生在《动词和趋向性后置成分的结构分析》中分析“V得/不C”结构关系时指出：“V得/不X的唯一可能的分析法是（V…X）得/不，即V和X先组合，然后和‘得、不’组合。……这样的分析，也就是把本式作为VX的一种特殊扩展形式。”

② 参见吕文华《对外汉语教学语法探索》第171页，语文出版社，1994年版。

③ 参见刘月华等《实用现代汉语语法》第355页，外语教学与研究出版社，1983年版。

④ 参见杨建国《补语式发展试探》，《现代汉语补语研究资料》第108—112页。

⑤ 参见《现代汉语补语研究资料》第320页。刘月华先生在《可能补语用法的研究》中概括道：“A类可能补语主要用来表达‘由于受主、客观条件的限制，不能实现某种结果或趋向’，即‘非不愿也，实不能也’这个意义，在表达这个意思上，‘V不C’是最恰当的甚至往往是唯一的表达方式……”

心意义有两点：一是“愿”，即整个结构表达人们主观上企望执行某种动作行为以实现某种结果——企望性；二是“不能”，即整个结构表达由于客观原因而使结果不能实现——可能性。典型的“V 不 C”结构应该同时具有这两层意义。

3. 语料说明

按照语料库语言学的基本思路，我们会着重于语言事实的考察和分析。这里的研究材料主要有两部分：一是“现代汉语研究语料库”①提供的 160 万字书面语料中的“V 不 C”结构（该语料库中的 40 万字准口语语料中的例句暂不分析）；二是《中国当代散文鉴赏辞典》②中的全部 273 篇约 85 万字散文语料中的“V 不 C”结构。这两部分语料合计约 245 万字。

在对语料中的“V 不 C”结构作统计时，我们注意了以下几点：第一，只收有“VC”基本式的；第二，对虽为“V 不 C”形式但已明显不表示“可能性”意义的不收；第三，对由“得/不得”和“得了/不了”构成的结构不收；第四，对形式相同而意义有差别的“V 不 C”结构（如“忍不住”“想不到”之类）区别对待，只收确表“可能性”范畴的意义形式。经过严格的检索、统计，共得到 1420 条次“V 不 C”结构（两部分语料中的“V 不 C”结构约各占一半）。这些结构按照“可能式”、“述语”、“补语”、“企望义”、“原因义”、“作定语”、“作谓语”、“作得后补语”等属性字段全部输入 FoxBASE+ 数据库。下面根据这些“V 不 C”结构的各种属性记录，在有关统计的基础上进行语用特点考察和语义特征分析。

---

① “现代汉语研究语料库”是北京语言学院孙宏林、黄建平、孙德金、李德钧、邢红兵等先生研制的。该语料库于 1996 年 1 月通过了专家鉴定。

② 参见《中国当代散文鉴赏辞典》，中国集邮出版社，1989 年版。

二　“V不C”结构的语用特点

“V不C”结构在实际语用中，主要是作谓语(约占80%)和定语(约占15%)，其他作补语或在介词结构中则很少。下面我们根据“V不C”结构所处的语境特点及其表达功能的特点来进行分析。

1. “企望＋原因＋V不C”的意义框架

“V不C”结构所出现的典型语言环境是：在其前段或后段，或有对“V不C”结构的企望义进行表现的语句，或有对制约结果实现的原因进行表述的语句，有的甚至两重意义同现。这样，“V不C”结构就常常处于“企望＋原因＋V不C”构成的意义框架之中。我们用{　}表示企望义成分，用[　]表示原因义成分，用(　)表示“V不C”结构。下面分别说明。

(1)企望义的表现。从“V不C”结构的使用情况来看，它前面往往有强调该结构中的“V”是主观上愿意执行的动作行为的意义成分出现。其主要表达形式有三种：

第一，重复使用“V”或使用与“V”意义、功能相近的动词性结构。例如：

而就凭一把伞，{躲}过一阵潇潇的冷雨，也(躲不过)整个雨季。

这究竟是沙漠绿洲？还是海市蜃楼？{去}，看看究竟，可是怎么也(迈不开)腿了……

{仔细瞧瞧}，岩石上好像没有别的生命，也许在岩缝里有几株细小的野草，但我(看不清)。

第二，“V 不 C”结构前有明确表示企望义的词语出现，如“想”“愿”“担心”“怕”“生怕”“害怕”“恐怕”“试图”“只可惜”“怀疑”“思思念念”等。例如：

赵丹说出了我们一些人心里的话，{想}{说}而(说不出来)的话。

尽管我很喜爱垂柳，很{愿}{种}上一株，但小园里确已(找不到)适当的地方了。

刘大嫂笑笑，低声说：“我{怕}(住不长)呢。”

第三，“V 不 C”结构前使用表示强调意义的副词(连词)性结构，如“怎么也”、“谁都”“实在”“一点也”“哪个也”“连……也……”“根本”“终于”“无论如何”“什么都”“再也”“万一”“横竖”“如果”“既然”“总也”“竟然”“往往”“一百公里也”“哪个也”“依然”“终究”等。这些成分的存在，进一步揭示了“V 不 C”结构表达企望义的意义蕴含。例如：

我跟他坦白了心里的话，{无论如何我再也}(享受不到)他们“说山”的乐趣了。

正如妻在信上所说：“{三天三夜也}(摆不完)!”

——那一片酱红、棕黄，那一个个匍匐在地上祈祷、结网和收拾果子的土著，{再怎么样也}(挥不开)。

我们可以把这三例中的“V 不 C”结构及其前面的副词(连词)性短语分别改写为“无论怎样享受也享受不到”、“就是摆三天三夜也摆不完”、“再怎么挥也挥不开”。这些成分清楚地表明，“V 不 C”结构所表达的意义中具有强烈的企望义成分。

(2)原因义的表现。“V不C”结构常常与表现制约动作行为的结果产生的客观原因的语句相呼应。主要表现形式有两种：

第一,在“V不C”结构的前句或后句直接有表达原因的句子或短语。例：

因为[地方太穷苦],前任区长(收不起款来)被撤了职。

“我(坚持不住)嘛,[他们谁也不同意那个时间表]。”

我胆怯了。[新砌的石阶窄窄的],(搁不下)整脚。

第二,“V不C”结构处于“得后补语”的位置,从而使“V不C”结构表达的语义处于受支配和被制约的地位,突出了谓语的主导(原因)意义。

真静啊,[静]得我反倒(睡不着)了。

噫！什么硬硬的东西使得我的脚不住地打滑,[弄]得我(跑不稳)(跑不快)?

有一次,您夜里[痛]得实在(熬不住)了,就请求身边的监管人员给您几片止痛片……

对原因义的表达,强调了制约结果产生的客观原因,突出了“实不能也”的涵义。这样“非不愿也”的意思也随之表现出来。

(3)“企望+原因”的表现。从语料中我们还看到了“V不C”结构在语境中使用的完整意义框架——表现企望义和原因义的语句同现。例如：

我又吃力地{走}着,[干渴疲乏],几乎(拉不开)双腿。

好似一下子都拥聚与凝结起来的事物,[又一下子分散开来]，{抓}都(抓不着)。

我暗暗抬头{观望}，只见一群背上钉着白布的人的背景，[他们全不掉头看望，过道又很暗]，因此我(分不清)究竟谁是谁，我没有找到我希望中的影子。

[石槽太重]，做活的{扛}到山里，就(扛不动)了……

这种"企望＋原因"同现的语句形式，可以看作是"V不C"结构使用的最为典型的形式，它完整地体现了"V不C"结构所具有的"愿而不能"的双重语义特征。

(4)下面我们把"V不C"结构所在的上述三种语境形式在整个1420条次的"V不C"结构中出现的数量及所占比例统计如下：

语境意义表现	出现条次	所占比例
企望	380	27%
原因	318	22%
企望＋原因	251	18%
合计	949	67%

由此可见，大部分的"V不C"结构，都出现在由企望义和/或制约结果产生的原因的表达框架之中。这种"企望＋原因＋V不C"的意义框架，与典型的"V不C"结构所含的"愿而不能"的语义特征是十分吻合的。

2. 对性质状态的描述

"V不C"结构在实际使用中，还有约三分之一并没有出现于"企望＋原因＋V不C"义框架之中。其中，一小部分或是由于提供的例句脱离了上下文，或是企望义和/或原因含在较大的篇章中不好分析；另一部分则原本就没有企望义或/和原因义来表现。值得注意的是,这类“V 不 C”结构不仅在语用功能上发生了变化,而且其表达的语义范畴似乎也不同。我们先看看例子。

第一,“V 不 C”结构作修饰性定语。例:

这是一种(捉摸不住),(讲说不清),难以言传,而又(排遣不开)的感情。

我看出她并没有真正反对我,因为她那双使劲儿瞪着我的眼睛里,全是(关不住)的笑意。

记忆里,幼时的事,都是(穿不成串)的珠子。

第二,“V 不 C”结构所描述性谓语,常用于“的字短语”、“是……的”和“像……似的”结构中。例:

“打鼓儿的”也料到卖主都是些(揭不开锅)的……

第二天还是张嘴龇牙,小芽儿就像(喘不过气来)似的。

这四句里没有提到风,风原是(看不见)的,又无所不在。

同“V 不 C”结构直接作谓语所处的意义框架相比较,这两类例句中的“V 不 C”结构,比较明确的“可能义”,“企望义”则被隐含或消失了。像“捉摸不住”、“讲说不清”、“排遣不开”形容“感情”的复杂,“关不住”形容“笑意”之显明,“看不见”指“风”具有的性质,等等。

“V 不 C”结构这种句法功能的变化,似乎也影响到它自身的语义特征。典型的“V 不 C”结构应同时表达“企望义”和“可能义”两个语义范畴,而在这里似乎具有了一种偏向,“可能义”占据主导地位,这与古代汉语里的“复词偏义”现象似乎有相通之处。它由原来同时表达“企望义”和“可能义”偏向仅表达“可能义”，再进一步由“可能义”（实为“不可能”）转而表现一种“性质状态”。如我们常说的“数不尽”言“物之多”，“看不见”言“事之隐秘”，“想不到”言“事之意外”等等，这里的“想数尽”“要看到”“欲想到”之类的意思已经隐去，这些结构的意义已经脱离“企望义”，并且与“可能义”也很远了。

从对“V 不 C”结构所处的两种语境的分析可以看到，典型的“V 不 C”结构表达的是“愿而不能”的双重语义范畴。但是，它在作定语或描述性谓语时，仅具有表达“不能”（常常引申为“性质状态”）的语义范畴。只是对绝大多数“V 不 C”结构而言，从典型到偏向的语义转化是很自然的，不需改变什么，如“这孩子吃不饱”和“吃不饱的孩子”之类。

三 “V”和“C”的语义特征

我们把“V 不 C”结构看作是“VC”结构的扩展式，且这种扩展不是无条件的。那么，究竟哪些“VC”可以扩展，而哪些又不能扩展呢？要回答这个问题，我们还得从语言事实出发，分析实际使用中的“V 不 C”结构，看看其中的“V”和“C”具有什么样的语义特征。

在我们统计到的 1420 条次的“V 不 C”结构中，共有“V 不 C”结构 631 条，共使用动词 356 个（区分不同的义项），使用补语 92 个（区分不同的义项）。

根据第二部分的分析，典型的“V 不 C”结构应该同时具有“企望义”和“可能义”这两个语义范畴。以此推论，“V 不 C”结构中的“V”应当是“自主性”动词，因为“V 不 C”结构整体的“企望义”特征最终是要靠其中的“V”来承受和体现的。同样，“V不C”结构整体的“可能义”也要靠其中的“C”来承受和体现。这样，“C”也就应该具有“目标性”——没有“目标”也就无须谈“可能”。理论推断如此，语言事实又怎样呢？让我们对“V不C”结构中的“V”和“C”逐项作语义特征分析。

1. “V”的自主性

(1)按照马庆株先生的观点，“自主动词从语义上说是能表示有意识的或有心的动作行为的。”“非自主动词表示无意识、无心的动作行为，即动作行为发出者不能自由支配的动作行为。”①我们参照马庆株先生提出的自主动词的鉴定格式，对全部“V不C”结构所使用的356个“V”进行自主性检验。检验结果如下：

	动词数及比例	**“V不C”结构条数及比例**	**使用条次及比例**
自主动词	328/92.9%	596/94.5%	1351/95.2%
非自主动词	28/8%	35/5.5%	68/4.7%

不难看出，对“V不C”结构来讲，“V”的自主性是十分确定和稳固的，无论从哪个方面讲，“V”的自主性都占绝对优势。反过来说，也正因为有这样大比例的自主动词支撑着“V不C”结构，才使得“V不C”结构带上了如此强烈和典型的“企望义”，以至于在人们的心理层次上，认为“V不C”结构都具有企望义。若要否认这种企望性，则需要特别加以说明。如：

① 参见马庆株《自主动词和非自主动词》，《汉语动词和动词性结构》，北京语言学院出版社，1992年版。

学习会上我听到长篇精彩的“发言”，心里敬佩，却学不来，也不努力学。

之所以特别说明“也不努力学”，就是因为“学不来”已隐含了“想学”的意思。因此，“V不C”结构，明确排斥非自主义（主要是被动意义）的动词，像“（手）碰破”“（他）撞骨折”之类。同时，它对表达自然变化和客观状态意义的动词，也具有相当大的排斥性。如“变瘦”、“病倒”、“走散”，是很难进入“V不C”结构的。

（2）语言作为一个柔性的规则系统，除开“V不C”结构中的绝大多数“V”都具有当然的自主性之外，还有极少数的“V”是不自主的。这是需要我们认真回答的问题。这些不自主的“V”是：

暴露　愁　出（产）　吹　达到　得（到）　凋谢　反应　浮（升）　感觉　感受　高　够（达到）　刮（风）　旱　结（果子）　觉　觉察　轮（到）　配（般配）　碰（见）　散（吹散）　体现　显露　响　形（成）　遇（见）　长（大）

它们共出现在68条次的“V不C”结构中（其中“达不到”10次，“得不到”20次）。我们把它们所出现的具体语境统计分析如下（为节省篇幅，例子经过简写，保留原句的结构层次关系）。

第一类，“V不C”结构作谓语，其主语为特定对象，在这种特定主语的制约下，“V”临时获得了自主的意义。如：

吹不倒：狂风吹不倒（松树）

结不出来：幻想的种子连幻想也结不出来

“吹”和“结”都是人所不能左右的自然行为，但它们对“狂风”、对“种子”来讲，却应该是自主的，“狂风”总是要“吹”，种子也总是要“结(果)”，它们也因为其主语的制约而临时成为自主动词。这类例句的文学修辞味很浓。此类形式 7 条次，占 10%。

第二类，“V 不 C”结构作修饰性定语，描写事物的性质状态。如：

响不完：他们每次看的，都是响不完的鞭炮

遇不到：对长大后再也遇不到的那个女同学的愧疚心情

在第二部分我们已经讨论过，当“V 不 C”结构作定语时，其语义已经发生了偏向，只着重于“不可能”语义的表达，而忽略了“企望义”。从这个角度说，非自主的“V”进入“V 不 C”结构作修饰成分也就可以理解了。此类形式也是 7 条次，占 10%。

第三类，“V 不 C”结构作谓语，其主语是非生命体。例如：

得不到：(花展)谁也得不到它的丽色与姿态

凋谢不下去：假花凋谢不下去

对非生命体主语来讲，“V 不 C”结构自然也无所谓什么“企望义”，“V”也就可以不必是自主的。“得不到它的丽色与姿态”是写各种“花展”的缺憾，“凋谢不下去”是写“假花”的属性。这里，“V 不 C”结构仅表达了“不可能”(引申为“性质状态”)的意义。此类形式 28 条次，占 42%。

第四类，“V 不 C”结构作谓语，句子无明确主语。例如：

轮不到：有人抢先发言，轮不到我开口

达不到：离开具体条件谈民主，达不到发展民主的目的这里,“轮不到”和“达不到”都没有明确的表述对象,表明它们只是用来描写一种客观存在的性质或状态。因此,“V 不 C”结构同样也不要求表现“企望义”。这样,“V”没有“自主性”也属自然。此类形式 8 条次,占 12%。

第五类,“V 不 C”结构作谓语,主语为生命体或准生命体。这类形式中的主语往往处在一个被言语主体描述的位置上,具有很强的被动意味,这里的主语不是那种积极主动执行动作行为的施事形象。这样,“V 不 C”结构具有很强的描述性特征。例如:

够不着:他年纪小,(够不着)反革命的资格——指“他”的一种特性;

长不大:摇篮中的“孩子”(长不大)——指“孩子”所具有的一种缺点;

配不上:我可(配不上)科学家——指“我”的自身条件;

得不到:当时,中国(得不到)它,日本不保存它——指“中国”的贫弱表现。

当然,也有像“感受”“感觉”“反应”这类感受动词,大概处于“自主”和“非自主”之间,所以,其主语的主动性还是比较明显的。如:

感受不到:她的身体裹在臃肿的羽绒大衣里,他(感受不到)她走来时身体的扭动。

反应不过来:王一多大吃一惊,进也不是,退也不是,一时(反应不过来),身体便僵硬在那里。

这类“V 不 C”结构大概处于典型与偏向的“V 不 C”结构所

表达的意义范畴之间。主语的生命体性质要求"V"具有自主性,而主语被描述的性质又使客观描述性大于主观的"企望性"。这时"V"的自主性、"V 不 C"的"企望性"都很模糊。此类形式共 18 条次,占 26%。

通过上述分析,我们认为:"V 不 C"结构的"V"首先应该是自主的,这是其要同时表达"企望"和"可能"双重语义范畴所决定的;而当"V 不 C"结构用作描述性或修饰性成分时,其语义会偏向于表达"可能"的语义范畴。在这种情况下,它允许极少数的非自主动词进入其中,用以描述某种客观情形或具有被动意味的主语。

2. "C"的目标性

我们已经讨论了"V 不 C"结构中绝大多数"V"都具有自主性。相应地,在这些自主性动词后面的"C"是否具有我们所推论的那种目标性呢?也就是说,"C"是不是"V"所努力实现的目标呢?下面,我们把 1420 条次"V 不 C"结构中出现的全部 92 个补语形式分为趋向动词(出、上)、形容词(清、好)和一般动词(到、断)三类,逐项进行"C"的目标性语义特征分析。

(1)趋向动词的目标性。对这 23 个趋向动词来讲,其目标性是自然的、固有的。因为,趋向总是对一定的方向来说的,而方向在更深的语义范畴上归属于目标。无论这个趋向动词是确实表示趋向还是引申表示结果,趋向动词的趋向意义——目标性——都是最基本的。尤其是在"V 不 C"结构中,此时结果都还处于"可能"的层面,并未真正实现,因此,这种结果的"目标性"就更加明显。例如:

在一些地方,许多人连温饱问题都未解决,职工长期

(发不出)工资,领导干部却小车一换再换,互相攀比。

邱三益、潘正扬、张美琼(云南):民族地区(发展不起来),就会拖全国的后腿。

显然,“发不出”的“出”、“发展不起来”的“起来”分别是动词“发”和“发展”的目标。

(2)形容词的目标性。在这 40 个形容词中,除了“厌”、“坏”、“腻”这三个明确具有消极意义之外,其余 37 个都具有积极意义或极点意义。对积极形容词来讲,其目标性是不言而喻的。因为在人们的认识范畴中,积极形容词代表了人们对美好事物的评价,体现了人们努力追求的目标和方向,也是人们认识和评判事物优劣的基本参照。具有极点意义的形容词(像“尽”“透”“够”“满”“实”“全”),其极点意义又何尝不能理解为一种目标?因此,这些形容词进入“V 不 C”结构显然要比消极形容词自然得多。让我们作一比较:

砌不高 吃不饱 治不好 摆不齐 洗不净 写不对 擦不新 挂不正

*砌不矮 *吃不饿 *治不坏 *摆不乱 *洗不脏 *写不错 *擦不旧 *挂不歪

不难看出,消极形容词进入“V 不 C”结构,其可接受性是较差的。其根本原因在于,人们一般不会以消极形容词所代表的那种性质状态为努力实现的目标。这种积极形容词和消极形容词在进入“V 不 C”结构时明确的对立分布差异有力地说明,“V 不 C”结构中的“C”必须具有目标性语义特征。这也是“企望义”和“可能义”所共同支配的语义特征。

至于极少数消极形容词(如“厌”“坏”“腻”共 4 条次)进入“V 不 C”结构,与我们在前面讨论的少数非自主动词的情形相类似。这时“V 不 C”结构往往用于描述性质状态,不强调企望性,只取“V 不 C”结构表示“不可能”的意义。例:

狂风吹不倒它,洪水淹不没它,严寒冻不死它,干旱(旱不坏)它。

南高峰、北高峰、玉皇山、五云山、龙井、虎跑、六桥、三竺仿佛是永远走不完、也(走不厌)似的。

同方令儒大姐在一起,我们也只是谈一些彼此的近况,去几处(走不厌)的地方,喝两杯用泉水沏的清茶。

他也(吃不腻)。

这四句中的“旱不坏”“走不厌”“吃不腻”,显然不是表示能力不够,而是描写对象所具有的某种性质:松树是“旱不坏”的,风景点是“走不厌”的,某东西(如肥肉)他是“吃不腻”的。况且,“厌”和“腻”都是从极点意义变化来的,“坏”对于“旱”(使动意义)来说,本身就是一种目标。它们进入“V 不 C”结构本来也是有道理的。这种情形也表明,“V 不 C”结构的语义偏向不仅可以通过“V”而且也可以通过“C”的变化来实现。

(3)一般动词的目标性。如果说,趋向动词和积极形容词在人们的认知范畴上本来就具有目标性语义特征,它们进入“V 不 C”结构比较自由的话,那么,一般动词的目标性则要显得复杂一些,它取决于同它组合的“V”是否具有共同的义素。下面我们把上述 29 个一般动词分成三类来讨论。

第一类:到 完 着 成 通 到头 到手

让我们先看一下《现代汉语词典》对这些词的释义①：

到：达于某一点 到头：到了尽头 到手：拿到（自己）手里

成：完成（目标）；（目标）成功实现 着：已经达到目的

通：有路可能达到（目标）

显然，这类动词都可以抽象出目标性语义特征来。

第二类：散 走 入 转 跑

这类动词的共同语义特征是具有趋向性。其语义解释是这样的：

散：散开 走：离开 入：进去 转：沿某方向移动

跑：跑开，离开

这些动词，实质上与趋向动词是一样的，当然也就具有目标性。

第三类：住 见 动 懂 掉 断 死 破 脱 倒 拢 活 灭 醒 化 没 准

这一类动词，静态地看不具有目标性，但是，当把它们同与其结合的动词联系起来考察时，就会发现，“V”和“C”之间往往具有共同的义素。这种共同的义素体现了行为动作和目标（“V”和“C”）之间的内在一致性，这是目标性语义特征最直接的表现。例如：补语“断”有“分开”义，与之搭配的动词“扯、隔、剪、斩、割、折”则全都具有“使分开”的意义；补语“脱”含“脱离”义，与之搭配的动词“摆（动）、逃（跑）、挣（脱）”也都有“使脱离”的意

① 有关词义的解释均出自中国社会科学院语言研究所词典编辑室编《现代汉语词典》，商务印书馆，1987年版。

思。这17个一般动词(C)与各自在语料中的全部搭配动词(V)之间的语义一致性,请参看附录四[①]。

从上面对"V"和"C"各层面的语义特征分析可以明确看到,凡能进入"V不C"结构的"V"和"C"成分,绝大部分都具有十分明确的自主性和目标性。一个"VC"结构的"V"和"C"是否具有这两个语义特征或部分具有某一语义特征,决定了这个"VC"结构能否扩展为"V不C"结构,以及扩展以后的语义偏向。因此,在这个意义上讲,"VC"结构要扩展为"V不C"结构在语义上是受到严格限制的,是相当不自由的。

四　"V不C"结构在语法系统中的位置

1. 根据以上对"V不C"结构所作的语用特点考察以及"V"和"C"的语义特征分析,我们把"V不C"结构表达的语义范畴进一步概括如下:(1)典型的"V不C"结构表达"主观意志想要执行某种动作行为以实现某种目标,但由于某种客观原因存在(与主观意志相对)而使目标不能实现"的意义,它要求"V"具有自主性,"C"具有目标性。(2)当"V不C"结构中"V"和"C"不同时具有自主性和目标性的时候,"V不C"结构的语义一般就会发生偏向,它只具有对性质状态进行描述的意义。

写到这里,我们不禁想起了吕叔湘先生关于"补语的可能式"的意见。王还先生在《关于〈汉语课本〉一、二册的修改》中说:"原来我们的传统语法体系里有可能补语这一项。……又是吕老建议我们把这一项分别归入结果补语和趋向补语里去,说

---

① 本书略——编者注。

明结果补语和趋向补语都有基本式和可能式两种。……所谓的可能补语并不是和结果补语和趋向补语完全无关的另一种补语，而是由这种补语构成的。这样解释似乎更符合语言实际……”①

我们认为，“V不C”结构是对具有特定语义关系的“VC”结构的一种扩展表达式。众所周知，一般的述补结构，其述语和补语之间表现为一种普遍的因果关系。一般说来，述语和补语之间只要具有描述与被描述的关系，能够体现因果关系（无论这种因果是偶然的还是必然的），这个述补结构就能成立（如“抱哭了孩子”），其组合的自由度很大，范围也很广。如果我们把所有“VC”结构中的“V”分为“自主”和“不自主”，把“C”分为“有目标性”和“无目标性”，那么，它们之间的语义关系就有四种可能：

“V”自主性	**“C”目标性**	**“VC”结构**	**“V不C”结构**
＋	＋	（我）洗干净	（我）洗不干净
＋	－	（我）洗脏	？（我）洗不脏
－	＋	（天）刮晴	？（天）刮不晴
－	－	（手）洗破	*（手）洗不破

由此看来，“VC”结构在人们的语言心理上似乎都有扩展为“V不C”结构的可能性。这是人们以为在“VC”结构中间插入“得/不”就可以扩展为“V得/不C”结构②最主要的原因。其实，“V不C”结构的存在，只对“VC”结构的扩展具有一种可能性和规约作用。其可扩展的现实性是受到“V”和“C”语义特征

---

① 参见王还《门外偶得集》第50页，北京语言学院出版社，1987年版。

② 参见刘月华等《实用现代汉语语法》第354页，商务印书馆，2001年版。

严格制约的。即使有极少数的"V"和"C"打破了这种语义限制而进入"V不C"结构,其语义也会发生偏向。大量的语言事实已经证明了这一点。

这种扩展的语义受限程度,在语言使用的实际中也反映出来。"V不C"结构在实际使用中具有两个明显的特点:其一,在1420条次的"V不C"结构中,实际使用的补语形式仅92个,使用3次或3次以上的仅47个,而它们却占使用总条次的96%。其二,在1420条次的"V不C"结构中,实际出现了631条,而使用次数5次或5次以上的有48条,它们占使用总条次的42%。可见"V不C"结构在实际使用中的分布范围是相当集中的、不均衡的。

2. 我们再把能表现"V不C"结构典型意义的句法结构"怎么V也V不C(N)"当作一个句法检验槽,对"VC"结构实施"V不C"结构的扩展检验。在《汉语动词—结果补语搭配词典》①中,一共列有4125个述补结构。其中"犯嘀咕"我们认为不是述补结构,"动+在"、"动+给"和"动+到(介词)"这三种形式因句法成分特殊而不进入扩展式检验。这样一共除去364个。剩下的3761个述补结构,我们把它们逐个代入检验槽进行检验。检验结果,"VC"代入"怎么V也V不C(N)"句法结构,语句成立的有1839个,语句不成立的有1922个②。也就是说,从静态的角度看,只有不到一半的"VC"结构可以扩展为"V不C"结构。

---

① 参见王砚农等编《汉语动词—结果补语搭配词典》,北京语言学院出版社,1987年版。

② 在作这种扩展检验时,大部分经过我的同事邱衍庆先生、王淑君女士以及我的家人的核实。

这样大比例的对立分布也从另一个角度证明了“VC”结构在扩展时的受限程度。

3. 对“V得/不C”结构，语法学界有的称之为“补语的可能式”，但更普遍的是称之为“可能补语”。表面看来，这似乎只是名词术语的差别，其实它反映了人们对“V得/不C”结构在汉语语法系统（尤其是补语系统）中的地位有不同的认识。

我们认为，把“V不C”结构看作“VC”结构系统中一个表达下位语义范畴的扩展式，也许比把它看作同结果补语、趋向补语并列的第三种形式——“可能补语”，要更符合汉语语法系统的内在层次。它不仅在结构关系上是“VC”基本式的扩展式，而且在语义上也是对具有特定语义关系的“VC”结构所作的一种特殊表述，它概括和表达了比一般的“VC”结构更为深刻、复杂的语义内容。确立补语的可能式，能更好地把语言形式与人们把握世界时的从“未然”到“或然”再到“已然”的三个逻辑层面相连接。洪堡特认为，汉语是逻辑关系和语法关系高度重合的语言①，我们在对汉语语法进行描写和解释时，应当尽可能遵循汉语自身所表现出来的内在逻辑顺序。如果这样做，相信我们的语法教学体系会更容易为成年的外国学生所理解和接受。

---

① 参见姚小平《洪堡特——人文研究和语言研究》（第十二章关于汉语和汉字），外语教学与研究出版社，1995年版。

第二节 趋向补语与宾语的位置

壹 趋向补语和宾语的位置关系①

一 趋向动词的成员

趋向动词有两种。一种是简单形式，主要是：

来、去、上、下、进、出、回、开、起

这些趋向动词主要作动词谓语或放在主要动词（主要是单音节动词）的后面表示动作的方向和结果。这里不研究趋向动词作主要动词的情况。下面的例子都是作趋向补语的：

带来 请来 叫来 开来

回去 开去 买去 拿去

放上 带上 拿上 登上

放下 拿下 叫下 走下

拿起 走开 拿开

另一种是复杂形式，由两个趋向动语素构成，其中后一个语素只有两个：来、去。除了"起"只跟"来"配合之外，其他的所有简单形式趋向动词可以任意跟"来"或者"去"配合，构成"V 来/

① 本文发表在《对外汉语研究的跨学科探索》，北京语言大学出版社，2003 年版，作者金立鑫。

去”的形式。如：

上来/去；下来/去；出来/去；进来/去；过来/去；回来/去；开来/去；起来

这种复合趋向动词形式同样可以放在主要动词后面表示动作的方向或结果。例如：

拿上来/去；走下来/去；开出来/去；提进来/去；

打过来/去；说回来/去；拿开来/去；抬起来

以下使用“趋$_1$”指称复合趋向动词中前面的趋向动词，用“趋$_2$”指称后面的趋向动词“来/去”。

二 趋向动词的意义及其认知解释

使用趋向动词是为了表达不同的语义。其语义范畴属于“移动”、“方向”、“结果”(或“后动作”)类，即：它表达移动的动作行为的方向或此动作行为实施之后的结果。

汉语中已有不少文献论述了“趋$_1$”中的“上、下、进、出、回、开、起”等移动的方向或结果的语义特征，如陈昌来、齐沪扬等①。

下面的一些问题引起过前贤们的注意：

对“趋$_2$”的解释。一般认为，“来”、“去”各自表达两个截然相反的方向。

第一，在默认情况下，趋向的位移动词“来”表示向着说话人方向的运动；“去”、“开”等表示离开说话人方向的运动。在特定

① 参见陈昌来《论动后趋向动词的性质——兼谈趋向动词研究的方法》，《烟台师范学院学报》哲社版，1994年第4期。齐沪扬《现代汉语空间问题研究》，学林出版社，1998年版。

条件下,"来"、"去"还取决于说话人的心理视点。如:

(1) 把那本书拿过来(向着说话人)

(2) 把那本书拿过去(离开说话人)

(3) 说出去(听说者双方约定的范围,"去"表示向范围之外)

如果说话人的心理视点在听话人一边,情况可能会有所不同。例如电话交谈中的"来"可以指向着听话人方向移动,这是说话人的心理视点处于听话人一边的心理现象决定的。

但是下面的情况也引起了学者们的注意:

第二,相对位移性不十分明显的动词,马庆株认为,趋向补语"来"表示可见性结果,"去"表示不可见性(或消失性)结果①。如:

(4) 把这碗饭吃下去("饭"从可见到不可见)

(5) * 把这碗饭吃下来

(6) 你要坚持下去

(7) 我们坚持下来了

(8) 说出来

(9) 说出去

上面例子中动词后面的"趋$_2$"均表示出"可见/不可见"的基本属性。"可见/不可见"与"来/去"有什么关系?我们认为,从人类的认知规律上来推衍,所谓的"可见性"实际上是从"来"

---

① 参见马庆株《"V来/去"与现代汉语动词的主观范畴》,《语文研究》1997年第3期。

的"由远及近"、"向着说话人方向移动"引申而来的；而"不可见性"是从"去"的"由近及远"、"离开说话人方向移动"引申而来的。道理很简单：由远及近，增加了可见性；由近及远，削弱了可见性。由此可以理解"来"和"去"与"可见"和"不可见"之间的联系。

"由远及近"和"由近及远"还可以用来解释空间以外的时间上的远近或更为抽象的、心理上的远近。例如上面的例子用"远近说"更容易说明：

(10) 你要坚持下去　　　＊你要坚持下来

(11) 我们坚持下来了　　＊我们坚持下去了

(12) 说出来(说给我/你听)

(13) 不要说出去(只有我们几个人知道，请不要说给别人听)

(10)和(11)指的是时间距离上的远近，(12)和(13)指的是心理距离上的远近。如果从动作的承受者，即听者和该例的说话人这个角度出发，仍然可以解释为空间距离的远近。因此"远近说"可以用来统一"移动方向"和"可见/不可见"的解释。

第三，"V 上/下"可以解释为动作行为的实现或结果。例如：

(14) 跟他说上了话(以前没有说上话，现在可以说上话了)

(15) 过上了好日子(以前没有好日子过，现在有好日子过了)

(16) 染上了一身的坏毛病(以前没有毛病,最近染上了毛病)

(17) 你带上一些钱路上用(带上钱,以后可以用)

上面例子中的“上”表示“成为现实”。它们跟说话人的“主观态度”没有关系。“上”并不一定是褒义的、积极的。上面例(16)、(17)就是一对反例。“上/下”也并不构成对立。“下”也同样能够表现“成为现实”。例如:

(18) 辛辛苦苦挣下了一笔钱(以前辛苦,现在有钱了)

(19) 好不容易拿下了这个工程(以前好不容易,现在这个工程结束了)

(20) 他们认为是自己打下了江山(以前的努力,现在有了结果)

(21) 年轻时不注意,落下了这个老毛病(以前落下的毛病,一直到现在)

以上的“V上/下”结构中表示结果的“上/下”是很难用“可见/不可见”来解释的。我们认为,这些例子也可以用“远近说”来解释。实际上,同样是结果,在人的认知心理中,还是有两种不同的“移动方向”。一种是由远及近的“下”,它主要表现以往的行为造成了目前的结果,如例(18)—(21)。另一种是“由近及远”的“上”,它主要表现现在的行为即将影响现在以及将来的结果,如例(14)—(17)。

“向着/远离说话人方向移动”似乎很难蕴涵“实现”、“结果”这些范畴,但是“由远及近、由近及远”却能够蕴涵“实现”、“结果”。不仅如此,“由远及近、由近及远”还可以蕴涵“向着/

远离说话人方向移动”，那么我们就可以把“趋$_2$”的语义统一在“由远及近、由近及远”这一认知范畴下来解释了。“V开”的意义跟“V去”基本相同，差别仅仅在距离的空间广度上。一般认为，前者表示近距离的“由近及远”，后者表示远距离的“由近及远”。

三　趋向补语和宾语的位置及其时体意义与解释

在有趋向动词的结构中，可能出现的宾语主要是施事宾语/受事宾语、处所宾语。由于施事宾语和受事宾语不可能同现，这里将它们合为一类。以下逐一讨论。

（一）简单趋向补语和宾语的关系

1. 简单趋向补语和施/受事宾语的位置关系

施/受事宾语的位置有两个。如果趋向动词是“来”、“去”，施/受事宾语的位置在趋向动词前或趋向动词后都可以，图示如下：

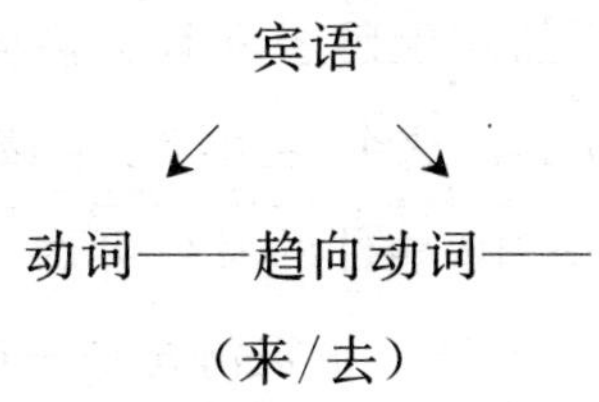

这两个位置具有不同的语法意义。

第一，宾语在趋向补语之后。

带来一本书　开来一辆车　拿来一份报纸

带去一本书　开去一辆车　拿去一份报纸

这是宾语在趋向动词之后的结构。这种结构在体范畴上属于

"实现—结束体"。下面解释这一结构中体的形成。

需要声明的是,本文区分"实现"和"结束"这两个概念,因为它们之间有一些不小的差别。"实现"是指动作行为得到实施(执行),"结束"是指动作行为已经结束。显然,后者蕴涵前者。反过来,"未实现"蕴涵"未结束"。

现代汉语中,动作动词后面实现性体标记的后面如果有其他单位(常见的是体词性单位),这个语言单位便会"阻断""实现"与说话时的"现实"之间的联系而形成一个封闭圈①,这一效应是由于运动的能量落在对象之上形成的。运动的能量和方向获得了一个终点,从而使能量和运动得到封闭。

"来"属于"移动"范畴,现代汉语动词和宾语之间的语序为VO,如果一个动词的后面出现了宾语,可以认为这一动词表示的运动获得了一个终点,它的能量得到了释放,该运动也封闭了。同理,假设表示移动性的"来"在宾语之前,可以认为"来"的能量指向并落实到宾语上,并且形成了封闭,运动得以完成。再假设一个动作或行为的对象已经具有了移动的性质,可以认定这个动作已经付诸实施。这个"再假设"应该属于无需证明的公理。在"V来/去"结构中,事件的发生分为两个阶段:"V"的阶段和"来/去"的阶段。时间上也很清楚地表明"V"在前,而对象的"来/去"在后。根据上面的公理,"来/去"前面的动作行为应视为已经结束。因此,这里的"来/去"事实上已经可以替代主要动词的"结束体"标记的功能了。因此下面例子中右边的例子是

---

① 参见竟成《关于动态助词"了"的语法意义问题》,《语文研究》1993年第1期。

左边例子的冗余结构：

(22) 他带来一本书　他带来了一本书

(23) 他带去一本书　他带去了一本书

(24) 他开来一辆车　他开来了一辆车

(25) 他开去一辆车　他开去了一辆车

(26) 他拿来一份报纸　他拿来了一份报纸

(27) 他拿去一份报纸　他拿去了一份报纸

上面左右两边的例子并没有引起任何时体上的变化。因此可以认为,“来/去”本身表现的“移动”语义也“已经结束”。

以下我们继续证明。

如果我们删除上面的例子中的宾语,情况就会发生很大的变化：

(28) 我带来。

(29) 我带去。

(30) 我开来。

(31) 我开去。

这些例子中的动作行为并没有得到实现。这个问题和下面要讨论的“封闭”、“开放”的概念有关。先证明规则(1):汉语中光杆的“动词＋了”和现实、和说话的时间有关。可以看作是开放的、未封闭的。例如：

(32) 我拿了。

(33) 我来了。

(34) 我拿来了。

上面的3个例子是歧义的(歧义一:实现—结束;歧义二:实现—未结束。歧义一跟两个不同"了"的重合有关,参见朱德熙[①])。我们只取其中的"实现—未结束"的意思。上面例子后面的实现体标记都是"开放的",未得到封闭,因此都和说话的时间、和现实有关系。但是下面的例子仅仅是多了宾语就没有了歧义:

(35) 我拿了一本书。

(36) 我拿来一本书。

(37) 我拿来了一本书。

上面的例子说明,宾语确实在其中起了能量封闭、提示运动终止点的作用。看下面例句的解释:

(38) 他看了。(可以解释为现在开始看)

(39) 他看书了。(同上)

(40) 他看了一本书。(只能解释为"看"结束)

(41) 他看了三天。(同上)

(42) 他看了三天了。(可以解释为还在继续看)

于是我们可以解释,为什么下面的例子具有"结束"的时体意义:

(43) 带来一本书　开来一辆车　拿来一份报纸

(44) 带去一本书　开去一辆车　拿去一份报纸

因为"来/去"具有标记主要动词时体特征的功能,而"来/去"后面的宾语封闭了"来/去",因此这种句式获得了"结束"的时体意义。

---

① 参见朱德熙《语法讲义》第209—210页,商务印书馆,1984年版。

第二，宾语在趋向补语之前。

先看下面的例子：

带一本书来 开一辆车来 拿一份报纸来

带一本书去 开一辆车去 拿一份报纸去

我们可以用上面讨论的“实现”和“封闭/开放”来解释这一类例子。跟第一种情况相对，上面的例子都是宾语处在“来/去”之前。“来/去”的后面是开放的，没有体标记。这种“无标记”动词在汉语中的意义是“尚未结束、和说话的时间有关系”。我们还要证明一下规则(2)，以便于下文的论述。

规则(2)：汉语中没有体标记的动词都是未实现的、不占据流逝的时间段。也就是说，它们处于时间轴的“将来”一端。例如：

(45) 我带。 我带语法书。

(46) 我来。 我来学校。

(47) 他开。 他开小车。

以上都是未实现的“命题”，不是已经实现的“事件”。

如果将“来/去”放在这些动词的后面，时体意义是否会发生变化呢？

(48) 我带来。

(49) 他开来。

现在要问这是为什么？虽然“来/去”的基本意义是表示移动的方向，但关键是，前面的行为动词并没有获得实现的时间段，因此“移动”也就无法实现。现在我们把宾语插在动词和趋向动词之间：

(50) 带一本书来　请老师来　叫朋友来　开一辆车来　拿一份报纸来

还是没有改变这个结构的时体意义。因为前面的动词仍然没有附带任何体标记，因此整个结构还是处于“未实现”的状态。

由于这是一个未实现的状态，因此可以出现在祈使句中，相反的情况就不可能：

(51) 请你带一本书来。

(52)＊请你带来一本书。

因为(52)中的动作得到了封闭，是已经实现的行为，所以不能用于祈使。

那么，为什么“带一本书来”中的“带”和“来”是未实现的，而“带来一本书”中的“带”和“来”却是已经实现的？

看起来这是一个语序问题，而实际上汉语动词的语序体现的却是时间上的顺序关系。在“带来一本书”中，“来”在宾语“一本书”的前面，与一般行为动词能量上指向宾语一样，“来”在位移能量上指向的是宾语。也就是说，宾语获得了“位移”的能量。因此宾语发生了位移。而在“带一本书来”中，“来”处在宾语的后面，根据规则(2)，它获得的是“未实现”的时体意义。并且，即使“带一本书来”结构中的动词“带”的动能已经落到宾语的身上，但是它并未实现“位移”，因此，“带”也就很难说得到了实现。何况根据规则(2)没有体标记的动词也是未实现的。“带”没有体标记，所以也是未实现的。但是在“带来一本书”中“来”兼有了体标记的功能，这是“带一本书来”所不具有的。

第三，趋向动词结构中三种不同的时体意义

先小结一下前面所说的时体意义

(1)“动词＋来/去＋宾语”结构(带来一本语法书)中的动词和趋向动词都已经实现并且结束。也就是说，宾语(例如“一本语法书”)已经完成了位移的过程，到达了目的地。

(2)“动词＋宾语＋来/去”结构(带一本语法书来)中的动词和趋向动词所表达的行为都没有实现。因此不仅行为动词没有实现，表示位移的趋向动词也没有实现，因此位移的对象宾语还留在原地，没有到达目的地。

现在引进另一个结构(3)：动词＋了＋宾语＋来/去。例如：

带了一本语法书来

参照我们前面的讨论，上面结构中的行为动词具有“了”的实现体标记，后面也有宾语封闭了主要动词的能量，但是“来”趋向动词的后面仍然是开放的，没有得到封闭。因此它与说话的时间有关系，以说话的时间为参照。也就意味着趋向动词所表达的位移行为“尚未终结”，因此，可以推导出这个结构的时体意义应该是：行为动词所表达的行为已经实现，而趋向动词所表达的位移行为并没有结束，因此，宾语所表达的对象的移动还没有结束，移动的对象还处在位移的途中。“带了一本语法书来”这种句子结构的意义可以解释为：“一本语法书”还没到达目的地。

上面三个结构，以对象的移动为参照系，分别表达三种不同的移动状态。我们可以从中得出如下的移动轴：

没有移动→正在移动→移动结束

2. 处所宾语的位置

第一，位移性动词。

如果行为动词是位移性的，趋向动词就一定是"上、下、进、出、回"，处所宾语也只能在趋向动词的后面，图示如下：

处所宾语

↘

动词——趋向动词——

（上、下、进、出、回）

例如：

(53) 爬上楼　走下山　走进教室　开出学校　跑回家

如果行为动词不是位移性的，对象宾语和处所宾语可以和平共处（是否称为处所宾语，可以另外讨论）。例如：

(54) 拿一本书上楼　带一些水果下山　背一些资料进教室　装了不少东西回家

现在要问的是，为什么这一结构中的处所宾语只能在趋向动词之后，而不能在趋向动词之前？这个问题还是跟移动能量有关。处所宾语是位移趋向动词的指向之所，是移动能量的终点。现代汉语遵循 VO 语序规则，能量所及对象处于动词之后。因此，处所宾语在趋向动词的后面。否则，处所宾语处在行为动词之后，行为动词的能量指向处所，通常情况下会造成人类行为动词的透支，所消耗的能量是人类行为动词所无法承受的，例如：*拿楼/*带山/*背学校/*装家。

第二，“趋$_1$”为主要动词。

如果“趋$_1$”充当了主要动词，那么“趋$_2$”就是“来、去”，并且处所宾语的位置在动词和趋向动词之间，图示如下：

处所宾语

↙

动词——趋（来去）——

例如：

(55) 进教室来　回家来　出学校去　下楼去

外国人学汉语，学了很长时间还可能出现下面的句子：

*进来教室　*回来上海　*出去学校　*下去办公室

这个问题还是和时体有关。前面我们已经讨论过，宾语在趋向动词前有未实现的语法意义，宾语在趋向动词后具有“实现—结束”的时体意义。“进教室来”等都是未实现的时体句，一般用于祈使或者表达将要进行的行为。如果将表达祈使、将要进行的意义用表达“实现—结束”的“V 来 O”这样的结构来表达，这将造成说话的祈使意图（未实现）与这一结构的“实现—结束”的时体意义发生冲突。

（二）复杂趋向补语的位置

复杂趋向补语和宾语之间的关系有四种情况：

1. 没有宾语的简单用法

没有宾语的简单用法是：V＋复合趋向动词，例如：

爬上来/爬上去　开进来/开进去　走出来/走出去　跑过来/跑过去

这种结构的中性状态（没有其他成分的加入），它的体特征是未实现，因此常常用作祈使句，请别人或者命令别人做什么事情。如果加入其他成分，特别是体助词"了"等，情况就会发生变化。例如：

(56) 你爬上来！（祈使句，未实现体）

(57) *他爬上来！（不合格）

(58) 他爬上来了。（陈述句，开放的实现体，所以是否结束两可）

(59) 他爬了上来。（陈述句，前一动词实现并封闭，趋向动词未封闭：实现—结束）

以上现象的解释与前文并无不同，兹不赘述。

2. 宾语插入的句法位置

下面谈其他三种有宾语的用法。在主要动词、$趋_1$、$趋_2$ 排成的序列中，施/受事宾语或处所宾语能进入的位置一共有三个，它们分别是 1 号位、2 号位、3 号位：

动____$趋_1$____$趋_2$____

1　　2　　3

1 号位置

1 号位置只能插入施/受事宾语，不能插入处所宾语。图示如下：

施/受事宾语

↓

动____$趋_1$____$趋_2$____

1　　2　　3

例如：

(60) 拿一本书上来/拿一本书上去

请一个人出来/请一个人出去

(61) 开一辆车进来/开一辆车出去

叫一个同学过来/叫一个同学过去

这种结构的时体意义同前。它们表示未实现的命题，所以常常用作祈使句，请别人或者命令别人做什么事情。同样，如果加入其他成分，特别是体助词“了”等，时体特征就会发生变化。

2号位置

2号位置可以插入施/受事宾语，也可插入处所宾语。图示如下：

施/受事/处所宾语

↓

动____趋$_1$ ____趋$_2$ ____

1　　2　　3

与1号位置相比，它们所表示的时体意义不一样。这里面有两种情况，一是插入的是施/受事宾语，二是插入处所宾语。下面先讨论插入施/受事宾语的例子：

(62) 拿出一本书来/拿出一本书去

(63) 走出一个人来/走出一个人去

(64) 开进一辆车来/开进一辆车去

(65) 跑过一个女同学来/跑过一个女同学去

(66) 想起一件事儿来

在第一种情况中，我们论述过“拿来一本书”之类结构的时体意义是“结束”。现在讨论的结构比第一种情况中的结构多了一个句末趋向动词“$趋_2$”。这个句末的“$趋_2$”又表达了什么意义呢？

根据前面对动词时体的讨论，可以看到，这一句式中的“$趋_1$”由于后续宾语的出现得到了封闭，而“$趋_2$”并未得到封闭。可以推测，这个句式中的“$趋_1$”已经实现，而“$趋_2$”却是开放的，它和说话的现实发生了联系，成为一种状态。

这一类句子中，比较难处理的是“带上一些钱去”之类“$趋_1$”比较虚化的例子。动词并未得到实现，类似于“V＋O＋趋”结构。如果“$趋_1$”并不虚化，问题便不复存在。

插入处所宾语的例子在时体特征上与插入施/受事宾语的情况并无不同：

(67) 他爬上山来/爬上山去

(68) 校车开进学校来/开进学校去

(69) 老师走出门来/走出门去

我们前面对插入施/受事宾语的解释在这儿也同样适用。

3 号位置

3 号位置只能插入施/受事宾语，不能插入处所宾语。图示如下：

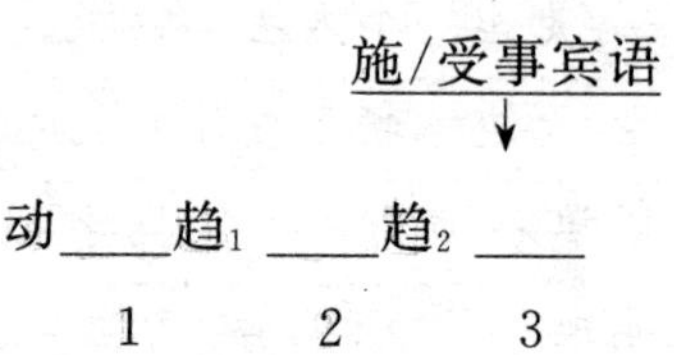

例如：

(70) 拿上来一本书/拿上去一本书

(71) 走出来一个人/走出去一个人

(72) 开进来一辆车/开出去一辆车

(73) 跑过来一个女同学/跑过去一个女同学

(74) 想起来一件事儿

宾语处在趋向动词之后的结构特征，在第一种情况中已经有了详细的分析。在我们看来，简单趋向动词后加宾语的结构与复合趋向动词后加宾语的结构，在句法上并无本质不同，其语法意义也极为相似。这种句法结构及其时体特征可以小结如下：

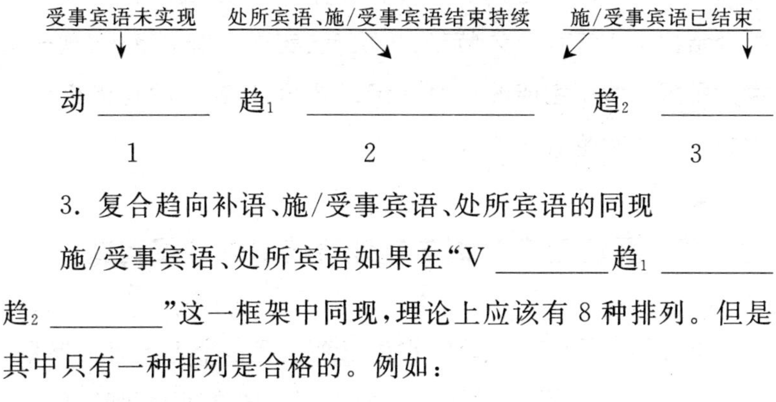

3. 复合趋向补语、施/受事宾语、处所宾语的同现

施/受事宾语、处所宾语如果在“V ________ 趋$_1$ ________ 趋$_2$ ________”这一框架中同现，理论上应该有 8 种排列。但是其中只有一种排列是合格的。例如：

(75) 拉一个学生进办公室来

(76)？拉进办公室来一个学生

例(75)中的动词没有获得时体标记，“趋$_1$”有实意动词的倾向，因此它与我们在第二种情况中讨论的情况接近。时体上属于“未实现”。例(76)如果能够成立，与我们在第一种情况中讨论的情况接近，时体上应该属于“结束”。

四 小结

对绝大多数趋向补语和宾语的位置组合关系我们都进行了考察，并从认知角度对它们作了时体特征方面的分析和理解。讨论了趋向动词的位移属性，在“V 来/去”的移动方向和“可见/不可见”之间通过“由近及远/由远及近”建立起了联系，同时顺带对“V 上/下”结构移动的远近性质作了解释。本文着重从认知角度讨论了趋向补语和宾语之间的位序关系，通过对趋向动词和宾语之间语序关系以及“了”的位置的分析，分出了“封闭/开放”、“实现”和“结束”等范畴，并且使用这些范畴对不同的“宾语/趋向动词”组合进行了分析和解释，得出了趋向补语和宾语组合结构中的三种时体特征：未实现、实现—未结束、实现—结束。希望这些研究能够对对外汉语教学、计算机的自然语言处理和语言学理论有所裨益。

贰 复合趋向补语与非处所宾语的位置问题[①]

复合趋向补语与非处所宾语三种位置是个老大难的问题，先贤多有研究，可外国学生仍难以掌握。陆俭明对此问题进一步做了详尽的分析，颇值得参考[②]。本文按照陆俭明把非处所宾语位于复合趋向补语之后的句型(“拿出来一本书”)称为 X，

---

① 本文以《复合趋向补语与非处所宾语的位置问题补议》为题发表在《世界汉语教学》2003 年第 3 期，作者郭春贵。

② 参见陆俭明《动词后趋向补语和宾语的位置问题》，《世界汉语教学》2002 年第 1 期。

把非处所宾语位于动词之后的句型（“拿一本书出来”）称为 Y，把非处所宾语位于复合趋向补语之间的句型（“拿出一本书来”）称为 Z。这里主要从语用的角度，对日本学生的病句进行探讨与分析，对该文作一些补议。单纯趋向补语、处所宾语、复合趋向补语的引申意义都不在讨论的范围内。

除了分析学生的病句之外，本文也收集了《人到中年》、《张洁小说剧本选》、《龙须沟》、《茶馆》、《红房间 白房间 黑房间》等文学作品中的例句进行分析。日本学生一般是怎么弄错这三种格式的？在对外汉语教学中，应如何指导这三种格式？这是要探讨的问题。

一 X 格式：动词＋复合趋向补语＋非处所宾语

1. 朱德熙指出，X 格式的宾语只能是无定宾语，不能是有定宾语[①]；刘月华指出，X 格式一般表示已然情况[②]；陆俭明指出 X 格式的宾语必须带数量词，若不带数量词，只能是黏着的，不能单独成句。三位先生的研究结论都精确地指出 X 格式的使用条件。可是有些学生只知其一，不知其二，就造出以下的病句：

(1) * 刚才房间里走出来王老师。

(2) * 你快点儿贴上去一张照片。

(3) * 我明天买回来五个苹果。

(4) * 他伸出来一只手，拉住了我的裤脚。

---

① 参见朱德熙《语法讲义》，商务印书馆，1982 年版。

② 参见刘月华主编《趋向补语通释》，北京语言文化大学出版社，1998 年版。

(1)、(4)都是表示已然的情况,非处所宾语也都在复合趋向补语之后,可为什么不对呢?而(2)、(3)宾语都是无定,都有数量词,为什么又不对呢?很明显,(1)虽是已然句,但因宾语是有定的,所以是病句。若改成"刚才房间里走出来一位老师",就能成立。(2)、(3)的宾语虽是无定的而且有数量词,但句子是表示未然的动作,所以是病句。如果改为已然句"你刚才已经贴上去一张了,还不够啊?"、"我昨天买回来了五个苹果",就能成立。问题是表示已然动作、宾语又有数量词的(4),为什么是病句呢?其实当宾语是身体名词时,一般都是有定宾语。(4)的"一只手"显然是主语"他"的,是有定的。这类身体名词宾语都不能用于X式。

可以看出,X格式要求的使用条件必须是已然动作,宾语不能是有定的或身体名词,而且必须有数量词。以下是一些文学作品里的例句:

(5)正说着,门外冲进来一个满头大汗的小学生。

(6)这时候,突然从外头走进来一位老头儿。

(7)老宋进家高高兴兴的,还拿回来一条腈纶毛毯。

综合上述分析,可概括出X格式主要有两个句式:

X_1	V+复合趋补+(了)+数量词+施事宾语("走过来(了)一个老人")(已然)
X_2	V+复合趋补+(了)+数量词+受事宾语("买回来(了)一本杂志")(已然)

X_1 的宾语是无定施事宾语,是表示事物已然出现或消失的存现句。(5)的"一个满头大汗的小学生"、(6)的"一位老头儿"都是无定施事宾语。X_2 的宾语是无定受事宾语,表示施动者通过某一动作使宾语发生位移,只能表示已然动作,且宾语位移至或离

开说话人的场合，如(7)。

2. 分析学生的病句后发现，学生使用X式时，主要错在用了有定宾语。学生常把“动词＋复合趋向补语”看成一个动词，不管宾语是有定无定都置于其后，结果造出类似上述病句的句子。朱德熙已指出宾语是有定时，不能使用X格式，因此在表示处理有定宾语时，一般使用“把”字句，如(8)、(9)：

(8)一句话就把司马健的好心好意堵回去了。

(9)路明遥把夹在车架上的东西拿下来。

这点在对外汉语教学上非常重要，我们认为，必须让学生学了“把”字句后再学复合趋向补语[①]。在指导使用复合趋向补语时可告诉学生，如果要表示处置有定宾语时就用“把”字句，这样可以把有定宾语和无定宾语的区别弄清楚，同时可以让学生复习“把”字句。

如果宾语是有定施事的，则把它当成主语使用。例如：

(10)太阳一阵露出来，一阵藏进去。

(11)真理会胜利，真正的艺术将会流传下去。

在指导学生使用“动词＋复合趋向补语”和有定施事宾语时，须先指出这类句子多表示事物的存现或消失，并指出这类有定宾语一般都当主语使用，“动词＋复合趋向补语”置于其后。

二　Y格式：动词＋非处所宾语＋复合趋向补语

1. 朱德熙指出，无定宾语可置于及物或不及物动词之后，跟

① 一般对外汉语教材都先教复合趋向补语，再教“把”字句。例如《实用汉语课本》43课教复合趋向补语，46课教“把”字句。

复合趋向补语组成 Y 格式，而有定宾语只能置于及物动词之后，跟复合趋向补语组成 Y 格式。刘月华指出，Y 格式可表已然，也可表未然的动作。陆俭明指出，Y 格式的动词如果带无定施事宾语，不论有无数量词，动词后一定要带“了”。另外动词带无定受事宾语且带“了”时，宾语一定要有数量词。若不带“了”时，宾语之前有无数量词都能用 Y 格式。据上述分析，可概括为以下 4 个句式。

表2

Y_1	V+了+(数量词)+无定施事宾语+复趋补(“飞了(一只)苍蝇进来”)(已然)
Y_2	V+(数量词)+无定受事宾语+复趋补(“拿(一杯)茶进来”)(未然)
Y_3	V+了+数量词+无定受事宾语+复趋补(“拿了一杯茶进来”)(已然)
Y_4	V+(了)+有定受事宾语+复趋补(“叫(了)老李出来”)(未然、已然)

2. 了解了 Y 格式的特点之后，我们先看看日本学生造出来的一些病句：

(12) * 你看，我买你喜欢的栗子回来了。

(13) * 他从厨房里端热腾腾的饺子出来了。

(14) * 他从衣袋里掏一万日元出来了。

一般学生都回避 Y 格式的存现句，这类病句不太多。在调查的语料里，也没有一个是 Y 格式的存现句，都是 Y_2、Y_3、Y_4 式的例句。刘月华、张伯江①也同样指出 Y 格式的使用频率甚

① 参见张伯江《动趋式里宾语位置的制约因素》，《汉语学习》1991 年第 6 期。

少的事实。上述病句都是已然句，但却用了 Y_2 式。如果(12)说成 Y_4 的未然式“你等着，我给你买你喜欢的栗子回来”或者 Y_3 的已然式“你看，我给你买了一斤你喜欢的栗子回来了”，句子就能成立。(13)如果说成 Y_3 式，在动词后加上“了”，再加上数量词“一盘”，说成“他从厨房里端了一盘热腾腾的饺子出来”也能成立。

3. 表示已然存现的 Y_1 式在实际语言中很少见。在调查的语料中也没发现此类例句。不过，仔细琢磨 Y_1 式，发现它大多表示一种意外的情景或者不如意的假设。例如：

(15)不知道什么时候房间里飞了(一只)苍蝇进来。

(16)突然教室里跑了一只猫进来。

(17)万一那时候跑了一个人出来，怎么办？

如光说“房间里飞了一只苍蝇进来”、“跑了一个人出来”，句子虽能成立，但语用条件不清楚，须告诉学生表示已然存现的 Y_1 式前后应加上一些表示意外或不如意假设的语句。

4. 表示未然动作的 Y_2 式大都只能用于祈使句或表示建议的句子，否则就是假设句。例如：

(18)请大家拿(一张)纸出来。

(19)今天下班麻烦你买(一瓶)啤酒回来。

(20)要是他拿刀出来，可怎么办？

(21)要是他买(一瓶)葡萄酒回来就好了。

5. 表示已然动作的 Y_3 式，一般表示施动者跟受事宾语同时产生位移的情况。例如：

(22)谢素莹和曾惠心说说笑笑地端了一碗病号饭回来。

(23)司马志清还端了一碗面进来。

(22)的施动者通过“端”这个动作，跟受事宾语“一碗病号饭”一起从什么地方回来。(23)的施动者也是通过“端”这个动作跟受事宾语“一碗面”一起从外边儿进来。可见 Y_3 格式的复合趋向补语表示施动者与受事宾语的同时位移，可看作是一种连动句。只有一些在原地进行的动作，如“扔”、“掏”、“捞”等，无法表示位移。例如：

(24)他从楼上扔了一个酒瓶下来。

(25)他从衣袋里掏了两张一百块钱出来。

这些不表示施动者和受事宾语同时位移的 Y 格式都能改说为 Z 格式。例如：

(24')他从楼上扔下了一个酒瓶来。

(25')他从衣袋里掏出了两张一百块钱来。

因此可以把这类不表示施事者和受事宾语同时位移的 Y 格式归入 Z 格式，而将 Y 格式的使用条件缩小为：句末的复合趋向补语必须表示施动者和受事宾语两者同时产生的位移。还可考虑在对外汉语教学中，把 Y 格式看成连动式来指导，免得跟 X、Z 格式相混。

6. 带有定受事宾语的 Y_4 式可以表示未然动作，也可以表示已然动作。例如：

(26)跟妈妈说再见，过几天阿姨就送你回来。

(27)康妈妈在这儿哪，请她出来。

(28)沁沁,沁沁,看妈妈拿什么回来啦!

(29)你抱它回来,有六七年了吧。

(26)、(27)表示未然动作,(28)、(29)表示已然动作,都可在动词之后补上"了",说成"看妈妈拿了什么回来啦"、"你抱了它回来"。不过正如前文所述,这类句子如果没有"了",都表示祈使句或假设句。这类不是表示祈使和假设的句子,只能理解为"了"的省略。

三 Z格式:动词+趋向补语+非处所宾语+来/去

1.朱德熙指出,有定无定宾语都能采用Z格式。刘月华指出,可表示已然情况,也可表示未然情况。陆俭明指出,Z格式是施事宾语时,动词不带"了"的话,宾语必须有数量词,而且只能用于"……来",不能用于"……去"。如果动词带"了",补语是"……来"时,宾语有无数量词都能使用。如果Z格式是受事宾语时,动词不管带不带"了",宾语都必须有数量词。如果没有数量词则不能单独成句。上述分析可简单总结为以下四个句式:

表3

Z_1	V+趋补+数量词+施事宾语+来。("店里走进一个孩子来")(已然)
Z_2	V+趋补+了+(数量词)+施事宾语+来。("店里走进了(一个)孩子来")(已然)
Z_3	V+趋补+(了)+数量词+受事宾语+来/去。("他抬上(了)一桶啤酒来/去")(已然/未然)
Z_4	V+趋补+(了)+有定受事宾语+来。("救出小李来")(已然/未然)

Z_1 和 Z_2 都是表示已然的存现句,带无定施事宾语。Z_1 无"了",

但须要有数量词；Z_2 有“了”，数量词可有可无；Z_3 的宾语是无定受事宾语，一定要有数量词，有“了”表已然，无“了”表未然；Z_4 的宾语是有定受事宾语，有“了”表已然，无“了”可表未然。

2. Z_1 是表示存现的已然句，不带“了”，但必须有数量词。以下是没有数量词的病句：

(30) * 店里走进警察来。

(31) * 教室里飞进蝴蝶来。

(32) * 从礼堂里走出学生来。

日语里表示存现的单数宾语无需加上数量词，所以日本学生容易受母语影响，造出上述病句来。如果在宾语之前加上数量词，说成“店里走进一个警察来”、“教室里飞进一只蝴蝶来”、“从礼堂里走出一群学生来”就能成立了。

3. Z_2 也是表示已然的存现句，它跟 Z_1 不同的是宾语可以没有数量词，但须使用“了”。学生大都知道表示已然的存现句得使用“了”，但因受母语影响，在表示单数的施事宾语之前常不用数量词。看起来这符合 Z_2 的条件，可是以下的句子单说时似乎不太自然。

(33)? 从山上跑下了狼来。

(34)? 从河里跳出了大鱼来。

在调查的语料里，没有一个类似的例句，只好询问一些中国友人①。几乎所有的回答都认为不太自然，应加上数量词，说成

① 他们是张南教授、王伟彬教授、杨博同学(三位都是北京人)、王也、于雷(长春人)。

“从山上跑下了一只狼来”、“从河里跳出了一只大鱼来”。那么这类 Z_2 式是表示什么意思呢？因为无法收集类似例句，只能进行推敲，然后提出来让中国友人检验。结果发现，Z_2 如果没有数量词，必须是假设句才能成立。例如：

(35)要是校园里跑进了狗来怎么办？

(36)要是突然跑出了狼来，可怎么办？

(37)要是厨房里飞进了苍蝇来就麻烦了。

这类句子加上数量词也没问题，而不加数量词可能表示多数。(37)指的不一定是一只苍蝇。可见 Z_2 式宾语一般须有数量词，假设句可不用数量词。

4.Z_3 是带无定受事宾语的句子，带“了”表已然动作，不带“了”可表未然动作。宾语前须有数量词，否则只能当词组，不能成句。学生因受日语影响，宾语常不用数量词。如：

(38)＊妈妈，明天你要给我买回生日蛋糕来。

(39)＊你们是不是可以马上想出好办法来呢？

(40)＊我从二楼拿下了行李来。

上述病句都缺少数量词。只要加上数量词，说成“明天你要给我买回一个生日蛋糕来”、“你们是不是可以想出一个好办法来呢？”、“我从二楼拿下了一个行李来”就能成立。

另一情况是学生认为凡是受事宾语之前有数量词，就可用 Z_3 式，结果造出以下的病句：

(41)＊这儿的事我来，你去教室搬出两把椅子来。

(42)＊你爸爸在楼上，你拿上一杯茶去给他。

(41)、(42)的宾语有数量词,为什么是病句呢?根据调查分析,Z 格式的动趋结构大都表示动作的趋向结果,如“搬出”、“拿上”。宾语后的“来/去”表示宾语的趋向。例如:

(43)我正莫名其妙,又有几个大汉推进一个人来。

(44)她坐了起来,接过碗去,一勺一勺地喝了起来。

(43)的动趋结构“推进”是表示从外边推到里边的结果,宾语后的“来”是抵达说话人的现场。(44)的动趋结构“接过”是表示从对方手中接到自己手中的结果,“去”是表示往说话人相反的方向位移。(41)、(42)的错误正是因为在尚未有结果的趋向动作上用了“搬出”、“拿上”这种表示结果的动趋结构。句子应该改为 Y 格式:“这儿的事我来,你到教室去搬两把椅子出来。”“你爸爸在楼上,你拿一杯茶上去给他。”

5. Z_4 式是带有定受事宾语的句式,带“了”表已然动作,不带“了”表未然动作。这类句式不一定需要数量词,学生较少犯错误。不过有些学生却把该用 Z_4 的用成 X_2。例如:

(45)*请你拿出来证据。

(46)*我怕他再说出来什么话。

(47)*为什么他们选出来了那样的代表?

如前所述,X 格式不能使用有定宾语,虽然(45)看似无定宾语,实际上“证据”是特指的事物,是有定宾语。这三个病句都须使用 Z_4,说成“请你拿出证据来”、“我怕他再说出什么话来”、“为什么他们选出(了)那样的代表来”。

6. 受事宾语是身体名词(“头”、“脸”、“手”等)时,大多使用 Z 格式。例如:

(48)地理老师再一次厉声地说:"伸出手来!"

(49)冯金花转过身来,四目相对。

身体名词不可能出现在X格式,但偶尔出现在Y格式里。例如:

(50)那个大炉子里已经燃烧起熊熊火焰,我就要投身进去。

(51)望着车窗外漂亮的樱花,我不禁伸手出去摸了一摸。

Y格式类似于连动句,重点在于表示动作后受事宾语的位移。如(50)的"投身进去"的"进去"表示身体位移到炉子里去。(49)的"转过身来"的"来"只表示动作抵达说话人的所在地,并不是真正地来到某处。另外,身体名词作为受事宾语只能用在Y、Z格式,正好说明它是有定宾语,应该归入Z_4式。如果表示处置时,可以使用把字句。例如:

(52)段去尘把目光挪开去。

(53)司马志清放下了笔,把身子完全转过来面对妻子。

四 总结

下面对这三种格式作一些比较,以作为教学上的一点参考。

1. 先比较带无定施事宾语、表示已然存现的X_1、Y_1、Z_1、Z_2四个句式。例如:

(54)商店里走进来(了)一个警察。X_1

(55)商店里走了一个警察进来。Y_1

(56)商店里走进(了)一个警察来。Z_1

(57)商店里走进了(一个)警察来。Z_2

从形式上来看,X_1 可加“了”,也可不加“了”,就能表示已然的动作,但一定要有数量词,“……来/去”都能使用。Y_1 一定要用“了”,数量词可有可无,只有假设句才能没有数量词,“……来/去”都能使用。Z_1 可用可不用“了”,但须有数量词。Z_2 一定要使用“了”,数量词可有可无。两者都表示已然动作,都不能使用“……去”。

从语用角度来看,X_1 只是单纯地表达某一存现的状况,不带任何感情色彩。Y_1 带有浓厚的意外或不期望的感情,只能用于表意外或假设的句子。Z_1 和 Z_2 主要说明施事宾语的趋向,特别是指该宾语抵达说话人的现场,后边可能还有什么动作接着进行。

2.再比较带受事宾语的未然句式 Y_2 和 Z_3。X 格式没有未然式,无需比较。例如:

(58)你拿一本书出来。Y_2

(59)你拿出一本书来。Z_3

从形式上来看,Y_2 可有可无数量词,(58)可说成“你拿书出来”。Z_3 不能省略数量词,(59)不能单说“你拿出书来”,只能在一定的条件下省略,如说成“你拿出书来,我才让你走”。

从语用角度来看,两者都只能用于祈使句或假设句才能单独成句,否则只能是句子的某一部分。如“我拿一本书出来也那么大惊小怪吗?”“我拿出一本书来给他”。至于两者的区别是 Y_2 有歧义,如(58)一是叫对方当场拿一本书出来,一是说话人在外头,叫对方拿一本书走出来,重点在于从书包或教室里拿出来。(59)重点在于“拿出”这个表示趋向的结果，“来”只是表示施事宾语到达说话人的现场。

3.下面比较表示带受事宾语的已然句 X_2、Y_3、Z_3。请看下列例句：

(60)我拿出来了一本书。(X_2)

(61)我拿了一本书出来。(Y_3)

(62)我拿出了一本书来。(Z_3)

从形式上看，Y_3 和 Z_3 都能带有定宾语，变成 Y_4 和 Z_4。如“我拿了那本书出来”、“我拿出了那本书来”，可 X_2 不能带有定宾语。还有，同样表已然动作，X_2 可省略“了”，但 Y_3、Z_3 都不行。光说“我拿出来一本书”能表示已然动作，但光说“我拿一本书出来”、“我拿出一本书来”并不表示已然动作，可能表示未然的动作。如“我拿一本书出来，你等等。”“我拿出一本书来给他，好吗?”

从语用角度来看，X_2 主要是叙述某一事实。Y_3 的(61)有歧义，一是说我当场拿出一本书来，一是说我拿一本书从里边出来，类似一种连动式。另外 Z_3 的(62)先表达“拿出”这个表趋向结果的动作，然后再说明受事宾语“一本书”抵达说话人的现场。所以着重表示结果时，应该使用 Z_3，如“我打开了一瓶酒来”、“我拾起了一块石头来”都不能说“我打了一瓶酒开来”、“我拾了一块石头起来”。另外，当使用 Z_3 时，说话人总还有下一个动作或情况要介绍，如：“我拿出一本书来，走到他面前。”“我拿出一本书来，盖住我的快熟面。”

4.综观复合趋向补语与非处所宾语三种位置的用法，笔者觉得必须从宾语的角度来考察。带施事宾语的都是存现句，带受事宾语的为一般句。这三种位置的用法如表4、表5：

表4　复合趋向补语与非处所施事宾语三种位置的用法

	有定	无定	已然	未然	了	数量	语用
X_1	×	○	○	×	□	□	着重说明已然存现的事实。
Y_1	×	○	○	×	○	□	用于表达对已然存现的事实（多为不期望的）表意外，或者用于假设句。
Z_1	×	○	○	×	□	○	着重指出施事宾语的趋向。从出现位移到说话人的现场。不能用“……去”。
Z_2	×	○	○	×	○	□	

表5　复合趋向补语与非处所受事宾语三种位置的用法

	有定	无定	已然	未然	了	数量	语用
X_2	×	○	○	×	□	□	着重说明已发生的事实。
Y_2	×	○	×	○	×	□	用于祈使句或建议句、假设句。
Y_3	×	○	○	×	○	○	着重描述动作后的趋向，可视为连动句。
Y_4	○	×	○	○	□	×	由“了”的有无表已然/未然，与Y_3同，着重描述动作后的趋向，可视为连动式。
Z_3	×	○	○	○	□	○	着重描述动作趋向的结果，然后提出宾语抵达说话人现场，一般有后继动作。未然式可用于祈使句。
Z_4	○	×	○	○	□	×	带有定受事宾语（包括身体名词），跟Z_3一样着重描述动作趋向的结果，后提出宾语抵达说话人现场，一般有后续动作。

（说明：○为可用，×为不可用，□为可用可不用）

第三节 数量词在多层定名结构中的位置①

数量词在多层定名结构中的位置相对于其他定语来说是比较灵活的，例如："一个非常健谈的老头/非常健谈的一个老头。"但有时数量词的位置又显得不是那么灵活，例如：

(1) 爸爸的一位同事——＊一位爸爸的同事

(2)《红楼梦》里的一个人物——？一个《红楼梦》里的人物②

数量词这种既灵活又固定的句法位置许多学者都注意到了，如丁声树③、朱德熙④等。但是为什么数量词在多层定名结构中的位置有时非常灵活，有时又很受限制呢？当数量词可前可后时两个同义序列有没有什么句法、语义上的差别？我们试图从数量词的个体化功能和定语的性质出发对这种现象作出简明的概括和解释，并从个体化程度、名词性成分的可强调性、句法位置等方面对由数量词造成的同义序列进行比较。

一 数量词的个体化功能和定语的分类

1. 数量词的个体化功能和定语的特点是影响数量词位置的

---

① 本文发表在《世界汉语教学》2002年第5期，作者唐翠菊。

② "＊"表示不合语法，"?"表示这种说法可疑。

③ 参见丁声树等《现代汉语语法讲话》，商务印书馆，1961年版。

④ 参见朱德熙《语法讲义》，商务印书馆，1982年版。

关键因素。这里我们先讨论数量词的个体化功能。大河内康宪以“一个”为例讨论了汉语数量词的个体化功能，认为“一个”“具有把类名或总称名词聚合成一个特定的个体的功能”。[①] 例如：

(a)买书　(b)买一本书

这两个述宾短语中的名词性成分的语义特点是不一样的，“书”是非个体化的名词性成分，“一本书”是个体化的名词性成分。个体化名词性成分具有可数性、具体性、离散性等特点，非个体化的名词性成分则不具备这样的特点。

值得注意的是，“个体化”与“非个体化”跟话语层面的“有指”和“无指”具有一定的相关性。[②] 有指成分一般是个体化的，无指成分一般是非个体化的。不过，“有指/无指”与“个体化/非个体化”并不是同一层面的概念。前者主要考察名词性成分的指称对象与语境中的客体所建立的联系，这是从话语和信息传递的角度来观察名词性成分的指称特点；后者主要考察名词性成分所指对象的可数性和离散性，是认知层面的概念。需要说明的是，虽然数量词具有使名词个体化的功能，但名词实现个体化的方式并不仅限于加数量词这一条途径，例如：

(3) A：怎么就你一个人呀？

B：我把孩子给丢了。

例(3)中的“孩子”是一个光杆名词，其前没有数量词，但从

---

① 参见大河内康宪《量词的个体化功能》，载《日本近现代汉语研究论文选》，北京语言学院出版社，1993 年版。

② 关于“有指/无指”的涵义参看陈平《释汉语中与名词性成分相关的四组概念》，《中国语文》1987 年第 2 期。

指称性质来看是有指的，它对应于语境中的某个实体，因而也具有个体化的语义特征。

2. 根据定语和中心语的语义关系，我们把除数量词以外的定语分为三类：A. 领属性定语，B. 属性定语，C. 一般性定语。[①] 根据定语的不同，我们把单项定名结构也分为三类："领属性定语＋中心语"是A类定名结构，"属性定语＋中心语"是B类定名结构，"一般性定语＋中心语"是C类定名结构。下面我们分别考察数量词在A、B、C三类定名结构中的位置并对C类定名结构中的同义序列进行详细的比较。

二 A类定名结构中数量词的位置

1. 我们所说的领属性定语是从更广泛的意义上来说的，它有典型与非典型之分。典型的领属性定语表示领有或隶属的关系，如"我的书"、"狐狸的尾巴"等；非典型的领属性定语表示时间、处所、范围等关系，它们对中心语是一种时空上的领有，如"架子上的杂志"、"文艺界的争论"、"去年的事情"等。领属性定语一般由名词性成分或名词性成分加"的"构成，数量词一般居于领属性定语之后，例如：

(4) a. 小福子的两个弟弟　b. *两个小福子的弟弟

(5) a. 公园的一个自动售货机　b. *一个公园的自动售货机

(6) a.《北京人》里的一个反面角色　b. *一个《北京人》里的反面角色

---

① 这里的"定语"不包括数量词。

从以上例子不难看出，数量词一般不能居于领属性定语之前。如果从层次的角度来看，也可以说“领属性定语＋中心语”不能受数量词的修饰。之所以如此，我们认为，跟数量词的个体化功能和领属结构的有指性有关。

2.领属性定语强烈地倾向于由定指名词充当，[1]因而有这类定语的名词性成分一般作定指理解。请看如下例句：

(7)“打鼓儿的”把东西收拾了走，屋中只剩下他的一份铺盖和那几件挑出来的衣服，在没有席的炕上放着。(老舍《骆驼祥子》)

(8)这贡献里必也包含着陶陶的一份努力和牺牲。(张洁《祖母绿》)

(9)祥子在海甸的一家小店里躺了三天，身上忽冷忽热，心中迷迷糊糊，……不想吃什么。(老舍《骆驼祥子》)

(10)土房里的空气仿佛凝固了。其他几个人虽然表面上在各干各的事，……但注意力无疑都盯在这半块黑面饼子上。(张贤亮《绿化树》)

例(7)中的“他”是人称代词，人称代词的定指性应该是最明显的；例(8)、(9)中的定语都含有专有名词，其定指性也是显而易见的，例(10)的定语“土房里的”受上下文语境的制约也是定指的，“土房”专指小说中“我”居住的那座土房。既然领属性定语倾向于由定指成分充当，那么包含这类定语的领属结构也应作定指理解，也就是说“领属性定语＋中心语”一般是定指成分。

---

① 参见陈平《释汉语中与名词性成分相关的四组概念》，《中国语文》1987年第2期。

领属性定语有时也可以由不定指成分充当，这时整个定名结构也是不定指的，例如：

(11) 一家小吃店的几名年轻厨师站在门口朝他挥手，并用简单的英语同他打招呼，布拉特也挥手回应。(《北京日报》2000.4.7)

(12) 那时她还是一个女孩子。……如今她却是一个离过婚的妇人，某出口公司的一名小职员。(张洁《方舟》)

综上所述，"领属性定语＋中心语"一般是定指的，有时也可以是不定指的。根据陈平，只有有指成分才有定指与不定指的区别，所以我们可以肯定，"领属性定语＋中心语"不论是定指的还是不定指的，首先是一个有指的名词短语①。如前所述，有指成分一般是个体化的，因而"领属性定语＋中心语"是一个已经实现了个体化的名词性成分。而数量词的功能在于使一个抽象的类名实现个体化，所以从理论上来说数量词不能再修饰已经实现了个体化的名词性成分，因而数量词不能修饰"领属性定语＋中心语"。由此我们可以得出这样一个基本序列：领属性定语＋数量词＋中心语。

三　B类定名结构中数量词的位置

1. 属性定语一般由名词、区别词、性质形容词或这几类词加"的"构成，表示中心语名词的性质、特点、用途、材料等，如"真皮沙发、大理石的柱子、大气球、彩色电视机"等。B类定名结构的

① 详见陈平(1987)同前。

定语有带“的”和不带“的”两种情况。不带“的”的格式定语和中心语联系紧密，在意念上是一个整体。[①] 这种情况下，数量词总是在属性定语之前，如“一本旧书”、“一个玻璃杯子”。这里着重讨论带“的”的情况，这种情况下定语和中心语的联系相对来说比较松散，从结构上来说对数量词的位置限制不大，因而也更能说明问题。我们先观察如下语言现象：

(13) a. 一个新的角度　　b. * 新的一个角度

(14) a. 一个牛皮纸的信封　b. * 牛皮纸的一个信封

(15) a. 十个羊肉馅的包子　b. * 羊肉馅的十个包子

以上三例，a 式的接受性显然比 b 式高得多，我们认为，这也跟数量词的个体化功能有关。属性定语一般只能修饰类名，如果中心语是一个个体化名词，其前一般不能加属性定语，如：彩色的电视机/* 彩色的一台电视机、大皮球/* 大一个皮球。[②] 以(15)为例，虽然 a、b 两例的构成成分相同，但两序列的内部结构是不一样的，(15a)中定语“羊肉馅的”修饰的是“包子”，(15b)中定语“羊肉馅的”修饰的是“十个包子”。(15a)中的“包子”是非个体化的名词，代表的是一个抽象的类名，因而其前可以加属性定语“羊肉馅的”；(15b)中的“十个包子”是个体化的名词短语，代表的是个别的、具体的事物，所以其前不能加属性定语“羊肉馅的”。因此，我们可以得出这样一个基本的序列：数量词＋属

① 参见朱德熙《语法讲义》，商务印书馆，1982 年版。

② 这一点朱德熙就已经注意到了，“如果中心语所指的不是类名，而是个别的、特殊的事物，那就不能在它前面加限制性定语”。这里的限制性定语相当于属性定语。参见朱德熙《现代汉语形容词研究》，《语言研究》1956 年第 1 期。

性定语＋中心语。

2. 朱德熙指出，“$名_1$＋的＋$名_2$”是一个歧义结构[①]，例如：

(16) 小熊猫的杯子(a. 有小熊猫图案的杯子/b. 属于小熊猫的杯子)

(17) 稻草人的画儿(a. 画的是稻草人/b. 属于稻草人的画儿)

(18) 鲁迅的书(a. 鲁迅写的书/b. 属于鲁迅的书)

(19) 诗人的风度(a. 诗人那样的风度/b. 诗人所具有的风度)

以上四例，如果作(a)意理解，“$名_1$＋的”是属性定语；作(b)意理解，“$名_1$＋的”是领属性定语。由于多层定名结构中数量词的位置与属性定语、领属性定语相比是比较固定的，因而我们可以通过加数量词的方法来分化这些歧义结构。如果数量词只能居于“$名_1$＋的”之前，形成“数量词＋$名_1$＋的＋$名_2$”的序列，那么“$名_1$＋的”是属性定语；如果数量词只能居于“$名_1$＋的”之后，形成“$名_1$＋的＋数量词＋$名_2$”的序列，那么“$名_1$＋的”是领属性定语。例如：

(20) a. 一个小熊猫的杯子(属性定语)

b. 小熊猫的一个杯子(领属性定语)

(21) a. 一幅稻草人的画儿(属性定语)

b. 稻草人的一幅画儿(领属性定语)

(22) a. 十五本鲁迅的书(属性定语)

---

① 参见朱德熙《汉语句法中的歧义现象》，《中国语文》1980 年第 2 期。

b. 鲁迅的十五本书(领属性定语)

(23) a. 一种诗人的风度(属性定语)

b. 诗人的一种风度(领属性定语)

数量词对歧义结构的分化再一次证明了"领属性定语+数量词+中心语"和"数量词+属性定语+中心语"这两个序列的现实性和合理性。

四 C类定名结构中数量词的位置

既不是属性定语,也不是领属性定语的,我们称之为一般性定语。一般性定语一般由状态形容词、主谓短语、述宾短语、述补短语、谓词性偏正短语加"的"构成。数量词在C类定名结构中的位置是比较灵活的,它既可以居于一般性定语之后,也可以居于一般性定语之前,例如:

(24) 为了一个小小的乐句,他会让他重复十几次,几十次。(张洁《从森林里来的孩子》)

(25) 曾令儿站在台上,像一株被暴雨狂风肆意揉搓的小草,却拼出全力用她几片柔嫩的细茎,为左葳遮风挡雨。(张洁《祖母绿》)

(26) 没有人送殡,除了祥子,就是小福子的两个弟弟,一人手中拿着薄薄的一打儿纸钱,沿路撒给那拦路鬼。(老舍《骆驼祥子》)

(27) "吃!那还用说。"正在麦当劳吃开心乐园餐的一位小姐斩钉截铁地说。(《北京青年报》1999.9.26.)

例(24)、(25)中数量词居于一般性定语之前,例(26)、(27)中数量词居于一般性定语之后，也就是说，“数量词＋一般性定语＋中心语”和“一般性定语＋数量词＋中心语”是并存的两个序列。如果以数量词为观察的中心，那么能出现在数量词之前的定语是领属性定语和一般性定语，能出现在数量词之后的定语是一般性定语和属性定语。如果把领属性定语和属性定语看作定语的两个典型类别，那么，一般性定语就是介于二者之间的一个类型。当一般性定语位于数量词之前时它的性质更接近领属性定语，当位于数量词之后时更接近属性定语。

五　“一支新买的钢笔”和“新买的一支钢笔”

如果从层次的观点来分析，C类定名结构中并存的两个序列最根本的差别在于数量名结构前有无其他修饰语。我们把数量名结构前无其他修饰语的序列称为序列(甲)，数量名结构前还有其他修饰语的序列称为序列(乙)，即：

(甲)数量词＋一般性定语＋中心语

(乙)一般性定语＋数量词＋中心语

当(甲)、(乙)两序列的构成元素相同时便形成了同义序列，例如：

(28) a. 一支新买的钢笔　　b. 新买的一支钢笔

(29) a. 一打儿薄薄的纸钱　　b. 薄薄的一打儿纸钱

下面我们以“一支新买的钢笔/新买的一支钢笔”为例，比较(甲)、(乙)两个序列在句法语义上的差异。

1. 可强调性不同

朱德熙指出，谓词性代词“这么(这样)/那么(那样)”作修饰语时,随着所修饰成分的不同而表示不同的语法意义。"这么(这样)/那么(那样)"修饰动词表示方式,修饰形容词表示程度。值得注意的是,"这么(这样)/那么(那样)"除了修饰动词、形容词以外,还可以修饰名词性成分,①例如:

(30) 毕竟有这么一个人,一个绝对不是讨厌不是无聊不是纠缠不是轻浮不是肉欲膨胀的女作家爱上了他。(王蒙《踌躇的季节》)

(31) 唉!为什么给了她这么一个容易碎的东西?(张洁《祖母绿》)

(32) 在他生命的最后时刻,他做了这样一件有意义的事情。(张洁《从森林里来的孩子》)

(33) 我真的很感叹,为什么我没有赶上那样一个大风大浪的年代。(《北京日报》2000.4.7.)

(34) 二十三年后,在这所中学主持工作的人根本不知道有这么一个廖琼琼。(王蒙《踌躇的季节》)

"这么(这样)/那么(那样)"修饰动词、形容词时分别表示方式和程度,那么修饰名词时表示什么样的语法意义呢?我们认为,"这么(这样)/那么(那样)"修饰名词的作用在于强调该名词性成分指称的事物所具有的属性,以使该名词性成分所指称的事物与其他同类事物区别开来。这些属性或者以后续成分的形

---

① 有时"这么/那么"修饰的不是整个名词短语,而是名词短语中的数量词,例如:"他只有这么一个姑娘,眼看是没有出嫁的希望了,他不能再把她这个朋友也赶了走。"(老舍《骆驼祥子》)句中的"这么"修饰的是"一个"而不是"一个姑娘",这时"一个"一般要重读。

式出现，如例(30)；或者以定语的形式出现，如例(31)、(32)、(33)；或者在特定的语境下对话双方已经明了，如例(34)。

根据名词性成分跟"这么(这样)/那么(那样)"的组合能力，我们把名词性成分分成两类：可强调的和不可强调的。可强调的名词性成分可以受"这么(这样)/那么(那样)"等代词的修饰，具有可强调性(instensifiable)，不可强调的名词性成分不能受"这么(这样)/那么(那样)"等代词的修饰，不具有可强调性(unintensifiable)。① 那么(甲)、(乙)两序列在可强调性上有什么差异呢？通过比较可以看出，序列(甲)具有可强调性，序列(乙)不具有可强调性，例如：

这样一支钢笔　＊这样新买的一支钢笔

那么一支新买的钢笔　＊那么新买的一支钢笔

2. 个体化程度不同

从句法特征来看，序列(甲)比序列(乙)更接近"数量词＋名词"结构。例如：

A	B	C
一支钢笔	一支新买的钢笔	新买的一支钢笔
这样一支钢笔	这样一支新买的钢笔	＊这样新买的一支钢笔
铅笔盒里有一支钢笔	铅笔盒里有一支新买的钢笔	？铅笔盒里有新买的一支钢笔

① Bolinger(1975)用 such 把英语的名词性成分分为可强调的(instensifiable)和不可强调的(unintensifiable)，如：I wish she weren't such a gossip. / ＊ I wish she weren't such a chairman，gossip 是可强调的，chairman 是不可强调的。Bolinger，D.《语言要略》1975，方立、李谷城等译，外语教学与研究出版社，1993 年版。

小张送给我一支钢笔	小张送给我一支新买的钢笔	?小张送给我新买的一支钢笔

通过对比可以发现,B组非常接近A组,C组则与A组差别较大。也就是说,在句法功能上"一支新买的钢笔"比"新买的一支钢笔"更接近"一支钢笔"。这一点从(甲)、(乙)两序列的扩展过程可以看得更清楚。我们假定"一支钢笔"是a、b两式的扩展模型,并用"新买的"对模型进行扩展,那么扩展过程如下:

(a)一支钢笔→一支新买的钢笔

(b)一支钢笔→新买的一支钢笔

(a)用"新买的钢笔"替换中心语"钢笔",这种扩展是更迭性扩展,更迭性扩展并不改变模型内部成分之间的结构关系,扩展式跟模型的性质相同;(b)在"一支钢笔"前加上"新买的",这种扩展是组合性扩展,组合性扩展一般要改变模型的内部结构,扩展式跟模型的性质不完全相同。① 所以,从扩展的性质来看,也是"一支新买的钢笔"比"新买的一支钢笔"更接近"一支钢笔"。

由于"一支钢笔"是典型的个体化名词短语,因此,我们有理由认为,"一支新买的钢笔"比"新买的一支钢笔"个体化程度要高。也就是说,虽然序列(乙)也含有数量词,但由于数量词前还有其他修饰成分,(乙)的个体化程度大大减轻了。这种个体化程度上的差异能很好地说明为什么序列(甲)具有可强调性,序列(乙)不具有可强调性。通过观察我们发现,只有个体化名词才具有可强调性,非个体化名词一般不具有可强调性,比较:

---

① 关于更迭性扩展与组合性扩展的区别参看陆俭明《关于"他所写的文章"的切分》,《语言学通讯》1989年第1—2期。

(35) 一个人→这么一个人

人→ * 这么人

(36) 一条胡同→那样一条胡同

胡同→ * 那样胡同

既然序列(甲)与典型的个体化名词极为接近，序列(乙)与典型的个体化名词相去较远，那么，序列(甲)具有可强调性，序列(乙)不具有可强调性也就可以理解了。

3. 句法位置不同

通过考察我们发现，序列(甲)可以自由地出现在多种句法位置，而序列(乙)则比较受限制，下面举例说明。

序列(甲)可以作"有"字句中"有"的宾语，例如：

(37) 桌上有几个还不甚熟的白梨，皮儿还发青。(老舍《骆驼祥子》)

(38) 白复山看见，梁倩的袜套上有一个不小的破洞。(张洁《方舟》)

(39) 就在顶热的七月天，她们的房间里也有一股阴冷阴冷的气儿，像地下室或太平间。(张洁《方舟》)

(40) 目前只有一片随风摇曳的柳树林，和一条仅容一辆汽车通过的小路。(《北京青年报》1999.9.12.)

(41) 魏中林遗书中有一份他经手的借款名单，其中1998年8月，他向一姓周的借贷2.1万元。(《南方周末》2000.3.31.)

以上"有"字句的宾语，如果换成序列(乙)不是不可以，但句子的可接受性就会大打折扣。如：

？桌上有还不甚熟的几个白梨，皮儿还发青。

？梁倩的袜套上有不小的一个破洞。

存现句的宾语一般由序列（甲）充当，而序列（乙）一般不能充当。例如：

（42）顺着小路转几弯，在路的尽头现出一大片露天的空地，右侧支着一面白白的大幕，才有些露天电影的味道。（《北京青年报》1999.9.12.）

（43）在学校念书的时候，鞋底上还掌着一层厚厚的胶皮。（张洁《祖母绿》）

（44）烟嘴上，还插着一支正在燃着的香烟。（张洁《方舟》）

（45）左手端着满满一碗热气腾腾的汤面，右手心里握着一双红漆筷子，还用拇指和食指夹着一个盛着凉拌鸡丝的盘子。（张洁《方舟》）

（46）这时来了一辆像山羊一样地跳跃着驶来的自行车。（王蒙《踌躇的季节》）

以上存现句的宾语，如果换成序列（乙）的格式，句子的可接受性也是值得怀疑的。例如：

？在路的尽头现出露天的一大片空地。

？烟嘴上，还插着正在燃着的一支香烟。

六 结论

综上所述，数量词一般位于领属性定语之后、属性定语之前，这跟数量词的个体化功能和定语的性质有关。“领属性定语＋中心语”受定语的作用已经实现了个体化，所以不能再受数量词修饰，因而数量词一般不能居于领属性定语之前；“属性定语”一般修饰类名，不能修饰个体化了的“数量词＋名词”，因而数量词一般不能居于属性定语之后。一般性定语介于领属性定语和属性定语之间，数量词的位置可前可后，这样就形成（甲）、（乙）两个同义序列。但是（甲）、（乙）两序列并不是完全意义上的同义序列，二者在名词性成分的可强调性、个体化程度、句法位置等方面存在着一系列的差异。

下编　汉语语法教学研究

第五章

语法教学总论

第一节　教学语法与语法教学

壹　谈对外汉语教学语法[①]

试图从外延上讨论对外汉语教学语法，确定其范围。

对外汉语教学语法指的是对外汉语教学中有关语法的部分。对外汉语教学语法大体上有以下几种表现形式，教材中的语法注释、练习，教学参考语法，主要为学生自学复习用的语法书或教材（包括练习），课堂语法教学，教学语法理论，等等。

对外汉语教学历史不算长，对外汉语教学语法研究也不够成熟，特别是在理论研究方面。在对外汉语教学语法中最成熟的要算是教材中的语法注释及练习，它差不多与对外汉语教学的历史一样久；教学参考语法方面虽然出版了几本书，但很多问题还有待研究解决；学生语法方面也出版了一些书，但也不能说已能满足学生的需要。至于对外汉语教学语法理论研究，可以

① 本文发表在《对外汉语教学语法探索》，中国社会科学出版社，2003年版，作者刘月华。

说是最薄弱的。

这里提出的只是对外汉语教学语法的一个框架，有的方面谈得略为详细一点，有的很简单，只提出了一些问题。

一 教材语法

自从有对外汉语教学以来，就有对外汉语教材。迄今为止，我们所见到的汉语教材一般都有语法注释和语法练习。也有的教材想走纯"功能"的路子，完全没有语法注释，但似乎并不成功。吕文华的《对外汉语教学语法探索》是第一本研究对外汉语教材语法的专著，她分析总结了20世纪50年代以来对外汉语教材语法的发展变化，并提出了一些有价值的看法。在讨论教材语法问题时，将主要以《中文听说读写》为例，来说明我们的一些看法①。

1. 语法条目的确定

在对外汉语教材中选择哪些语法条目来进行注释、讲解和练习，到目前为止，各种教材可以说大同小异。吕文华在《对外汉语教学语法探索》的"对外汉语教学语法体系研究"部分，详细地比较分析了中国大陆20世纪50年代至80年代出版的有代表性的七部教材的语法系统，结论是："在《汉语教科书》基础上创建的对外汉语教学语法体系至今已经历了三分之一世纪的历程，教材发生了一代又一代的变迁，但教材中语法教学的内容却

---

① 《中文听说读写》是在美国出版的一部中文教材，由刘月华以及姚道中、葛良彦、史耀华、毕念平、陈雅芬、王晓钧编写。主要供美国大学一二年级中文教学用。该书1993年开始编写，1994年暑假在印第安纳大学中文暑期班试用，1994年秋开始在美国二十几所大学试用。几经修改，于1997年在波士顿剑桥出版社正式出版。

没有根本的变化。”[①]《中美常用教材语法统计》[②]比较分析了中美常用的八种教材的语法点，其中有几本美国教材。这些教材的语法项目虽然侧重点与国内不完全相同，但大多数语法条目还是相同的。

通常把汉语教学分为初级、中级和高级三个阶段。在美国，初级汉语课本通常供一年级使用。过去国内初级汉语课本大概从学生入学开始用三四个月。初级汉语课本的语法项目通常有一百多个。我们比较了一下，各种课本语法条目之所以不同，第一，因为划分的粗细不同。比如，有的把“把”字句分得更细，“把”字句的补语算一项，宾语算一项，等等。第二，有些教材算作语法点的，其他教材不算，比如问体重、问年龄，等等。《中美常用教材的句型统计》列出了545个语法点，其中不同的动词作结果补语、不同动词的否定形式等都分别计算。归并一下，也就是150条左右。

《中文听说读写》一年级共有120个语法点。

总之，到目前为止，关于语法条目或语法点，各种初级汉语教材有大致的共识，但这些共识主要来自经验，还没有从理论上加以研究。我们认为应该从理论上说明，确定语法点的原则是什么？在对外汉语教学语法中，哪些语法点是必须的，为什么是必须的。哪些项目虽然不是语法点，但是在教学中

① 参见吕文华《对外汉语教学语法体系研究》第78页，《对外汉语教学语法探索》，语文出版社，1994年版。

② 《中美常用教材语法统计》是1989年确定的中美汉语教师合作项目之一。参加者美方为马静恒教授（当时在密执安大学），中方为刘月华教授（当时在北京语言学院）、魏德泉教授（北京大学）、杨甲荣教授（中央民族学院）。该书比较分析了中美常用的八种教材的语法点。

是必不可少的，是应该在基础阶段作为重点来教的。还有，对讲不同母语的学生来说，语法点是否应该是相同的？为什么？

2. 关于语法点的顺序和在不同阶段的安排问题

在基础阶段，语法点的出现是否应有一定的顺序？从现有各种教材语法点出现的顺序并不相同来看，可以说，就全部语法点来说，不存在一个绝对不变的排列顺序。

但是有些语法点还是有先后顺序的，在这方面也有一些共识，比如在学“把”字句前应先学补语，在学“是……的”句前应先学“了”。前者是由“把”字句的语义功能引起的结构上的联系决定的，“把”字句的主要动词后通常要有表示结果变化的成分，其中最常用的是补语，不先学补语，就很难学好或练习“把”字句；后者主要是因为语义功能上有联系，因为只有动作发生了，才能把时间、地点等作为焦点。在《中文听说读写》中，“趋向补语”在第6课出现，情态补语在第7课出现，结果补语在12课出现，“把”字句在13课出现，“了”在第5课出现，“是……的”在第15课出现。《中文听说读写》在编写时，基本上是先有课文，然后从课文中确定语法点。但在编写过程中，为了适时地出现某一语法点或更好地练习某一语法点，曾多次修改课文。有时语法点已经确定了，但考虑到语法点的内在联系，就把某一语法点从后边移到前边；或相反，从前边移到后边。还有，有些语法点的练习，需要学生掌握一定的词汇量，不宜出现得太早，因此要调到后边。这种调整，本身既说明语法点的出现没有绝对的先后顺序，又说明某些语法点之间因存在着内在联系或由于其他因素而又有一定的顺序。

有些语法点，比如动词“是”、“有”、疑问形式、数词、量词等，一般教材都出现得较早，这是由于日常交际急需，所以通常在最初几课出现。

有的教材以语法为中心，课文等等都服从语法，这种教材是比较注重语法点出现的顺序的。但是在我们见到过的几本此类教材中，由于课文主要目的是配合该课的语法点，很难做到有独立性，所以往往内容没趣，有时甚至前言不搭后语，学生不喜欢。而课文应该是范文，应作为背诵的材料，对学习者很重要。因此，我们认为先确定语法点、后编写课文的做法不一定可取。

汉语的语法点有的容易掌握，有的较难掌握。一般认为较难掌握的语法点不能太早出现。比如，有人认为属于复句范畴的连词比较难学，所以不能很早出现。但我们发现，实际上很多连词并不难学，因为各种语言都有，比如“因为……所以”(《中文听说读写》在第 3 课出现①)，“虽然……但是”(第 9 课)，“不但……而且”(第 10 课)等。当然，应该在出现连词时加一个注释，说明汉语中可以成对使用的连词，第一个可以省去，第二个通常是不能省去的。

与此类似的，还有人提出语法点出现应该遵循先易后难的原则，比如“了”、“把”等不能早教；但有的人看法相反，认为难的语法点不妨早教，多接触、多练习，学生才能掌握得更好。我们的看法是，语法的难易不是排序的绝对原则。有些语法点虽然难学，但在早期不能不教，比如“了”。因为不教“了”，课文很难出现比较自然的句子。“把”字句也不宜太晚出现，因为在一定

① 下面再提到的课数，均为《中文听说读写》的课数。

的语境中,不用“把”字句,说话会很不自然。

总之,关于语法点在基础汉语阶段排列顺序的问题,虽然已有丰富的实践经验,也有过一些讨论,但是尚缺乏从理论上加以全面的总结研究。

3. 在汉语教学不同阶段的语法教学问题

在汉语教学的不同阶段应该怎样安排语法教学?这个问题已经引起注意。吕文华提出“递进式”编排法。她说:“递进式编排法是在语法点内部等级切分的基础上,按不同的学习阶段将语法学习划分为若干个周期,以螺旋式递进的方式由浅入深,由简及繁地组织学习。”①

《关于中文教材语法的编写》一文是编写《中文听说读写》语法的总结,文中提出:“我们认为汉语语法教学应该是循环上升的,像过去那样只在初级阶段把所有的语法点讲完是不可取的。这是因为:第一,在美国一个学年很短,不可能把汉语语法完全学一遍。即使在中国大陆初级班的语音、语法阶段,三四个月的时间也不充裕。第二,学生受词汇量的限制,要在初级阶段较好地掌握所有的汉语语法也是不可能的,我们在初级阶段不是常常苦于学生因为词汇量小而不好做语法练习吗?第三,语言教学中的语法教学教的不是语法知识,而是语法规则,对这些规则的认识和掌握要有一个逐渐地不断加深的过程,企图一次完成是不现实的。”②这一看法与吕文华的看法有相似之处,但出发

---

① 参见吕文华《对外汉语教学语法体系研究》第 78 页,《对外汉语教学语法探索》,语文出版社,1994 年版。

② 参见刘月华《关于中文教材语法的编写问题》,《美国中文教师学会会刊》1998 年第 3 期。

点与做法并不完全相同。那篇文章还说："我们认为在初级阶段应教汉语语法的基本语法点和某些语法点的基本用法，中级阶段仍需系统讲述汉语语法，但是内容应加深、加广，并进行类似语法现象的比较。"《中文听说读写》一年级出现了120个语法点，二年级出现了104个语法点，其中有40个是重复的。但由于某些语法点在一册书里不止出现一次，比如词序在二年级出现了7次，所以实际上一二年级重复出现的语法点只有30个左右。也就是说一年级四分之三的语法点在二年级不再出现，比如动词"是"、"有"、几种疑问方式等等。重复出现的语法点多是较难掌握的。对重复的语法点，我们在二年级的课本中采取了以下几种处理办法：

(1)内容加深，结构特点与用法说明更详细。这类语法点有存现句、词序、"了"、趋向补语(二年级系统讲三种意义)、话题、"把"字句、定语、状语、带"得"的描写性补语、比较的方式等。

由于汉语没有严格意义上的形态变化，词序在语法中起非常重要的作用。而且表面上非常灵活的词序，在一定的语言环境中，由于结构、篇章等因素的影响，实际上没有多少灵活性可言。这也就带来了汉语词序复杂性的一个方面。我们在《中文听说读写》中共安排了九次涉及词序的教学：一年级第四课是"中文的基本词序"；第十一课是"Topic—Comment"(话题—说明)；二年级第二课是"汉语的词序"(I)：汉语的基本词序；第三课是"Topic—Comment"；第四课讲时间词语(时点与时段)在句子中的位置；第六课讲中文的数字由大到小排列；第九课是中文的词序(II)：按时间顺序排列；第十四课是Topic(话题)(II)，讲的是应该说"他的个子很高"，而不应说"他有很高的个子"；第十五课是“中文的句子结构和顺序”(II),是对中文词序的一个总结。

(2)对近似的语法点进行比较。如“了”与“是……的”比较,“了”与“过”比较,“再、又、还”比较,时点与时段用法比较,等等。

(3)重复学生最容易出错的语法点,必要时与近似的或易混淆的语法点进行比较,比如“才”与“就”比较,表示感叹的“真”,“又……又……”,“先……再……”与“先……才……”比较,“除了……都……”与“除了……还……”,“而且”与表示原因有关的连词“再说”比较,等等。解释这些语法点也不是完全重复一遍,二年级比一年级要详细一些,练习也比一年级复杂。①

美国所谓高级汉语指的是三四年级的中文课,课文一般是从改写过渡到选用原著。有报刊文章、小说,也有杂文、论文等。这一阶段仍然应该有语法方面的内容,特别是对提高学生表达能力有帮助的语法。比如,应该突出句子连接的方式等篇章方面的内容;很多虚词不可能一次学完全部意义和用法,高级阶段可以加深讲解,并进行比较、总结,特别是书面语的虚词,更应该作为重点;学习某些较复杂的语法点,像多项定语与多项状语的顺序;分析趋向补语各种意义之间的关系(这样可以使学生知道汉语语法不都是一些只能死记硬背的条条,而是有道理可讲的);在课后的练习中还可以有一些复习初级及中级阶段学过的语法难点,比如“了”、“把”字句、各种补语等。高级阶段还可以集中分析学生典型的语法病句,这样做有助于他们更牢固地掌

---

① 参见刘月华《关于中文教材语法的编写问题》,《美国中文教师学会会刊》1998年第3期。

握语法。

关于不同阶段的语法教学问题，我们认为可以从两个方面进行进一步的研究，一是从汉语语法本身，二是对现有的教材进行调查分析。

4. 语法注释

首先谈谈关于语法术语的问题。

教材中使用语法术语的目的是为了帮助学生掌握语法规则，而语法术语本身对学生来说是很难的。因此，如果可以不用术语时就应尽可能不用术语。在中国以外使用的初级汉语课本可以完全不出现中文术语，比如《中文听说读写》的一年级课本就完全没有出现中文术语。如果出现中文术语，我们认为应该以学生易学易记为原则。有的语法点如果可以用描述的方式，就不出现术语，这是因为很多术语都不能准确地反映语法点的意义，而且汉语语法术语大多来自印欧语语法，学生(甚至)教师可能套用学生母语语法中相应的术语，结果误导学生。《中文听说读写》一年级出现的120个语法点中("了"、补语、词序等都出现了不止一次，所以实际上这本书共出现108个语法点)，不少只用释义的方式。比如"'起来'表示动作开始"，"'下去'表示动作状态继续"。这本教材没有"时量补语"、"动量补语"、"连动式"等术语，也没有"动词谓语句"、"形容词谓语句"、"名词谓语句"、"主谓谓语句"等概念，更没有出现"复句"这一术语。

注释一种语法现象时，文字宜简明、有针对性。不能照抄理论语法，也不能照抄教学参考语法书。我们不采取"时量补语是表示时间长度的补语"这种下定义的方式，是因为这种解释对学生帮助不大。"关于动作、状态的持续"，《中文听说读写》是这样注释的:“汉语表示时间的方法可以分两类:时点(time-when)和时段(time-duration),时点指明动作发生的时间,时段表示动作状态持续的时间,时点要放在动词前,时段要放在动词后。”关于动词重叠,我们这样注释:“汉语的动词可以重叠使用,重叠的动词通常读轻声。在祈使句中动词重叠形式可以缓和语气,使说话更客气。”

初级和中级课本的语法解释应该有母语翻译,翻译的语言学生要能看懂才行,否则就没有意义。初级阶段的语法解释可以只用学生的母语,因为用中文学生看不懂,有的学生有时为了看懂中文解释而浪费很多时间。高年级也许有必要用中文解释,这样同时就提高了他们阅读汉语语法书的能力。但比较难懂的注释最好有母语翻译,因为学生的中文阅读水平可能还达不到,或者可能理解得不够准确。

5. 语法练习

语法练习是教材语法的重要组成部分。练习方式应因语法点不同而多少有些不同,练习的目的是帮助学生掌握语法点。练习的量大一些比较好,教师可以根据自己学生的情况进行选择。不应该有那种学生不动脑筋也可以做出来的、无用的、机械性的练习。“重组”对涉及整个句子的语法点是一种有用的方式,如双宾语句,“把”字句、“被”字句,连动句、兼语句等。“完成句子”则适于某些具有连接作用的虚词。造句不是一种理想的练习方式,可以说它很难,因为学生没有任何依托,也可以说它最容易,因为学生可以“偷懒”,高年级的学生也可以用很简单的句子来应付。语法练习最好有控制、有要求,即给一些条件、限制。编出好的练习并不容易。这方面很多教师很有经验,但是还没有很好地总结，也缺乏从理论上进行研究。

6. 关于语法注释的例句

在解释很多语法现象时，所用例句应该有一定的语境、上下文。我们不主张用这一类例句："我去过北京。""他买了一本书。""既然你不去，我也不去。"例句应反映语法现象的典型语义、结构特点以及用法。上述几个例句最好改为：

(1) A：北京有好玩的地方吗？

B：我没去过北京，不知道。

(2) 他昨天在学校的书店买了一本书，那本书很有意思。

(3) A：明天的电影我不能去看了。

B：既然你不去，我也不去了，一个人看电影没有意思。

7. 增加篇章教学的内容

现有教材，有的有篇章方面的内容，比如话题(Topic)，多数完全没有。所以我们要特别提出来。关于篇章的教学，《中文听说读写》有"话题"和句子连接的内容。过去北京语言学院的初级汉语教学分语音、语法、短文三个阶段，短文阶段主要以词汇教学为主，同时也提出要训练学生成段表达的能力。所谓成段表达，就是要把句子连成段落。但是怎样把句子连成段落，在理论和方法上似乎并不明确。关于连接，不同的语体方式有所不同。所谓语体，我们是指对话体与非对话体；非对话体又分叙述体、描写体、说明体与议论体等等。不同语体在连接方面的差异也许比句法更明显，因此要分开来教。《中文听说读写》在二年级教句子的连接，而且只教叙述体句子的连接，因为美国中文教学的初级和中级阶段，描写、说明、议论等文体学得还不多。在

《中文听说读写》中，除了话题和句子的连接以外，还有一条有关篇章的语法注释："在一个句子里，如果主语表示的是已知信息，而对它进行描写的形容词表示的是新信息时，应该把名词放在形容词前，即话题的位置上，而把形容词放在名词的后边作谓词。这是中文和英文很不同的一点，应特别加以注意。"比如应该说"东方人和西方人生活习惯不一样"。而不应该说"东方人和西方人有不一样的生活习惯"。应该说"有的时候中文课的功课多了一点"，或"有的时候中文的功课有点多"，而不应该说"有的时候中文课有多一点的功课"。应该说"他的个子很高"，而不应该说"他有很高的个子"。这是说英语的学生最常见的问题，也是学"Topic－Comment"最实用的例子之一。此外在讲解其他语法现象，如"把"字句、"了"、"是……的"以及某些连词时，我们也应注意从篇章方面加以解释。可以说，不从篇章方面加以解释，很多语法现象是说不清楚的。

篇章教学在对外汉语教学中还是一个薄弱环节。而汉语句子结构受篇章的影响和制约很大。研究篇章语法教学，我们认为应该从听读（由外向内）和说写（由内向外）两个方面进行。

二 教学参考语法

教学参考语法的主要对象是从事对外汉语教学的教师，供教师备课、改作业、编写教材时参考，某些高年级学生也可以用。刘月华、潘文娱、故韡等著的《实用现代汉语语法》①是一本教学

---

① 参见刘月华、潘文娱、故韡等《实用现代汉语语法》（增订本），商务印书馆，2001 年版。

参考语法，李英哲先生等编写的《实用汉语参考语法》[1]是一本“既适用于老师又适用于学生的全面参考工具书”[2]。

目的决定了教学参考语法的特点。教学语法主要教的是语法规则和用法，教学参考语法也应该主要描写语法规则和用法。教学参考语法是一种学校语法，是规定性的，因此可以不必说明理论界对某种语法现象有什么分歧意见，也不必进行理论方面的讨论。教学参考语法，或者说教学语法，一般来说吸收传统语法的东西比较多，理论性不那么强，但是它能满足教师和学生的需要。

教学参考语法不能照抄理论语法。但是理论语法是教学语法的来源和依据。教学语法一般来说不可能另搞一套，它要依据该语言语法研究的成果，但在体系上以教学为准。教学语法吸收传统语法的研究成果比较多，这是因为传统语法，比如传统的拉丁语法、英语语法，本来就是为教学目的产生的。传统语法比较偏重意义，而教学语法首先就要求对语法点的意义有一个清楚、科学的解释。但是传统语法不能满足教学语法的需要，教学语法必须吸收其他语法研究。可以说，一切科学的、能描写语法规则、说明语法现象用法以及对语法现象进行解释的语法研究，对对外语法教学都是有用的。比如篇章语法，功能语法，认知语法等。教学语法正是在不断吸收各种语法研究成果中逐步发展完善的。一般来说，过分偏重结构、形式的语法研究，在教学语法中的作用似乎小了些。解释性的语法研究，在高级阶段可以适当引入。

---

① 参见李英哲、郑良伟、LarryFoster、贺上贤、侯炎尧、MoiraYip 编著，熊文华译：《实用汉语参考语法》，北京语言学院出版社，1990 年版。

② 参见《实用汉语参考语法》“序”。

教学参考语法不能太笼统，因为那不能解决教学中出现的问题。汉语语法缺乏严格意义上的形态变化，语法规则不仅受句子结构的制约，更受篇章、语境、上下文等的制约，结果规则就比较琐细。教学语法还需要讲清楚用法及条件，因此应该是很具体很详细的。比如“把”字句，既要讲清楚“把”字句结构上的要求、限制，又要讲清“把”字宾语、谓语动词的宾语、谓语动词等的特点，还要讲明“把”字句的使用条件，这就要涉及篇章以及“把”字句本身的特殊功能。教学参考语法应该能解决教师在备课、改作业、改病句时遇到的问题，教学参考语法书如果不细致不具体，就不能达到预期的目的。

说规则要细，并不是说越细越好。有些规则虽然有用，比如一个动词能和哪几类名词结合，一个动词能用哪些补语等等，但这是词典的任务，而不是语法书的任务。实际上如果能解决问题，语法规则应该尽可能概括，细是不得已的。

我们不能把理论语法原封不动地搬到教学参考语法中。如所谓汉语动词、名词、形容词“有界”、“无界”的问题，虽然可以解释汉语语法中的很多现象，但是因为太抽象、学生很难理解和运用，所以我们没有写进教学参考语法中，动词的分类对讲清“了”、“着”等的用法很重要，我们就写进了教学参考语法中，必要时老师可以给学生讲一点儿，但是没有写进教材。

“给＋名词”在句子中可以在动词前，也可以在动词后。朱德熙先生有一篇文章讲得很清楚，但是如果原封不动地搬到教学参考语法或教材中，就太复杂。我们在教学参考语法中简化并改变了表述方式，使老师和学生容易理解。

汉语教师不是语言学家，学生更不是。把理论语法应用到教学中时，改变表述方式是必然的。但是教学参考语法也是一种科学的语法，表述方式至少要遵循传统语法。

一个人要学好一种语言，不都是老师教的。语言中很多东西，学习者要自己留心，自己体会，有时要死记硬背，用时方能脱口而出。学习语言的过程很复杂，我们应该从教与学两个方面进行研究，研究哪些语法点是教材中必须出现的，是老师必须教的，以便从教的方面做到最好。当然我们也需要从学的方面进行研究。

对外汉语教学中可以从学生那里发现很多问题，不少问题在理论语法中是找不到现成的答案的。因此教学语法研究的很多成果，可以进入理论语法。

三　学生语法

以学生为对象的对外汉语教学语法书比较少。比如美国出版的邓守信的 A Basic Course in Chinese Grammar, A Graded Approach through Conversational Chinese.①这本 135 页的语法书，大致涵盖了百分之九十初级汉语课本的语法点。作者说本书主要供教师课堂解释语法用，也供学生课外参考。还有一本是 Helen T. Lin (戴祝)写的 Essential Grammar For Modern Chinese②。作者说主要是为学了一年中文的学生编写的，新从事中文教学的教师也可以参考。这两本书都没有练习。

---

① Teng Shou-hsin: A BASIC COURSE IN CHINESE GRAMMAR, A Graded Approach Conversational Chinese. Chinese Materials Center, INC. San Francisco. 1977.

② Helen T. Lin: Essential Grammar For Modern Chinese, Cheng & Tsui Company, Inc., Boston, 1981.

中国出版的卢福波编写的《对外汉语教学实用语法》[①]，是为学习汉语一年以上(汉语水平已达四级或四级以上)的外国学生编写的汉语语法教材及参考书，也可作为对外汉语教师的参考用书。每课后有四五种替换、完成句子、造句、判断、改病句等练习。该书是用中文写的，即使高年级学生使用起来也不见得没有困难。

英语作为外语教学，有很多供学生用的、以学习语法为主的课本或参考书都是用英文写的，对象是有一定英文基础的学生。有些书可供课堂使用，目的是提高语法和口语会话能力，同时也可以供自学用。比如有一本叫“Beginning Interactive Grammar”[②]的书，目录上分两栏，一边是“grammar”(语法)，一边是“Communicative Function”(交际功能)。所列的语法不限于纯粹的语法条目。比如有口头拼写、数字、代词、动词、国家和国籍、疑问词、人名、职业、名和姓、时间、序数、月和日、季节和节日、名词的复数、介词、命令、衣服和首饰、领属和颜色、描写人物、形容词、“there is/there are”、领属代词、“to be”的过去时、问候语、简单现在时、食品、动作进行、家庭、谈气候、副词和频率、自我介绍、开始一个谈话、动词不定式、请求、不规则动词表、道歉、将来时、“can/may” “to be able to”“could”表示能力、要求允许、建议等、过去进行时、比较，等等。作者在前言中说，这本书的对象为成年初学者，供教师和学生在课堂上使用。书中还

---

① 参见卢福波《对外汉语教学实用语法》，北京语言文化大学出版社，1996 年版。

② Irene S. McKay: Beginning Interactive Grammar, Heinle & Heinle Publishers, USA, 1993.

有一些课堂活动。关于交际功能,该书只在一些语法点的目录中说明“已知信息”、“表达观点”、“给建议”、“表示歉意”、“得体回应”,等等。在语法解释中,关于功能方面解释很少,很多语法点甚至没有。每一个语法点都安排了很多“传统的练习”(作者前言)。

再如 Betty Schrampfer Azar 编写的一套语法书。该书包括三卷,适用于不同的程度。有一卷是 Basic English Grammar①,有一卷是 Understanding and Using English Grammar。每卷又包括课本和学生练习本。课本主要供课堂使用。学生练习本供学生课后练习用。Basic English Grammar 有五章。第一章是动词“be”和“have”的用法,第二章第三章是现在时的各种表达方式。第四章逐个讲解名词和代词。第五章讲过去时的表达方式,涉及动词和时间词。Understanding and Using English Grammar② 有十章。第一章是动词的时(tenses)。第二章主要讲情态动词在表达不同语气方面(如客气等)的用法。第三章讲被动式。第四章讲动名词和动词不定式。第五章讲单数和复数。第六章讲形容词子句。第七章讲名词子句,第八章第九章讲各种观念间关系的表达,包括平行关系、修饰关系、因果关系、条件关系等等。第十章是条件句。该书课本部分有简单的讲解,主要是大量的练习,包括口头和书面练习、错误分析。还有

---

① Betty Schrampfer Azar: Basic English Grammar, Prentice Hall Regents, Prentice-Hall Inc. A Simon & Schuster Company, Upper saddle River, New Jersey, 1996.

② Betty Schrampfer Azar & Donald A. Azar: Understanding and Using English Grammar, Prentice Hall Regents, A Division of Simon & Schuster, Englewood Cliffs, New Jersey, 1992.

一些表解。有单句练习，也有成段的对话练习。练习的方式有填空、完成句子、变换（肯定—否定、时态、单数—复数、答句—问句、主动—被动）、问答、选词填空、用所给的词成段描写或叙述、造句、看图填空、提问、对比（如 is/are，this/that）、改错、多项选择，还有一些综合性复习。学生练习本中的练习有两类，一类是比较"死"的，书后有答案；一类是比较开放的，学生可以有发挥的余地。高级阶段的讲解和练习都特别突出用法，有很多成段的练习，提供了充分的使用语境和条件。

上述这类给有一定英语基础的外国学生用的语法课本或语法书很多，有的还配有整套的录像带，比如"Side by Side"①，该书语法注释讲解清楚，课文内容生动活泼，很适合学生自学用。

总之，这类直接面向学生的对外英语语法方面的书，基本上是以语法实践为主的课本，而不是以解释语法为主的语法参考书。它们不追求语法的系统性，而是力求突出外国人学英语的难点，因此每本书的针对性都较强，针对低年级的和针对高年级的，在内容、练习方式等方面都有所不同。

由以上分析可以看出，对象为学生的对外汉语语法书数量远远比不上英语语法书，种类也没有那么多，而且都以系统解释语法现象为主，练习量比较小，用法说明及练习也不够充分。究其原因，可能有以下两个：第一，可能是发展中的问题。汉语作为外语教学，无论从时间还是从学习的人数上都无法与英语相比，对这种以学生为对象的语法书或语法课本的需要可能尚未

---

① Steven J. Molinsky & Bill Bliss: Side by Side, Prentice Hall Regents Englewood Cliffs, New Jersey, 1989.

提到日程上来，或虽有需要，但呼声还没有那么高。第二，也可能因为汉语词法比较简单，而句法方面的学习很难脱离语境、上下文，因此沿着过去的路走，编出来的书可能效果不那么理想，大家也就望而却步。也就是说，要编出适合学生的语法书，需要开辟一条新路。随着对外汉语教学事业的发展，随着学中文的外国学生越来越多，为有一定基础的学生编写对外汉语语法书的需要可能会越来越迫切。

国内外还出版了不少病句分析方面的书。比如佟慧君的《外国人学汉语病句分析》[①]，作者说主要是供教师备课和研究参考；程美珍、李珠主编的《汉语病句辨析九百例》[②]，有英文翻译，作者说明是面向学生的；李大忠的《外国人学汉语语法偏误分析》[③]，是为学汉语的外国学生开设的一门课的教材，等等，这里不一一列举。

总的来说，在对外汉语教学中，面向学生的课外辅助材料都比较少。比如经典著作的简写本，有的只是缩写，而语言的难度有增无减。有趣的课外读物也很难找到。在这方面恐怕也需要做一些理论上的研究和实际的努力。

四 课堂语法教学

相对地说，讨论课堂语法教学的文章要多一些，课堂语法教

---

① 参见佟慧君《外国人学汉语病句分析》，北京语言学院出版社，1986 年版。

② 参见程美珍、李珠主编《汉语病句辨析九百例》，华语教学出版社，1997 年版。

③ 参见李大忠《外国人学汉语语法偏误分析》，北京语言文化大学出版社，1996 年版。

学，几十年来也取得了很大进步。

毋庸讳言，不少学生不喜欢学语法。从对外汉语教学的角度看，在学生学习汉语的最初阶段，语法似乎不那么重要，他们会觉得汉语语法比声调容易得多。这是因为汉语几乎没有形态变化，学生学了几课以后，就会说不少话。但是，他们学的越多，“犯”的“语法错误”就越多。也可以说“汉语语法越学越难”，语法是不能不学的。

我们需要研究的问题是如何把教材语法转化为课堂教学语法，教师显然不能把教材的语法解释原封不动地搬到课堂教学中去。如何使学生又快又准确地掌握语法规则，如何使学生把语法规则自然地运用到交际实际中去，也是我们要解决的问题。

我们教的是语法规则，而不是语法知识，所以应该淡化语法教学，最好不露痕迹地教语法，让学生在不知不觉中掌握语法规则。

五　对外汉语教学语法理论

对外汉语教学语法理论研究更加薄弱。据我们所知，已经有些学者开始这方面的研究。我们认为应该研究以下一些问题：

(1) 对外汉语教学语法和理论语法的关系。

(2) 对外汉语教学语法的基本内容和特点。

(3) 对外汉语教学语法体系问题。

(4) 语法在对外汉语教学中的地位，语法教学与语音教学和词汇教学的关系。

(5) 对外汉语语法教学的原则方法。

(6) 对外汉语语法教学的研究方法。

我们相信，随着对外汉语教学事业的蓬勃发展，随着学习汉语的人越来越多，对对外汉语教学语法的要求将越来越多，越来越高。

贰　"对外汉语教学"中的语法教学[①]

在"对外汉语教学"中需要进行语法教学，这已经成为大家的共识。但是，在"对外汉语教学"中，语法教学应放在什么地位，具体应该教些什么，具体应该怎么教，大家的看法就不是很一致。这里试就这些问题谈一些不成熟的意见，以起抛砖引玉的作用。

一　*语法教学的定位问题*

所谓语法教学的定位问题，是说语法教学在对外汉语教学中应放在什么地位。这包括两个问题：一是语法教学在整个对外汉语教学中应放在什么地位；二是在对外汉语教学的不同教学阶段中语法教学应放在什么地位。

我们认为，语法教学，从总的方面说，是很重要的，因为通过语法教学可以使学生能准确地理解、准确地表达，尽量减少表达（包括口头表达和书面表达）中的语法毛病。不过，语法对学生来说，既可以看作是一项基本要求，也可以看作是一项高标准的要求。为什么呢？学生学了汉语，说出来的话，写出来的句子，

---

① 本文发表在《语言教学与研究》2000 年第 3 期，作者陆俭明。

要基本符合汉语语法。从这个意义上来说，语法对学生来说是个基本要求。要求外国学生学了汉语后，在说话、写文章方面能达到“文从字顺”，而且对所出现的语法毛病能自己发现，加以改正，并知道为什么错了。从这个意义上来说，语法对学生来说又是一个高标准的要求。毋庸置疑，在“对外汉语教学”中语法教学是不可缺的。问题是应该怎么给它定位。

对外汉语教学，从教学内容上说，现在一般认为要包括这样五个方面：语音教学、文字教学、词汇教学、语法教学和文化教学。语音教学和文字教学属于基础教学，其中语音教学是要解决学生听、说的问题，文字教学是要解决学生读、写的问题。词汇教学应属于重点教学内容，特别是在初级阶段；一个外国学生要学好汉语，重要的是要掌握大量的词汇，要有足够的词汇量，因此词汇教学应该是个重点，可惜现在大家对它的重视程度很不够。语法教学，大家都比较重视，但语法教学应该放在什么地位，应该教什么，应该怎么教，大家的看法、做法并不是很一致。文化教学是指语言教学中的文化教学，这是80年代开始强调的。在语言教学中要适当注意文化教学，但过分强调就不一定合适了；现在有些人强调得有些过分。以上是对目前对外汉语教学中语音、文字、词汇、语法、文化教学的总体认识。那么在对外汉语教学中语法教学该摆在什么位置上呢？我们觉得，在学习的初级阶段，主要是要抓好语音教学、汉字教学和词汇教学，而不是语法教学。在一二年级初级阶段，语法教学不宜过分强调，更不能直接给学生大讲语法规则。要知道，在学习汉语的初级阶段，要尽量鼓励学生敢说、敢写，多说、多写。学生能把自己想说的意思说出来或写出来，我们基本能了解，就很不错了。在这个时候，如果我们在语法上过分“斤斤计较”，就容易打击学生说汉语、写汉语的积极性。当然，这也不是说，我们做老师的，对学生说话、写作中出现的语法错误可以不管。而是说不要“有错必纠”，管也要管得恰到好处，管了以后能引得起学生的兴趣和求知欲。管得合适，将为在三四年级阶段进行必要的语法教学作准备。在三四年级阶段，学生对汉语已经有较丰富的感性知识，可适当加大语法教学的分量，可以略为系统地给学生讲一些基本的、必要的实用汉语语法知识。需要指出的是，无论一二年级阶段，还是三四年级阶段，都要注意怎么讲的问题。

二　语法教学教什么？

关于教什么的问题，有待于大家深入探讨。但我们认为，在解决这个问题之前，首先需要明确这样一点：“教什么”要根据三方面因素来考虑。

一是汉语本身。汉语中哪些语法点是必须而且最急需教给学生的？

二是汉语（即目的语）和母语（如英语）在语法上的异同。汉语和英语在语法上的共同点在哪里？最主要的差异在哪里？哪些差异特别会影响学生对汉语的学习？

三是学生在学习汉语过程中出现的语法毛病。学生最容易、最经常犯的语法毛病是什么？

根据上述三方面因素，在“对美汉语教学”中，对于中英文里共有的语法现象，如典型的“主—动—宾”句式（即“施—动—受”句式），只需略为点一点就行了，不必多讲。有些语法现象汉语和英语不完全一样，但学生并不难掌握，如定语的位置，在汉语里定语都放在中心语前面，在英语里定语则有前有后，这种差异老师只需强调一下"请记住，汉语里的定语一律放在中心语之前"就行了，也不必花很多时间去讲解。再如，数的表达法、日期和地址的表达法等，中英文并不相同，但只要老师稍加指点，学生不难掌握，不怎么会出错。

我们认为，需要着重教的汉语语法现象主要有这样两类。

1. 汉语有而英语没有、美国学生又常容易出错的语法现象。譬如说，回答是非问句时，如果要先用"是"或"不"一类字眼儿作答时，在什么情况下用"是"，什么情况下用"不"，英语区的学生常常搞糊涂，出错频率高，而且带有普遍性。以前让学生做过这样一个练习：

请用"是"或"不"填空，完成下列各问句的答话：

(1) 这个苹果不好吃？ ( )，这个苹果好吃。
( )，这个苹果不好吃。

(2) 这个字你不认识？ ( )，这个字我认识。
( )，这个字我不认识。

(3) 这个苹果不好吃吗？ ( )，这个苹果好吃。
( )，这个苹果不好吃。

(4) 你昨天没有看电影吗？ ( )，我昨天看电影了。
( )，我昨天没有看电影。

(5) 不是这个苹果不好吃吗？ ( )，这个苹果好吃。
( )，这个苹果不好吃。

(6) 你不是昨天没有看电影吗？( )，我昨天看电影了。
( )，我昨天没有看电影。

(7) 不是这个苹果很好吃吗？　(　),这个苹果很好吃。
(　),这个苹果不好吃。

(8) 不是你昨天已经看了吗？　(　),我昨天已经看了。
(　),我昨天没有看。

(9) 这个苹果不好吃,不是吗？　(　),这个苹果好吃。
(　),这个苹果不好吃。

(10) 你昨天没有看电影,不是吗？(　),我昨天看电影了。
(　),我昨天没有看电影。

(11) 这个苹果好吃,不是吗？　(　),这个苹果好吃。
(　),这个苹果不好吃。

(12) 你昨天看电影了,不是吗？(　),我昨天看电影了。
(　),我昨天没有看电影。

(13) 这个苹果不好吃,是吗？　(　),这个苹果好吃。
(　),这个苹果不好吃。

(14) 你昨天没有看电影,是吗？(　),我昨天看电影了。
(　),我昨天没有看电影。

(15) 这个苹果很好吃,是吗？　(　),这个苹果很好吃。
(　),这个苹果不好吃。

(16) 你昨天看电影了吗？　(　),我昨天看电影了。
(　),我昨天没有看电影。

参加测试的英语区学生共 19 位。结果只有两位同学全答对。除了第(15)、(16)这两道题(属于肯定是非问句,而且不带“是吗？”“不是(吗)？”这样的“附件”)19 位同学全答对外,其余 14 道题,没有一道题是 19 位同学都答对的。具体如下：

第(1)道题:4 人答错　　第(8)道题:17 人答错
第(2)道题:4 人答错　　第(9)道题:11 人答错
第(3)道题:7 人答错　　第(10)道题:10 人答错
第(4)道题:6 人答错　　第(11)道题:13 人答错
第(5)道题:17 人答错　　第(12)道题:9 人答错
第(6)道题:16 人答错　　第(13)道题:2 人答错
第(7)道题:17 人答错　　第(14)道题:4 人答错

同学们为什么会答错呢？原因有两个：

一是汉语的是非问句复杂多样，有肯定形式的是非问句，有否定形式的是非问句，还往往带上"是吗?"或"不是(吗)?"这样的"附件"。这让学生有些"眼花缭乱"。

二是汉族人与英语区的人在考虑怎么回答是非问句时，其心理和视角不同：母语为英语的人，回答是非问句时用"Yes(是)"还是用"No(不)"，其着眼点跟中国人不同，他们只考虑自己回答的意见是肯定的还是否定的，根本不管问话人主要疑问点采用什么样的表达形式。所以不管问话人是采用肯定是非问句形式，还是采用否定是非问句形式，只要自己是表示肯定的意见，一律用"Yes(是)"；自己是表示否定的意见，一律用"No(不)"。而中国人回答否定是非问句时用"是"还是用"不"，既要看对方问话中的主要疑问点采用什么样的表达形式(是肯定形式还是否定形式)，还要考虑自己是表示肯定意见还是否定意见。如果对方主要疑问点采用肯定形式，回答时，说话人表示肯定意见就用"是"，表示否定意见就用"不"；如果对方主要疑问点采用否定形式，回答时，说话人表示肯定意见就用"不"，表示否定意见就用"是"。至于是非问句中所带的"附件"，不管是"是吗?”还是“不是(吗)?”,是不予考虑的。

上述“对是非问句的回答”,在对外汉语教学中有必要讲清楚。再如,形容词谓语句,一般像“她非常漂亮(She is very beautiful)”这样的句子不会出错,但是,由形容词单独作谓语的形容词谓语句,英语区的学生往往使用得不好。因为他们不知道汉语里形容词单独作谓语的形容词谓语句都含有比较的意味。因此,英语里的“I am well.”“He is good-looking.”“The apple is small.”翻译成汉语时都不能直译为:“我好。”“他好看。”“这苹果小。”因为这些句子都含有对比的意味;而应该译成:“我很好。”“他很好看。”“这苹果很小。”这些句子中的“很”已不表示程度高的意思,只是为了满足语法上的需要。这里的“很”可看作是“很”的弱化用法。这种语法现象需要给学生讲。此外,如数量表达中量词的使用,动补结构、重动结构(如“看书看得很认真”、“玩儿扑克玩儿到夜里两点”)、主谓谓语句以及动词重叠式的使用,等等,都是英语区学生容易出错或不会运用的语法点,需要给学生讲。当然,具体说哪些语法点特别需要给学生讲解,广大从事对外汉语教学的老师,特别是在美国长期从事汉语教学的学者专家和老师,最有发言权。

2. 虚词。在任何语言里,虚词比实词少得多,但它在语言中起着“经络”的作用,其重要性大大超过实词。在汉语里,虚词则占有更重要的位置。据不完全统计,外国学生所出现的语法错误,跟虚词相关的要超过60%。这包括“不该用而用了”、“该用而没有用”、“该用,但放得不是地方”、“该用这个虚词而用了那个虚词”、“句子里共现虚词不相配”、“没有满足所用虚词的特殊要求”等等。虚词之所以要重点讲,还在于虚词的“个性”很强,同一类的虚词用法上可以很不一样。因此，对于虚词，老师不能只讲类的特点（如介词，只讲整个介词类的特点），常用的、重要的虚词必须一个一个讲；而学生也不能一类一类地学，一定得一个一个地学。而且，由于虚词的使用频率一般都比较高，而使用频率高的虚词往往是用法复杂的虚词，因此虚词的学习与掌握一直是对外汉语教学中的一个难点。汉语虚词，特别是一些常用虚词，如介词"把"、"对于"、"关于"、"比"等，动态助词"了"、"着"、"过"，结构助词"的"，以及语气词等，都应成为对外汉语教学中的重点。对于汉语虚词，我国虽然有悠久的研究历史，但许多虚词的用法至今没有研究清楚，特别像"的"、"了"、"着"、"把"等。1980 年在"首次中美汉语教学讨论会"（北京）上，曾举过这样一个发生在某大学的对外汉语教学中的例子：有位非洲学生在一次作文中写了这样一个句子："他这样做是合情合理。"老师批改时，在这个句子的句尾加了个"的"，改为："他这样做是合情合理的。"这样改是对的。学生问老师，为什么要加"的"，老师回答说，按汉语的习惯，前面用了"是"，后面就要求有个"的"与它相配，构成"是……的"格式；现在"合情合理"前有"是"，而后面没有"的"与它相配，句子就煞不住，所以句末要加上"的"。过了一年，正巧还是那位学生，在作文中又写了这样一个句子："他这样做是偏听偏信的。"老师批改时却将句尾这个"的"给删去了。老师这样改也是对的。学生纳闷了，就问老师，为什么要把句尾的"的"去掉。老师说，有了这个"的"，句子就显得拖泥带水，去掉这个"的"，说成"他这样做是偏听偏信"，句子显得很干脆、有力。那学生感到茫然了，就问老师：您去年不是说前面用了"是"，后面就得用"的"与它相配吗？现在前面用了"是"，为什么后面又不能用“的”了呢？老师被问住了。这个问题说明，我们以往的汉语语法研究对“的”的用法没有说清楚[①]。这个问题提出到现在也已快20年了，可至今未见有人作出回答。

此外，常用的同义句式的比较，也应成为我们语法教学的一个内容。譬如说，“（他）看京戏去了”和“（他）去看京戏了”前者是“VP＋去”，后者是“去＋VP”，二者意思似乎差不多。那么“VP＋去”和“去＋VP”是不是能任意换着说？如果不能，那么什么情况下该用“VP＋去”的说法？什么情况下该用“去＋VP”的说法？学生很需要知道，应该跟他们讲讲。再譬如，“拿出来一本书”（A式），有时也可以说成“拿出一本书来”（B式），有时还可以说成“拿一本书出来”（C式）。这A、B、C三式是否可以任意换着说？如果不能，那么A、B、C三式在使用上有什么规则和条件？学生很需要了解这方面的知识，老师需要跟他们讲讲。

在对外汉语教学中，语法方面到底应教哪些内容，我们在这里只是提了些原则意见。在对美汉语教学中，一年级要教哪些语法点，二年级要教哪些语法点，三年级该教哪些语法点，四年级要教哪些语法点，总共需要教多少语法点，这还都需要研究。这也是对外汉语教学中的基础研究内容之一。

三 怎么教？

确定了教的内容以后，也还有一个“怎么教”的问题。有了合适的内容，如果教得不得法，还是不能收到好的效果。教得不好，甚至还可能会使学生对语法学习产生厌烦情绪，看作一种负

① 参见陆俭明《关于汉语虚词教学》，《语言教学与研究》1980年第4期。

担，虽然一般说学生学习语法的积极性都比较高。

关于怎么教，以往国内外许多学者专家已经发表过许多意见。在这里强调以下两点：

第一点是，在初级阶段必须坚持随机教学，同时到一定阶段适当进行带总结性的、又有一定针对性的“巩固基础语法”(consolidating basic grammar)教学。

所谓随机教学，是说在学习汉语的初级阶段，汉语语法知识最好是通过课文、通过练习、通过讲解学生在练习或作文中出现的病句，进行有针对性的讲授，给以潜移默化的影响。关于对外汉语教学中的语法教学，先前大致有两种路子。一种路子是在语音教学阶段过去后就开始系统地向学生讲解语法，如，50年代北京大学外国留学生汉语教材编写组编写的《汉语教科书》就是这样做的；另一种路子是在语音教学阶段结束后以课文为纲，每篇课文后附有该课文语法点的讲解，80年代以来的教材大多是这样做的。多年的实践证明，前一种路子效果不是很好，现在都不采用了。道理很简单，这种教学路子，语法教学量过大，难点太集中；再说，对一个外国留学生来说，汉语语法知识的获取与掌握，必须以一定数量的语言材料作基础。不掌握足够的语言材料，光听或光背语法条条，不能真正学到汉语语法知识，更不用说掌握了。而外国学生在初级阶段，汉语水平还很低，说话看书都还有困难，不可能掌握足够的语言材料，更不用说对汉语有什么感性认识了。在这种情况下，去给他们系统讲授汉语语法知识，效果当然不会好。后一种路子比较符合我们一开始所说的“在一二年级初级阶段，语法教学不宜过分强调，更不能直接给学生大讲语法规则”的意见，带有“随机教学”的性质，不过要有所补充。第一，课文的选用和编排不能片面地决定于课文要教的内容（现在一般都是这样），而应该按计划中所需给学生的字、词、语法点来编写和安排课文（现在基本上都不是这样做）。换句话说，课文中语法点的安排要有讲究。第二，到一定阶段有必要进行带总结性的、并有一定针对性的“巩固基础语法”教学，以便让学生把从各课文所附的语法点中学到的语法知识连贯起来，使之系统化。据了解，设在北京清华大学的“清华国际联合汉语培训处”（Inter-University Program，简称 IUP）美方主任凌志韫女士（Mrs. Vivian Ling）就是这样做的①。

第二点是，必须采取点拨式教学法。举例来说，我曾让英语区的学生把下面的英语句子翻译成汉语：

(1) Today it's a lot cooler than yesterday.

(2) This problem is much simpler than that problem.

很多学生翻译成：

(3) * 今天比昨天很冷。| * 今天比昨天非常冷。

(4) * 这个问题比那个问题简单极了。| * 这个问题比那个问题简单得不得了。

这当然错了。这种错误，在英语区学生中带有普遍性，我们需要结合这种病句来给学生讲讲在“比”字句中表示程度的词语的使用问题。关于“比”字句中可以用什么样的表示程度的词语，不能用什么样的表示程度的词语，北京大学马真教授已经说得比

---

① 参见凌志韫《华语与英语对比分析在华文教学上的功能》，复印稿（所见到的复印件上未注明出处）。

较清楚①。那么我们是不是就把有关"比"字句里使用表示程度的词语的规则全部给学生讲一遍呢？不能，也不必要。"倾盆大雨"学生受不了，弄不好反而把学生搞糊涂了。这里只需要"就事论事"进行点拨，而且尽量少用语法术语。具体可以这样说：

汉语普通话里有一种"X 比 Y＋形容词"的句子，一般叫"比"字句。例如：

(1) 北京比旧金山冷。

(2) 我比他高。

(3) 北京比西安繁华。

(4) 她比她姐姐能干。

这种"比"字句都用来表示两种事物（包括人在内）之间在某种性质上的程度差别的。因此如果需要在"比"字句里的形容词前面或后面加上表示程度深的词语，那么前面只能加"更"或"还"，不能加"很"、"挺"、"十分"或"非常"等；后面只能加"多"，不能加"极"、"很"或"不得了"等。例如：

(5) a. 我比他更高。

b. 我比他还高。

c. 我比他高多了。

d. 我比他高得多。

e. * 我比他很高。

f. * 我比他挺高。

g. * 我比他十分高。

---

① 参见马真《程度副词在表示程度比较的句式中的分布情况考察》，《世界汉语教学》1988 年第 3 期。

h. ＊ 我比他非常高。

i. ＊ 我比他高极了。

j. ＊ 我比他高得不得了。

(6) a. 北京比西安更繁华。

b. 北京比西安还繁华。

c. 北京比西安繁华多了。

d. 北京比西安繁华得多。

e. ＊ 北京比西安很繁华。

f. ＊ 北京比西安挺繁华。

g. ＊ 北京比西安十分繁华。

h. ＊ 北京比西安非常繁华。

i. ＊ 北京比西安繁华极了。

j. ＊ 北京比西安繁华得不得了。

(7) a. 约翰比玛丽更聪明。

b. 约翰比玛丽还聪明。

c. 约翰比玛丽聪明多了。

d. 约翰比玛丽聪明得多。

e. ＊ 约翰比玛丽很聪明。

f. ＊ 约翰比玛丽挺聪明。

g. ＊ 约翰比玛丽十分聪明。

h. ＊ 约翰比玛丽非常聪明。

i. ＊ 约翰比玛丽聪明极了。

j. ＊ 约翰比玛丽聪明得不得了。

(8) a. 她比她姐姐更能干。

b. 她比她姐姐还能干。

c. 她比她姐姐能干多了。

d. 她比她姐姐能干得多。

e. * 她比她姐姐很能干。

f. * 她比她姐姐挺能干。

g. * 她比她姐姐十分能干。

h. * 她比她姐姐非常能干。

i. * 她比她姐姐能干极了。

j. * 她比她姐姐能干得不得了。

为什么形容词前后只能用“更”、“还”和“多”，不能用“很”、“挺”、“十分”、“非常”和“极”、“不得了”呢？因为“更”、“还”、“多”能表示比较，而且也都只用来说明两项事物之间的比较；而“很”、“挺”、“十分”、“非常”或“极”、“不得了”都不含有比较的意味。所以只有“更”、“还”、“多”能用于“比”字句来表示程度深。

这里，大家还要注意一点，那就是形容词后面加“多”跟形容词前面加“更”或“还”，在意思表达上还有些区别：如果强调 X 和 Y 都具有那形容词所表示的性质，但 Y 在程度上要超过 X，那么就在形容词前面加上“更”或“还”；如果只强调 X 具有形容词所表示的性质，并不强调 Y 也具有那种性质，那么就采用在形容词后面加上“多”的办法来表示程度深。拿例(5)来说，a 句和 b 句在形容词“高”前面加“更”或“还”，意思是说，“我”高，“他”也高，但相比之下，“我”在程度上要超过“他”；而 c 句和 d 句在形容词“高”后面加“多”，意思则是说“我”高，而且在程度上超出“他”许多，但是“他”是高是矮，没有说明，不作肯定。其他例子也是这样。现在我们再来看英语的那个句子。那个句子只是强调今天天气冷,而且在程度上要大大超过昨天,而没有肯定昨天也冷,换句话说,昨天是不是也冷,并没有肯定,所以应把同学的病句改为例(9)或(10):

(9) 今天比昨天冷得多。

今天比昨天冷多了。

(10) 这个问题比那个问题简单得多。

这个问题比那个问题简单多了。

以上所说,谨供参考。

在对外汉语教学中,不要大讲语法,特别是不要一条一条地大讲语法规则,而要善于点拨,这对一个汉语教师来说,要求不是低了,而是高了。这不仅要求汉语教师要善于发现并抓住学生在学习汉语过程中出现的带普遍性的语法错误,给以改正,而且要求汉语教师要善于分析学生出现某种语法错误的原因,要善于确定解决学生某个语法错误的突破口,要善于针对学生中出现的某种语法错误运用已有的研究成果来作出明确而又通俗的说明。要能做到这一点,不仅要求汉语教师要有比较扎实的汉语语法基础知识,而且要求汉语教师自己要具有研究、分析汉语语法的能力。在对外汉语教学中,最忌讳的一句话是"这是汉语的习惯"。有的教师,包括在中国国内某些教留学生汉语的教师,当学生问到一些语法问题时,特别是当问到"为什么要那么说,不这么说"的时候,常常就用"这是汉语的习惯",把学生的问题顶回去了。他以为就解决了学生的问题,其实学生是最不愿意、最害怕听到这样的回答。这种回答会影响学生学习汉语的积极性,会让一些学生产生"汉语大概没有语法"的错误想法。

我觉得，我们应该采取一种实事求是的态度。如果当时就能给学生讲出些道理，当然最好；如果一时回答不出来，那就对学生说“这个问题我还要考虑考虑”，或者说“这个问题我还要跟其他老师一起研究研究”。因为有时候学生提的一些问题也确实不是一下子就能回答得出来、就能说清楚的。

上面说，我们作为一个汉语教师应该有比较扎实的汉语语法基础知识。不过说句实在话，现有的语法书、汉语教科书或工具书远远不能满足对外汉语语法教学的需要。这也不能怪编书的人，因为我们的研究还不够。因此，为了解决好汉语教学中的语法问题，除了参考现有的文献资料之外，很重要的一个方面，就是我们自己要注意从学生屡屡重犯的语法错误中，从学生的提问中，去思索思索，悟出些道道来，并把它告诉给学生，这样，效果会更好一些。而在思索、考虑的过程中，要常常问自己：为什么？是什么？怎么样？这就要求从事对外汉语教学的教师应具有发现问题、分析问题、解决问题的能力。

第二节　语法教学的原则

壹　教外国人汉语语法的一些原则问题[①]

在对外汉语教学中，讲授语法的目的，是为了使外国留学生

① 本文发表在《世界汉语教学》1994年第2期，作者赵金铭。

了解汉语语法的特点，掌握汉语语法的规律，以便正确地使用汉语，发展语言交际能力，有效地提高汉语水平。这里旨在讨论对外国人语法教学中应该解决的一些原则问题。

一 是教学语法而不是理论语法

由于对象不同，研究目的不同，便存在着各种语法。对外国学生所讲的语法，应该是教学语法，而不应将理论语法的某些讲法应用于对外汉语教学的课堂。因为二者是有很大区别的。

一般说来，理论语法是把语言作为一种规律的体系来研究，目的在于揭示通则，对语法的系统和语法的规律作出理论的概括和说明。教学语法又称“学校语法”，它是利用理论语法科学研究的成果，专为教学目的服务的语法。讨论教学语法，是为了有利于学生把语言作为一种工具来学习，其目的是掌握语言的技能。

吕叔湘说：“一个语法形式可以分别从理论方面和用法方面进行研究。”我们把前者算作理论语法，把后者归入教学语法。理论语法研究一个语法形式“在语句结构里的地位：是哪种语法单位？是句子或短语里的哪种成分？跟它的前面或后面的别的成分是什么关系，等等”。用法研究则研究一个语法形式“出现的条件：什么情况下能用或非用不可？什么情况下不能用？必得用在某一别的成分之前或之后？等等”。①

为了显示二者的差异，我们以代词“这/那么”和“这/那(么)样”为例，来比较一下理论语法和教学语法的不同讲法。

---

① 参见吕叔湘《未晚斋语文漫谈》，《中国语文》1991年第4期。

我们把《语法讲义》①看作是一本理论语法专著。在该书第六章代词,第十一节中,把“这么、那么、这样、那样、这么样、那么样”放在一起研究。书中说:“这几个词都是谓词性代词,可以作谓语,也可以作主语、宾语和修饰语。”书中进一步解释,1)“这/那么”作谓语时,后面应该加“着”,“这/那(么)样”可以不加。“这/那么”不能作补语,“这/那(么)样”可以作补语。2)“这/那(么)样”可以作宾语,“这/那么”不能作宾语。3)“这/那(么)样”加上“的”之后可以修饰名词,“这/那么”修饰名词,中间必须有数量词。

作为理论语法的《语法讲义》,指出语法形式“这/那么”和“这/那(么)样”是何种语法单位,即是谓词性代词。指出在句子中可以作哪种句法成分,不能作哪种句法成分。作为以明理为主的理论语法,这已经足够了。但在对外汉语教学的课堂上,这样讲显然是不够的。

作为一部教学语法的《实用现代汉语语法》就有着不同的处理。该书在指示代词一节中,把“这/那么”与“这/那(么)样”分开来讲。先说“这/那么”:1)主要句法作用是修饰动词、形容词,表示程度或方式,在句中作状语。2)也可以作主语、谓语,称代某种动作或方式,“这/那么”后面常加“着”。3)“这/那么”也可作定语,但不能直接加在名词前,后面要加上数量词,所指代的意思往往在下文交代、或不言而喻、或不可言传。4)“这/那么”还可以修饰表数量的词组,“这/那么”重读,有加强语气的作用;轻读时,表示估计。

---

① 参见朱德熙《语法讲义》,商务印书馆,1992年版。

再看"这/那(么)样":(1) 可以指代状态、情况,可以作定语、谓语、补语以及主语、宾语。(2) 指代程度和方式,作状语。这时,"这/那样"可以与"这/那么"互相替换,意思基本相同。(3) "这样""那样"并列地使用时,表示虚指,常作定语或状语。此外,"这样"在句中用以承上,"那么"在句中用来启下。

由此我们可以清楚地看到,作为教学语法的《实用现代汉语语法》是通过语法现象和语法规则的具体描写,来指导学生正确地使用汉语。正如该书作者在前言中所说,"在阐述各项语法规则时,除了指出结构上的特点以外,还特别注重语义和用法上的说明,以便使读者了解在什么情况下使用什么样的表达方式以及在使用某种表达方式时应注意什么样的限制条件。"在讲解"这/那么"和"这/那(么)样"时,正是贯彻了这一原则。

语法的理只有一条,语法的用却有多种。教学语法应该针对不同的对象而作不同的说明。正如许国璋所总结的:"'不以执一理而昧用',是教学语法的特点。它和'设一理而明之'的语言学语法(笔者按:即理论语法)不必相同,也应该有所不同。"①

教学语法的研究,可以说主要是用法的研究。这种研究"看上去好像琐碎,好像'无关宏旨',实际上极其重要。首先,教学上需要。一个词语,一个格式,怎么用是合乎汉语语法,怎么用是不合乎汉语语法,要教给学生的不正是这些个吗?"②比如,我们可说"这位同学",但不能说"这位人"。可以说"老大不高兴",但不能说"老大高兴"。可以说"漂亮姑娘",但不说"美丽姑娘",

① 参见许国璋《论语法》,《论语言》,外语教学与研究出版社,1988 年版。

② 参见吕叔湘《汉语语法分析问题》,商务印书馆,1979 年版。

而要说“美丽的姑娘”。又如,我们说“新同学到校了”,其中的“新同学”是复数,却不一定要用“们”。又如,外国学生说“请你稍微等”,我们听着别扭,毛病出在“稍微”常表示数量不多或程度不深,所以后面应该是“请你稍微等一等/等一下/等一会儿”。诸如此类,理论语法也许不屑一顾,教学语法是不能不解决的。

我们可以这样总结,对外国人在学习汉语过程中进行的语法教学,不是语法体系方面的教学,不是理论的教学,而是用法的教学,也即所教的应该是教学语法。

二 是教外国人的语法,而不是教本族人的语法

教本族人语法与教外国人语法有着不同的侧重。赵元任先生的《A Grammar of Spoken Chinese》一书,本来是写给外国人研究中国话用的。如果要把它翻译成汉语给中国人看,一定应该有好多增删的地方。作者在吕叔湘的译书《汉语口语语法》序中说,吕叔湘“把应该对中国人说的话都准确地译了,把不必对中国人说的话跟例子删去了”。[①] 哪些该译,哪些该删,大有学问,这里显示了教本族人语法和教外国人语法的不同。

教本族人语法,只需要一些最一般的规律,其余的他们可以自己去体味、去处理。一般来说,本族人绝不会造出不像话的句子来,语感使说话人造出的句子多是正确无误的。当然,驾驭语言能力强的人说/写出来的句子往往较通顺;驾驭语言能力差的人,句子就多些毛病。这些毛病,归总起来,不外乎:残缺和赘

① 参见赵元任《汉语口语语法》,商务印书馆,1979 年版。

余;词语的位置摆得不对;相关的成分搭配不当;杂糅[①]。这些语法错误,通过类比或简缩的方法总能从一般的语法条规上找到原因,也是不难纠正的。

当外国人要通过学习语法来掌握一种语言时,几条最一般的规律就不够用了。这时候的语法就要深化和细化,一般的规则下还得有细则。比如,在汉语中“几乎所有的动词和形容词都能作主语和宾语”。[②] 对外国人讲,这条语法规则就比较笼统,可能诱导出中国人不会犯的语法错误。其实,仅就主语来说,动词、形容词作主语就是有条件的。范晓指出:“与它对待的作谓语的 VP 是有一定限制的。如果把这个有条件的性质看成了无条件的性质,就将推导出错误的结论。”[③]这种限制可以归纳为:谓语中心语的 VP 主要有四类:(1) 表示判断、诠释意义,如“是、属、等于、如、值、好比”;(2) 表示评议、估量意义,如“应、要、能、可以、容易、难、好、坏、合适、合理、有利、重要”;(3) 表示存现、显示意义,如“开始、停止、存在、有、充满、显示、说明、表明”;(4) 表示产生、使成意义,如“变、成、变化、产生、引起”。

又比如“词类”不过是按词的语法功能所划分的大类,大类之下还要再分类,才适合对外国人的教学,而再分类就和语义有联系了。但这种语义又不等同于对全人类来说是基本一致的逻辑意义,实际上,在每种语言里都具有各自不同的民族特点。正如胡明扬所说:“汉语‘工作’与 work/大雨、小雨 heavy～light

---

① 参见北大中文系汉语教研室《现代汉语》,商务印书馆,1962 年版。

② 参见朱德熙《语法答问》,商务印书馆,1985 年版。

③ 参见范晓《VP 作主语——兼论“N 的 V”作主语》,《语法研究和探索》1992 年第 6 期,语文出版社。

~。如果不仔细分析，很容易误认为这些搭配问题都是语义问题，不是语法问题。仔细一分析，就会发现不少所谓搭配问题不是语义问题而是语法问题。不过涉及的语法规则的适用范围相对而言要窄一些。”①这些比较窄的语法规则对本族人是无须讲的。对外国人却不能不讲。外国人学习汉语到了中高级阶段，常出现搭配错误，正说明我们应该在语法教学中加强对比分析，特别是词的义项和用法的交叉与对比分析，把语法细则教给学生。对外国人所进行的语法教学应该是什么样的概貌呢？一本在对外汉语教学界带有指导性的书中说：

“它不详细介绍语法理论和语法知识，而是突出语言使用规则；它重视语言结构形式的描写，同时又注意结构形式与意义的结合；它对语法规则的说明具体、实用，而又简洁、通俗；它从典型的语言材料出发确定语法项目和语法点，但又简明扼要、提纲挈领；它不引导师生去进行详尽的语言分析，而是要求教师更有效地帮助学生在学习语言时掌握必要的语言规律，并运用这些规律去指导语言实践。”②

简言之，对中国人的语法是一般性的，粗线条的；对外国人的语法是细密的，管辖范围窄的。

三　是从意义到形式而不是从形式到意义

对母语为汉语的人讲语法，往往是先拿一个语法形式，然后说明它的语法意义。如汉语中的一部分动词可以重叠，这是一

① 参见胡明扬《再论语法形式和语法意义》，《中国语文》1992 年第 5 期。

② 中国对外汉语教学学会。汉语水平等级标准研究小组，《汉语水平等级标准和等级大纲》，北京语言学院出版社，1988 年版。

个形式，重叠后表示一种“轻微、尝试”的意义。然而对于一个想要用汉语来表达思想的外国人来说，情形往往相反，一般是先产生要表达的意义，然后选择适当的语法形式。比如要表达“动作、行为或性质、状态持续多长时间”，在汉语中就要选择使用时量补语的格式，句中要有表示时段的词。如：看了两小时书/等了他十分钟。

讲语法离不开语法分析。语法分析的过程，可以从听话人的角度来看，也可以从说话人的角度来看。听话的人接触到一连串的声音，听完了，听懂了这句话的意思，这是一个从形式到意义的过程。说话的人相反，先有一个意思，然后借助于一连串的声音把它说出去，成为一句话，这是一个由意义到形式的过程[①]。外国人学汉语，类似说话的人，要把头脑中的意义转换成语言代码，这是一个由意义到形式的过程。当然，无论说的人还是听的人，无论是说母语的人还是说外国语的人，都得掌握语法规律才能顺利完成说或听的过程。针对外国人习得汉语的行为过程讲授语法，要注重意义，并往往从意义出发。

语法形式和语法意义的关系，从发现程序来看是从形式到意义；从发生学的角度看是从意义到形式。外国人学汉语，掌握汉语语法是个生成过程，也就是按照一个句式造出许多句子来，这是一个由意义到形式的过程。

在对外汉语语法教学时，如果仅从形式出发作句法分析，是远远不够的。比如有人喜欢用句型来教外国人语法，其实任何一种句型都是抽象的，它们的实现要受到种种条件限制，比如

① 参见吕叔湘《汉语语法分析问题》，商务印书馆，1979年版。

"名+把+名+动+动/形"这种句型,只不过提供了一种组合的可能性,并不是任何名词、动词和形容词放在这个句型里,都可以产生可以接受的说法。在教学中尽管规定了这个句型的限制,学生还是造出了:"*大家把那些话听见了/*我把中文学得很努力/*我把那么重的箱子搬不动/*我看见他把教室进去了。"因此,我们还必须把语义分析、语用分析引进来,才能比较好地避免不可接受句子的产生。比如外国学生造出"我没有机会来浪费时间"的病句,从形式上看无可厚非,毛病出在语义上。经宋玉柱研究发现,"'没机会'后边跟的动词结构表示的都是主语代表的人所想要干的事"。病句之所以为病句,是因为"浪费时间"并非"我"所想干的事[①]。有人认为"汉语句子成立的要素首先是某种特定的表达功能,然后是与之相适应的不同的表意功能段的线性配置格局。在没有了解一个句子的表达功能前,是无法确定这个句子的结构模式的"。[②] 这也是讲的从意义到形式。

前面我们已经提到,对外汉语教材中常讲动词重叠后在语义上表"轻微、尝试",像"看看、走走、练习练习、商量商量",这是从形式到意义。我们还可以反过来看,同样是表示"轻微、尝试"的意义的,除了重叠,还有可供选择的其他语法形式,如"V一点儿、V一V、V一下儿"等。这是从意义到形式。当然,这些不同的结构形式,在语义上也还是有差别的,它们还有各自的使用条件。我们不仅应该能说出"有时候这样,有时候那样",还应该能

---

① 参见宋玉柱《对外汉语语法教学札记》,《汉语学习》1993年第4期。

② 参见戴昭铭《评申小龙的文化语言学理论——〈汉语句型学〉读后》,《汉语学习》1991年第3期。

说出“什么时候这样,什么时候那样”。

有鉴于此,有人建议编一本适应汉语生成的词典。这本用于生成的词典应该是根据概念来找词,也就是说,要从造句的角度来编写。对词典中的每个词要注明用法,包括确定时、体,构造短语乃至在确定句型诸方面予以指导。此外,还要注明必要的语用信息和使用条件,以便使用者在话语生成过程中作出正确选择。这样的词典对学语言的人来说才是十分有用的①。

四　不仅是分析的语法更是组装的语法

给外国人讲语法,可以用分析的方式,更应该用组装的方法。

从当代语言科学的发展来看,代数语言学的语言模型主要有两类:分析性模型和生成性模型。它们分别从不同的角度对语言进行形式描写和推导。分析性模型是从一个已知的语言集合出发,分析它的语句结构、组成元素及其相互关系,从中找出一组语法规则来进行描述。这显然不完全适用于对外国人的语法教学。而生成性模型,又叫综合性模型,它是从已知一组语法规则出发,研究这个形式语法所生成的某一个语言集合的性质。根据生成性模型不仅可以识别和理解句子,更重要的是可以生成各种句子。显然,生成性模型更适宜对外国人的语法教学。教学对象的不同,培养目标的不同,决定了对外国人语法教学不是为了分析,而是为了组装②。有的语法学者还用打比方的方

① 参见杨国文《从计算机生成汉语的角度看汉语语法研究》,《中国语文》1992年第2期。

② 参见徐枢《回顾与展望——试谈80—90年代现代汉语语法研究》,《语言教学与研究》1991年第4期。

法阐明了对汉族学生和对外国学生讲语法时在内容和讲法上的区别，比较早的提出了关于汉语组装语法的设想。郑懿德、陈亚川说："如果把对汉族学生讲语法比作引导学生看一座楼哪是卧室哪是客厅的话，那么对外国学生讲语法就好比是教他们如何用零件摆积木，用砖瓦盖房子。"①

一般说来，对于语法分析的过程，我们能说得比较清楚。正如吕叔湘所说，分析语法应该去掉语调，去掉语助词、叹词、呼语、评注性成分等等"挂在句子上的零碎"，再对句子本身进行层次、关系、功能和格局的分析，这是典型的分析程序。从组合的角度来看，顺序则正好相反，但是怎样组合，组合的有关细则，我们还不能说得十分透彻。胡裕树提出一个基础（以句法为基础）、三个结合（形式与意义相结合、句法与语义相结合、静态分析与动态分析相结合）的方法，已经考虑到了组装语法的问题②。

邢福义曾举过一个例子："假如有两个名词（N_1N_2）和一个动词（V），词面形式不变，那么，可以有六种排列配置格局。各种V和N适应这六种格局的情况如何，适应的结果反映什么语法关系，这里面既有动词问题，更有名词问题。"③这也就是说，有的组合成立，有的组合不成立，至于成立与否，我们都得找出条件说出理由来，以便学生掌握。

---

① 参见郑懿德、陈亚川《注重语义讲求实用的语法新著——〈实用汉语参考语法〉读后》，《中国语文》1991年第4期。

② 参见黄山语法修辞座谈会《三个平面：语法研究的多维视野》，《语言教学与研究》1992年第1期。

③ 参见邢福义《从基本流向综观现代汉语语法研究四十年》，《中国语文》1992年第6期。

我们教给外国学生的汉语语法规则，应该是根据它造出的所有句子都能被说汉语的人所接受。比如现代汉语有一条语法规则是：句子由“主语＋动词＋宾语”构成。比如名词“书、狼、肉、小鸡、人”，动词“吃、害怕、了解、怀疑”，运用这条规则和这9个词，可以组装成成百个句子。其中：(1) 有一些是可以接受的，如：人吃鸡；(2)有一些在某种特定的环境中是可以接受的，如：人吃人；(3)有一些句子是不合格的，即不能接受的，如：书害怕狼；(4)为了保证按语法规则只生成能够接受的句子，就必须加上一些限制，如为了避免生成“书害怕狼”这类句子，但能生成“人害怕狼”这类句子，我们可以在规则里增加一个条件：“害怕”的主语必须是“生命体”。① 外国人在组装汉语句子时，也有类似的情况。因此在组装规律上一定要管得住。

外国人学了汉语语法，要组装并生成大量的句子，用以表达思想，这就和计算机处理汉语信息有许多相似之处②。

比如，汉语中具有各种各样的形式标志，不同的标志，具有不同的语义内容，通过对语言形式的识别而达到对语言内容的理解。因此无论是外国人，还是计算机，都要充分发掘和尽力利用汉语中各种各样的形式标志。如，名词词尾“子、儿、头”，时态助词“了、着、过”，结构助词“的、得”，各种副词、介词等。又如复句中的“如果……就……”“因为……所以……”等连词也是形式标志，有了它们组装起句子来就方便多了。但是汉语中的“他来我走”“下雨，咱们不去”等复句，外国学生就不习惯从意义上判

---

① 参见钱乃荣《现代汉语》，高等教育出版社，1990年版。

② 参见鲁川、林杏光《现代汉语语法的格关系》，《汉语学习》1989年第5期。

断这种句子的内在的意义关系(因果/假设),原因在于这种句子没有表示这些意义的形式标志。学生即使学了带连接词的句子,也还是不会说这种句子。这得另想办法,要特别注意。

无论是外国人,还是计算机,都关注着汉语语法的三个平面。因为每个平面都有各自的成分。在语法教学中,应该将句法平面、语义平面和语用平面有机地结合起来。比如,我们在讲授结果补语时,就要特别注意汉语中特有的这种格式。从句法结构形式上分析,它都是单句;但从语义平面上分析,它都包含着两个表述。如:孩子哭醒了妈妈→孩子哭+妈妈醒;他喝醉了酒→他喝酒+他醉了。又比如,在餐桌上,一位中国人问外国学生:"你会用这个(指筷子)?"外国学生回答:"是,在美国我用了。"回答的句子在句法和语义方面都没有错,毛病出在语用选择不当。

句子的生成是由深层结构(语义)到表层结构(句法)的实现交际目的的序列化过程,这个序列取决于语义的正确性、句法的限制性和语用的选择性。我们强调组装语法,阐述生成的过程,是针对外国人学习汉语语法的特点而言的,这只是个原则,其中的组装规律和细则,还有待于我们进一步研究。

五　不仅是描写的语法,更是讲条件的语法

在对外语法教学中,我们不仅要对各种句式本身的结构特点、层次关系作出科学的客观的描述和分析,更重要的是要讲明它的使用条件,即必须在什么时候、什么场合和要表达什么意思才能使用这种格式。一个学汉语的外国人,必须了解各种语法现象的出现条件,才能正确地使用它。有的外国学生说,学了汉语语法不顶用,有时还会造出合乎语法的不可接受的句子。这

是因为大多数汉语语法书只罗列各种语法现象，很少讲这些现象出现的条件。

我们讲给外国人的语法，受我国汉语语法学界的影响，在语言现象本身的描写上可以称得上相当精细，相对来说，对语言现象的解释的研究就略嫌薄弱。而如果不对语言现象出现的条件做出解释，这种描写的语法在对外汉语教学中是难以发挥它应有的作用的。

怎样才是讲条件的语法，我们以“把”字句为例。起初人们以为“把”字句的作用是把及物动词的宾语提前。如果以这样一个极不严格的条件来解释“把”字句，学生在说话行文中就会出现大量的“把”字句，当然其中不乏不可接受的“把”字句。后来，人们对“把”字句加以限制，提出了以下条件：(1)“把”字句中的动词不是单个儿的，而是一个比较复杂的动词组合；(2)“把”字句的宾语在语义关系上是后面动词的受事，而不是一般的宾语；(3)“把”字句的宾语在意念上是确定的、特指的。对“把”字句的使用作了这些限制以后，外国学生基本上可以造对句子了。后来，有人根据汉语语法研究的有关结果，把上述条件进一步概括，做出更简练的解释：凡是受事主语句的主语之前，都可以加“把”字形成“把”字句。例如：“门开着、门关了、他免了职”等受事主语句，主语前加“把”字就可以形成“把门开着、把门关了、把他免了职”等“把”字句。可以看出，这是一个简单明确的条件，学生掌握起来也就容易些①。

---

① 参见冯志伟《计算语言学对理论语言学的挑战》，《语言文字应用》1992年第1期。

又比如副词“才”，很多对外汉语教材都是这样讲的：“‘才’表示动作发生得晚、进行得慢或不顺利。”这种一般的描述，学生掌握起来是很难的。于是，有人结合语用背景进行研究，作了五点解释，使外国学生了解到底什么时候、在什么条件下使用“才”。其中一条是这样解释的：“因为‘晚’一般来说是人们不企望不欢迎的现象，所以用‘才’的句子往往含有‘不满’或认为‘不该’的语气，有时甚至略有‘嫌弃’‘埋怨’的感情色彩。例如：(1)已经通知了两点半开会，你怎么现在才来？（埋怨）(2)每个星期天，他都九点半才起床——太懒！（嫌弃）(3)我在外边等了十几分钟，才有人来开门。（不满）这些细致的条件才是真正适合外国人的①。”

汉语的“着”是个难点，它表面上与英语现在分词词尾-ing有相似之处，外国学生常常弄混淆。在对外国人的教材和教学中，我们又常常把“着”等同于“继续、持续”，还举了不少例句来证明，引起外国学生的许多误解，黎天睦将与“着”有关的几个词做了比较，作出了解释，他认为：“着”的基本意义是惯性；“了”的基本意义是变化；“过”的基本意义是经验；“没”的基本意义是没有变化。他认为这样做有两个好处：(1)使得外国学生能由统摄大多数情况的一个总的规则或概念出发；(2)不会迷惑于表面现象，以为“着”相当于-ing②。这也可算作一家之言。在汉语中“着”“了”等动态助词与印欧语中的进行体、完成体的性质是完全不同的，因为它们与时间无关。它们所表现出来的“进行”或

---

① 参见赵淑华《句型研究与对外汉语教学——兼析“才”字句》，《语言文字应用》1992年第3期。

② 参见[美]黎天睦《论“着”的核心意义》，《国外语言学》1991年第1期。

“完成”义都仅仅是特定条件下的偶发现象。所以，也有人认为“着”表情状，“了”表实现。“着”是谓语性成分的后附成分，表示情状，主要用于描写一种情景①。而“了”只表示动作或情形的完成的状态，它跟过去、现在、将来并没有一定的关系。外国学生凡是遇到过去的事情一律用“了”，好像等同于英文的-ed 似的，这是没有了解“了”的使用条件。受其影响，学生就会造出：

*我昨天梦了一个朋友。

在对外汉语教学中状态补语历来被认为是一个难点。这是因为状态补语是汉语中特有的形式，外语（如英语）中没有对应形式，因此外国学生掌握起来很困难。如果我们找出其使用条件，也许就容易了。经研究，鲁健骥认为，状态补语所要评价、判断或描写的是已经发生或正在发生的动作或事件，以及与此事件相关的人或物。这是状态补语出现的前提条件。例如，只有我们看见过或看见了某人在跑，或了解过某人跑的纪录，我们才可能去评价他“跑得快”还是“跑得不快”。使用状态补语的这一条件，决定了状态补语句使用上的一个特点，即状态补语与某个叙述前提条件的句子（相关句）相呼应。这种呼应有显性、隐性之分②。这样，我们就找出了状态补语出现的语用条件，从而有助于外国人掌握它。

汉语被动句的使用也必须具备一定的条件，屈承熹认为这些条件是：(1)一个无表层宾语的及物动词。(2)一个其语法标记可有可无、在句中又可隐可现的语义施事者。(3)一个嵌入

① 参见费春元《说“着”》，《语文研究》1992 年第 2 期。

② 参见鲁健骥《状态补语的语境背景及其他》，《语言教学与研究》1992 年第 1 期。

句，但条件是句中要有一项特别被动标记，而不管它为动词，还是系词。而且，如果一个被动句要具备了所指明的成分，还必须符合下面(4)规定的条件。(4)高层次句的深层主语和嵌入句的深层宾语应有相同所指①。这就对汉语被动句的出现和正确使用，规定了令人可以把握的条件。

以上我们就汉语中一些独具特点的语法现象讲明了出现条件，这就比描写更深入了一步。在外国学生看来，汉语语法规律不像其他语言的语法那样严密、规则，不少的语法规律甚至难以归纳，时常出现各种例外。他们常常感到，学习汉语语法，差不多等于学习一个个词的用法，虚词更是这样，所以很难掌握。于是，他们就很容易用母语或媒介语的语法来套汉语语法。我们讲明了各种语言现象出现的条件，将有助于他们把握汉语语法。

六 不是孤立地讲汉语语法，而是在语际对比中讲汉语语法

给外国人讲汉语语法，不能就事论事，只讲汉语本身。因为外国学生的头脑里早已先入为主的有了其母语或所学外语的语法规律，他们会时时拿来比附。如果通过语际对比来讲，就会更加显露汉语语法的特点。只有突出汉语语法特点并讲透了，外国学生才易于理解。汉语语法的大特点，就是语法规律的特异之处；小特点，就是具体的语言现象。

汉语语法的特点是什么？要是从关系全局的重要方面来

---

① 参见[美]屈承熹《历史语法学理论与汉语历史语法》，北京语言学院出版社，1993年版。

讲，朱德熙认为只有两条："一是汉语词类跟句法成分之间不存在简单的一一对应的关系；二是汉语句子的构造原则跟词组的构造原则基本上是一致的。"①当然，这只是概括的说法。汉语语法中的一些具体的特点，也都是跟其他语言语法对比而显其特色的。我们前面讲过，汉语的动词和形容词可以直接作句子的主语或宾语而无需改变形式，而英语则必须在形式上名词化之后才能在主、宾语位置上出现，这就是汉语和印欧语的一个显著区别，像"散步有益健康/她爱美/谦虚使人进步"一类句子得特别教给学生，当然同时得讲明条件。

汉语的名词可以修饰名词，特别值得注意的是汉语名词修饰名词十分自由，这也是区别于印欧语的一个特点。像"铁床/塑料凉鞋/木材加工厂"等。又比如，在印欧语中名词不能单独作谓语，在汉语里，在一定条件下，名词可以单独作谓语，像"我北京人/小孩儿黄头发/这桌子三条腿/明天中秋"。我们既看到相同之处，又看到不同之处，而不同之处是有条件的。

主谓结构作谓语的格式，不仅汉语里有，汉藏语系的其他一些语言里也有。跟印欧语比较起来，这是汉语语法的另一个特点，也是汉语中最常见最重要的句式之一。如"这本书我看过/他的确身体不错/这件事我有不同看法"。

跟印欧语比较，汉语还有一个突出的特点，那就是主语和谓语之间关系十分松散。一方面表现在主语和谓语之间往往可以停顿，而且主语后头可以加上"啊、呢、嘿"等语气词跟谓语隔开。如："这件事啊，咱们得好好商量一下。"另一方面，只要不引起误

---

① 参见朱德熙《语法问答》，商务印书馆，1985年版。

解，主语往往可以略去不说。如：（我）晚上十点到的/（这几件衣服）一共三百块钱。而在英语中这都得是完整句。如：来客人了 A visitor has come here. 晚上十点了 It is ten in the evening. 于是，这就影响到学生说汉语时，常选用主谓必备的完整句①。

如果我们和英语作些具体的比较，也可以看出汉语的特点。比如英语中有形式主语，汉语中没有，这说明汉语中不增加信息量的成分少，即冗余度小。像 It is raining.（下雨了）/He does his homework in the evening.（他晚上做作业）。受英语语法的干扰，学生就会造出下面的病句：* 他在晚上做他的作业/ * 他做他的作业在晚上②。

汉语是一个独具特色的语言。有人认为印欧语中表现为语法关系的许多东西，在汉语中并不上升到语法层面。比如，在印欧语中时间、空间的概念很多表现为特定的语法关系，如名词有性、数、格，动词则有各种时、体。汉语中没有这些东西，需要表达的物体在空间上的属性，动作行为在时间上的属性，基本上都是在句中实现的。但汉语中也经常出现一些似是而非的东西，它们看似语法标志，细加分析，却又与以印欧语研究为基础确定的语法范畴的实质相去甚远。如“们”不在语法层面上，而跟“两个”“三个”处于同一层面③。二者只能用其中之一，如果套用英语说成“三个同学们”就错了。

有时，一个虚词也体现了汉语的特点。如“就”就是一个用途极为多样化的副词，英语里没有对应词，是外国人学习汉语的

---

① 参见朱德熙《语法讲义》，商务印书馆，1992 年版。

② 参见邢公畹、马庆株《现代汉语教程》，南开大学出版社，1992 年版。

③ 参见费春元《说“着”》，《语文研究》1992 年第 2 期。

难点之一。因为它在英语译文中往往可以略去。比如"就"的一个常见的用法是用在第二分句中表明前一分句是条件句:"(如果)你去,我就不用去了。"无论前一分句中的"如果"省略不省略,"就"在第二分句中是不能省的①。

汉语中的动宾关系具有多种多样的语义关系,比如吃苹果(受事)、吃食堂(处所)、吃包伙(方式)、吃大碗(工具)、吃父母(依据)、来客人(施事)、养病(原因)、炒鱼香肉丝(结果)等等。这些例子译成英语,绝大多数都是"动词+介词+名词",但是在汉语中可以省略介词而只是"动词+名词"。这正是汉语的一个特点,即动宾结构可以表示丰富多彩的语义关系。

汉语中不存在"去着""来着"(有另外一个"来着"是别的意思)。但是学英语的人,首先就要学 going、coming 的形式。原因在于汉语中的"来""去"是指"来"和"去"的动作的全部过程,不可能表示一种持续的情貌,所以,不可能加动态助词"着"。类似这些,都必须通过对比才能给学生讲清楚②。又比如,在汉语里主动与被动的观念是靠上下文来补足的。除非强调,一般是主动被动来回说,有时是找不着施事者的。可以说"我吃完了",也可以说"饭吃完了"。

总之,对外国人讲汉语语法,必须针对学生母语或媒介语的情况,结合汉语所独具的特点,才能讲到肯綮,学生也才能理解透彻。

---

① 参见王还《漫谈汉语的一些副词》,《语言教学与研究》1992 年第 1 期。

② 参见[日]安藤彦太郎《中国语与近代日本》,北京大学出版社,1991 年版。

贰 语法不教什么[①]

——对外汉语语法教学的两个原则问题

一 研究现状

语法教学在汉语作为第二语言的教学中占有重要位置，这已是不争的事实。近些年来，语法教学的理论探索和教学实践等方面较以往有了很大的发展，“国际对外汉语教学语法研讨会”（国家汉办教学处主办）召开了两届，一些论著、大纲和教材也相继面世，局面是可喜的。在对这些成果进行学习的过程中，我们觉得有一个问题有必要拿出来讨论一番，这就是“语法不教什么”，具体地讲，是对外汉语教学中的语法教学不教什么。这其实是一个重要的教学原则问题。

关于对外汉语语法教学的原则问题，赵金铭（1994）[②]和郑懿德（1991）[③]等都有过重要的论述。随着研究的不断深入，尤其是语言本体研究中各种理论、方法日趋多样，相关的成果逐渐对对外汉语教学产生影响。在看到积极的一面的同时，我们也注意到了另一面，即影响到对外汉语教学最根本原则的一面，在哪些该教、哪些不该教的问题上需要加以明确。

---

① 本文发表在《语言教学与研究》2006年第1期，作者孙德金。

② 参见赵金铭《教外国人汉语语法的一些原则问题》，《语言教学与研究》1994年第2期。

③ 参见郑懿德《对外汉语教学对语法研究的需求与推动》，《世界汉语教学》1991年第4期。

二 决定语法教学内容的两个因素

我们认为，在确定对外汉语语法教学的内容时，必须考虑下面两个因素。

1. 语法的本质

先看几种语法的概念描述：

“语言系统的组成部分，语言中用词造句的结构规则。是人类思维高度抽象化的结果，具有抽象化的特点。”①

“语言是线性的序列，序列里的基本单位——词——不是任意组合的，而是按规则组合的。……这些规则的总和即是本体语法。”②

我们这里说的“语法”指的就是上面引文中的“本体语法”，即存在于语言使用者头脑中的各种规则。凡语言，必有语法，这应该是一种常识。

作为规则，就一定要具备如下属性：可扩展，可类推，不单适用于单一个体。作为语法规则还应该体现为一定的语法形式，且表达一定的语法意义。例如，“汉语中数词和名词中间要有一个量词”，这条语法规则是对“一本书”“一支笔”“两件衣服”“三张纸”等众多实例的抽象和概括，因此，它不单适用于某一“数量名”组合，而是适用于所有“名”的数量表达。它表现的是“数”、“量”、“名”三者间的语法关系。这样的规则是语法规则。换言之，语法要管的是下面的问题：

① 参见戚雨村等《语言学百科词典》第 445 页，上海辞书出版社，1993 年版。

② 参见《中国大百科全书·语言文字卷》第 467 页，中国大百科全书出版社，1988 年版。

(1)＊ 我有两书。(缺失量词)

(2)＊ 我喝了两个杯牛奶。(多用量词)

语法不管下面的问题：

(3)＊ 我买了一个笔。

(4)＊ 我认识那位人。

例(3)、例(4)显然是有毛病的句子，但不是语法的毛病，而是词汇的毛病。

2. 第二语言教学中语法教学的根本任务

第二语言的学习通常有三个特点，一是学习者一般是成年人，二是学习行为一般发生在课堂一类的教学环境中，三是学习时间往往是有限的。这三个特点对语法教学都有重要的影响。

在以成年人为教学对象、以课堂教学为主要形式的第二语言教学中，语法教学的根本任务是：在最短的时间内帮助学习者最快地掌握所学语言的语法规则，进而帮助学习者正确有效地运用这些规则，形成语言能力。

一般来说，学校环境中的第二语言学习，学习时间总是有限的，少则几个月，多则几年。在有限的教学时间里，学习者最希望教师帮助的是什么？国外学者在进行学习观念(Beliefs About Language Learning)研究的时候，对学生的语言学习观念进行过多种调查，结果表明，学生们大都认为语法学习极为必要。比如，Campbell 等人 1993 年对美国中西部一所大学始修外语的 70 名学生进行调查，结果有 66%的学生认为语法学习比词汇学习更为重要，73%的学生认为学好一门外语必须死记硬背语法规则。①

据此我们可以说,第二语言学习者对语法规则有显著的心理期待,期望在课堂上或从书本中得到所学语言的语法规则,并把这些规则背下来。当然,站在教师的立场上,我们会说仅仅背下规则是不够的,但这就是学习者的学习心理,我们必须了解学习者要什么。学习者明明要的是有类推性、可扩展性的语法规则,希望用这样的规则说出较多的正确句子,但老师给的偏偏是一些个性鲜明的词语,讲的是这种词语的特点和用法,学习者肯定是不满意的,特别是把这些词语当作语法讲授的时候,学习者会对你这里说的"语法"感到困惑。一般来说,作为成年人的外语学习者,对"语法"有大致相同的理解,尽管可能是比较模糊的。

第二语言学习(不是习得)往往时间有限,而需要掌握的东西很多。词语教学当然非常重要,但作为教学的组织者和实施者,必须考虑最大限度地优化教学资源(包括教学内容和教学时间等等),以实现教学效率的最大化。我们知道,语言中除了"书"一类的实词以外,很多词在意义和用法上往往都有特点。比如"走"这个动词很简单,但在汉语里也有它的特殊意义和用法,如"久病的老人昨天走了",而且该意义有特定的语用特征。那么是不是因为意义和用法特殊,就成为语法教学的内容?答案应该是否定的。类似的词语,可以通过实际的语言材料(词语所处的语境)和辅助的词典等工具书让学

① 参见张飞东《语法教学的再认识》,《全国英语"四位一体"复习教学方法扩大实验研究实验通讯》(第十辑),供高中实验用,另见网页:www. TEFL－CHINA. net.

习者自行掌握。再比如“看”这个词意义和用法也比较多，“看书”的“看”显然不需要教，但“说说看”的“看”就是语法教学的内容了，因为这里的“看”起的是语法作用，“VV看”这个语法形式表达的是“尝试”这样一种抽象的语法意义。掌握了这种形式，学生也就获得了表达“尝试”意义时的一种可选形式（其他形式如“VV”“VV试试”“试着VV”等）。因此，概括说来，限定语法教学的范围在一定意义上是由第二语言课堂教学的特点所决定的。

三　属于词汇范畴的不教

1. 词汇和语法

按照传统的理论认识，语音、词汇、语法是构成语言的三大要素。尽管三要素是语言学家为分析语言、认识语言的目的而区分出来的，实质上三者之间有着密切的联系，但毕竟各自扮演的角色不同。从外语学习的角度认识这个问题，有一种简化了的学习路线：先攻发音（学习音标），剩下的只需要两本东西，一本好词典，一本好语法书。另外需要的就是好的语言环境。这不是笔者的发明，而是不少人有这种共识。我们当然知道外语学习可能没有这么简单，但这种认识也说明了三个要素各自起的作用不同。词汇是一种语言的表意单位，特别是表实意的单位（通常称为实词）在量上往往是开放的，产生新事物就会有新的单位（新词）出现。作为语言使用者和学习者，就需要“词典”或“词表”去一个一个地认读、记忆、运用。而语法则一般不具有开放性，规则往往是稳定的，即使变，也需要漫长的过程。举一个例子，汉语普通话中一般认为动词重叠后不能带结果补语（如

"说说清楚"),这是一条规则。但据储泽祥[①]观察,早在清末,《红楼梦》和《儿女英雄传》中就有这样的用例。据我们的观察,现在这样的用例也越来越多。动词重叠带结果补语一般认为是吴方言的一种结构,如果认为《红楼梦》、《儿女英雄传》中的用例是受当时吴方言影响的结果,那么到今天这个影响的过程还没有结束,这种结构还没有被普通话接受。这说明,语法规则的稳定性非常强。因此作为语言的学习者,他所要掌握的"语法",不是一个个有单独的理性意义、各种色彩的表意单位,而是有限的、稳定的、概括的、抽象的一条一条的规则,词汇和语法在语言学习过程中的作用不同。

2."语法"名义下的若干现象

第一,语法大纲。

自上世纪90年代以来,语法大纲的编制受到重视,先后出版了几种有影响的大纲,对对外汉语教学产生了积极的影响。在大纲的编制中,到底什么算是语法的教学内容似乎不太明确,造成了词汇大纲中有语法、语法大纲中有词汇的现象。前者问题不大,比如"了"在词表中出现属于正常,毕竟它也是一个词汇单位。问题较大的是语法大纲中包括了较多的词汇内容,语法到底要教什么就成了问题。这里分析一下两种影响较大的大纲。

(1)《汉语水平等级标准和语法等级大纲》,由刘英林主编,1996年6月高等教育出版社出版。语法等级大纲共计1168项

① 参见储泽祥《交融中的VVA叠动动法式》,《双语双方言》1994年第3期,汉学出版社。

点。其中很多项点不属于语法。下面照录一些例子：

156【乙 027】看不起/看得起

157【乙 028】来不及/来得及

175【乙 046】感兴趣

181【乙 052】实事求是

311【丙 059】打量

314【丙 062】归

315【丙 316】配

335【丙 083】难得

336【丙 084】足

337【丙 085】马马虎虎

从这些例子可以看出，该大纲对“语法”的理解是很宽的。基本上从丙级（个别的从乙级）开始，语法项点就越来越“词汇化”了，大的类型主要包括：

A. 构词语素。例如：

282【丙 030】光（光辉、光明、光荣……）

283【丙 031】打（打算、打倒、打针……）

B. 实词。例如名词：

308【丙 056】人群（书本、车辆、纸张……）

716【丁 064】往常

代词：

332【丙 080】这会儿

333【丙 081】那会儿

动词：

327【丙 075】怀

726【丁 074】唠叨

形容词：

338【丙 086】有机

741【丁 089】带劲

C. 固定词组。例如：

166【乙 037】不好意思

435【丙 183】闹笑话

861【丁 209】按劳分配

D. 兼类词。例如：

396【丙 144】借口(名、动)

399【丙 147】极端(名、形)

E. 离合词。例如：

405【丙 153】报仇

406【丙 154】操心

需要说明的是，构词法、各个词类、词组的类型、兼类问题、离合词都是语法要讨论的问题，但这并不意味着有关这些方面的具体实例都要以语法项点的形式列入语法大纲，只能以恰当的方式展示规则。限于篇幅，关于大纲中所反映的突出语素教学、强调词组在汉语中的语法地位等倾向，这里不作讨论。

(2)《高等学校外国留学生汉语言专业教学大纲》，由国家汉办组织制定，2002 年 1 月北京语言文化大学出版社出版。该大纲“二年级语法项目表”的第二部分是“词语的联系与扩展”，以下照录：

(1)类义词

1. 称谓，如：

父亲 母亲 叔叔 婶婶 姑姑 姑父 姨 姨父 爷爷 奶奶

2. 调味品，如：

油 盐 酱 醋 糖

3. 蔬菜，如：

葱 姜 白菜 茄子 辣椒 西红柿 黄瓜

4. 颜色，如：

红 黄 蓝 绿 灰 黑 紫 粉

(2)同义词和近义词，如：

妒忌—忌妒 开展—展开 悲哀—悲痛 爱护—爱惜 生日—诞辰

(3)反义词，如：

真实—虚假 完整—残缺 软—硬 开始—结束 大方—小气

也许编制者也觉得这部分内容不像是语法的内容，特别在脚注中说明“列出该项的目的，不在于认同辨异，而侧重于联想扩展”，但这也不能改变其非语法的性质。可能编制者认为“联想扩展”具有类推的性质，应该属于语法。如果真是这样，那就错了。词汇教学中通过利用词缀等构词手段、语义场等帮助学生建立起词汇间的联系，成批地记忆和掌握词汇，这自然是联想扩展的作用，这样做无疑是必要和重要的。语法教学中也要用到联想的方法、类推的方法，比如形容词谓语句一般先学，一条重要的语法规则是，形容词在独立的句子中不能单独做谓语，需要加“很”等副词。在后学的状态补语句（如“他学得很好”）中，如果补语由形容词充当，规则同形容词谓语句。教学中巧妙地在这两种句式间建立起联想关系，会增强教学效果。因此，必须区分词汇的联想和语法的联想。显然，上述大纲的内容和语法教学的根本任务无关，不能作为语法教学的内容，列入语法教学大纲更是于理无据。

第二，教材中的“语法”。

在目前我们看到的汉语教材中，普遍的情况是，完成了基础阶段的语法教学内容后，“语法”的面目开始模糊起来，究竟叫“语言点”还是叫“语法点”，常常说不清楚。以影响较大的中级汉语教材《桥梁——实用汉语中级教程》（陈灼主编）①为例，“语法例释”部分副词占多数，还有一些连词、介词、复句格式等，也包括“打招呼”“桩”一类的惯用语、量词。总的特点是比较杂，也缺乏系统的安排。从汉语本体的角度看，副词确实比较特殊，像“也”“还”“都”一类具有虚词的特征，但像“一一”“毅然”“顺便”“稍微”“专门”（见该教材）等就很难说是虚词了，作为语法教学的内容恐怕未必合适。据粗略的统计，汉语中常用的副词大约600个左右，把上列副词作为语法教学的内容，其他同类的副词

---

① 《桥梁——实用汉语中级教程》，北京语言文化大学出版社，1997年版。

呢？如果都教，那么会产生两个问题，一是语法的界定问题，二是教学时间有限的问题。

《桥梁——实用汉语中级教程》是一部好教材，这里谈的问题严格说不是编者的问题，而是由对外汉语教学（特别是对外汉语语法教学）的历史所决定的。长期以来，对外汉语教学的主体部分是一年左右的基础汉语教学，而不是四年的完整教学，因此在安排语法教学的时候，基本上都把语法压在一年以内。另外，对汉语语法的整体系统也缺乏本体研究的支持和应用研究的系统思考。这就造成了二年级以上“语法不够词汇来凑”的局面。

第三，教学语法理论。

在近几年讨论教学语法的理论论述中，我们注意到有的学者明确地把辨别“高兴”和“快乐”两个近义词也作为一个语法项点。如果把这一现象和上文介绍的大纲(2)的情况结合起来看，二者显然有共同的认识，即把词义关系也作为语法问题来看待。

同义词或近义词的辨析，无论从理论上还是从实践上，都是作为词汇研究和教学的内容。根本的问题还是一个：语法教学要不要考虑语法的本质特征？有人主张第二语言教学不要教语法。如果你有一整套基于某种教学理论的不要语法的外语教学法，我们认为完全可以在教学中尝试或运用。但是，如果承认语法教学在第二语言教学中的地位和作用，就应该在语法的本质意义上去给语法教学定位，进而确定语法教学的内容。

四 属于共知范畴的不教

1. 面向人的语法和面向机器的语法

20 世纪 80 年代以来，汉语语法研究越来越受到中文信息处理界的重视。计算机理解自然语言离不开语言规则,因此对汉语本身构造组合规则的认识程度在一定意义上影响着该领域研究的进程。

由于计算机对规则的要求必须是具体的,每一条规则必须是有严格的限定条件(语义的或其他的),因此在面向计算机中文信息处理的语法研究中特别重视对规则的细致描述和语义限定。比如在描述"吃"一类的谓词的格框架时,不能只给出"施事—吃—受事",还需要具体限定施事的语义特征是[+生命],受事的语义特征是[+固体食物],这样机器才可能正确地理解和生成由该谓词构成的句子。这方面的研究一定程度上促进了汉语语法本体的研究,也对对外汉语语法教学产生了影响。例如有学者指出,为了避免外国学生生成"书害怕狼"一类的句子,应该在"主语+动词+宾语"这个规则里增加一个限制条件:"害怕"的主语必须是"生命体"。我们的问题是,如果学生知道了"害怕"的词义,在不加限制条件的情况下真的会说出"书害怕狼"这样的句子吗?恐怕不会。我们认为,在强调面向外语学习者的语法和面向计算机的语法的共性的时候,还必须重视二者的不同。最根本的不同就是,计算机本身是死的,是没有思维、认知能力的,而外语学习者一般是心智正常的成年人,能够思维,具有认知能力和语言能力,缺少的只是用外语表达思想感情的能力。

2. 关于共知范畴的解释

这其实是一个老话题,即人类的思维和语言的普遍性或曰共性的问题。语法学史上有所谓普遍唯理语法(General and Rational Grammar),乔姆斯基(Chomsky)也要探索人的语言机制和语言能力。这里不打算对此讨论过多，只想通过一点事实提出自己的看法。

关于时（Tense）和体（Aspect）的问题，语言习得研究者发现，无论是第一语言还是第二语言的时体习得都呈现出一种普遍倾向：无论是孩子还是成人都能本能地区别状态和过程以及瞬时和持续的语义，这种区别似乎是人脑的先天能力，这种能力具体表现为时体习得有顺序性。我们的研究（杨素英等 1999）① 也发现，汉语作为第二语言体标记的习得也在某种程度上反映出这种普遍倾向：第一，我们的数据显示出汉语作为第二语言习得者对情状类型有本能的区别能力。第二，学生对不同类型情状的完成体的习得顺序也是“终结”和“强调结果”先于“活动”和“状态情状”。

这类研究至少表明，在诸如静态与动态、状态与活动、瞬时与持续等语义方面，不同民族、不同国家的人有着共同的认知基础，因此才会在时体标记的习得上表现出基本一致的顺序。

随着相关研究的不断深入，这种人类共有的认知基础的诸方面会越来越多地被揭示出来。

3. 关于利用学生的认知能力问题

上述问题提示我们，在语法教学中应该有意识地充分利用学生的认知能力，这其实也是一种教学资源。

例如在教授时体的语法规则时，如果通过恰当的方法使学生大体掌握“了”所表达的完成义，就完全没有必要在教材中或

---

① 参见杨素英、黄月圆、孙德金《汉语作为第二语言的体标记习得》，Journal of the Chinese Language Teachers Association，1999，Vol. 34：1，31—54。

课堂上特别指出“是”“属于”等表关系的动词不能和表完成的“了”组合，学生一般不会造出下面的句子：

(5)* 她是了老师。

(6)* 这个人以前姓了王。

根据笔者的了解，英语背景的学生可能会说出“我决定了暑假去旅游”“我发誓了我一定要学好汉语”一类的病句，但从未发现例(5)、例(6)这样的病句。这恐怕和学生对“是”类词的语义范畴和“了”所表达的语法意义的认识有关，自然认为二者不能组合。尽管这种判断只是依据经验，没有充分的实验支持，但也能说明存在这种倾向。

动词重叠也是一种体形式。对外汉语教材和语法书中有时会见到这样的描述：一般是动作行为动词可以重叠，非动作行为动词不能重叠，例如不能说“是是”、“有有”。根据笔者的经验，也从未发现学生出现这样的错误。既然如此，我们就应该考虑这样的语法描述到底有什么意义。事实上，只要通过恰当的教学方法让学生体会到“VV”重叠式所表达的语法意义，哪怕只是比较模糊的，一般不会出现“是是”、“有有”一类的问题，而只会出现下面例子反映的问题：

(7)* 我送送你一下儿。

(8)* 他知道那件事，可以给我们讲了讲。

语法理论研究中为了阐释或论证某些规则，可以展示一些实际语言中不存在的实例。比如要说明动结式的可能形式（如“说得清楚/说不清楚”）的认知基础是说话人主观上要达到某一目标，因此结果补语只能是正向意义的，这时可以表述为：不能说“说得糊涂/说不糊涂”。但在对外汉语语法教学中，当教师指出动结式的可能式所表达的语法意义时，如果学生理解了“是否具有出现某种情况的可能性”，并通过一些实例帮助学生理解，其认知能力应该能够使他得出补语成分一般是正向意义的这样一个认识，不需要教师特别指出这个条件。

尽管限于各相关学科的研究深度，我们还不能肯定地拉出一个“共知范畴”的清单，但在某些点（如上述几点）上可以确定是否是共知的。再比如，很多教材和大纲中都把表示领有的“有”作为一个语法点。这恐怕就不妥。我们在学习英语的时候，表示领有的 have 是在词表中学的，和语法有关系的只是过去时要变成 had，第三人称单数形式是 has，至于作为助动词的 have 是另外的语法形式。就我们有限的知识判断，任何民族应该都有“领有”这个认知范畴，不同的只是语言符号形式。

强调共知范畴的不教除了优化教学资源的作用外，其实还有一个作用：避免学生产生心理上的反感。这同样和第二语言学习者多半是成年人有关。

五　结语

上面提出的两个原则落实到具体实践上也并非界限分明，比如在语法和词汇的关系上，有些副词到底归语法管还是归词汇管，可能不容易说一不二；在共知范畴的确定上更是会有不同的看法。但总体上看，这两个原则是有其理论和事实基础的。注意并重视这两个原则，至少会有几个作用：(1)消除学生对汉语语法的困惑，增强掌握语法的自信心；(2)优化有限的教学资源（内容和时间等），把学生最需要的、最有用的语法规则在最短的时间里教给学生;(3)避免学生在语法学习过程中产生被"幼稚化"看待的反感心理。

第三节　语法理论与语法教学

壹　配价语法理论和对外汉语教学[①]

一

在对外汉语教学中,不宜大讲语法,更不能大讲语法理论,这已成为大家的共识。但是,这不等于说,从事对外汉语教学的教师可以不关心语法,可以不学习语法理论。事实告诉我们,对外汉语教学的老师懂得语法,学习掌握一定的语法理论,将大大有助于提高对外汉语教学的质量。举例来说,语言构造的层次性和层次分析法是语法理论的重要组成部分。在对外汉语教学中,教师绝对不能在课堂上给外国学生大谈语言构造的层次性和层次分析法,但是教师自己如果具有一些这方面的理论知识,那么在教学中就能用通俗易懂的语言较好地分析说明一些外国学生感到难以理解和掌握的语言现象。请看下面三个例句:

(1)衣服晾干了。

(2)坑儿挖浅了。

① 本文发表在《世界汉语教学》1997年第1期,作者陆俭明。

(3)头发剪短了。

这三个例句从格式上看,都是“名词+动词+形容词+了”,但它们所表示的意思却并不相同。例(1)的意思是,洗了的衣服需要晾干,通过晾晒,达到了晾干的目的。我们不妨把这种意思概括为(A)“预期目的的实现”。例(2)的意思是,坑儿挖得过于浅了,不合预期的要求。我们不妨把这种意思概括为(B)“预期目的的偏离”。例(3)则有歧义,既可表示(A)“预期目的的实现”——头发长了,需要剪短,理发后达到了头发剪短的目的;也可以表示(B)“预期目的的偏离”——头发剪得过于短了。下面是类似例(1)的句子:

(甲)杯子洗干净了。
衣服熨平了。
队伍排齐了
关系理顺了。
菜刀磨快了。

以上各例具体意思各不相同,但都表示预期目的的实现,即都表示(A)意。下面是类似例(2)的句子:

(乙)衣服买贵了。
雨鞋买大了。
西墙垒矮了。
木板刨厚了。
照片放小了。

以上各例具体意思各不相同,但都表示预期目的的偏离,即都表示(B)意。下面是类似例(3)的句子:

(丙)坑儿挖深了。

照片放大了。

衣服染红了。

马路修宽了。

绳子接长了。

以上各例具体意思各不相同，但都既能表示预期目的的实现，也能表示预期目的的偏离，即既能表示A意，也能表示B意。上述语言现象，外国学生肯定会感到迷惑不解，他们很自然地会提出这样的问题：这些句子格式相同，都是“名词＋动词＋形容词＋了”，为什么在意义表达上会不一样？作为一个对外汉语教学的教师，如果没有句法构造层次性的观念和层次分析的知识，将很难回答外国学生提出的上述问题；相反，如果他有句法构造层次性的观念和层次分析的知识，就比较容易解释清楚上面所提出的问题。那就是这些表面看来相同的句子之所以会表示不同的意义，原因就在于内部词语组合情况不同。只要对例(1)—(3)分别稍作层次分析，它们的不同就可以显出来，请看：

表示A义	表示B义
(1)衣服 晾 干 了	(2)坑儿 挖 浅 了
(3)头发 剪 短 了	头发 剪 短 了

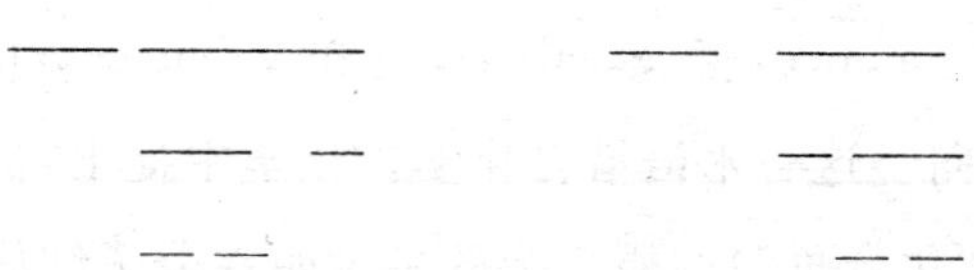

很明显，当表示 A 义时，动词和形容词先组合成述补结构，然后那个“动词＋形容词”的述补结构再与“了”组合；当表示 B 义时，则形容词和后面的“了”先进行组合，然后“形容词＋了”作前面动词的补语。

总之，作为一个对外汉语教学的教员，如果能掌握一定的语法理论和语法分析方法，就能把一些学生感到困惑的语法现象讲深讲透，解释清楚。

二

这里介绍一种新的语法理论——配价语法理论。其实这种语法理论也并不新了，不过在对外汉语教学中，似还未运用这种语法理论，从这个意义上说，也可以说这种语法理论还是新的。

配价语法，是上个世纪 50 年代由法国语言学家特思尼耶尔(Lucien Tesnière，亦翻译为特尼耶尔、泰尼耶尔、特斯尼埃)提出来的。他于 1953 年出版的《结构句法概要》(*Esquisse dune syntaxe structurale*)，就使用了“配价”这一概念；1959 年问世的《结构句法基础》(*Elements de syntaxe structurale*)则标志着配价语法论的形成。①

“价”(法文 valence，德文 valenz，英文 valence/valency，汉语亦称“配价”“向”)这一术语借自化学。化学中提出“价”(亦称“原子价”，或称“化合价”)的概念为的是说明在分子结构中各元素原子数目间的比例关系。取氢原子为一价，某种元素的一个

① 参见特思尼耶尔《结构句法基础》，胡明扬、方德义译、选评，见胡明扬主编《西方语言学名著选》，中国人民大学出版社，1988 年版。

原子能和多少个氢原子相化合,或者能置换多少个氢原子,那么该元素就是多少价。如水分子式(H_2O)中一个氧原子总是跟两个氢原子化合,所以氧的原子价是二价。当初特思尼耶尔在语法学中引进“价”这个概念,为的是说明一个动词能支配多少个名词词组(称为“行动元”)。动词的价就决定于它所支配的行动元的数目。动词可比作带钩的原子,它能钩住(即支配)几个行动元,那它就是几价动词。一个动词如果不能支配任何行动元,那它就是零价动词(汉语中的“地震、刮风”就是零价动词);一个动词如果能支配一个行动元,那它就是一价动词(汉语中的“病、醉、休息、咳嗽、游泳”等就是一价动词);一个动词如果能支配两个行动元,那它就是二价动词(汉语中的“爱、采、参观、讨论”等就是二价动词);一个动词如果能支配三个行动元,那它就是三价动词(汉语中的“给、送、告诉、赔偿”等就是三价动词)。

当初特思尼耶尔只讨论动词的配价问题,现在已经进一步讨论形容词配价问题和名词的配价问题。先说形容词。例如“美丽”(孔雀很美丽),它只能跟一个名词词组(孔雀)发生关联,所以“美丽”是一价形容词;可是“热情”(她对顾客很热情),它可以关联到两个名词词组(“她”和“顾客”),所以“热情”是二价形容词。再说名词。例如“大海”,不要求一定与一个名词词组发生关联,所以它是零价名词。亲属称谓名词(如“弟弟”),一定要与另一个指人的名词发生关联(某人的弟弟),所以“弟弟”是一价名词。可是像“意见”则又是一种情况。“意见”要求有两个名词词组与它关联——一个是持意见者,一个是意见针对者(如“他对今年考试提意见”“他对今年考试的意见”里的“他”和“今年考试”就是名词“意见”所关连的两个名词词组)。所以“意见”

是二价名词。

从世界范围看，德国在配价语法研究上是最有成就的。20世纪60年代初期，德国（当时不论是东德和西德）德语语法学界开始引进配价语法理论，德语语法学者普遍感到，原先语法研究和语法教学中的许多疑难问题，在运用配价理论后，就都迎刃而解了。于是在德国的德语语法研究和德语教学中，配价语法理论的影响日益扩大，出现了研究配价语法的高潮。特别是在对外德语教学中，都摒弃了传统语法学体系，而普遍采用配价语法理论；另外编写出版了好几部有影响的配价词典；一时间产生了一大批有成就的配价学者，如博林克曼（Hennig Byinkmann）、艾尔本（Johanne Erben）、赫尔比希（Gerhard Helbig）、邦茨欧（Wilhelm Bondzio）以及恩格（Ulrich Engel）、舒马赫（Helmut Schumacher）等，以致在国际语言学中有"配价语法理论产生在法国，发展在德国"的说法。

在我国，最早引进配价概念的是朱德熙先生。朱先生在1978年发表的《"的"字结构和判断句》[①]一文中第一次运用配价概念解释了"的"字结构的歧义现象（当时朱先生用的术语是"向"）。但是，类似配价的观念，40年代就有了。1946年，吕叔湘先生在《从主语宾语的分别谈国语句子的分析》[②]一文中，有那么一段话：

细想起来，"施"和"受"本是对待之词，严格说，无"受"

---

① 载《中国语文》1978年第1、2期；又见朱德熙著《现代汉语语法研究》，商务印书馆，1980年版。

② 参见《汉语语法论文集》，科学出版社，1956年版。

> 也就无“施”,只有“系”。一个具体的行为必须系属于事物,或是只系属于一个事物,或是同时系属于两个或三个事物。系属于两个或三个事物的时候,通常有施和受的分别;只系属于一个事物的时候,我们只觉得这么一个动作和这么一件事物有关系,施和受的分别根本就不大清楚。……

吕先生在这段话后加了一个注:

> 照这里看法,动词的“及物、不及物”,“自动、他动”,“内动、外动”等名称皆不甚妥当,因为都含有“只有受事的一头有有无之分,凡动词皆有施事”这样的观念。照这里看法,动词可分“双系”与“单系”,双系的是积极性动词(active verb),单系的是中性动词(neuter verb)。

文中所说的“系”,就大致相当于特思尼耶尔所说的“关联”(connexion);注中所说的“双系”与“单系”就大致相当于我们现在所说的“二价”和“一价”(或“单价”)。可惜这个观念和思想,吕先生本人和他人在后来都没有引发,没有进一步论述和运用,鲜为人知。所以70年代后,中国有关配价问题的研究与讨论主要是从国外借鉴来的。

配价语法理论引入我国后,就立刻引起了我国语法学界的广泛兴趣和重视。继朱德熙先生之后,张斌、吴为章、范晓、廖秋忠、刘丹青、袁毓林、张国宪、谭景春、王玲玲、沈阳和陆俭明等学者先后发表文章,或深入探讨配价理论,或运用配价理论来观察、分析一些汉语语法现象,取得了可喜的成果。

三

我们从国外引进一种新的语言学理论主要是为了促进汉语

的研究与教学。从这十多年来的研究情况看,配价语法理论在解释某些汉语语法现象方面确实能提供一种新的分析角度。我认为,配价语法理论对于对外汉语教学无疑是有帮助的。下面不妨举些实例来作说明。

汉语语法学界对于“的”字结构已经讨论得很多,对于由动词性词语加“的”所形成的“的”字结构(下面记为“VP+的”),以往的语法论著也曾作过如下较为详细的描写:

一、“VP+的”指称V的施事。条件是施事成分不在VP中出现。例如:

做完了的可以走。

去上海的已经走了。

会修理录音机的就他一个人。

我们这里抽雪茄烟的不多。

送你书的是那位叔叔。

二、“VP+的”指称V的受事。条件是受事不在VP中出现。例如:

吃的已经准备好了。

他把没有做好的也拿来了。

我买的是永久牌自行车。

借图书馆的都已经还了。

三、“VP+的”指称V的与事。条件是与事不在VP中出现,或者与事以第三人称代词的形式在VP中出现。例如:

我送过书的请留下来。

我给他书的叫张三。

你送他们书的都是些什么人?

四、"VP+的"指称 V 的工具。这有四种情况:

1. 如果 VP 是"(NP)+V",以 V 能带工具宾语为条件。例如:

抽的是烟斗。(抽烟斗)

我洗的是凉水。(我洗凉水)

他切的是那把刀。(他切那把刀)

2. 如果 VP 是"(NP1)+V+NP2",以表示工具的 NPi 能作"(NP1)+V+NP2"的主语为条件。例如:

(我)切熟肉的是那把刀。

(那把刀(我)切熟肉)

这支笔是(我)画画的。

(这支笔(我)画画)

我自己做了个舀水的。

(这个瓢(我)舀水)

3. VP 是"用(它)来+V+(NP)"(V 如果是单音节动词,后面一定要带上 NP)。例如:

用(它)来舀水的是那个瓢。

(*用(它)来舀的是那个瓢)

那花生油是用(它)来炸油条的。

(*那花生油是用(它)来炸的)

那铁锤是用(它)来锻炼身体的。

(那铁锤是用(它)来锻炼的)

4. VP是“V＋(NP)＋用＋的”(V如果是单音节动词,后面一定要带上NP)。例如:

熬药用的搁在柜子里。

(＊熬用的搁在柜子里)

裁衣服用的是那把剪刀。

(＊裁用的是那把剪刀)

那种尺是测量地形用的。

(那种尺是测量用的)

五、如果VP是一个单个的动词,那么由此构成的“的”字结构会有歧义。例如“吃的”这个“的”字结构就有歧义——既可以指施事,如“吃的举手”;也可以指受事,如“我买了些吃的”。

以上就是在引进配价理论之前一般对由动词性词语加“的”构成的“的”字结构的认识。以上认识应该说是符合语言事实的,然而尚不能回答以下三个问题:

A. 有的“VP＋的”,如“吃羊肉的”“妈妈做的”等,能作主、宾语,能单独指称事物,例如:

吃羊肉的举手。[作主语,指称施事]

我吃妈妈做的。[作宾语,指称受事]

而有的“VP＋的”,如“地震的”、“张三参观展览会的”,不能作主、宾语,而且不能单独指称事物,例如我们不能说:

＊唐山是地震的。[作宾语]

＊张三参观展览会的是昨天。[作主语]

这种“的”字结构只能作定语,例如:

这里是地震的中心。[作定语]

张三参观展览会的时间还没有定。[作定语]

这是为什么?

B. 以往的论著已注意到有的"VP+的"有歧义,如"吃的",可以指称"吃"的施事(如"吃的举手"),也可以指称"吃"的受事(如"买些吃的")。但是,不是所有的"VP+的"都有歧义,如"我给张三的"就没有歧义,它只能指称"给"的受事(所给的事物,如"我给张三的是书")。那么什么情况下会有歧义,什么情况下不会有歧义呢?

C. 当"VP+的"作名词的定语时,由此而形成的偏正结构,有的其中心语可以省去,有的则不行,例如:

a. 他驾驶的车是奔茨车。

(他驾驶的是奔茨车)

b. 他驾驶的技术很好。

(*他驾驶的很好)

a. 在河里游泳的孩子是我的儿子。

(在河里游泳的是我的孩子)

b. 在河里游泳的时间不能太长。

(*在河里游泳的不能太长)

这又是为什么?

运用配价理论,就能比较好地回答这些问题,而且会解释得比较清楚而又深刻。要知道,"VP+的"能不能作主、宾语,"VP+的"会不会产生歧义,这决定于以下两点:

(一)V 的配价数,即 V 属于几价动词。从配价的角度看,现代汉语里的动词，可分为四类：

1. 不强制要求与某个行动元关联的，这大多是反映自然现象的动词，这类动词我们就称它为零价动词，记为 V^0。例如：

地震、刮风、下雨、下雪……

2. 强制要求与一个行动元关联的，我们把这类动词称为一价动词，记为 V^1。例如：

病、醉、休息、咳嗽、游泳……

3. 强制要求与两个行动元关联的，我们把这类动词称为二价动词，记为 V^2。例如：爱、采、参观、讨论、改良……

4. 强制要求与三个行动元关联的，我们把这类动词称为三价动词，记为 V^3。例如：

给、送、告诉、退还、赔偿……

（二）V 的行动元在 VP 中出现的个数，即 V 的行动元在 VP 中出现几个。

根据以上（一）、（二）两点，就能说清楚什么样的“VP＋的”能作主、宾语，什么样的“VP＋的”不能作主、宾语，只能作定语，什么样的“VP＋的”会有歧义。具体如下：

1. 由零价动词构成的“V^0＋的”，不能单独用来指称事物，原因就在于它没有强制性行动元。在语法上，这种“的”字结构（如“地震的”）不能作主、宾语，只能作定语（如“地震的时候”）。

2. 由一价动词构成的“V^1＋的”，能作主、宾语，能单独用来指称事物，它所指称的就是 V^1 所关联的那个行动元。由于 V^1 只能关联一个行动元，所以这种“的”字结构不会有歧义。例如：

正在游泳的是我的孩子。

“正在游泳的”这个“的”字结构在这里是作主语，指称“游泳”的施事。这个“的”字结构没有歧义。

如果 V^1 关联的行动元在 VP 中出现，由此构成的“的”字结构也就不能再单独指称事物，而且这种“的”字结构在语法上不能作主、宾语，只能作定语。例如：

我们游泳的时间是下午 4—5 点。

“我们游泳的”在这里是作定语，它不能单独指称事物。

3. 由二价动词 V^2 所构成的“的”字结构，如果 V^2 所关联的两个行动元都不在 VP 中出现，由此构成的“的”字结构可以作主、宾语，可以指称事物，但有歧义。举例来说，“参观”是二价动词，它关联两个行动元，一个是“参观”的施事，一个是“参观”的受事。在“参观的”这个“的”字结构里，“参观”所关联的两个行动元一个也没有出现。因此，“参观的”可以作主、宾语，可以指称事物，会产生歧义。例如：

参观的到左边排队。

[“参观的”作主语，指称施事]

参观的是工业展览会。

[“参观的”作主语，指称受事]

如果 VP 中 V^2 所关联的行动元只出现一个，那么由此构成的“的”字结构仍可以作主、宾语，仍可以单独指称事物（指称另一个行动元），但不会有歧义。例如：

参观展览会的是北大学生。[作主语]

上例“参观”关联的一个行动元（“参观”的受事“展览会”）已在

VP 中出现，所以“参观展览会的”这一“的”字结构就只能指称另一个行动元（“参观”的施事），没有歧义。再如：

张三参观的是工业展览会。[作主语]

上例“参观”关联的一个行动元（“参观”的施事“张三”）已在 VP 中出现，所以“张三参观的”这一“的”字结构就只能指称另一个行动元（“参观”的受事），也没有歧义。

如果 V^2 所关联的两个行动元都在 VP 中出现，那么由此构成的“的”字结构就不能单独指称事物，在语法上就不能作主、宾语，只能作定语。试以“张三参观工业展览会的”为例，“参观”的施事（张三）和受事（工业展览会）都在 VP 中出现了，所以这个“的”字结构不能单独指称事物，不能作主、宾语，只能作定语（张三参观工业展览会的时候）。

4. 由三价动词 V^3 所构成的“的”字结构，如果 V^3 所关联的三个行动元都不在 VP 中出现，或者在 VP 中只出现其中一个行动元，由此构成的“的”字结构可以作主、宾语，可以单独指称事物，但是有歧义。这与二价动词的情况相仿。试以“不给的”（“给”关联的三个行动元都没有在 VP 中出现）为例：

不给的举手。[作主语，指称施事]

张经理我是不给的。

[作宾语，指称与事——张经理]

不给的是英汉词典。

[作主语，指称受事——英汉词典]

再以“我给的”（“给”的施事在 VP 中出现，另两个行动元未在 VP 中出现）为例：

我给的是张经理。

[作主语，指称与事——张经理]

我给的是些衣服。

[作主语，指称受事——衣服]

再以"给学校的"("给"的与事在 VP 中出现，另两个行动元未在 VP 中出现)为例：

给学校的只有周经理一个人。

[作主语，指称施事——周经理]

给学校的我已经准备好了。

[作主语，指称受事]

再以"给鸡蛋的"("给"的受事在 VP 中出现，另两个行动元未在 VP 中出现)为例：

给鸡蛋的请马上来把鸡蛋领走。

[作主语，指称与事]

给鸡蛋的不是我。

[作主语，指称施事]

如果 VP 中出现 V^3 关联的两个行动元，而由于 V^3 能关联三个论元，所以由此构成的"的"字结构仍可以作主、宾语，仍可以单独指称事物(指称另一个行动元)，但不会有歧义。例如：

我给张三的是鸡蛋。

[作主语，指称受事]

给张三鸡蛋的一定是他。

[作主语，指称施事]

我给鸡蛋的就是那个人。

[作主语，指称与事——那个人]

如果 V^3 关联的三个行动元都在 VP 中出现，由此构成的"的"字结构一般就不能单独指称事物，就不能作主、宾语，只能作定语。例如"我给张三鸡蛋的"就不能单独指称事物，在语法上就只能作定语，因为"给"关联的三个行动元("给"的施事、与事和受事)。

中心语是 V 的行动元

开车的人⇒开车的

他吃的苹果⇒他吃的

扩大招生名额的学校⇒扩大招生名额的

群众拥护的干部⇒群众拥护的

显然，用配价理论来观察说明动词性词语都在 VP 中出现了。请看：

我给张三鸡蛋的时候，老李在场。

上面用了"一般"这个字眼儿，所以要说"一般"，因为有特殊的情况。那就是当与事由第三人称代词表示时，由此构成的"的"字结构虽然关联的三个行动元都在 VP 中出现了，但是还是可以作主、宾语，还是可以指称事物，不过只限于指称与事。例如：

我给他鸡蛋的是那个人。

现在，说一说为什么当"VP＋的"作名词的定语时，由此形成的偏正结构，有的其中心语可以省去，有的则不行。这个问题也是用配价理论来解释比较清楚。现在我们把由"VP＋的"作名词定语所构成的偏正结构记为：

VP＋的＋NP

如果 NP 是 V 的一个行动元，即 NP 是 V 的一个配价成分，那么这个 NP 可以省去；如果 NP 不是 V 的一个行动元，即 NP 不是 V 的一个配价成分，那么这个 NP 不可以省去。例如“不游泳的学生”，其中心语“学生”是动词“游泳”的行动元（“游泳”的施事），所以那中心语“学生”可以省去。如“不游泳的学生可以先回去”也可以说成“不游泳的可以先回去”。但是“不游泳的理由”，其中心语“理由”就不能省去，如“不游泳的理由待会儿告诉你”就不能说成“＊不游泳的待会儿告诉你”，原因就在于作为中心语的“理由”不是动词“游泳”的行动元。再看下面的实例：

中心语不是 V 的行动元

开车的技术≠开车的

他吃的时候≠他吃的

扩大招生名额的问题≠扩大招生名额的

群众拥护的原因≠群众拥护的

加“的”构成的“的”字结构，就更容易把问题说深说透，也更容易让人理解。总之，配价理论有助于汉语语法研究的深入，有助于对外汉语语法教学。

下面再举一个实例——关于介词结构“对（于）……”作定语的问题。

由介词“对（于）”组成的介词结构加“的”后可以作名词的定语，例如：

对（于）考试的意见

对(于)身体的害处

对(于)祖国的感情

关于介词结构"对(于)……"带"的"作定语的问题,以往的语法论著已有所论及,有的已观察得比较细。譬如,指出不能修饰单音节名词,例如:

* 对(于)黑社会的仇(比较:对(于)黑社会的仇恨)

* 对(于)家乡的情(比较:对(于)家乡的感情)

所修饰的名词也不能是具体名词,请看:

* 对(于)《红楼梦》的论文

* 对(于)农村情况的影片

虽然作了上述的描写,而且这种描写也是正确的,但是在对外汉语教学中,留学生根据这些描写,仍然会说出不合汉语习惯的话来。例如:

* 他谈了一些对(于)家庭的话题(所修饰的是非单音节名词,是抽象名词)

* 他介绍了对(于)外交工作的原则(所修饰的是非单音节名词,是抽象名词)

这是为什么呢?从配价理论的角度来观察,问题就变得清楚了。

前面说过,名词也有配价问题。名词的配价表现为该名词要求与另外的名词在语义上构成从属关系。不要求与另外的名词在语义上构成从属关系,这样的名词,我们称为零价名词,如"大海、天空、空气"等;如果只要求与一个名词在语义上构成从属关系,这样的名词,我们称为一价名词,如"哥哥、弟弟、叔叔、爸爸、爷爷、姑父”等亲属称谓名词，“质量、脾气、价格”等属性名词，“脚、手、锅盖、抽屉”等部件名词，等等；如果要求与两个名词在语义上构成从属关系，这样的名词，我们称为二价名词，如“意见、兴趣、态度、害处”等。还没有发现有三价名词。

最近李小荣运用配价语法理论很好地考察、研究了介词结构“对于……”作定语的情况。她不仅正确地指出了能受介词结构“对(于)……”(加“的”)修饰的名词只限于二价名词，而且对能受介词结构“对于……”修饰的二价名词作了很好的概括和分类。她分了以下几类：①

1. 情感、态度类，如“感情、兴趣、信心、灵感、感觉、反应、戒心、敌意、热情、好感、态度”等。

2. 见解、论点类，如“看法、见解、偏见、结论、印象、意见、感想、观点、说法”等。

3. 作用、效果类，如“作用、效果、意义、责任、吸引力、解释力、洞察力、好处、害处、益处”等。

4. 方针、政策类，如“方针、政策”。

下面试以“情感、态度类”名词受介词结构“对(于)……”(带“的”)修饰的情况为例，说明这类名词确实都属于二价名词。

“情感、态度类”名词，都是表示人或感情动物对人或事物的感情、态度的。它们的两个配项分别是“情感、态度的持有者”和“情感、态度所针对者”。介词结构“对(于)……”(带“的”)修饰这类名词时，介词“对(于)”的作用就在于引出“情感、态度所针

---

①　参见李小荣《从配价角度考察介词结构“对于……”作定语的情况》，《配价理论与汉语配价语法研究》，北京语言文化大学出版社。

对者”。例如：

(1)（他们）对（于）祖国的感情

(2)（人们）对（于）旅游的兴趣

(3)（人们）对（于）弱者的同情心

(4)（他）对（于）艺术的灵感

(5)（群众）对（于）这件事的反应

例(1)名词“感情”就有两个配项，一个是感情的持有者“他们”，另一个是感情所针对者“祖国”。介词“对（于）”就引出感情所针对者“祖国”。余者类推。

有时，介词结构“对（于）……”带“的”出现在名词前所形成的结构会有歧义，例如：“对校长的意见”，就可以有 A、B 两种理解：

A. 对校长的　　意见

　　1　　　　2

　1—2“定—中”偏正结构

B. 对　　校长的意见

　1　　　2

　1—2 介词结构

很清楚，A 和 B 内部层次构造不同，意思当然也不一样。这种歧义现象也是用配价语法理论来解释才比较清楚而深刻。那就是当介词“对（于）”的宾语成分在语义上可以任意地理解为“的”字后面的那个二价名词的任何一个配项时，那么整个结构就会有歧义。

显然，在对外汉语教学中，当给学生讲授介词结构“对（于）

……”(带“的”)作定语的问题时,如果能注入配价的思想,肯定有助于外国学生更好地理解和掌握好介词结构“对(于)……”(带“的”)作定语的用法。

下面再举一个实例——关于能受介词结构“对……”修饰的形容词。

形容词能受介词结构“对……”的修饰。例如:

对顾客很热情|对学生很严|对这一带很熟|对工作很负责

关于这一点,有关论著早就谈到了。但是,是不是所有的形容词都能够受介词结构“对……”的修饰?如果不是,那么哪些形容词能够受介词结构“对……”的修饰?能受介词结构“对……”修饰的形容词有什么特点?这种形容词的语义配项是怎么样的?这很值得探究。

不是所有的形容词都能受介词结构“对……”的修饰的,像“大、红、深、漂亮、干净、聪明”等等,都不能受介词结构“对……”的修饰。例如我们绝不说:

*对这个苹果大|*对这件衣服很漂亮|*他对计算机很聪明

那么什么样的形容词能受介词结构“对……”的修饰呢?引入配价理论能比较好地解决这个问题。

上面说过,形容词也有配价问题。在语义上要求必须有一个配项与之配搭的形容词,我们称之为一价形容词;在语义上要求必须有两个配项与之配搭的形容词,我们就称之为二价形容词。我们看到,能受介词结构“对……”修饰的正是二价形容词。

上面所说的“大、红、深、漂亮、干净、聪明”等，之所以不能受介词结构“对……”的修饰，就因为这些形容词都是一价形容词；而前面举的“对顾客很热情|对学生很严|对这一带很熟|对工作很负责”这些实例里的形容词“热情、严、熟、负责”都是二价形容词。

如果设 A^2 为二价形容词，设 X 和 Y 为二价形容词所配搭的两个配项，那么二价形容词的语义配置式可表示如下：

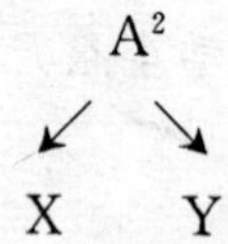

或表示为：

$A^2(X,Y)$

对二价形容词来说，X 是主体，Y 是对象，因此二价形容词的基本语义表述式为：①

A^2[某人/某事/某物 对 某人/某事/某物]

能受介词结构“对……”修饰的二价形容词，根据其具体意义的不同，大致可分为以下三类：

1. $A^2 1$ 情感态度类，如：“气愤、恐惧、麻木、生气、友好、热情、友善、热心、冷淡、客气……”。例如：

大家对腐败现象很气愤

他对什么事情都很麻木

他们对我们很友好

张三对人很热情

---

① 参见张国宪《论双价形容词》，见沈阳、郑定欧主编《现代汉语配价语法研究》，北京大学出版社，1995 年版。

那狼狗对她特别友善

老板对他很客气

2. $A^2$2 经验认知类，如：“内行、在行、精、精通、熟、熟悉……”。例如：

他对炒股票很内行

张三对修摩托车最在行了

他对电视机很精(通)

李老头对这条山路很熟(悉)

3. $A^2$3 有用无益类，如：“有用、有害、有利、有益、无用、无益……”。例如：

这个人对我们有用

抽烟对身体有害

形势对我们有利

有的形容词能表示多种意思，它的价也会因意义不同而有所不同。举例来说，作为形容词的“熟”，起码有三个意义：①

(1)植物的果实等完全长成。如：“西瓜已经熟了。”

(2)(食物)加热到可以食用的程度。如：“饭熟了。”

(3)因常见常用而知道得很清楚。如：“这条路我很熟。”

义项(1)、(2)的“熟”在语义上都只跟一个配项发生联系，所以都属于一价形容词；而义项(3)的“熟”在语义上就要求有两个配项与它联系，所以它是二价形容词。因为它是二价形容词，所以它可以受介词结构“对……”的修饰。例如：

---

① 参见《现代汉语词典》(修订本)，商务印书馆，1996 年版。

他对这一带地形很熟

他对这条山路很熟

而义项(1)、(2)的“熟”就不能受介词结构“对……”的修饰。

很清楚,如果我们具备配价语法理论的知识,能运用配价语法理论的分析思路来说明形容词受介词结构“对……”修饰的情况,无疑也有助于对外汉语语法教学。

四

最后,重复一下文章开头所说的话,在对外汉语教学中,不宜大讲语法,更不能大讲语法理论,但是,这不等于说,从事对外汉语教学的教师可以不关心语法,可以不学习语法理论。事实告诉我们,对外汉语教学的老师懂得语法,学习掌握一定的语法理论,将大大有助于提高对外汉语教学的质量。配价语法理论就很值得从事对外汉语教学的教师学习、了解,这种语法理论会帮你进一步打开思路,帮助你解释一些其他语法理论所难以解释或难以说清楚的语法现象。

贰 功能篇章语法及其在对外汉语教学上的应用①

一 以认知为基础的语法与语言沟通

认知、语法和语用/沟通之间的关系,可以用下面这个简图

---

① 本文发表在《对外汉语教学语法探索》,中国社会科学出版社,2003年版,作者屈承熹。

表示：

功能语法
认知→{ ↑ ↓ }→语用/沟通
篇章语法

这个图的意思是，认知是语法的基础；也就是说，语法基本上是反映人类认知上的各种关系的。而语法本身则可以分为功能语法与篇章语法两种，但这两种语法并不是可以绝对分割的，而是互相结合、互通有无的。至于语法的目的，则是为了沟通；为了达到沟通的目的，语法还是不够的，还需要靠语用来帮助，先谈谈功能语法的几个基本观念。

二　功能语法中的几个基本观念

功能语法中的基本观念都与认知有关。下面介绍“原型”、“连绵性”和“相似性”这三个观念以及其在汉语语法中的应用。①

1. 原型(prototype)

英语的主语具有三个特性。(甲)在动词之前，(乙)与动词有形式相应(agreement)，(丙)与述语有“执行”(doing)或“等同”(being)这两种语义关联。然而，例(1)中四句英语的主语，如果以这三个特性来衡量，则每个都不一样。

例（1）a) *Tom and Jane* are coming.

b) Here come *Tom and Jane*.

c) There is/are *Tom and Jane*.

---

① 参见屈承熹《汉语功能语法刍议》，《世界汉语教学》1998 年第 4 期。

d) *The book* didn't sell well.

例(1a)的 Tom and Jane,这三个特性都有,是一个"原型主语"。其他三个都是"非原型主语";因为,例(1b)中的 Tom and Jane 只有(乙)和(丙)两个特性;例(1d)的 the book 只有(甲)和(乙)两个特性;而例(1c)中的 Tom and Jane 则仅有一个特性。①

下面再用现代汉语的话题来作进一步的说明。一般对汉语话题的定义,重要的特性有如下几个:(甲)有小句联系作用;(乙)必须是"有指"或"特指";(丙)必须位于句首;(丁)与述语无语义关联。从例(2)的汉语例句中则不难看出,其中的名词组能胜任当话题的资格并不相同。

例(2) a) 那场火,幸亏消防队来得快,没有很大的损失。

b) 这十个苹果,九个是烂的。

c) 这个电视,买了才两个月,就坏了。

d) 我昨天晚上碰到一个美国人,会唱京戏。

e) 一个人不能没有志气。

下表显示,各句中打有底线的名词组,所具有的话题特性,多寡不同。

① 这句话的动词,有些方言允许用 there is。在这些方言中,这句话就显得没有主语了。因此,这样的结构究竟有无主语,在语法上始终是一个争论之点。但是,如果从"原型"的角度来观察,则这样的结构是一个非常容易解释的问题。

原型程度表

	小句联系	有指/特指	位于句首	无语义关系
＃2a	+	+	+	+
＃2b	−	+	+	+
＃2c	+	+	+	−
＃2d	+	+	−	−
＃2e	−	−	+	−

例(2a)的“那场火”具有全部四个特性,可以认为是“原型”,(2b)及(2c)中的,各有三个,是“非原型”,但与“原型”很接近。至于(2d)和(2e)中的,虽然分别有两个、一个特性,却因为这两种特性也是汉语主语所具有的,所以一般都不把(2d)和(2e)中的“一个美国人”和“一个人”看做是话题。

上面用原型这个观念来处理英语主语和汉语话题,可以显示主语与话题的各种不同类型,同时也可以说明,为什么英语中有些主语的地位无可争议,而有些则是否可以称为主语,仍为语法学者所争论不息。同理,汉语中有些话题的地位相当稳固,但有些则是否可以成为话题,尚有争议。

2. 联绵性(continuum)

一般语法,都把语言现象认为是界限清晰、黑白分明的。其实,这只是语法上的人为假象。语言的真正结构,很多是连绵不断,无法用一刀两断的方式分割得清清楚楚的。这就是功能语法所说的“联绵性”。汉语中“动词”与“副动词”(coverb,或作 preposition“介词”)之间的分别,很清楚地呈现出这样的连绵性:

“副动词”所具有“动词性”的高低:①

① 个别副动词的动词性高低,其决定因素有三个:一、能否直接接受否定;二、能否单独成为述语;三、能接受动词词尾数量的多寡。

高 低

←┈┈┈┈┈┈┈┈┈┈┈┈┈┈┈┈┈┈┈┈┈┈┈┈┈→

拿用、跟 沿 对 给、从、在 把

上图显示,"拿"的动词性最高,"用、跟"其次,"沿"更其次,从左至右,动词性递减,"把"的动词性最低。这样的看法,不但充分反映事实,而且也解决了"兼类"的问题。

3. 象似性(iconicity)

象似性的提出,是为了要突显一个事实。那就是,语言的形式反映人类的认知结构。下面举例说明汉语中的象似性。

例(5)中的两句英语的语序都合乎语法;但是如果直接翻译成汉语,则只有一个语序是合语法的,如例(6)。

例(5) a) We went from Shanghai to Beijing.

b) We went to Beijing from Shanghai.

例(6) a) 我们从北京到上海去。

b) * 我们到上海去从北京。

当然,汉语还有很多语法结构都是反映认知结构的,如(7)—(12):

例(7) a) 这次,我们大家得<u>好好地</u>干一场。

b) 这件事,你们都做得<u>很好</u>。

例(8) a)? 我的父亲的办公室

b) 我父亲的办公室

c) * 我的父亲办公室

(9)专家们认为,90年代是中国经济发展的重要<u>的</u>时期,也是人口控制的重要时期。(Liu and Li 1998: 20)

(10) 好书 vs. 好的书(张敏 1998)

(11) a) 中国银行 vs. 中国的银行

b) 台湾国语 vs. 台湾的国语

c) 科学教育 vs. 科学的教育

(12) a) 高级讲师,b) 高级相机(《学汉语》1998)

(10') [好书]$_{NP}$ vs. 〔[好的]$_{ADJ}$[书]$_{NP}$〕$_{NP}$

(11') a) ＊很[中国银行]vs. ?〔[很中国的][银行]〕

b) ＊很[台湾国语]vs. ?〔[很台湾的][国语]〕

c) ＊很[科学教育]vs. 〔[很科学的][教育]〕

(12') a) ＊很[高级讲师]

b)〔很[高级的][相机]〕

例(7a)中的"好好地"在它所修饰的"干一场"之前,而(7b)中的"很好"则在它所补充的"做"之后。究竟为什么有这样的前后之别呢?原因当然是因为前者是态度状词,而后者是结果补语。态度状词表示施事者的态度,这个态度必须存在于施事者开始行动之前,而结果则必须在这个行动完成之后。所以,态度状词与结果补语之在动词的一前一后,乃是直接反映人类的认知结构的形式。

例(8a)中的两个"的"略显累赘,应当删除一个。但是为什么(b)的接受度比(c)的要高呢?这也跟认知结构有关。这个短语一共包括三个实词:我、父亲、办公室。"我"和"父亲"之间的关系,当然比"父亲"与"办公室"之间的关系要密切得多。因此,当这两个关系同时存在于同一个短语中时,较接近的关系,在字面上也就较为紧密。较松散的关系,则用一个"的"来隔开。例(9)也显示同样的现象;那就是,如果要删除其中一个"的",则应该是打有底线的那个。

这个观念，还可以进一步地应用到解释其他的现象。例(10)—(12)中各种不同的解释和不同的接受度，都与关系的疏密有关。例(10)“好的书”中的“好的”作普通修饰用，而“好书”中的“好”把“书”归成一类。这是将紧密关系转化成“归类功能”。因此“好书”本身就是一个名词，而“好的书”是一个名词短语，由一个名词及其修饰语组成，如(10′)所显示。张敏在这方面的理论上有详细的说明。① 例(11)及(12)也可以作同样解释。

三 功能语法对语法现象的解释

这里试图将功能语法的某些观念应用在几个较为棘手的汉语结构上，以求获得比较合理、圆满的解释。试看(13)中的“把”字句和(14)中的“被”字句。

(13) (a) 谁把花瓶打破了？

(b) 那瓶酒把我喝得酩酊大醉。

(c) 那场球把我看得累死了。

(d) 我把壁炉生了火。

(e) 我把那个问题写了一个报告。

(f) 那个可怜的孩子把(个)爸爸死了。

(14) (a) 整个星期天都被他花在打扑克牌上。

(b) 好多人怎么参加革命的？（好多人）都是被

① 参见张敏《认知语言学与汉语名词短语》，中国社会科学出版社，1998 年版。

八路军的歌子唱去(参加革命)的。

(c) 被这张大字报坑害了两条人命。

(d) 不料被二奶奶撞见了红玉。(吕文华，1994)①

一般语法分析认为，“把”字句和“被”字句的结构可以用(15)中的两个公式来表示。

(15) (a) NP1[施事]+把+NP2[受事]+动词+补语

(b) (NP1[受事]+)被+NP2[施事]+动词+补语

可是，如果认真地用这两个公式来衡量(13)和(14)中的那些例句，很显然的，只有(13a)可以算是真正的“把”字句，(14a)可以算是真正的“被”字句。那么，其他的这些“把”字句、“被”字句应该怎样处理呢？反之，如果用原型的角度来看这两组例句，在处理上应该是不成问题的，(a)句是原型，其他是非原型。当然，在实际解释上还是有些困难；因为其中至少还是有一个疑问，那就是，“把”字句或“被”字句究竟要偏离原型多远，才无法让人接受？要回答这个问题，必须先看看(13)和(14)中的例句与它们对应的“非把字句”、“非被字句”之间的关系。

根据研究，“把”字句、“被”字句的主语都有相当高的话题性(topicality)。因此，我们有很充分的理由来假设，“把”、“被”字句并不是直接与“施事+动词+受事+补语”相对应，而是与“(话题)+主语+动词+补语”直接对应的。这样的对应关系，可以用下面(13')和(14')中的方式表示②：

---

① 参见吕文华《对外汉语教学语法探索》，语文出版社，1994年版。

② 参见屈承熹《话题的表达形式与语用关系》，《现代中国语研究》2001年第1集。

(13')(a) 谁把花瓶打破了？⟷谁，花瓶打破了？

(b) 那瓶酒把我喝得酩酊大醉。⟷那瓶酒，我喝得酩酊大醉(施事当作受事)

(c) 那场球把我看得累死了。⟷那场球，我看得累死了。(施事当作受事)

(d) 我把壁炉(里)生了火。⟷我，壁炉里生了火。(处所当作受事)

(e) 我把那个问题写了一个报告。⟷我，那个问题写了一个报告。(当事当作受事)

(f) 那个可怜的孩子把(个)爸爸死了。⟷那个可怜的孩子，爸爸死了。(当事当作受事)

(14')(a) 整个星期天都被他花在打扑克牌上。⟷整个星期天，他都花在扑克牌上。

(b)(好多人)都是被八路军的歌子唱去(参加革命)的。⟷(好多人)都是八路军的歌子唱去(参加革命)的。

(c) 被这张大字报坑害了两条人命。⟷这张大字报坑害了两条人命。

(d) 不料被二奶奶撞见了红玉。⟷不料二奶奶撞见了红玉。

这样对应的语句，在基本的词汇语义和话题关系上并没有什么不同；可能的差异是在动词与其中一个论元(即名词组)的关系上。例如，(13'b)中的“我”，在箭头的右方，对动词“喝”而言是“施事”，但是在箭头的左方则是“受事”。也就是说，说话人用(13'b)中的“把”字句时，他特意要将原来的“施事”当作“受事”处理。(13'c)也是同样的情形。例(13'd)中,“把”字句的功能是将通常的“处所”当作“受事”处理。(13'e)和(13'f)中的“把”字句则是将通常的“当事”当作“受事”看待。因此,我们的结论是,“把”的功能实际上可以看做是“将其后名词组所指称的对象当作受事或者加强其受事性;并将其前名词组所指称的对象当作施事或者加强其施事性”的一种手段。

那么,“把”字句究竟偏离原型多远才不能为人所接受呢?其实这不是一个语法的问题,而是一个实际生活事实的问题。例如(16):

(16)??? 壁炉把我生了火。⟷壁炉,我生了火。

根据上面对应句的说法,(16)中的“把”字句应该是可能的,但是为什么我们无法接受呢?因为这是在实际生活中无法想象的事。要是在童话故事中,说话的是一根木头,那么,这个“把”字句就变得可以接受了。

再用同样的角度看(14')中的“被”字句,我们可以得到如下的结论:“被”字的功能是“将其前名词组所指称的对象当作受事或者加强其受事性;并将其后名词组所指称的对象当作施事或者加强其施事性的一种手段。

利用功能语法中“原型”这个观念,来重新分析“把”字句和“被”字句,我们发现,这两个句型实际上并不一定要在基本语义上合乎(15)中那两个公式所显示的模式。而“把”跟“被”这两个虚词则是用来提升句中名词组的施事性及受事性。这样的分析,不但可以涵盖这两类句子中所有的可能,而且也合情合理地解释了为什么某些句子容易为人接受,而另一些却必须配以适当的情景才能接受，如(16)。当然，这样的分析还需要靠"比喻延伸"(metaphorical extension)这个手段，将本来不是"受事"的论元(名词组)当作"受事"，将本来不是"施事"的当作"施事"，才能完满达成。不过，"比喻延伸"这个观念，原本就是人类认知生活中无法避免的一个事实，我们仅仅是将之加以利用而已。

下面简略地谈谈句法与篇章连接之间的关系。

四 篇章语法——语法形式在句法结构以外的功能

所谓篇章语法，就是研究怎样用句法成分来促成句与句之间的连接。例如，"了"跟"着"这两个词缀，一向都被认为是动词词尾，是用来标示动词的"体态"(aspect)的。这样的处理方式，固然确认了某些必须用和某些绝对不能用的情况；但是，有些情况却可用可不用，这样的问题则始终无法说出个所以然来。而且，用与不用之间又有什么不同？下面就用"了"这个词缀来举例说明篇章语法在句法分析上的重要。

1. 汉语动词词缀"了"的篇章功能

现代汉语中的"了"，除了标示"完成体"(perfective aspect)以外，其实还有连接篇章的功能。① 下面例(17)显示了动词词缀"了"在这方面的功能。

(17) 近年来随着中外文化交流事业的发展，北京烤鸭和全聚德店号也漂洋过海，传到外国，这就使更多的人尝到

---

① 参见 Chang, W. Vincent. *The particle LE in Chinese Narrative Discourse*. Gainesville. FL: University of Florida Ph. D. dissertation. 1986. 和 Cha Chaun•cey A Discourse Grammar of Mandarin Chinese. New York and Bern: Peter lang Publishing (1986).

了味香色美的北京烤鸭了。

(Chang 1986：109)

例(17)中,全句只在动词"尝到"之后用一个词缀"了"来标示"过去事件之发生"。[①] 其实,在本句中表示过去发生的动词,还有"漂(洋)"、"过(海)"、"传到(外国)"。为什么这几个动词后面却不跟"了"呢？根据张武昌的分析,这是因为这几件事件都可以看做是同一事件中的"子事件"(sub-events)。同时,在同一句话中,如果有一连串"子事件",而说话人(作者)想要表明这些"子事件"其实是组成一件"总事件"(mega-event)的成分时,他就只能在表示最高潮的(通常是最后一个)动词后面加一个"了",来标示"过去事件之发生"。换言之,"了"不但在语法上标示"完成体",而且在篇章的组织上也有一定的功能。它可以把松散的小句结合成紧凑的复句。现在试将(17)中的每个动词后面加上一个"了",结果如(17′)。这样的语段,在语法上固然并没有错,但是其结构松散,在篇章上就大有问题了。

(17′) 近年来随着中外文化交流事业的发展,北京烤鸭和全聚德店号也漂了洋,过了海,传到了外国,这就使更多的人尝到了味香色美的北京烤鸭了。

下面(18)是摘自一本汉语教科书中一篇课文的第一段,可以用来进一步说明动词词缀"了"的篇章组织功能。为便于讨论,按原文所用句点,将该段分成(a)、(b)、(c)、(d)、(e)五句。

(18) (a) 上海出现了一件新鲜事。

① 句尾的"了"是句末虚词,标示"情景改变",不在本节讨论范围之内。

(b) 星期六晚上电视台增加了一个电视征婚节目。

(c) 一九九〇年的一个周末,晚上七点,五名勇敢的人第一次在电视上出现了。

(d) 他们一起谈话、跳舞……介绍自己。

(e) 几天之后,电视台就收到1650多封信。

下面我们特别讨论(c)—(e)这三句的结构。第一,(c)句在动词“出现”之后用一个“了”标示这是一件过去发生的事件,在语法上绝对没有问题。但是,这个“了”同时也将这件事件与(d)、(e)中所发生的分隔开来,成为关系不太紧密的事件。其实,就事论事,(d)中的“谈话”、“跳舞”、“介绍自己”应该就是(c)中所说的“在电视上出现”时所发生的事。因此,在篇章组织上,也应该反映这个事实才是。方法之一,就是将(c)中的“了”移到(d)中,放在动词“介绍”之后。第二,原文(e)句似乎没有说完,当作一段的结尾,好像有点儿意犹未尽。这就是因为在动词“收到”之后,没有一个“了”字。所以,可以在(e)中“收到”之后加上一个“了”。第三,在这样修正以后,我们还可以将(d)中的“了”省略,以表示这一连串发生的事件,实际上都是同一件事件中的子事件。这几种不同的版本如下:

(18′) (a) 上海出现了一件新鲜事。

(b) 星期六晚上电视台增加了一个电视征婚节目。

(c) 一九九〇年的一个周末,晚上七点,五名勇敢的人第一次出现在电视上,他们一起谈话、跳舞……介绍<u>了</u>自己。几天之后,电视台就收到<u>了</u>1650多封信。

(18″) (a) 上海出现了一件新鲜事。

(b) 星期六晚上电视台增加了一个电视征婚节目。

(c) 一九九〇年的一个周末,晚上七点,五名勇敢的人第一次出现在电视上,他们一起谈话、跳舞……介绍自己;几天之后,电视台就收到了1650多封信。

经修改后的(18′)将那个周末晚上发生在电视台的各种各样的事件全部放在一起,作为是同一事件处理。而(18″)还将后来收到多少信这件事也一起并入,当作是同一事件中的子事件。当然还有一些与"了"没有直接关系的问题,如,标点符号的更改,"出现"与"在电视上"的词序改变,因为牵涉其他因素,此处不拟讨论。

上面(17)、(18)两个例子说明了一个事实,那就是,动词词缀"了"除了标示"完成体"以外,还有将个别小句连接成章的功能。如果昧于语法只及于本句的结构,那么,很多有关"了"的事实就没法解释,也就使"了"的使用在教学上发生极大的困难。反之,如果能在教学中点出"了"在篇章结构上的功能,则这类的困难当可迎刃而解。

2. 无标话题(Unmarked Topic)与有标话题(Marked Topic)

现行的语法,在介绍话题的时候,一般都用下面(19)中这类的句子作为例子:

(19) a. 这棵树,叶子很大。

b. 那条鱼,猫吃了。

c. 对于波斯湾战争,我们都很关心。

这三句中的“这棵树”、“那条鱼”、“波斯湾”当然都是不折不扣的标准话题。但是，现代汉语中还有其他不太标准的话题，例如：

(20) A：老张$_i$ 欠了我两百块钱，O_i 一直都说O_i 没有钱还给我。

B：他$_i$ 把车子卖了，O_i 就有钱了。

(21) 这件衣服$_i$ 脏了一块$_i$，O_i 洗了半天O_i 没洗掉，O_i 穿着很难看。

(22) 那个厨师$_i$ 我吃过他$_i$做的菜，O_i 真有本事，O_i 把很普通的东西都做得非常好吃。

这两组话题的不同，在于前者主要是用来表示话题与“述题”(comment)之间的关系；后者则主要用来标示小句与小句之间的连接。例(19a)中的“这棵树”与“叶子很大”有“话题—述题”关系，即 Charles Hockett 所说的“……说话人提出话题，然后予以作与之有关的阐述”(... the speaker announces a topic and then says something about it)。[①] 而(20)—(22)中的几个话题“老张”、“他”、“这件衣服”、“一块”、“那个厨师”等，固然也都与其后语句有“话题—述题”关系，但是它们的主要功能，是结合后面的“O”(一般称为“回指零形”zero anaphor)将前后的小句连接起来。承认第二种类型话题的存在，是篇章语法与一般仅涉及小句内部结构语法的不同。由于这两种类型的话题，不但功能不同，而且形式各异，所以 Chu 把前者称为“有标话题”

---

① 参见 Hockett, Charles F. *A Course in Linguistics*. New York: MacMillan, 1958。

后者称为“无标话题”，以资区别。① 这样的区分，可以说明为什么谈到话题的时候，一般都用(19)那样形式的例句。另外那种话题，即(20)—(22)中的那种，由于缺乏特别的标记，所以在教学上没有受到应有的重视。其实，这种话题的使用在语句的连接上非常重要；尤其是其中的回指零形，对西方学生而言，特别重要。

3. “前景”、“背景”与“生活知识”

文句组合成篇章时，“前景”(foreground)与“背景”(background)的安排是一个很重要的环节。一般而言，“背景”是用从属结构来表达的，例如，关系子句，从属连接词，等等。除此以外，汉语还有其他的方法，可以作分别前景、背景之用。这些方法包括动词词尾和小句的顺序。这里举“着”和“了”为例，来说明这两个动词词尾标示“前景、背景”的功能。例如：

(23) (a) 她穿着高跟鞋爬山。

(b)？她爬着山穿高跟鞋。

如果我们只把“着”当作“持续体”标记，那么，(23a)和(23b)就不应该在接受度上有任何区别。而实际上，“着”不但标示“持续”，而且在语法上另外还有两个功能。一、将“行动动词”(action verb)转换成“情状动词”(state verb)；二、将小句转换成一个“从属结构”，以为“背景”，以便将“前景”衬托出来。如果(23a)中的“穿着高跟鞋”解释为一种状态，而且是用来作为“爬

① 参见 Chu, Chauncey C. “Aboutness” and “Clause－Lingking”: Two Separate Funcitons of Topic in Mandarin, *Tsing Hua Journal of Chinese Studies* 27. 1: 35—50, 1997。

山”这件主要事件的衬托的“背景”，那么，一切都合情合理。可是，在(23b)中，“爬山”变成了“背景”，而“穿高跟鞋”反而变成了主要事件。这样的情况，在一般人的生活知识中，当然不是很容易就能接受的。这就说明了为什么(23b)的接受度没有(23a)那么高。而且，这也并不是一个语法问题，而是篇章中“前景、背景”的表达，与实际生活知识发生了差距。下面(24)中两句说明“了”标示“前景”的功能。

(24) (a) 我在中国住了一年(？的时候)，天天都是这样喝茶的。

(b) 我在中国住(？了一年)的时候，天天都是这样喝茶的。

这两个例句所显示的，是“的时候”和“了一年”两者不能并用。① 其原因之一，是因为“了”这个词尾有标示“前景”的功能。既然是前景，那就不能出现在表示“背景”的从属子句中(“……的时候”是一个从属标记)。下面再举一个这样的例句。

(25) (a) 我昨天洗(？了)车的时候，就下雨了。

(b) 我昨天洗了车(？的时候)，就下雨了。

例(25)很明显地显示，“了”和“的时候”两者是不能同时出现在一个小句中的。这也就是因为“了”标示“前景”，而“……的时候”标示“背景”。从篇章组织的角度看，同一事件“我昨天洗车”对于另一事件“下雨”是无法同时既作它的“前景”又作它的

---

① 这个错误的例句，是一个学中文的美国学生提出来的。对于“的时候”和“了一年”之所以不能并用，金立鑫教授认为，其原因是因为前者是时间点，而后者是时段，两者在语义上是无法同时出现的。这确实也是原因之一。

"背景",所以"了"和"的时候"无法同时出现。

"前景、背景"的观念也可以用来解释为什么下例(26)中一般都不用"了",虽然"买书"这件事显然是过去完成的事件。

(26) 昨天我买(? 了)的那本书很好。

"昨天我买(书)"这个事件,说话人既然用关系子句这样一个从属结构来表达,就是要把它当作"背景"处理;那么,就不能同时又把它当作"前景"而加上一个"了"字了。

五 怎样教"了"字

现代汉语中的"了"字,经过语法学家数十年来的努力研究,一般认为可以分成两大用法:句末虚词和动词词尾。前者用来表示"情状改变",后者表示"完成体"。这样分法大体上虽然没有什么问题,①但是对"情状改变"和"完成体"这两个观念的阐释,多半都局限在句法范围之内,而且相当不一致。以致对实际语料的解释,往往会发生困难。例如,陆、马(1985)认为②,下列(27)中用"了"是不合语法的。

(27)我下车后,中国同学热情地帮(*了)我搬行李。

其实,这并不是一个语法的问题,而是一个篇章连接的问题,因为(27)是一个叙述句,所讲的重点应该是发生的事件,所以应该是以行动动词为主,而"帮"不是行动动词,同一句中的"搬"才是。因此,如果将"了"移到动词"搬"之后,如(27′),则该

① 这就是一般所接受的"$了_1$"、"$了_2$"的说法。至于是否需要"$了_3$"、"$了_4$"等等,则不在讨论范围之内。

② 原文无此文献——编者注。

句就自然得多了：

(27′)我下车后，中国同学热情地帮我搬(了)行李。

不过，动词“帮”并不是绝对不能带“了”，例如：

(28)上星期他们帮了我搬行李，今天我请他们吃饭。

在(28)中的第一个小句中，主要的意念是“他们帮我(搬行李)”，然后才能接上第二个小句中的“我请他们吃饭”，而不是“他们搬行李”而“我请他们吃饭”。所以动词词尾“了”紧跟在“帮”之后。

上面这两个例子充分显示，“了”的用法往往不能单凭句法来解释。这个问题，前面也已约略谈到。为了讨论的方便起见，先大概说明“了”的各种基本语法功能，然后再配以篇章功能，来看看应该怎么教这个虚词。

1. “了”的两个语法位置

“了”在句中有两个不同的位置，一个在动词之后，另一个在句末。前者是“完成体标记”，后者是“情状改变标记”，已如上述。不过，如果句末正好是一个行动动词，那么，其后的“了”就可能有歧义。这里先把歧义的问题解决了，再谈完成体“了”的教法。下面(29)中的“了”都在句末，而且其前没有行动动词，所以都没有歧义。

(29) (a) 我饿了。
(b) 现在太晚了。
(c) 我的皮包很旧了。
(d) 他来中国已经两年了。

例(30)中的两句,“了”前的动词“饿死”、“听懂”既可作行动动词解,也可作情状动词解,所以有歧义。

(30) (a) 大家都饿死了。

(b) 我听懂了。

(30a)可以解为“(在过去某个时候)由于饥饿,大家都死去了”,这是“了”作完成体标记的解释;或者解为“(没有表明时间)大家从本来不饿进入很饿的状态”,这是“了”作情状改变标记的解释。(30b)则可以解为“(在过去某个时间)我听懂了(某件事)”,这是“了”作完成体标记的解释,或者解为“(没有表明时间)我从本来不懂进入懂的状态”,这是“了”作情状改变标记的解释。

2. “了”的完成体标记功能

解决了歧义的问题,现在再看“了”的完成体标记功能。根据研究,完成体其实只是“了”的语义功能,这个功能的基本意义就是表示“过去事件之发生”。这个意义固然与英语的过去式相近,但是并不完全一样。英语的过去式,不论是情状或事件,只要是过去,都必须用。而汉语中的完成体标记“了”只用在过去的事件,不用在过去的情状。① 所以,(31)中在“说”后面的“了”不合语法,因为“很会说”是一个状态,不是一件事件。

(31) 我从前很会说(*了)英语,现在都忘了。

---

① 参见 Chang, W. Vincent 张武昌 *The particle LE in Chinese Narrative Discourse*. Gainesville, FL: University of Florida Ph. D. dissertation, 1986.

可是，例(32)中的两个“了”都是必要的。因为答句固然是表示事件的发生，而连问句所问的，也是有关事件的发生。①

(32) A：你昨天晚上都做了什么？

B：出去看了一场电影。

这个用法，我们可以把它当作“原型”看待。除此而外，完成体“了”还有几种“非原型”的用法。例如：

(33) (a) 你用右手拿刀子，左手拿叉子，这样切，切完了，放下刀子，再用右手拿叉子，一块一块地吃。

(b) A：昨天你上哪儿去了？

B：我父母前天到纽约来了。他们是来看我妹妹的。我妹妹昨天打电话告诉我，我就到纽约去了。

(from *Chinese Primer* by Ch'en, Link, Tai and Tang)

例(33a)是教人怎样用刀叉吃西餐，所以不是过去发生的事件，而是没有时间性的。那么，为什么在“切完”之后要用“了”呢？这个“了”根据张武昌的说法，是作“前后排序”(sequencing)之用的。② 也就是说，标示“切完”在前，“放下刀子”在后。在(33a)中，这个“了”其实还可以用在“放下”之后，也一样产生前后排序的效果。更进一步，这个“了”既可以在“切完”和“放

① 当然，在同类的问句中，可以用“做什么”替代“做了什么”，例如：“你昨天晚上出去做什么？”但是，这个问句不是“What did you do when you went out last night?”，而是“Why did you go out last night?”的意思。

② 对“了”各种功能的分析，请参看张武昌(Chang 1986)。

下”两者之后都出现，也可以只在其中一个之后出现，甚至可以在两者之后都不出现。换言之，这句话实际上有四种不同的说法，而这四种说法，在语义上并没有任何不同，所不同的是说话人是否要将某两件事件间的前后次序特别标明而已。这个在篇章上“前后排序”的用法，其实是透过比喻延伸而得来的，是从以说话时间作参考点的“绝对的过去”延伸到以另一个事件为参考点的“相对的过去”所产生的结果。所以，我们可以把它当作是一个“非原型”的用法。

现在再看(33b)。这三个“了”都是基本用法，表示过去事件的发生，所以不必再加讨论。问题倒是其中有好几个别的动词(“来看我妹妹”、“打电话”、“告诉我”)也都是表示过去事件的发生，为什么没有加“了”呢？现在分别解释如下。

“来看我妹妹”在这个例子中固然是一件过去发生的事件，但是因为它出现在一个从属结构“是……的”之中，所以不能有“了”。这种从属结构与“了”互相排斥的情形，我们在前面已经说明，故不再赘述。

“打电话”和“告诉我”在这里当然也都是过去发生的事件，说话人完全可以加一个“了”而说成“打了电话”和“告诉了我”。这从语法的角度上看，应该是毫无问题的。可是从篇章结构的角度看，却未免太琐碎了一点。这点我们已经在前面提到，不用“了”是表示这些是整个事件中的“子事件”。在这里，“(我妹妹)打电话”、“(我妹妹)告诉我”和“我到纽约去”虽然可以是三件不同的事件，但是合在一起，却是说话人回答中的整个一件事件，所以不必分别处理，而只用一个“了”来总结这个回答。如果每件“子事件”后都加上一个“了”，当然就显得支离破散，无法成章了。这个用法,张武昌称之为"高峰标示"(*peak-marking*)①,就是在一连串发生的事情中,只选在最高潮事件的动词之后,用一个"了"来标示,这是最重要的一个事件,其他都是次要的。这个用法也是比喻延伸的结果。"了"的基本功能是标示"过去事件的发生",反之,不用"了"的行动动词,应该是没有实际发生的事件。现在则延伸为"虽然发生了,但却没有带'了'字标记的那件事重要"。所以,这也是"了"的"非原型"功能。同时,整个一件事件只用一个"了"来表示,也是汉语中"象似性"的表现。

至此,我们介绍了完成体标记"了"的三种功能。一、过去事件(的发生),二、(事件的)前后排序,三、高峰标示。由于第一种"过去事件"是最基本的功能,在对外汉语教学中,应该最先介绍。不过,要特别注意的是,虽然它跟英语的过去时态(past tense)很相似,但是"了"仅适用于"事件"而不适用于"情状",这是对外汉语教学中不可不特别提出的。经过一段时间以后,就可以随机介绍其他两种功能。当然,还有一些情形,上面这三个功能无法完全涵盖,如在"说"、"告诉"、"讲"等标示说话的动词之后,如果跟有所说的话,那么,这个动词之后就不能跟"了",例如:

(34)他昨天跟我说(? 了),下星期可以不必来上班。

这可能是因为所说的内容比说话这个行为要来得重要。相反地,如果说话的行为比内容重要,在"说"之后则必须要用"了",例如:

---

① 参见 Chang, W. Vincent 张武昌 *The particle LE in Chinese Narrative Discourse*. Gainesville, FL:Universtity of Florida Ph. D. dissertation, 1986.

(35) 我昨天就跟你说了，今天绝对不能迟到，你怎么还是迟到了。

其他如关系子句中的过去事件不需要"了"也可以这样解释。这类特殊情况应该不会太多，如有出现而无法立刻解决，也许倒反而可以作为研究课题的好材料。[①]

六　小结

我们研究的主旨在于探究功能、篇章语法如何能在对外汉语教学上做出它应有的贡献。首先讨论了几个功能语法中的基本观念，原型、连绵性、象似性。并用它们来解释了若干汉语语法中的问题，如，原型与非原型的话题，动词与副动词(前置词)两种词类之间的连绵性，词序和"的"字两者的象似性用法。然后从功能语法的角度，经过与话题的联系，将"把"字句和"被"字句作了既合情合理又有普遍性的处理。这样的处理，不但可以解释这两个句型中各种各样的语义结构，而且还可以说明为什么有些句子会在接受度上发生问题。其中一个关键，是"比喻延伸"(metaphorical extension)的应用。

在篇章语法方面，选了三个比较具有代表性的问题，加以讨论。完成体标记"了"的篇章功能，有标与无标话题在篇章上的应用，信息结构与语法结构之间的关系。完成体标记"了"在语法上固然标示动词"完成"，然而它所传达的信息却不仅表示过去事件之发生，而且它的省略还可以把同类的小句连接在一起，组成一个篇章单位。对于话题的研究，一般语法多半把注意力

---

① 张(Chang 1986)和屈、张(Chu and Chang 1987)在这方面还有一些讨论。

集中在话题与“述题”(comment)之间的关系上；因此，也多半仅引用“有标话题”而忽略了“无标话题”。特别介绍了“无标话题”以及它的小句连接功能。至于信息结构与语法结构之间的关系，这里仅择要介绍了几种标示背景的语法结构，如持续体标记“着”，关系子句结构等。这些语法结构，尤其是与具有“了”的结构相比较时，它们所带的背景信息特别明显。

最后，我们利用先前所讨论的有关“了”的种种功能，特别提示了如何由最基本的“原型”功能着手，以比喻延伸的方法逐渐介绍其他“非原型”的功能。这样由基本的用法到引申的用法，也就是由浅入深，循序而进，应该不至于让学习者觉得语法与实际语料的脱节，也可以真正落实语法在汉语教学中的地位。

第六章

教学语法体系

第一节　现行教学语法体系的思考

壹　现行语法体系中的补语系统[①]

补语在对外汉语教学中占有重要的地位。首先，补语在教材中出现的频率高。据统计[②]，在北京语言学院现代汉语精读教材（初级、中级、高级）主课文中，各类补语句的总数为3882句，占单句总数的13.245％，其出现频率不仅高于形容词、名词、主谓词组作谓语的句子，而且高于“把”字句、“被”字句、“是”字句、“有”字句、“比”字句、连动句、兼语句等各种特殊的动词谓语句（如形容词谓语句占单句总数的5.07％，“把”字句占0.488％，“是”字句占0.638％，“被”字句占7.462％）。其次，补语反映了汉语语法的特点。如述结式既反映了汉语灵活性的特点，又反映了汉语节约性的特点，其述补组合的灵活自由和语义

---

① 本文以《关于对外汉语教学中的补语系统》为题发表在《语言教学与研究》1995年第4期，作者吕文华。

② 参见赵淑华等《关于北京语言学院现代汉语精读教材主课文句型统计结果报告》，《语言教学与研究》1995年2期。

表达的言简意赅常使外国人感到困惑；而状态补语在印欧语中也很难找到对应的形式。此外，补语难。在对外汉语教学中，补语有8类之多，形式各异，用法复杂。如补语的否定式或用“不”，或用“没”，或可用“没”也可用“不”；宾语的位置或在补语前，或在补语后，或可前可后。补语表义复杂，如趋向补语既有趋向义，又有结果义和状态义；各类补语的不同的语义指向；歧义现象以及可能补语与能愿动词“能”；补语和可变换成状语的形式在表达上的差异等，都是历年来教学的难点。

现行语法体系中的补语包括8大类：结果补语、趋向补语、可能补语、程度补语、时量补语、动量补语、数量补语、介宾补语等。“补语的类型是按照结构特点划分的，名称是根据意义而定的”①。这一划类和定名标准是对外汉语教学语法体系中的一项成功之举，它使学习者面对纷繁而复杂的补语系统从结构上可按形式标志去辨认，从语义上可循名称去识记，因此自1958年创建了对外汉语教学语法体系以来，补语系统在教学实践中经受了时间的考验，并随着教学的发展得以补充和修正。

教学改革的深化和汉语语法研究的发展要求我们从新的理论高度、用新的方法来观察和检验现行的对外汉语教学语法体系，包括其中的补语系统，使之进一步科学和完善。我们觉得补语系统有以下两个问题需要展开研究和讨论。

一 补语的选择

对外汉语教学的语法体系由于基本上保留了其创建时期的

---

① 参见李培元等《编写基础汉语课本的若干问题》，《语言教学与研究》1980年4期。

面貌，所以50年代汉语教学中重知识的倾向代代相沿贯彻至今，其主要表现形式是在语法项目的选择上讲求知识的系统和完整，因而语法项目繁多，加大了语法教学量。补语系统也不例外。汉语的补语十分丰富，现行语法体系中对补语做了完整、全面的介绍，补语的上位项目罗列了8种，下位项目也绝无遗漏地全部列举，因此补语在教学中占据的比重相当大。我们主张以频率统计为主要参照，对语法项目进行筛选，优选出在实际语言中运用广、价值高、表现力强的语法项目，这是提高教学效率、实现教材科学化的重要方面。

（一）补语的上位项目选择

补语的上位项目共8类，它们的使用频率相去甚远，现根据《现代汉语句型统计与研究》小组的统计结果列表如下：

类别	句数	与动谓句总句数之比（%）
趋向补语	1476	10.502
结果补语	1238	8.817
程度补语①	358	2.55
可能补语	315	2.243
动量补语	216	1.538
时量补语	183	1.303
数量补语	71	0.506
介宾补语	25	0.018

在精读教材主课文中，动词谓语句的总数是14041个，按使用频率在1%以上为常用句型的话，数量补语是非常用句型，而介宾补语则可看作罕见句型。这两种补语除了出现频率低之

① 统计报告上用状态补语，就是现行教材中的程度补语，为称说方便此处采取与教材一致的说法。

外，还有一些不利于语言教学的因素。

数量补语在教学语法体系中是指比较句中用于形容词后表示比较结果的数量。如：

妹妹比弟弟大三岁

夏天的时候，上海比北京热一点儿。

据考察，能用于带数量词语比较结果的形容词数量极少，仅有“大、小、强、弱、高、低、长、短、差”等有限的几个词。而用于动词后的数量词语则划为宾语。如：

今年水稻产量增加了五万吨。

这种笔很好，我买了三支。

学生常常因此类概念上的区别而纠缠不清。

介宾补语是动词后充任补语的介宾词组，如：走向生活、生于上海、飞往北京等。这类补语一般多出现在书面语中，口语中较少出现。

据此，我们认为，数量补语和介宾补语由于应用价值低，后者又不出现在交际场合中，完全不必为了体系的系统和完整纳入教学，尤其是初级阶段。

（二）补语的下位项目选择

补语的下位项目在教材和教学中一般是“一基一二式一加宾语”的模式，即先介绍某个补语的基本式（一般都是肯定式），再介绍否定式和疑问式，然后介绍带宾语的情况。如趋向补语在教材中一般包括以下教学内容①：

---

① 参见《现代汉语教程读写课本》第一册 406—409 页，第二册 113 页。北京语言学院出版社，1989 年版。

简单趋向补语：出来/出去—没出来/不出去—他从阅览室出来了没有？

回宿舍去—带来了一个照相机—带一个照相机来

复合趋向补语：跑上来/走出去—没跑上来/不走出去—他从楼上跑下来了吗？

走进教室去—买回来一支笔—买回一支笔来

在补语的下位项目选择中要突破原有的系统性、知识性模式，应坚持通过科学统计确定基本的、典型的项目。

首先，基本式不一定就是肯定式。如可能补语，在实际语言中，使用可能补语时绝大多数是用否定式，它与可能补语肯定式出现的比例差不多是 30∶1。当我们要表达因主客观条件的影响而不能实现动作的结果和趋向时，在汉语中用可能补语的否定式几乎是唯一的选择，其他形式无法表达。而可能补语的肯定式除了出现频率低外，一般不独立运用，主要用于应答或并列疑问句中。因此我们应把可能补语的否定式看作基本式着重介绍。

其次，对因宾语位置的变化所造成的同义句也应有所选择。全部列举并不可取。如：

A. 买回来一支笔　　买回一支笔来

B. 听半小时的录音　听录音听了半小时

以上两组都是因宾语位置变化所造成的同义句，在教材中是同时介绍的。在实际语言中，它们的使用价值悬殊甚大。A组中趋向动词带宾语的情况尤为复杂。当宾语是处所名词时，宾语必须在“来/去”前；当宾语是可移动的事物名词时，则既可在“来/去”前,又可在“来/去”后。据考察,在1141个复合趋向补语的句子中,宾语在“来/去”之前的占5.4%,而在“来/去”之后的仅占0.5%[①]。“买回来一支笔”之类的句子是非常用句。除此之外,在同一课里既介绍必须说“走进教室去”,又教既可以说“买回一支笔来”又可以说“买回来一支笔”,学生很难掌握,所以常常出现“*跑回去宿舍”等病句。B组是宾语在时量补语后或前,它们在实际语言中出现的频率相差甚远。我们曾从50万字的语料中找到宾语在时量补语后的例句112个,竟无一例后一种句式。因此我们主张在基础阶段应删除补语下位项目中的一些非常用、非基本的语法项目,以简化语法教学,提高教学效率。

二 补语的分类

汉语的补语既丰富又复杂。有时某一个形式表达的是不同的语义,如:

V+得+C

高兴得跳起来 (对施动者的描述)

高兴得不得了 (表示程度)

V+“上”类词+来/去

跑下来 (表示趋向)

撕下来 (表示结果)

静下来 (表示状态)

---

① 参见鲁健骥《DIRECTIONAL COMPLEMENT: A pedagogic view》,美国《中国语文教师学会学报》1984年第2期。

V+C

湿透了　(表示结果)

坏透了　(表示程度)

有时某种语义可有几种形式来表达，如：

表示程度

臭死了　　伤心透了

臭得厉害　　伤心得不得了

臭得很　　伤心极了

表示结果

写好　　洗干净

打得他鼻青脸肿　批评得他直掉眼泪

贴上去　　连接起来

有时还有歧义。如：

热死：晒了一下午，热死了。(程度)

连续高温45度，该市已有5人热死。(结果)

对待如此纷繁复杂的语言现象，如何条分缕析，有效地进行教学，是个很棘手的问题。如前所述，在对外汉语教学语法体系中，很成功地采取了按结构特点划类、按意义命名的办法，在教学中取得了很好的效果。既然是按结构特点划类，就要贯彻到底；既然是按意义命名，就要取某个形式所表达的最主要、最有代表性的意义为名称。以此衡量，我们认为在补语的分类上还存在以下几个问题值得讨论。

(一) V+“上”类词的归类

“上”类词指“上、下、进、出、回、过、起”等趋向动词。有些语法著作中，将“上”类词在动词后充任的补语看作趋向补语，对外汉语教学的语法体系，将这类补语看作结果补语，将“动词＋来/去”和“动词＋‘上’类词＋来/去”分别看作简单趋向补语和复合趋向补语。1988年出版的《汉语水平等级标准和等级大纲(试行)》，将这类补语连同“动词＋来/去”都看作趋向补语。北京语言学院语言教学研究所《现代汉语句型统计与研究》小组所做的《关于北京语言学院现代汉语精读教材主课文句型统计结果的报告》也将“上”类词作补语纳入简单趋向补语之中。“上”类词划入结果补语还是划入趋向补语，孰优孰劣，主要衡量标准是看哪种做法更有利于教学。

补语是按结构特征分类的，在教学中便于学生辨别、记忆和运用。“上”类词和“来、去”虽都属于趋向动词，但在表示趋向意义上有明显区别。“来、去”主要表示方向，向着说话人方向用“来”，背离说话人方向用“去”，因此需与某个立足点相联系。“上”类词不表方向，只表位移，如由低向高、由高向低等，不与某个立足点发生联系。历来教材中是以“来/去”作为趋向补语的形式标志，无论简单趋向补语还是复合趋向补语都有“来/去”为标志，表达了动作与某个立足点向背的趋向。若将“上”类词也划入趋向补语，那么趋向补语会变得复杂起来。简单趋向补语是动词后带“来、去、上、下……”等趋向动词，在意义上需分别讲解，如“走来、爬上、跑回、抱起……”，既有表示与某个立足点向背的趋向，又有不同方向的位移。复合趋向补语就不能像历来定义的是“简单趋向补语＋来/去”，因为不能有“走来来/去”的说法，而且复合趋向补语也不能像原来的划分法那样与简单趋向补语在表达上保持一致。从结构特点来看，“动词＋来/去”和

"动词+'上'类词"也有区别：前者结构比较松散，中间可以插入宾语，后者结构紧凑，宾语必须在补语后面，如：

进教室来　　　跑回宿舍

到办公室去　　爬上山顶

否定式、疑问式不同：

没进来　　　　没跑回

不进来　　　＊不跑回

进来不进来？　＊跑回不跑回？

能单用和不能单用：

进来　　　＊跑回

出去　　　＊走下

在语法结构上表现出如此不同的特征，却偏偏要看作是同一类别，使人难以理解。实际上，"上"类词在动词后作补语，无论是结构特点还是语义特征都更接近结果补语。"爬上、记下……"与结果补语"写对、看完、擦干……"等的构成、带宾语、否定和疑问方式都一致，而且"动词+'上'类词"在表达上主要是结果义。如："爬上山、考上研究生、合上书、栽上树、说上了话、好上几倍、贴上……等"，除了"爬上山"是趋向义外，都是结果义。因此，我们认为"动词+'上'类词"应看作结果补语。

（二）由"得"引出的补语类别

在对外汉语教学语法体系中，将动词带"得"后的补语称作程度补语。如《汉语水平等级标准和等级大纲》中程度补语的例句是：

(189)好得不得了

(190)高兴得跳起来

(191)疼得不厉害

(192)看书看得忘了吃饭

(193)写字写得手疼

(194)笑得肚子疼

在教材中,程度补语的例句还有:

他起得很早。(《基础汉语课本》第25课)

这个队踢得不错。(《初级汉语课本》第39课)

如前所述,在教学体系中,补语是按意义命名的,以上例句表达了什么意义呢?

好得不得了

疼得不厉害

——补语表示动作或状态的程度

高兴得跳起来

——补语是对施事者的描述

看书看得忘了吃饭

写字写得手疼

笑得肚子疼

——补语是说明动作产生的结果

他起得很早

这个队踢得不错

——补语是对动作的评价或判断

我们检查了历年来的基础汉语课本,在初级阶段出现的程度补语主要是"高兴得跳起来"和"他起得很早"这两种。

从以上分析可见,动词或形容词带"得"后的补语,表达的意义很丰富，而表示程度并非是这类补语的基本意义。我们在教学中将“他高兴得跳起来”“他起得很早”等概括为表示动作的程度，并命名为程度补语，这势必会对学生在理解这类补语的意义方面产生误导。由此就产生两个问题：第一，这类补语应如何命名；第二，表示程度的程度补语要不要从中分化出来。

早在1977年就有人对程度补语作为这类补语的名称提出异议，因此这年出版的《汉语课本》曾将其改为情态补语。也许这一名称比较抽象，在教学中没能被接受，到1980年出版的《基础汉语课本》又改回来沿用旧说。以后语法学界对这类补语一般采用状态补语的说法。比起程度补语、状态补语的概括性较强；比起情态补语、状态补语的名称又不失于空灵，因此应将动词带“得”后的补语叫做状态补语。

有的学者认为程度补语应单立一类①，而且论述了程度补语在结构和意义上的特征，指出它和状态补语是对立的。这一看法从观点上来看是无可辩驳的，但从教学的角度出发，则值得斟酌。教学的要旨是简明易懂，因此分类宜粗不宜细，分类越细则类别就越多，势必增加教学的负担；此外对外国人的语法教学要求整齐划一，分类尽量有形式标志，以利辨识。按意义划出的程度补语在形式上与其他类别的补语有交叉现象，如：

与结果补语形式上交叉的：

热死了　坏透了　差远了　好多了

① 参见马庆株《汉语动词和动词性结构》，北京语言学院出版社，1992年版。

与状态补语形式上交叉的：

热得不得了 坏得要命 少得可怜 好得很

在教学中要区别“买多了”（结果补语）和“好多了”（程度补语），“哭得可怜”（状态补语）和“少得可怜”（程度补语），势必会增加教学的难度。当然，表结果的补语不分化出来会使状态补语的内部显得有点芜杂，但其他补语也有类似的情况，如趋向补语的表趋向义、结果义和状态义等。因此我们认为将动词带“得”后的补语都看作状态补语为宜。

贰 初级阶段对外汉语教学语法体系的思考①

一 回顾与反思

语法教学在初级阶段对外汉语教学中占非常重要的地位，是综合课（精读课）的主要教学内容。“在现代外语教学理论中，虽然有各种各样的教学法理论，但大部分教学法理论都承认语法教学的重要性。在外语教学中教师对语法的讲授可以大大加快学生的学习过程。”②对此大家是有共识的，值得探讨的是“教什么”和“怎么教”。关于“教什么”不少专家学者已有所论述，这里不作讨论。关于“怎么教”，即采用什么途径及方法教授外国人语法是写作的主旨。北京语言文化大学初级阶段语法教学（以下简称

① 本文以《建立三维语法教学体系——初级阶段对外汉语语法教学研究的回顾与展望》为题发表在《世界汉语教学》1997年第2期，作者李珠。

② Nuan, D. (1989) Understanding Language Classrooms.

"语法教学")经过四十多年发展的历程,逐步形成了自己的特色。

语法教学的发展与众多因素有关,主要涉及以下两个方面:

(1) 语法本体研究的水平:具体体现在教科书中语法知识的安排与解释,这是语法教学的基本依据。自 1958 年《汉语教科书》创建了对外汉语教学语法体系以来,语法体系日臻完善科学,为语法教学的发展奠定了良好的基础。但由于教学语法体系一旦建立便有其相对的稳定性,语法研究的成果不能及时地吸收到教材中,所以教师不完全受制于课本,而且教学法本身又有其相对独立性,课堂教学有很大的游刃性。教师本人的业务素质及科研水平,使语法教学可能超前于教科书,三尺讲台上教师是大有可为的。

(2) 语言教学法理论的指导:语法教学赖以生长的相关理论有"1. 语言学(包括心理语言学、社会语言学、对比语言学等分支);2. 心理学(特别是认知心理学);3. 教育学;4. 文化学、哲学和社会学等"①。一般说来,教学理论基础越雄厚,语法教学的科学性越强。同时,一种新的教学法的产生是对旧的教学法长处的继承和短处的扬弃。一种教学法的生命力取决于它对第二语言教学规律的认识程度。对外汉语初级阶段语法教学的发展历程充分证明了这一点。回顾历史,语法教学经历了以下四个阶段:

(一) 50 年代至 60 年代中:受传统教学法影响,语法教学基本上采用"翻译法和相对的直接教学法",即:"教员讲,翻译同志在旁翻译。或者是会外文的教员直接用外文讲,从《汉语教科

---

① 参见崔永华《对外语教学学科概说》,《中国文化研究》1997 年春之卷。

书》上册语音第一课开始就这样，到三十几课时逐渐脱离翻译，直接用汉语讲授。”①这种教学法的最大缺点是把实践语言的教学变成理论知识的灌输，忽视语法教学的实践性原则。

（二）70 年代：语法教学采用以结构为中心的句型教学法。从外语教学引进“句型”，“通过替换练习掌握语法特点，通过课文训练掌握运用汉语的能力”②。与翻译法相比，学生以句型为中心，在大量重述、模仿、替换、改装、扩展等操练中达到熟练掌握的程度。但句型教学只限于结构分析和按句型模式的大量机械练习，重结构，轻语义。

（三）80 年代：提出“功能、句型、语法相结合”的教学法。引入国外语言教学的功能法，强调培养学生运用语言进行交际的能力。“通过句型替换、功能项目操练、语法分析等综合性训练来达到这一目的”③，或者“比较多地采用外国学生习惯的公式法，突出形式特点，并着重解释在实际运用中的功能”④。“功能、句型和语法相结合设想的特点在于它既能充分考虑交际的需要，又能贯彻句型循序渐进的原则，同时也保证了语法的完整性。”⑤这种语法教学的路子无疑是对单纯结构教学的一种撞击与挑战。但仍没有跳出结构主义的窠臼，在实际教学中，偏重语法形式的讲练，对功能的理解不同，实际

① 参见钟梫《十五年汉语教学总结》，《语言教学与研究》1997 年第 3 期。

② 参见北京语言学院编《基础汉语课本》说明，外文出版社，1979 年版。

③ 参见北京语言学院编《实用汉语课本》前言，商务印书馆，1981 年版。

④ 参见北京语言学院编《初级汉语课本》编写说明，北京语言学院出版社，1980 年版。

⑤ 参见刘珣等《试谈基础汉语教科书的编写原则》，《对外汉语教学论文选》，1983 年版。

操作有一定难度。

（四）90 年代：对语法教学进行深入的多角度探索的阶段。赵金铭教授 1994 年在《教外国人汉语语法的一些原则问题》一文中明确提出“在语法教学中应该将句法平面、语义平面和语用平面有机地结合起来”①。尽管早在 70 年代末 80 年代初语法研究上就提出语法、语义和语用三个平面的问题，并取得一些成果，但是我们在语法教学应用上是滞后的。赵金铭还进一步指出“句子的生成是由深层结构（语义）到表层结构（句法）以实现交际为目的的序列化过程，这个序列取决于语义的正确性、句法的限制性和语用的选择性”②，对语法教学在句法、语义和语用上提出明确具体的要求，具有很强的可操作性，对今后的语法教学的影响是深远的。

二　建立三维语法教学体系

回顾 40 多年语法教学发展的路程，可以说语法教学在不断总结探索中吸取正反两方面的经验教训，领先于听力、阅读、口语等其他课型，建立了自己的教学理论框架——三维语法教学体系。它可以这样描述：从语法教学整体来看，应该从以下三个维度展开：

（一）语音、语法、词汇语言三要素；

（二）语义、结构、语用三结合；

---

① 参见赵金铭《教外国人汉语语法的一些原则问题》，《语言教学与研究》1994 年第 2 期。

② 参见赵金铭《教外国人汉语语法的一些原则问题》，《语言教学与研究》1994 年第 2 期。

（三）听、说、读、写技能综合训练。

初级阶段语法教学应被看作是由以上三个维度形成的一个完整的三维立体教学结构。这三个维度是相互紧密结合、交互重叠和渗透的统一体。为简单明了起见，下面分别加以说明。

（一）语言三要素：语法是初级阶段教学的中心，但与语音、词汇是密不可分的，可以这样比喻：语法是骨架，词汇是肌肉，语音则是皮肤。学语言必须打好基础，语音就是语言的物质基础。“现代心理学研究成果表明，在正常情况下人们阅读文字材料时，往往先将文字信息转化为语音信息，大脑才能理解，因为大脑的言语区只承担语音信息处理。”“语音掌握好，可以准确有效地记忆生词……同时有助于语法记忆的准确与可靠。”①语音的轻重、停顿、语调等也是重要的语言配置要素，对语义起辨析作用。所以不能满足于教会学生读准单个音节的声母、韵母和声调，还应该在更高的语音层面上对学生提出更高的要求，下更大的功夫。

词和词组作为语法的两级静态单位、备用单位，在语法教学中是为句法服务的。特别应重视词组教学，因为“词组中各级组合方式和组合关系集中反映了汉语各级组合的规律和特点，所以掌握了词组也就掌握了汉语句法的基础”②。就教学而言，词组教学起了从词到句子承上启下的桥梁作用，是语法教学的一个重要环节，有助于学生掌握句法结构。外国人学习语法，要组

---

① 参见吴宗济《现代汉语语音概要》，华语教学出版社，1992 年版。

② 参见钱乃荣《现代汉语》，高等教育出版社，1990 年版。

装并生成大量的句子，用以表达思想，除了语法形式标志外，词语是重要的组装材料。胡明扬先生曾指出："语言实际上体现一连串根据一定的语法规则组织起来的音义结合的词语，所以语音、语法、语义都体现在具体的词语身上。语法规则讲的只是一般的用法，如果不和具体的语词结合起来，肯定一用就错，干巴巴的几条语法规则是用处不大，势必结合语汇教学，让学生懂得一个词一个词的具体用法，至于语汇意义的讲解更是语汇教学的主要内容。"①胡先生还批评了只把语汇教学限于生词教学的做法。这里还涉及词语搭配问题。由于汉语缺乏形态，词与词搭配起来很方便自由，本族人还有个词不达意的问题，更何况外国人？当然这个阶段的词语教学既不能是"词典式"的教学法，也不同于中高级阶段的词语教学。

语音、语法、词语在教学中是以言语材料出现的，正如吕必松教授指出的："为了帮助学生理解所学的语言现象，有时也要介绍一些语言知识，但是语言教学中介绍语言知识的目的仅仅是为了帮助学生理解所学的言语现象而不是为了让学生掌握知识本身，这跟语言学教学有本质的不同。"②

（二）语义、结构、语用："对于一个想用汉语表达思想的外国人来说，一般是先产生要表达的意义，然后选择适当的语法形式。"但在课堂教学中，多是从一个句式的语法形式出发，讲解这个句式所表达的意义及其所依赖的语言环境，并了解这个句式运用得体、可被接受的各种语用因素，比如，说话语境，知识文化

---

①　参见胡明扬《语言教学的几个理论问题》，《第三届国际汉语教学讨论会论文集》，1990年版。

②　参见吕必松《华语教学讲习》，北京语言学院出版社，1992年版。

背景，前提预设，话题焦点，说话人的兴趣、心绪、态度等等。我们强调语用，主要是讲究语言交际的得体性。初级阶段学生掌握的词语有限，不可能对语用作太详细的讲解。教师可设计一定的语言情景，通过动作演示、利用图片、语用设疑等方法进行某一句式的语用说明，并揭示其句法结构的形式特点，各种语法限制及条件。对于习惯于以形式标志认识语言的外国学习者来说，条件和限制越细越好。比如能说"我昨天晚上复习了半个小时的语法，写了一个小时的汉字"，但不能说"我来了一年的中国"、"毕业了两年的大学"。同样是带时量补语的句子，前者的动词限于有时间持续性的动作行为和心理活动的动词，后者因动词不具持续性，只是表示动作经历的时间，时量补语位置应不同。"在外国学生看来，汉语语法规律不像其他语言的语法那样严密，规则，不少语法规律甚至难以归纳，时常出现各种例外……学习语法差不多等于学习一个个用法……我们讲明各种语言现象出现的条件，将有助于他们把握汉语语法。"①而语义、结构、语法之间互相制约，彼此依凭。大家知道动态助词"了"跟西方的一些形态成分并不相同，人家是一点可以管一片，而我们用与不用往往要因格式而异，因语境而异。"②"从语法构成上讲，在语法的三个平面里，句法是基础，语义结构要靠句法结构才能显义，语用要落实在一定的句法结构上。"③这再清楚不过地阐明

---

①　参见赵金铭《教外国人汉语语法的一些原则问题》，《语言教学与研究》1994年第2期。

②　参见徐枢《回顾与展望——试谈80年代和90年代的现代汉语语法研究》，《80年代与90年代中国现代汉语语法研究》，北京语言学院出版社，1992年版。

③　参见胡裕树、范晓《试论语法研究中的三个平面》，《新疆师范大学学报》1985年第2期。

了语义、结构和语用的关系，对我们的语法教学有很重要的指导意义。当然，还要注意阶段性，初级阶段语法教学应“以形式语法为主，辅以简明的语义说明”[①]。在语用上再加以指导，则能取得最佳教学效果。

（三）听、说、读、写技能训练：语言的掌握离不开技能的训练。“无论语法规则还是语用规则都不能用讲解的方法，因为讲解不能使规则具有生成性，既讲不清，学生也听不明白。语言规则是在大量的语言材料对大脑中语言能力反复刺激后形成的。”[②]学习外语成败的关键在于语法点和词语大量重现，这就必须经过专门训练。因此对外汉语教学从一开始就注意到了它同国内语文教学的区别，一直把培养学生的汉语语言能力放在突出的位置，并且从自身的教学中积累了一套可行的办法。[③] 80 年代以来按不同技能训练分课型教学，开设了听力课、阅读课、口语课、写作课等，但以语法教学为主要内容的初级阶段的综合课，仍担负着听、说、读、写全面技能训练的任务。学生通过听、读输入知识与信息，通过说、写进行反馈。因此听、说、读、写既是教学目的，又是教学手段。四会能力是在听、说、读、写训练中培养的，语法教学的目的通过技能训练来实现。在处理四会关系上曾有过“听说领先，读写跟上”之说，有“听说读写阶段侧重”和“听说读写并重”之说。笔者认为，听和读是领会能力，训

---

① 参见赵金铭《对外汉语语法教学的三个阶段及其教学主旨》，《世界汉语教学》1996 年第 3 期。

② 参见陈贤纯《谈语法教学》，《第三届国际汉语教学讨论会论文集》，1990 年版。

③ 参见任远《对外汉语教学法研究的回顾与展望》，《语言教学与研究》1994 年第 3 期。

练听读重在接受和理解；说和写是表达能力，训练说写重在运用。它们各自有其特点，又互相交织在一起，相辅相成，相互促进。我们有过顾此失彼（强调听说，读写跟不上）造成恶性循环的经验教训。也有过忽视技能训练（课上大讲语法）造成学生张不开口的例子。对外国学生（韩、日学生除外）的汉字教学需进一步加强，这是初级阶段久攻不下的教学难题，应作为今后语法教学的重要研究项目。

近十几年来语言教学中的文化因素成为人们关注的热点。语言是文化的载体，汉语以历史悠久的华夏传统文化为依托，从语音到词汇、句法结构、话题结构、篇章结构无不承载文化信息，反映民族文化的生活，浸润着浓郁的人文性。初级阶段语法教学以文化渗透为主，侧重影响准确交际的交际文化因素的教学，注意帮助学生克服因思维方式、价值观和世界观不同而造成的交际障碍。

三　创造性的教学实践——对今后语法教学的几点意见

40 多年来，语法教学积累了丰富的经验，在不断的探索实践中，语法教学的理论框架已初步建立，尽管它的科学性还需在今后的教学实践中不断丰富完善。从目前语法教学的情况来看，还有许多工作待做。

首先，把语义、结构和语用结合起来是今后教学研究的新课题，特别是语义和语用的研究。“语言教学的交际性原则也告诉人们：最佳的教学内容和方法，是使材料和环境尽可能接近于实际的情景，但就目前多数单位的教学情况看，离上述原则的要求还有相当大的距离。”①多年来我们的语法教学受结构主义影响较深，习惯于从语法形式出发的大量句型练习，对语义语用重视不够。讲“就”和“才”时，只讲“他八点就来了”表示动作发生得早，“他八点才来”表示动作发生得晚，“排了十分钟队就买到票了”表示动作进行得顺利，反之“排了十分钟队才买到票”表示动作进行得不顺利；不讲解使用这类句子的语言交际背景——时间的切入点，让学生如何理解“早与晚”“顺利和不顺利”呢！又比如“今天天气很好”“今天天气真好”“今天天气太好了”，在这三个句中，“很、真、太”都是表示程度的副词，若不能讲清“很”多用于叙事体，而“真”和“太”多用于评析体的语篇功能，学生是很难掌握和运用的。

近十几年来语法学界和对外汉语教学界对语言事实作了大量深入细致的描写，在语义、结构、语用方面研究的成果也不少，我们应采取“拿来主义”，直接运用于教学。仅以“把”字句研究为例，张旺熹的《“把”字结构的语义及其语用分析》对邻接句间的语义关系作了比较系统的研究；②吕文华在《“把”字句的语义类型及教学》一文中根据 53 万字的语料中收集到的 1094 个把字句，对其语义分类及出现的频率详细列表说明；③薛凤生在《试论把字句和被字句的结构意义》中驳斥了传统的“处置”结构

① 参见任远《对外汉语教学法研究的回顾与展望》，《语言教学与研究》1994 年第 3 期。

② 参见张旺熹《“把”字结构的语义及其语用分析》，《语言教学与研究》1991 年第 4 期。

③ 参见吕文华《“把”字句的语义类型及其教学》，《对外汉语教学语法探索》，语文出版社，1994 年版。

和“被动”结构的解释,[1]在《试论把字句的语义特性》一文中提出以“把”后 NP 为中心考察把字句 VP 的意义的见解;[2]张宁、刘明臣的《试论运用功能法教把字句》更为具体地说明“以语境为出发点教‘把’字句”的观点,他们认为“可以依照不同的层次,有步骤地进行”,并列举了行之有效的“把”字句教学方法。[3] 还有其他学者的研究不一一列举,这些研究成果显示了语法理论牵动语法教学改革的张力。但不可否认,这种研究成果还不多见,研究的领域还不够宽阔。

其次,我们应立足于结合外国人汉语学习的研究。正像吕必松指出的那样,“外国人、外族人学习过程中遇到的困难和问题,往往能启发我们去发现通常难以发现的语言事实和规律。”语法教学研究的视点与理论研究有不同的一面,即所谓的“双向研究”。“一个方向是从基础理论到教学理论再到教学实践,一个方向是从教学实践到教学理论再到基础理论。”实践证明,“把教学理论研究和基础理论研究结合起来,从教学实践出发,又以教学实践为归宿”[4],有利于语法教学研究的发展。

---

① 参见薛凤生《“把”字句和“被”字句的结构意义——真的表示“处置”和“被动”?》《功能主义与汉语语法》,北京语言学院出版社,1992 年版。

② 参见薛凤生《论“把”字句的语义特性》,《语言教学与研究》1987 年第 1 期。

③ 参见张宁、刘明臣《试论运用功能法教“把”字句》,《语言教学与研究》1994 年第 1 期。

④ 参见吕必松《汉语研究与汉语教学》,《80 年代与 90 年代中国现代汉语语法研究》,北京语言学院出版社,1992 年版。

第二节　新型教学语法体系的构建

壹　汉语作为外语教学语法体系革新的焦点——汉语动词词法[1]

一　对外汉语教学语法体系定位的问题

中国的著名语言学家中国人民大学的胡明扬教授在1999年发表的文章里说:"现代汉语还没有一个公认的可行的语法体系,概念术语也很不统一,这就给教材编写带来不少麻烦。现代汉语语法研究的历史还很短,还有很多问题没有解决,意见分歧是十分自然的。"[2]虽然从20世纪50年代以来中国大陆在语法研究、定性、定位各方面有了前所未有的发展,但是至今留下来的矛盾和缺陷依然百出。经过40多年的考验、在世纪之交的今天面临新挑战的汉语教学语法体系不得不加以修改,甚至对它进行彻底的革新,这是语言学界承认的需要。

对外汉语教学语法体系也是40多年以前在汉语作为母语教学的基础上创建的。当时无疑是飞跃的进步。但是问题在于,在40多年之内语言学、语法研究、对外汉语教学研究等各个

---

① 本文发表在《汉语学报》2000年第2期,作者柯彼德。

② 参见胡明扬《对外汉语教学基础教材的编写问题》第4—16页,《语言教学与研究》1999年第1期。

领域所取得的长足进展和丰硕成果几乎都没有吸收到对外汉语教学语法体系里，正如北京语言文化大学的吕文华教授早在1993年所说的那样："问题是，经过对近20年来编写出版的较有影响的对外汉语教材的考察，我们发现，这些教材中的对外汉语教学语法体系，基本上还是老面貌，换句话说，就是没有能反映出汉语语法研究的新成果，也没有能反映出教学中总结的新鲜经验，更不能解决教学中提出的新问题。"①中国第一部普遍使用的对外汉语教材，1958年出版的《汉语教科书》以及其后出版的教材的语法体系，也包括注释内容和方式，连续都是根据汉语作为母语教学语法体系模型铸造的，就是说，40多年以来没有根本的变化。吕文华教授又说："教材一代又一代的更替，教学法一代又一代的变更，而《汉语教科书》中的语法体系却大同小异地出现在50年代的语法注释中、60年代的范句中、70和80年代的句型中以及系列教材的语法大纲中。"她从《汉语教科书》开始分析了每一代主要是在北京语言学院编写的对外汉语教材的语法项目以后，就作出结论说："……对外汉语教学语法体系却30多年基本不变。"②

20年前，对外汉语教学成为正式的一门学科的时候，不少学者才深切地感觉到，给汉族人和给非汉族人教汉语，在教学内容、方法、目的等方面区别较大，为了进行有科学、有系统的教学，继续沿用传统的语法体系和概念都是成问题的。因此，另外建立一个新的体系的需求与日俱增。随后，1983年刘月华等专

① 参见吕文华《对外汉语教学语法探索》，语文出版社，1994年版。

② 参见吕文华《对外汉语教学语法探索》，语文出版社，1994年版。

门为外国人和少数民族编写的、具有突破性的《实用现代汉语语法》问世了。这不但是第一本对外汉语语法典范手册，而且也是把汉语语法的细节研究得最深刻，对于语法问题提出新鲜见解，并提出许多遗留问题的巨著。这本书到现在为止还是国内外从事汉语教学教师和学生同样喜欢的宝贵参考资料。随后还出现了房玉清的《实用汉语语法》等专为外国学生编写的语法书。经过 10 多年之久，王还教授主编的《对外汉语教学语法大纲》又是一个里程碑。

以汉语作为母语的教学在 80 年代取得了一定的进展：对 50 年代创立的《暂拟汉语语法系统》作了重要的修订，并在 1984 年公布了《中学教学语法系统提要》。但是，对外汉语教学语法体系还是停滞不前，仍没脱离老框架，至今一直都没有吸收汉语作为母语教学以及语法研究、外语教学等方面的新成果。

1993 年，中国对外汉语教学事业的先驱吕必松先生也十分明确地提出了“对外汉语教学的语法体系已到了非改革不可的地步”。他说：“汉语教学语法体系是否科学、实用，不但直接影响我国的对外汉语教学，而且也直接影响世界各地的汉语教学。”①

目前，中国和世界上越来越多的从事汉语教学和研究的学者十分关心语法教学的种种问题。1999 年在德国举行的“第六届国际汉语教学讨论会”上宣读的论文中，涉及语法专题的占首位，一共占 20%。其中有不少提出了新的见解和构想。这表明，到了世纪之交，对外汉语语法体系的改革的确成了刻不容缓

① 参见吕文华《对外汉语教学语法探索》，语文出版社，1994 年版。

的问题。

二　词法在语法系统中定位的问题

1999 年讨论会上宣读的、对开辟语法教学新路子最有启发的论文之一，就是吕文华教授关于"建立语素教学的构想"。她一方面批评传统教学语法体系以词、词组、句子三级语法单位为基础，并指出："构词法是教学中的一个空白。"然后她强调了构词法在汉语语法和语法教学中的重要地位，说："语素教学对外国人学习汉语很有必要。"另一方面她证明，对外汉语教材至今为止仍只讲词、词组、句子，在这一点上也没有跟上 1984 年公布的《中学教学语法系统提要》的要求。《提要》修订的重点就是把原来的三级语法单位扩展为语素、词、词组、句子、句群五级单位，并且把语素作为语法中最低一级单位纳入教学内容。吕文华在她的论文中作了详细的统计和分析表明，语素教学不但"有助于汉字的认记"，而且"可以大大提高学生学习词汇、掌握词汇、扩大词汇以及正确运用词汇的能力"。①

不管是世界上哪一种语言，讲语法、教语法都必须包括词法(morphology)和句法 (syntax) 两部分。20 世纪中国语法研究的最大特点是偏重句法，极少讲词法。这个传统早在《马氏文通》里已经现出雏形，之后黎锦熙在 1924 年出版的《新著国语文法》又建立了"句本位"的理论。这个强调句子结构分析的理论对以后两三代语言学家和语言教育家的影响较大。从 50 年代

① 参见吕文华《建立语素教学的构想》第 307—314 页，《第六届国际汉语教学讨论会论文选》2000 年版。

起讲"词法"或者"构词法"的著作有所增加，不过对"词法"的见解比较特殊：由于受到苏联和西方一些学派的影响，中国的学者一般都认为，汉语缺少形态变化，因此没有值得讨论的词法。随后他们创立了有中国特色的词法系统，虽然把词类的问题主要包括在词法之内，而在分析词的内部结构的时候，却采用了句法分析的手段和概念。这样，到目前为止讲到合成词的结构，仍然经常运用"主谓式"、"动宾式"、"动补式"等自相矛盾的概念。①

20 世纪 80 年代以来有些学者开始把注意力放在语素的研究上，如吕叔湘、张志公、朱德熙、尹斌庸等。20 世纪 90 年代语素研究继续了细水长流的发展。到最近才有些单位开展了比较大的研究项目，如北京大学的"语素库"和清华大学的"语素数据库"。

有意思的是，转换生成语法以及由乔姆斯基继续发展的理论对中国的语言学研究尤其在 20 世纪 90 年代有一定的影响。这个理论提高了"句法"的地位，使其几乎包括了语法的全部范畴，而"词"和"词法"仍处于附属地位。这个理论语言学的新潮流同中国语言学传统里"句本位"的理论有着相似之处。由于这些历史原因，汉语的词法学至今还没有真正展开，还是一块处女地。

1994 年上海复旦大学的陈光磊教授出版了一本题为《汉语词法论》的书，胡裕树先生在序言里指出："在汉语语法研究中，专门着重讨论汉语词法的著作比较少见。"陈光磊先生自己也强调词法的重要性说："词法是语法的一个必要的组成部分。没有

---

① 参见丁声树等《现代汉语语法讲话》，商务印书馆，1961 年版。

对词的语法性质和语法特点的深入细致的认识，要想对句子构造的规则作出充分的阐释是不可能的。”①

目前，虽然有少数的学者，就像吕文华和陈光磊那样要求对词法研究和词法教学非加以重视不可，但是最近在中国出版的语法书，尤其是对外汉语教材，仍然偏重句法，忽视词法。这个情况对汉语教学事业的前途和发展构成了最大的障碍之一。

汉语词法研究和词法教学尚未达到应有的水平，其原因也在于，词法的两个基本单位“词”和“语素”，由于它们是汉语语法学中比较新的概念，因此至今还没有固定下来。

在汉语里什么是“词”？在大多数的语法著作中只能看到很一般的定义：“最小的能够独立运用的有意义的语言单位。”②这是大家都同意的定义。问题就在于两个方面：

（1）不重视词法、主要从事句法研究的学者仍然较多，因此他们觉得没有必要再深入地讨论这样一般性的定义的具体和细节问题。

（2）从语流中怎样分出一词一词的单位，在许多的具体场合语法界的意见还很不一致。早在50年代关于“词”的定义开始的争论到现在还没结束。

“词”是句法和词法两部分之间的关键语法单位。不过，应该弄清楚的事实就是，不但汉语而且世界上所有的语言中都没有而且不可能有通行的“词”的定义，只有在一定的实用范围内才能够作出可以作为依据的定义和规则。因此只能分别决定，

① 参见陈光磊《汉语词法论》，学林出版社，1994年版。

② 参见朱德熙《语法讲义》，商务印书馆，1982年版。

在电脑文本处理、在拼音的分词连写规则、在语法理论研究、在语法教学等领域中，用各种不同的标准对“词”作出适合不同目标的定义。

下面从汉语作为外语教学的角度来谈“词”的概念和语法作用。汉语拼音在汉语教学中是必不可少的工具，而词的定义问题又与拼音分词连写的问题有着很密切的关系。汉语争论最大的问题之一就是词和词组（短语）之间的界限问题。在教学上，这个问题一定要加以解决。这样可以帮助学生很具体地了解并掌握“词”这个基本语法单位。

“语素”可以说是80年代以来才逐渐引起一些语言学家的注意的。而且他们基本上同意，语素是最小、最低一级的语法单位，也是词法的基本单位。“语素”的定义是，“语言中最小的语音语义结合体”。①

将来汉语教学语法非包括词法不可，因而必须脱离只讲词、词组、句子三个单位的老框框，进一步把语素编入教材作为重要分析和掌握汉语语法规律的内容之一。本来，汉语词法结构与汉语句法结构相比是同样错综复杂的，远远超过现行的语法书和对外汉语教材之中所阐述的规模。陈光磊先生曾强调说：“……汉语的词法研究正在日益被重视并不断有所展开。但是，还必须进一步加以确立、加强和深化。”②现在到了世纪之交，汉语词法研究还没有起到应有的作用，仍是方兴未艾的领域，也是将来为汉语作为外语教学开辟新途径的主要因素。

---

①　参见吕叔湘《汉语语法分析问题》，商务印书馆，1979年版。

②　参见陈光磊《汉语词法论》，学林出版社，1994年版。

词法再分为构词法和构形法两部分。简单地说，构词法的研究对象是以语素构成词的各种方式和规则。它包括词汇中不同词的类型的分析和描写。构形法只包括同一个词汇词，不同句法作用的形态变化。印欧语言的构形法主要等于屈折（inflexion），即表示不同语法意义的各种词形变化，如名词的单数和复数、动词的时态（tense）等等。印欧语言之中，有的构形法（屈折）比较丰富，如德语、俄语、希腊语等，有的早已失去了大部分的变化形式，现在构形法很有限，如英语。

汉语有没有构形法这个问题，意见不完全一致。但是，大多数研究汉语词法的专著至少把表示群体、加在名词和代词后面的"一们"以及加在动词后面的"一了、一着、一过"包括在构形法之内。有的把"听得懂、听不懂"的"得"和"不"以及把名词、量词、动词、形容词和副词的重叠形式也当作构形法，并认为，汉语特有的构形方法有两种：加缀法和重叠法。①

不管包括多少形式，我们可以说，汉语里的构形法十分有限，除了一些特殊的现象以外，词法基本上等于构词法。而且可以发现，汉语的构形法越不发达，构词法越丰富多彩。

现代汉语的教学应该采用共时方法，而尽量少采用历时方法。这意味着讲词法的时候，总是从历史演变来解释一个词的结构不符合学生的学习目标。比如，在动词里再分析出一个"动宾结构"或"主谓结构"，对研究汉语演变过程的人可能有帮助，但是对一般学习现代汉语的人没有任何好处。更为重要的是，要弄清一个词是由一种语素构成的，语素之间的关系是怎么样

---

① 参见陈光磊《汉语词法论》，学林出版社，1994 年版。

的。

在1992年1期的《世界汉语教学》杂志上发表的文章里讨论过汉语语素的分类以及一些基本的词法结构。现在再叙述一下有关的重要内容，以便进一步分析汉语动词的结构和类型。

语素分类的主要标准是：

(1) 语素是自由的还是黏着的？

(2) 语素在所有由它构成的词里边是定位的还是不定位的？定位语素再可以分为前置的、中置的和后置的，其中包括各种词缀。

(3) 语素能否担任词根？

(4) 语素是能产的还是不能产的，意思是，能否再产生新的词？

(5) 语素所表现的是词汇意义还是语法意义？这样可以区别"实素"和"虚素"两种。同实素和虚素有着密切关系的参考标准是，语素带声调还是带轻声。

(6) 语素是成词的还是不成词的？也可以称为独立性语素和非独立性语素。

(7) 语素属于开放类还是封闭类？属于封闭类的语素可以一一列举出来，属于开放类的语素不可以。

根据上列的标准可以分出语素的四个大类：

(1) 基本语素

占素汇的96％—97％；是唯一的开放类；大部分是自由的，也是成词的；一般是能产的；都是担任词根的，因此大多数是不定位的；也都是所谓实素；除了很少情况以外，一般带声调。

（2）语助语素

都是自由、成词的；因为它们同其他语素的结合是很有限制和固定的，所以都是不能产的；一般担任词根，是不定位的；与基本语素不同，都是虚素；有的不带声调。属于虚词的词类（如各种助词、介词、连词等）一般是由语助语素构成的。

（3）构词语素

是十分封闭的，不超过十个；不能担任词根，只能作词缀，因此都是黏着和定位的；能产能力也很有限；常常带轻声。这一类包括"—子、—儿、—头、—者"以及加在语助语素后边的"—了、—着"（如"为了、为着"）等构词后缀，还包括"阿—"这个名词构词前缀。构词词缀是加在一个或两个词根上的。

（4）构形语素

这个封闭类至少包括表示语法意义的"—们、—了、—着、—过"等构形后缀，还包括加在动词里边的"—得—"和"—不—"两个构形中缀。构形语素一律是黏着的、定位的和带轻声的。构形词缀是加在词干后面的。

将语素分成这四类，对汉语词法教学有不少好处。一方面可以一目了然地弄清汉语词法的特点，如：

（1）词汇中，也是言语中，大多数的词是双素词，而且这些双素词的90%以上的形式是基本语素加基本语素。

（2）构形法非常有限，除了"—们"这个名词和人称代词后缀表示复数以及一些名词、数词、量词的重叠形式以外，主要是动词和形容词表示语法范畴的形式：一、加后缀和中缀表示"体"和可能式；二、以重叠形式表示短暂、轻微、尝试、频繁等语法意义（重叠形式也包括加在单素动词中间的"一"作为中缀）。

(3) 构词法很少采用加缀法构成派生词,基本上采用词根加词根构成复合词。

(4) 汉语是基本语素比较灵活的、能产性和构词能力较强的语言,但是构词语素和构形语素数量很少,由它们组成的形式十分有限。换句话说,汉语词法的复合方式尤其丰富,加缀方式很不发达。

三 *动词词法定位以及研究方法的问题*

下面讨论的“动词”,有时也包括形容词在内。

从汉语教学的角度来看,动词不但在句法中占着很重要的地位,而且是词法的最主要的内容。原因就是:

(1) 除了少数的单素结构,大多数的动词是双素的,有的是三、四、五素的。

(2) 汉语少有的构形形式几乎都是由动词实现的,因此动词是表示语法范畴的基本词类。

(3) 动词的构词方式极为丰富。根据语素的类型和语素之间的关系,并根据动词的句法特点,可以划分动词的许多小类。

(4) 理解不同类型动词的结构是汉语教学的关键问题。在讲授语法的时候,不重视动词词法,其余的语法点学生恐怕也掌握得不够好。可以说,汉语语法教学非以动词词法为纲不可。

由于以往不重视词法和词法特有的规律,在汉语的传统语法体系中不但句法占首要地位,而且在阐述词法的时候也经常运用句法的分析方法和概念,主要表现在两点:

(1) 对构成复合词的语素套上词类的性质和名称,如:名+名(国家),形+名(黑板),形+动(冷笑),动+名(动员)。

（2）对构成复合词的语素套上句子成分的功能和名称，如上面已经列出的那样：主谓式（地震），动宾式或述宾式（动员），动补式（证明）。

这两种传统的方法其实含有逻辑上的矛盾：复合词内部的语素怎么能有词类的性质，怎么能有句法功能。换句话说，在一个词里边怎么还能有词和句子成分。另外，除了语法书提出的例子以外，还有不少复合词，它们所组成的语素的"词类"和"句法功能"不容易辨别甚至完全不可能确定，比如"麻烦、糊涂、手续、介绍、影响、理由、考试、讲究、从容"等等。这样的词，如果不研究汉语历史演变以及每个词的词源，恐怕上述的传统分析法在汉语作为外语教学中的用处十分有限，反而会严重地影响学生对汉语词法规律的理解。

另一方面，在汉语词法中运用"词类"和"句法"分析法也把历时和共时两种不同出发点混为一谈，从而违背了语言学研究的基本规则。如今，世界上大多数学习现代汉语的人一般没有时间、也很少有兴趣研究汉语演变的现象，因此汉语作为外语教学基本上应该采用共时观点和方法，并摆脱过去过多地讲授汉语词源、字源和历时过程的老习惯。这可以确保在有限的课堂教学时间内让学生掌握日常语言的必要技能。

四 动词的定义问题

对动词的概念来说，在中国出版的汉语教材和语法书里一直都采用极为狭隘的解释，几乎都是把动词当作单素词或双素词，并且把下列的特殊结构解释为动词后边的句法成分：

（1）把"了、着、过"当作动词后边的独立的"动态助词"，如：

Tā mǎi le yì běn xiǎo shuō.

Tāmen zài yǐzi shàng zuò zhe.

Wǒ qù guo Rìběn.

（2）分析出动词后边的“结果补语”和“趋向补语”之类的结构当作句法成分，如“听懂”的“懂”、“回来”的“来”等：

Wǒ méi yǒu tīng dǒng tā de huà.

Tā gānggāng huí lái le.

（3）另外确立“可能补语”这个概念，把“听得懂”、“吃不完”这一类分成三个独立的词：

Wǒ tīng de dǒng tā de huà.

Mǐfàn tā chī bu wán.

（4）对加在一些动词后边的“在、到、往、向、给、于、自”等，或者解释为“结果补语”、“介词补语”之类的句法成分，或者加以不清楚的解说，甚至置之不顾：

（?）Wǒ zhù zài Wǔhàn.

（?）Tā tiào dào shuǐ lǐ.

（?）Bāoguǒ zuótiān jì gěi nǐ le.

（?）Tāmen lái zì Déguó.

（?）Tā shēng yú Běijīng.

（5）关于加在一些动词后边的“为、作、成”这样的特殊形式，一般找不到令人满意的解释，是动词的组成部分还是应该看作独立的词担任连动式或者一种补语，至今仍不清楚。

上面从（1）到（5）列举的结构在传统的语法教学中一般解释为由两三个词组成的词组，因此不算是词法问题，而是句法现象。由于这样的结构尤其在口语里屡见不鲜，汉语句法不免显得臃肿庞大，动词词法就限制到几种双素动词的分析而已。

请再仔细看下面的例子：

Nà běn cídiǎn jiè bu chū lái.

Jīntiān de bào tā mǎi huí lái le.

如果确实把“借不出来”和“买回来了”算为由四个单素词组成的词组，那么在西方语言学界仍然能碰到的汉语基本上是单音节的语言的说法还是站得住脚的。而且，在教材里边写汉语拼音的时候，如果把这些结构分开来写，容易造成学生的迷惑。这是因为，单素词越多同音词也越多。这样用拼音写的课文有时读起来很麻烦，甚至看不懂。又可能意思双关，比如“借不出来”和“买回来了”被认为各分为四个独立的词，意思就是“不能借出那本词典”和“买回来了今天的报”，还是“借词典后他就不出来”和“买了今天的报后他就回来了”？这在一定的情况下可能不清楚。

汉语动词词法的形式难道真是那么贫乏的吗？

看来，汉语名词早已有了由三、四、五个或更多的语素构成的多种多样的单词。比如：

xiǎoháir

shòupiàoyuán

gèrénzhǔyì

dìlǐzhèngzhìxué

fǎndìguózhǔyìzhěmen

怎么就是动词结构只限制到一两个语素呢？

在德国和其他国家编辑的汉语语法书和教材，有的把“了、着、过”解释为动词的构形后缀，即动词的一种表示“体”（aspect）的变形方式。教学经验表明，这样的解说不但合乎汉语词法结构规律性和系统性，而且能提高教学效率。

下面试论关于开辟汉语词法研究和教学新领域，充分展出动词构形法和构词法的丰富多彩，寻找汉语动词教学的新途径的一些初步的设想。由于有关题目所涉及的问题过多，这儿只能蜻蜓点水般地提出一些不成熟的基本想法。

动词的定义，或者更具体一些地说，动词的后部界限是关系到整个汉语语法体系的关键问题。其中，如何对待"了、着、过"这些成分是其他一切结论的前提。

"了、着、过"是完全虚化和语法化、有定位、不成词、带轻声以及同前边的动词形式不能分开的成分。它们也只表现极端抽象的语法范畴，因此符合构形后缀的一切标准。

把"了、着、过"当作动词后缀的话，划清动词后部界限，对动词下定义的问题基本上可以解决。由此可以得出下列结论：

（1）以前所谓的"结果补语"和"趋向补语"应该算为动词的组成部分，后边一般可以再加上构形后缀"了"，如：

tīngdǒngle

jièhuíláile

mǎihuíláile

jiěshìqīngchule

"来、去、上来、下去、起来"等近二十个所谓的"趋向补语"有时能分开用，如：

zǒujinqu > Tā zǒujìn fángzi qu.

pǎoxialai > Tā pǎoxià shān lai le.

xiǎngqilai > Tā xiànzài cái xiǎngle qilai.

这种现象并不会影响动词的新定义。“去、来、起来”这些成分一般念轻声，显然不能够看作独立的词，从意义和形式来看，都属于动词的内部结构。

动词可分的情况，在其他语言也有，如德语的可分动词：

herausholen（拿出来）> Er holte das Buch heraus.（他拿出书来了。）

einfallen（想起来）> Es fiel ihm gerade ein.（他刚想了起来。）

或者英语的 take off，go on，hurry up 等至少在词典上也各自当作一个动词。

（2）取消了“结果补语”和“趋向补语”之后，所谓的“可能补语”也应该算为动词内部结构，如：

tīngde/budǒng

jiède/buchūlai

mǎide/buhuílai

jiěshìde/buqīngchu

这样的动词结构能到达三到五个语素。

（3）上面已经提到的“在、到、往、向、给、于、自”这些语素也应该算是动词的内部成分，以取消“动词后边的介词”或者这些成分作“结果补语”等自相矛盾的说法。最主要的标准是，如果加上“了”，一定要加在这些成分后边，如：

Wǒ zuòzàile yǐzi shàng.

Tā tiàodàole shuǐ lǐ.

Bāoguǒ zuótiān jìgěile biérén le.

构形后缀“了”可以加在“坐在”、“放在”、“跳在/到”、“开往”、“走向”、“寄给”后边这一标准表明，这些结构都应该看作一个双素或三素动词。其余的成分“于、自、以”由于修辞的关系不能加“了”，但是可以同前所列出的成分类推归为同样的形式。另外，如“在于”这样的动词，后边常常带小句，小句前边有时加冒号，如：

Zhǔyào yuányīn zàiyú：……

金立鑫先生在1993年发表的文章中说：“现代汉语谓语动词后的介词短语中的介词有一种强烈的黏附动词的句法要求，或者说有一种与谓语动词紧密结合的倾向。”①宋玉柱先生1995年更进一步“主张取消介词结构作补语的说法”②。

邢福义先生在一篇1997年发表的文章中表明，当今的汉语里“双音节的‘V在了N’格式”已经成为又普遍又规范的结构。③ 因此可以得出结论说，这一类还包括三素动词，再加上“了”就是四素动词，如：

……bǎ xīwàng jìtuōzàile háizi shēn shàng.

……chūxiànzàile wǒ de yǎn qián.

……fāshēngzàile tā de shēn shàng.

(邢福义在文章中还列举了其他许多例句。)

(4) 带后部成分“为、作、成”的动词，虽然一般不加“了”(这

---

① 参见金立鑫《“把OV在L”的语义、句法、语用分析》第361—366页，《中国语文》1993年第5期。

② 参见宋玉柱《再谈介词结构作补语的问题——答吴吉文、余庚二同志》第358—364页，《语法论稿》，北京1995年版。

③ 参见邢福义《V为双音节的“V在了N”格式——一种曾经被语法学家怀疑的格式》第34—42页，《语言文字应用》1997年第4期。

还是值得研究的问题)，但是，因为与加"在、到"等语素的动词有着许多共同点，就可以认为是复合动词，如：

bǎ nóngyèguó <u>biànwéi</u> gōngyèguó

bǎ tā <u>kànzuò</u> zuì hǎo de péngyou

bǎ zhè běn xiǎoshuō <u>fānyìchéng</u> Zhōngwén

五　汉语动词新分类的尝试

在划定词法新范围以及给动词下新定义的基础上，下面初步地谈一些在汉语教学中比较重要的动词的小类。目标也在于把词和词组，也就是语法的两个基本领域，即句法和词法，区别开来。这就是将来建立对外汉语教学语法系统的最基本前提。另外，有关的研究结果也有助于解决词汇学、词典编写、电脑拼音输入、汉语发展史研究、语言类型学等领域上的问题。

下面要谈到的动词，除了每一类有特殊的语法性质以外，都有一些共同的特点：

1. 不能重叠，没有重叠加"不"的提问方式。

2. 大部分只能当作述语，除了结果动词以外，不能作其他句子成分。

3. 它们经常同把字结构、被字结构或者其他介词结构一起出现。

4. 后边一律都不能加程度补语。

下面列出各一小类：

(1) 结果动词 (resultative verb)

西方(包括德国)的汉语语法书，有的已经取消了"趋向补语"

和“结果补语”之类的概念，并且把这种结构定为动词内部结构，而不是动词以外的后置句法成分。这一类动词一般被称为“结果动词”（resultative verb）。

结果动词的主要语法特点就是：

1. 除了所谓“趋向补语”的一些能分开来用的特殊句法现象以外，其他基本上表示动作结果的后部成分早已经同动词凝成一个现代汉语里的固定词法结构，并在句子里显出一个词而不是词组的作用。动词构形后缀“了”应该加在表示结果的成分后边，因此“写完”、“吃饱”、“说清楚”这些结构都应该当作复合动词。

2. 结果动词的词干是由两个、三个或四个基本语素构成的。

3. 结果动词的一般否定形式有“没(有)”。

4. 结果动词前边不能用程度副词。

5. 结果动词不能加动词词尾“着”。

6. 结果动词不能再加上一个表示结果的成分构造新的结果动词。

7. 结果动词可以插进构形中缀“得”或“不”构成“可能式”（potential form)。这样，这种形式只是结果动词的变形，不用另外创立一种补语。

最后的这个标准在语法理论和教学实践中都非常重要。比如，用这个标准可以分清“说明”、“提高”、“推广”之类的动词，虽然同结果动词很像，但是词法结构不同，不能定为结果动词。另外可以证明，在传统的语法体系中常常把“放在”的“在”、“来到”的“到”、“开往”的“往”等归纳为“结果补语”是不对的。

结果动词这一概念,在对外汉语教学方面有不少优点。最大的优点是,在初级教学阶段就可以比较齐全和系统地总结这一类汉语特有的动词结构。传统的语法体系有关"结果补语"、"趋向补语"和"可能补语"三项题目的说明缺少系统化,而且分散在初、中、高级阶段。

(2) 关联动词 (relation verbs)

以"在、到、往、向、于、自、给"为后部成分的这一类动词至今还没有确定名称。暂且把它们叫做"关联动词"。

这种动词因为有自己的语法特点,不得不为了语法分析和语法教学专门定为动词的小类以及教学的重要内容之一。

关联动词的主要语法特点如下:

1. 在句子里只能充当述语,而且后边一定要加一个宾语。宾语一般是表现处所或时间的意义。有的关联动词,如"在于",其宾语常常是小句。这样,关联动词同其他大多数动词不同,具有纯粹及物动词的性质。

2. 回答时,不能单独成句,如:

"火车开往北京吗?"→ *"开往。"

3. 与大多数的其他单素动词不同,不能作为结果动词的前部成分。

4. 关联动词的前部成分多数是单素的、少数是双素的可以独立使用的动词。有的双素前部成分,如果独立运用,就是名词,如"关系到"的"关系"和"意识到"的"意识"。前部成分都是由一个或者两个基本语素构成的,后部成分是由经常担任介词的语助语素构成的。

5. 从数量的标准来看，关联动词比结果动词少得多，大约只有几十个，可以很容易地编入到词典(不受限制的结果动词恐怕无法全部列出)。

关联动词的后部成分有的在少数的一些动词出现，形式一样，但是作用和性质不同，比如："存在"、"迟到"、"买到"(作结果动词)、"来往"、"倾向"、"可以"等。

少数的以"及"和"乎"为后部成分的动词大约也属于这一类，如"问及、谈及、涉及、推及"和"出乎(意料)、合乎(规律)、超乎(寻常)、关乎(全国人民经济生活)"等。对于这一小类还需要进一步进行详细的研究。

另外有着由三个语素组成的、后部成分是"于"的关联动词，不但在语法书和在教材里，而且在词典上几乎都找不到注释或说明，因此学生难以掌握。

这是从古代汉语演变过来的动—宾—介结构，但是现代汉语里已经变成了不可分开的固定动词。它们的数量不多，只有几十个，主要出现在书面语。比如在报刊上经常可以碰到下列动词：

有利于　有益于　有异于　有意于　有助于　有碍于

取决于　取乐于　取给于　致力于　立足于　投身于

置身于　跻身于　献身于

这些关联动词后续的宾语，常常是抽象的事情，有时是动词结构或者小句。

否定形式有两种方法：

1. 以"有"为第一个语素的动词有的以带"无"的词汇单位被代替，如"无异于"。

2. 其他的,不管是否前边带“有”的,都可以加上否定副词“不”,正如这个例句:

“……我和邓谈到我们中美两国都不有求于对方。”(《中国可以说不》,宋强、张藏藏、乔边等著,北京1996年,第203页)

含“有”的结构有的带“不”,而不带“没”作为否定形式,这就是表明上列的三素结构在现代汉语里不再是真正的动—宾—介结构,而是早已凝结成动词了。

有意思的是,在现代汉语书面语,尤其是报刊用语里,经常可以发现省略第三个语素“于”的趋势,如:

“立足(于)澳门”

“献身(于)艺术”

“投身(于)科技”

“致力(于)和平发展事业”

“跻身(于)世界前列”

从共时观点来看,这些例子分别含有两个不同类型的动词:一个是三素的关联动词,另一个是用传统解释为“动宾式”的双素动词。不过,这种双素动词也很有特性,与其他所谓“动宾式”动词,如“动员、出版、当心、去世、造福”不同,必须带宾语,不能单独运用。

(3) 转变动词 (transformation verbs):

这类动词从结构和语法特点来看,类似于关联动词。但是意义上有区别。以“为、作(做)、成”为后部成分的动词,如“变为”、“成为”、“当作”等,都表示一种转变,因此暂且把这类动词称为“转变动词”。

转变动词与关联动词同样必须带宾语,而且宾语在任何情况下都不能省略，不能倒装位置，也就是纯粹的及物动词。但是转变动词的宾语一般表示的不是处所或时间，而是所转变的人或事物。

除了这个区别以外，转变动词的语法特点与关联动词基本相同。

（4）以“以”为后部成分的动词：

这一类动词，如“加以、给以、予以、得以、难以、足以、用以、致以、赖以”等，语法性质比较特殊，是教科书和语法书很少专门阐述的，将来值得多研究，并应该成为语法教学的重要内容之一。

陈光磊先生把这一类动词称作“先导动词”，以前有人把它们称为“形式动词”或“傀儡动词”。德语里有类似的一种动词叫做 Funktionsverb（functional verb）。

这一类动词的主要性质是：

1. 与关联动词和转变动词同样，也是不能单独用的纯粹及物动词。但是宾语或宾语中心语一般是双素动词。

2. 它们就是形式上的动词，从意义上来看，是比较“虚”的，本身不表示动作，表示动作的只是后续的宾语，如“加以解决”、“予以考虑”、“给予足够的重视”等。

3. 绝不能带“了、着、过”构形后缀表示“体”。

除了上述的结果动词、关联动词、转变动词和先导动词这四个小类以外，在汉语作为教学中比较难以解释的、将来需要深入研究并编入汉语教材和语法书里的现象是所谓“动宾式”的动词及其有关的结构。

由于这种动词的结构和类型比较复杂，这儿就指出最主要的问题，并简单地区别出三种现象：

1. 由古代汉语单素动词加单素名词（宾语）演变过来的、在现代汉语已经变成固定的双素动词，如“动员、出版、当心、去世、造福”等；后边可以，但是不一定需要带宾语或补语，因此同其他动词毫无两样。词典和教科书上的拼写法一律应该采用连写方式。

2. 好像是一个形式、两个用法的，也起源于动宾关系的双素结构，但是在现代汉语中应该区分为双素动词和真正的动宾结构，如“担心、放心、生气、毕业、害羞、出口、投资”等。这些数量相当不少的词语在句子里一边可以当成一般动词，一边也可以分开来用，比如：

“担心了半天”和“担了半天心”

“担心起来”和“担起心来”

以汉语作为母语的人，受到教育、方言或其他影响，对这些词语的用法的看法常常很不一致。学习汉语作为外语的人对于这种现象觉得更迷惑，有时根本不知道怎么使用“担心”之类的词语才合乎标准。

近几十年以来可以观察到一个十分值得注意的相反趋势：有些原来的固定双素动词逐渐变成动宾结构，如：

“服务”→“服你的务”

“登记”→“登一下记”

“加工”→“加点工”

有意思的是，这些词语常常是从日语借过来的。

这种非汉族人学习汉语时觉得莫名其妙的“两性同体”的词语至今尚未编入教材，将来必须成为重要语法课题之一。生词表和词典上也不得不标清连写和分写的两种拼音写法以及两种不同的语法结构。有的形式词典上应该注释两个或三个词条，比如：

“投资”：1. tóuzī（双素动词）　2. tóu zī（动宾词组）　3. tóuzī（名词）

三、起源于“动—宾—介”结构，后来凝成三素关联动词，在现代汉语书面语经过省略过程变成双素结构的及物动词。最近几年中国大陆报刊上这样的现象比较流行，因此产生了不少新一类的动词，如：

“江泽民手迹入藏中国革命博物馆。”（《人民日报》（海外版），2000.1.19.）

“江泽民寄语青年志愿者为中华民族作出更大贡献。”（《人民日报》（海外版），2000.1.18.）

“……插手了此事。”（《中国可以说不》，第148页）

“……进军俄罗斯市场。”（《人民日报》（海外版），1999.3.8.）

“祝福你，澳门。”（《人民日报》（海外版），1999.12.24.）

“国务院授权澳门特区政府。”（《人民日报》（海外版），1999.12.19.）

“华人双料博士后悔移民加拿大。”（《人民日报》（海外版），1999.12.15.）

“加拿大总理致函本报。”（《人民日报》（海外版），1996.4.14.）

“……上书党中央和国务院……”（《人民日报》（海外版），1996.11.26.）

“东北大豆落户世界屋脊。”（《人民日报》（海外版），1996.8.14.）

“作客阿罗德教授家。”（《人民日报》（海外版），1996.9.13.）

“着眼未来……”(《人民日报》(海外版),1995.7.17.)

“海协致函海基会。”(《人民日报》(海外版),1995.5.20.)

“美国出兵海地。”(《人民日报》(海外版),1994.12.30.)

“李鹏复信阿拉法特……”(《人民日报》(海外版),1993.1.5.)

“六名毒犯伏法羊城。”(《人民日报》(海外版),1995.1.14.)

最后提出一个在汉语语法教学中亟待解决的问题:

有些结构是由一个单素动词和一个作宾语的单素名词组成的,但是有时因为词典和生词表上拼音是连写的,而不是分开写的,所以学生以为是双素动词,并使用得不对。这些词语在日常用的基础词汇较多,如“吃饭”、“游泳”、“结婚”等等。从前有的语法家把这种词语称为“离合动词”。因为以往的模糊处理和名称不能解决学生的困难,我建议把这种独特的结构列入到汉语语法的重要课题之内,以便用各种语法标准来解释这个现象。

拼写的时候,可以采用半连写的,即加入短横的办法,如:

chī-fàn

yóu-yǒng

jié-hūn

贰　句型为体　字词为翼①

研究对外汉语教学语法体系,不仅具有总结教学语法的理

---

①　本文发表在《第六届国际汉语教学讨论会论文选》,北京大学出版社,2000年版,作者李芳杰。

论意义，更具有指导语法教学的实用价值。吕叔湘曾经指出：一个合适的语法体系，可以用来检查一个个句子，看它是不是能说。[①] 可见，语法体系是语言学习的工具，语法体系研究是对外汉语教学的重要课题。

这里从提高外国学生汉语交际能力的目的出发，在继承传统语法的长处，吸纳具有实用价值的新理论、新方法的基础上，提出"句型为体，字词为翼"的对外汉语教学语法体系。这里所谓"句型"指句子和句群按结构、语义、语气、功能等多标准划分出来的类型。这个体系把句型看作主体，字词看作两翼，主体和两翼既互相依存，又主次分明；至于字和词在体系中的地位则是平行的。字、词、句型的教学从初级到中高级，贯穿整个教学过程。

一

语法体系指"语法事实和语法规律的表述系统"，即"讲语法的间架"。语法学家以不同语法单位作为语法间架的基点展开语法分析而形成不同语法体系。自《马氏文通》以来的百年语法研究，主要出现过词类本位、句本位、词组本位、字本位、小句中枢。近几年，最引人注目的是朱德熙的词组本位体系和邢福义的小句中枢体系，他们各自不但有系统的理论，而且有代表作：《语法答问》、《语法讲义》、《小句中枢说》、《汉语语法学》。

上述种种语法体系有的是为对象为汉族人的教学构拟

---

① 参见《语法研究的对象》，《语文研究》1986 年第 4 期。

的，有的是从理论研究的角度提出来的，基本上反映了百年语法研究的成果和走向。对外汉语教学语法体系的构拟以此为基础，但又不能生搬硬套，要结合对外汉语教学的实际需要，有所取舍，有所阐发，甚至突破。最重要的是，这种语法体系，应该是汉语作为第二语言教学的速成工具、快通车。

丁声树等著《现代汉语语法讲话》指出：句子的数目无穷，句子的格式有限，小孩子所以能逐渐说出各种各样的句子，主要是因为他掌握了相当多的句子格式以后，通过不自觉的替换作用，造出许许多多句子来。可见，句子格式是小孩子学习母语的工具，不过，小孩子学习句子格式和通过替换作用造新句都是不自觉的，母语学习仍是一个漫长过程。对外汉语教学的对象是成年人，成年人学习外语具有自觉、速成、类推的特点，只要能教给他们一系列符合汉语语法和汉语学习规律的句子格式即句型及其使用条件，他们就会自觉地运用句型替换，说出许许多多交际所需要的句子来，大大加快学习汉语的进程。心理学也证明，在一定程度内，越是结构化程度高的组合越是容易处理和记忆。[①] 句型从结构、语义等角度将句子模式化，标示主语、宾语，施事、受事，等等，凸现了句子的结构和语义信息，利于识记。因此，句型能够成为汉语作为第二语言教学的速成工具，与种种语法单位相比较，更适合充当对外汉语教学语法体系的主体。

---

① 参见陆丙甫《从语义、语用看语法形式的实质》，《中国语文》1998 年第 5 期。

二

对外汉语教学语法体系以句型为主体，有如下特点：

1. 句型表里璧合，体系繁简相宜。

一个好的语法体系，“应该具有妥帖、简洁、完备这三个条件”。

妥帖就是切合语法事实，对对外汉语教学来说就是切合汉语语法特点和教学难点。汉语语法的特点之一就是“语序的固定”①，一般说来，主语在谓语前，动词在补语/宾语前，定语/状语在中心语前。语序也是外国学生学习汉语的难点之一，即使到了中级阶段，语序错误仍占句法错误的 42.3%。② 汉语语法的另一个特点和难点是句法成分与语义成分是一对多或多对一关系。比如主语和宾语均对应施事、受事、工具、与事、方式等，施事、受事则均对应主语、宾语、状语等。此外，句法成分具有语义多向的特点，即一个句法成分语义上可以指向多个句法成分。比较典型的是补语、状语，二者语义上既能指向与之有直接组成关系的述语、中心语，也能指向无直接组成关系的主语、宾语，这也是对外汉语语法教学的一个难点。我们主张以表层的语法结构为主线，里层的语义结构、语义指向为副线来构拟句型，句型就能做到表里璧合，清楚地展示汉语的语法特点和教学难点。比如：

---

① 参见胡附、文炼《现代汉语语法探索》，商务印书馆，1990 年版。

② 参见郭振华《词序和词序变换》，《对外汉语教学研究会第二次学术讨论会论文选》，北京语言学院出版社，1987 年版；黄卓明《从外国留学生书面表达各类错误出现频率分析谈中级汉语教学》，《郑州大学学报》1994 年第 2 期。

句　型	例　句
主$_{\text{施}}$＋动·补＋宾$_{\text{受}}$	（1）老人叫醒大水。
主$_{\text{施}}$＋动·补＋宾$_{\text{受}}$	（2）老人喝醉了酒。
主$_{\text{受}}$＋动·补	（3）酒喝光了。
主$_{\text{受}}$＋动·补＋宾$_{\text{施}}$	（4）一瓶酒喝不了几个人。

上列句型表明，语义成分的位置比较灵活，施事、受事都可以出现在主宾语位置上，但也不是无章可循。比如，施事或受事单现，大都在主语位置上：

（5）李经理$_{\text{施}}$走了。　　（6）英英的文章$_{\text{受}}$发表了。

施受共现，如果是“主动宾”句，施事通常在主位，受事通常在宾位，如例（1）（2），例（4）代表一种特殊句型，也有其自身规律：施受位置可以互换；如果是“被/把/由”字句，有标志语义成分（下列各例画线部分）无论是施事还是受事都在无标志语义成分之后：

（7）车$_{\text{受}}$被人$_{\text{施}}$偷走了。　　（8）他$_{\text{施}}$把碗$_{\text{受}}$洗了。

（9）这事$_{\text{受}}$由你$_{\text{施}}$负责。

句法成分位置比较固定和语义成分顺序有章可循，给句型构拟提供了客观依据，使句型教学具有可操作性。

现有汉语语法体系有两大趋向，有的着眼于体现汉语语法结构的简明一致，如朱德熙的词组本位；有的着眼于对汉语语法内容之完备圆满的反映，如邢福义的小句中枢。对外汉语教学语法体系应兼采两家之长，做到繁简相宜，外国学生感到困难的地方一般要多讲，不困难的地方少讲或不讲，即该繁处繁，该简处简，不苛细，不苟简，服从于提高学生汉语交际能力的目的。以句型为主体，比较容易做到繁简相宜。从总体上看，以有限的句型去概括无限的句子，为体系的简明提供了客观可能性。各个语法项点的说明如果尽可能地采取句型模式展示，可以减省许多语法术语的解释，如鲁健冀等编著的《初级汉语课本》就具有这个特点，这也是该教材比较受欢迎的重要原因。给外国学生讲语法，有些地方需要深化、细化，句型富有弹性，可粗可细。吕叔湘主编的《现代汉语八百词》讲“主语＋动趋＋宾语”分三大类九小点，详备而不繁琐，因为对外国学生来说，“动趋＋宾语”是个难点，应适当细讲。

2. 句型涵盖基本语法项点，贯通初级、中级、高级教学阶段，使各个语法项点串成一个系统，便于理解和记忆。

国家对外汉语教学领导小组办公室汉语水平考试部刘英林主编的《汉语水平等级标准与语法等级大纲》（高等教育出版社，1996，下文简称《语法等级大纲》），拟定语法大项 18 类，有 10 类直接与句型挂钩：句子成分、句子分类、几种特殊句型、复句、反问句、提问的方法（疑问句）、强调的方法（强调句）、口语格式、多重复句、句群；有 4 类与句型有密切关系：词类、词组、动作的态、固定格式，总共 14 类为句型所覆盖，覆盖率为 77％，这恐怕是五级语法单位（字、词、词组、句子、句群）中的任何一级都难以达到的。14 类语法大项有层次地分布于初级、中级、高级三个教学阶段，有的是互补分布，如“句子分类”在初级，“句群”在高级；有的是循环分布，贯通三个阶段，如“词类”、“句子成分”、“几种特殊句式”、“复句”等。

按结构划分出来的句型，既反映句子的结构规则，也反映词组的结构规则,句型涵盖词组自不待言。句型与词类研究特别是与动词、虚词的研究相互依存、相互促进的关系也开始为人们所注意。"以动词或包含动词的短语为谓语的句子出现的频率最高,句型最为丰富","动词研究涉及动词作谓语所构成的句型或句式"。复句分类的形式标志是关联词语,许多很重要的基本句型以虚词命名,如"把"字句,"被"字句,"比"字句,可见,句型的确定离不开虚词。① 虚词教学也常常借助于句型。比如"万万"与"千万"的差别不易察觉,但放到不同句型里就一目了然了:

你千万要好好的干哪!|你千万要小心。|这是敌人万万没有想到的。|他万万料想不到就在约定的这天早晨,鲁迅先生竟与世长辞了。

前二例中的"千万"与后二例中的"万万"不能互换,原因在于"万万"只能用在否定句式中,不能用在肯定句式中;"千万"只能用在祈使句中,不能用在陈述句中。②

3. 句型便于引入新理论、新方法而具有活性,从而提高外国学生模仿造句的成功率。

现有对外汉语教材句型模式展示的常常是由句法成分与相关词语组合而成的句法结构关系,比如"把"字句型的基本模式是"主+把+宾+动+其他成分",句型的基本规则——语序和部分使用条件(动词后得有其他成分)展示出来了,外国学生按此能造出大量正确的句子,但也不免出错,例如:

---

① 参见胡裕树、范晓《动词研究综述》,山西高校联合出版社,1996年版。

② 参见陆俭明、马真《现代汉语虚词散论》,北京大学出版社,1985年版。

(1) 他把作业完了。 (2) 小王把那瓶酒喝得很醉。

(3) 孩子把瓶子拣了。

例(1)错在“作业”与“完”不能构成受动关系。例(2)错在“很醉”语义上不能指向“那瓶酒”。例(3)错在“拣”是语义特征为[＋获有]的动词,而不是语义特征为[＋去除]的动词,如扔、脱、拆。① 引入语义结构、语义指向、语义特征等语义分析,句型的使用条件得以充分展示,出错率就会大大降低,上举三例错误就会避免:

A. 主＋把＋宾$_{受}$＋动＋了

他把作业完成了。(“作业”为“完成”受事)

B. 主＋把＋宾＋动＋得＋补语

张天长把那瓶酒喝得底朝天。(张天长喝那瓶酒＋那瓶酒底朝天)

C. 主＋把＋宾＋动[＋去除]＋了

小王把瓶子扔了。②

语义分析可以分阶段引入:初级阶段后期引入语义结构,中级阶段引入语义指向,高级阶段引入语义特征。

4. 句型为体拓展并深化了同义/多义语言形式的研究和教学。

母语教学比较重视同义词、多义词,而忽视同义句(式)、多义句(式)。像马真《简明实用汉语语法教程》、邢福义主编《现代汉语》那样专节分析多义句(式)(无同义句(式))的语法教科书

---

① 参见徐枢《谈语义制约和格式实现的条件》,《世界汉语教学》1993 年第 4 期。

② 如果用动词“拣”得说:“小王把瓶子拣起来了。”

尚不多见。对外汉语教学不可忽视同义句(式)、多义句(式)。辨析同义句(式)形式上的小同大异和语义、语用上的大同小异，分化多义句(式)一个形式所融入的多个意义，是外国学生升入中高级阶段以后在准确性、得体性上提高汉语表达能力的关键。一个比较科学、实用的句型系统，必然比较充分地把汉语的同义句(式)和多义句(式)展示出来，供教学选用。中高级阶段可以给留学生讲解的同义句(式)有如下几类：

A. 语义结构不变，词序变

客人来了——来了客人

他吃了那碗饭——那碗饭他吃了

我去参观——我参观去

中国人民站起来了——中国人民站了起来

他气得浑身发抖——气得他浑身发抖

B. 语气词的有无或变换

他们来——他们来的

他学了一年汉语——他学了一年汉语了

他们来？——他们来吗？——他们来吧？

C. 关键词语具有相同相近的语法意义

箱子里有/是衣服。

他不比/没有你聪明。

这间房比那间房更/还明亮。

孩子看了/过这个电影。

杯子被/让/叫小红打破了。

小王拿着/了钱去商店。

D. 格式不同但具有对应性

门窗关不严——门窗不能关严

小李送给小王书——小李送书给小王

张亮写毛笔——张亮用毛笔写

他把衣服洗脏了——衣服被他洗脏了

同义句(式)选用是否得当,尤其关系到表达是否得体。有时,不同句(式)适应不同语境,语境变了,句(式)也应该变。譬如:朋友来家里作客,应该请他喝点什么,但他不一定想喝点什么,适合用特指是非问:“想喝点什么吗?”如果用一般特指问:“想喝点什么呢?”就显得比较突然。换一个场合,邀客人上冷饮店,坐在桌子边,肯定要喝点什么,问客人:“想喝点什么呢?”就很自然了。①

多义句(式)进入交际过程,由于语境制约,其义往往是确定的、单一的,因此,多义句(式)教学不必安排很多时间。不过,多义句(式)产生的原因是多方面的,有的由于词义或句法结构不同,有的由于语义结构或语法意义不同。对后者作典型分析,不但可以帮助学生更快地掌握此类句(式),还可以使他们进一步了解语义分析在汉语语法学习中的重要性,同时,这也是语法教学适当深化、细化的一条路子。下列多义句(式)可以安排在高级阶段:

A. 因语义结构不同而造成的

看的是病人。　　　　鸡不吃了。

这是鲁迅的书。　　　这些书送武大图书馆。

---

① 参见邢福义《邢福义自选集》,河南教育出版社,1993年版。

李强考研究生。　　　山上架着炮。

B. 因语法意义不同而造成的

这件衣服洗得干净。　我给他写了一封信。

孩子在阳台上写字。　诗人的风度备受称赞。

你们十个人一班。

多义句教学，特别是多义句式教学，如果能对关键成分作语义特征分析，有利于揭示句式产生多义的条件。动补式“VA了”的A有时表示某种结果的实现（如“晾干了”），有时表示某种预期结果的偏离（如“挖浅了”），有时则兼表上述二义（如“挖深了”）。当A是褒贬形容词时，表达的只是“某种结果的实现”；当A是表量度（大、小、长、短……）、颜色（白、黑、红、黄……）、味觉（甜、酸、咸、辣……）的形容词时，表达的可能是其中一种意义，也可能是两种意义，跟语义指向有关。偏正式“不太A”具有两种语义：有些不A（如“不太安全”即“有些不安全”）和有些A（如“不太累”即“有些累”），如果A是褒义、中性，则是前一种语义；如果A是中性、贬义，则是后一种语义①。给学生讲清楚“VA了”、“不太A”各自包含的几种语义及其产生条件，他们才有可能掌握这类句式。②

5. 句型可以量化、等级化，便于语法教学目标的确定，项点的编排。

语素、词、词组、句子、句群五级语法单位，词可以量化、等级化（如：甲级词、乙级词、丙级词、丁级词/常用词、次常用词、非常

---

① 参见陆俭明《陆俭明自选集》，河南教育出版社，1993年版。

② 参见周小兵《句法·语义·篇章》，广东高等教育出版社，1996年版。

用词及其数量)，语素、词组、句子、句群都不便或不宜量化、等级化。我们以汉字代语素，以句型涵盖词组和抽象句子、句群，就都便于量化和等级化了。《汉语课本》(1977年)、《基础汉语课本》(1980年)分别出句型83个、90个。北京语言学院句型研究小组划分单句基本格式18种，下位句型40多种。《语法等级大纲》出句型约98个。句型的总数是多点好，还是少点好；哪类句型的下位句式宜多，哪类句型的下位句式宜少，有待进一步调查、研究，但有个初步的统计数字，教学目标就会做到心中有数，减少随意性、盲目性。《语法等级大纲》对句型的等级作了较有成效的编排，九种特殊句型和十一种复句的下位句式，按由易到难分为甲、乙、丙三级。其实，对单句重要句型的下位句式也可作等级处理，可将其分为两类：一类是基本的和不包含新语法现象的，由简及繁、由浅及深地于本课或以后几课中陆续出现；一类是包含新语法现象的，与这些语法现象一起出。譬如，"比"字句，首次出现一般在初级阶段中期，形容词、动词、助动词、状语、宾语、更、还等语法现象已先出现，可于当课和以后几课依次安排下列句式：

(1) A比B＋形（弟弟比哥哥聪明）

(2) A比B＋更/还＋形（弟弟比哥哥更聪明）

(3) A比B＋动＋宾（班主任比你们了解情况）

(4) A比B＋多/少＋动＋宾（小王比小张多吃了一碗）

(5) A比B＋助动词＋动（弟弟比姐姐会说）

数量补语、程度补语出现以后再安排下列"比"字句式：

(6) A 比 B＋形＋一点儿/多了（弟弟比哥哥聪明多了）

(7) A 比 B＋早(晚)/多(少)＋动＋数量补语（他比你早到半个小时）

(8) A 比 B＋动＋得＋补语（妈妈比爸爸睡得晚多了）

"比"字句的否定式涉及表比较的"没有"、"不如"、"和……一样"，有歧义，不宜安排在"比"字句首次出现的时候，"比"字句的省略形式有的相当难，也应靠后讲。

三

1. "句型为体"的对外汉语教学语法体系，是在研究总结前辈时贤语法研究和语法教学，特别是句型教学的基础上提出来的。从 1977 年《汉语课本》正式采用句型法"至 80 年代中期，在对外汉语语法教学中，句型教学占据着主导地位，其代表教材即为《基础汉语课本》。可以说时至今日，句型教学依然发挥着举足轻重的作用"。[①] 句型教学呼唤着句型研究，从老一辈学者吕叔湘、朱德熙、胡裕树、张斌等，到当代著名学者陆俭明、邢福义、李临定、范晓、吕必松、陈建民、邵敬敏等，到汉语教学同仁赵金铭、吕文华、周小兵、张旺熹等，对典型句式的研究都作出了贡献。特别值得提出的是，"在现代汉语句型系统的统计和描写方面，以赵淑华为代表的句型研究小组作出了突出贡献，先后发表的成果有：《现代汉语基本句型》、《北京语言学院现代汉语精读课教材主课文句型统计报告》、《单句句型统计与分析》、《句型统

① 参见赵金铭《汉语研究与对外汉语教学》，语文出版社，1997 年版。

计与句法分析——介绍一个〈现代汉语句型语料库〉》”[①]。现在有必要对句型教学实践进一步从理论上加以总结，对句型研究成果进行梳理，把一切有实用价值的新理论、新方法运用于教学实践，使“句型为体”的语法体系更加切合汉语特点和语法教学需要。为此，再就几个具体问题谈点粗浅意见。

2. 关于句型和划分句型的依据。目前，比较有代表性的意见有两种：A. 句型就是句子的结构类型，是从形式上划分的句子类型。划分句型的主要依据（或标准）是句子的基本结构，同时兼顾句意和句调。[②] B. 句型就是句子的类型。根据句子的结构特征、内部语义关系、语用功能来划分分别是结构类型、语义类型、语用类型。[③]

我们认为，句型是句子和句群的类型。这是在B种意见的基础上深化和拓展了句型的内涵和范围，以适应对外汉语教学的发展和提高学生运用汉语能力的需要。

（1）把句群纳入句型教学范围。“复句和句群在许多时候没有严格的界限。人们‘句’认定的差异”决定了两者区分的灵活性[④]，句型包括复句类型，也不妨把句群类型（它作为一级语法单位自有其类型）纳入，这不但可以解决复句与句群的纠结，更重要的是有利于“培养学生的口笔头成段表达能力，仅仅靠单

---

① 参见张旺熹《近20年汉语教学语法问题研究概述》，《中国对外汉语教学学会第六次学术讨论会论文选》，华语教学出版社，1998年版。

② 参见鹿琮世《关于“现代汉语句型统计与研究”的几个问题》，《世界汉语教学》1987年第2期。

③ 参见赵淑华、刘社会、胡翔《句型统计与句法分析》，《第五届国际汉语教学讨论会论文选》，北京大学出版社，1997年版。

④ 参见邢福义《汉语语法学》，东北师范大学出版社，1997年版。

句教学是远远不够的，还必须帮助他们掌握句与句之间、段与段之间的联结规则”。①

(2) 采用多标准划分句型。单一标准（主要是语法结构）简明严谨，但很难反映汉语句子/句群实际存在的种种类型，也就很难满足教学应从不同角度向学生展示句子/句群的需要。句型的划分标准应不拘一格，突出实用，下列几种可以采用：

A. 语法结构。这个标准被广泛的采用，通常说的句子分单句、复句，单句分主谓句、非主谓句，主谓句再按谓语性质划分句型，就是依据语法结构标准。

B. 语义关系。包括语义结构、语义范畴和逻辑事理。

语义结构：指施动、受动、动受，等等，即所谓的格关系。林杏光、王玲玲、孙德金主编《现代汉语动词大词典》，对每一个由动词构成的句子从格关系的角度加以描写，并区分基本式和扩展式。如由动词“看”构成的句式：

［基本式］ 施事（瓜农、门卫、老人、放牛娃、老母鸡）＋看＋受事（孩子、西瓜、仓库、牛群、家）：保姆看小孩呢。|保姆把小孩看丢了。

［扩展式］［与事］保姆〈替妈妈〉看孩子。|你〈给我〉看一下。

语义范畴：从句子表达的语法意义给句子分类，如表示比较意义的是比较句，表示存在、出现、消失意义的是存现句，表示被动意义的是被动句，等等。

---

① 参见吕必松《对外汉语教学发展纲要》，北京语言学院出版社，1990年版。

逻辑事理：按复句、句群内部各分句、句子之间的逻辑事理关系，复句、句群可以划分为假设句(群)、条件句(群)、因果句(群)，等等。

C. 语气。句子最常用的语气有四种：陈述语气、疑问语气、感叹语气和祈使语气，据此可以划分出：陈述句、疑问句、感叹句和祈使句。

D. 功能。吕叔湘指出："一般讲语法，到句子为止，句子是最大的语法单位，因此句子只有结构分类，没有功能分类。其实这也是一种老框框。若干句子组成一个段落，句子与句子之间不仅有意义上的联系，也常常有形式上的联系，比如，这、那等指代词，首先、其次、总之等关联词语，这些都应该算是语法手段。所以，按句子在段落里的功能来分类，不是不可能。……按一个句子在一组句子里的地位和作用，也就是按功能来分类，可以分为始发句和后续句。"[①]近年来，学者们又把结尾的句子称作终止句。始发句反映思维的起始性，位居复句、句群或段落之首；后续句反映思维的继发性，紧承起始句；终止句反映思维的结束性，处于复句、句群或段落末尾。

对外汉语教学语法体系注重实用，以句型为主体，对句子和句群不但要按语法结构和语义关系分类，还应按语气和功能分类。各种句型之间具有"加合孳生"的关系，如"我来了，他却走了"，"我来了"是陈述、主谓、施动、始发句。

从教学的角度讲，对单句的分类宜采用以语法结构为主线，语义结构、语义指向为副线的标准：

---

① 参见吕叔湘《汉语语法分析问题》，商务印书馆，1979年版。

例　句	句　型
我吃葡萄。	主$_{施}$＋动＋宾$_{受}$
这碗饭我吃了。	主$_{受}$＋主$_{施}$＋动＋了
我吃饱了。	主$_{施}$＋动＋补＋了
我吃完了。	主$_{施}$＋动＋补＋了

这种句型传递了结构信息(句子理解的第一步),也传递了语义信息(句子理解的第二步),两步并作一步走,会加快理解的速度。

对复句主要采用逻辑事理的标准分类,找出每类的形式特征:关联词语;也可以对每个分句在句中的地位和作用,从功能上加以区分。

对句群可以采用逻辑事理的分类标准描写,但重点应放在句群内部各个句子的功能和特征上。比如,始发句通常采用完全主谓句,一般不出现确有所指的人称代词,特别是第三人称"他(们)","话头"可以作为始发成分。后续句允许出现各类指代词,特别是第三人称;常用省略句,常见的是主语省略;无定NP主语句、主谓谓语句中的受事主语句、答句等通常作后续句。终止句句首常用"总之、总而言之、总起来说、总的看来、一句话、这样、这样看来、归根结底、至此"等关联词语,反问句,表示祈使、祝愿的"让～(吧)"句式经常用作终止句,等等。[①] 这其实是在使用中、动态中、语境中给句子作进一步的分类,在语言学习中,具有很高的应用价值,"句型为体"的教学语法体系引入功能句型,将增强其实用性。

---

① 参见吴为章《关于句子的功能分类》,《语言教学与研究》1994年第1期。

3. 关于句型成分。单句句型成分包括：A. 句法成分：主语、谓语、宾语、定语、状语、补语等；B. 语义成分：施事、受事、处所、工具、原因、方式等。

从句型教学的角度看，宜把状语、定语也看作句型成分，状语已逐渐被人接受，不必赘述；这里说说定语，汉语不少句型离不开定语①。例如：

A. 动＋了＋定＋宾：如果宾语不是专有名词，得带定语：我看了这本小说。（"我看了小说"不能单说）

B. 描写性名词谓语句：他上海人。｜他圆圆的头，大大的眼睛，黑黑的皮肤，结实的挺起的胸膛（《冰心小说散文选》）。

C. 解注性数量名结构叠用句：一双套鞋十元钱。｜两个人一份材料。

D. 定名结构分句：一阵铃声，上课了。｜牛八一听，多熟悉的声音。

把语义成分纳入句型成分，将使单句句型的划分能根据教学需要而深化细化，更能体现汉语的特点，给留学生提供更多的语义信息。比如根据小主语与述语或小主语与大主语的语义关系，主谓词组作补语的句子即主谓补语句可以分如下几类：

A. 大主语‖动词·得＋小主语$_{受}$·小谓语

小王追得她满屋子跑。

B. 大主语‖动词·得＋小主语$_{施}$·小谓语

---

① 参见李芳杰《汉语语法和规范问题研究》，武汉大学出版社，1993年版。

这杯酒喝得我晕头转向。

C. 大主语‖动词/形容词·得+小主语$_{部}$·小谓语

张金龙喝得脸儿红扑扑的。（“脸儿”是“张金龙”的组成部分）

D. 大主语‖动词/形容词·得+小主语$_{零}$·小谓语

世界大得你无法知道自己是在哪里。（小主语“你”与述语“大”、大主语“世界”均无直接语义关系）

至于复句、句群要不要确定句型成分和如何确定尚待研究。

4. 关于句型和句式。

按张涤华、胡裕树、张斌、林祥楣主编的《汉语语法修辞词典》，句型与句式外延有交叉，即都可以指按句子的结构划分出来的句子类型。语法研究中，二者有混用的，有区别用的，也有只用句型不用句式的，还有只写“××句”的。我们建议，为展示句型系统的层次性，可在两头加以区分，中间则视情况而定。句型系统的头几个层级，概括面大称句型，比如：基本句型，包括主谓句和非主谓句、动词谓语句、形容词谓语句、名词谓语句、主谓谓语句，等等。最下头，即概括面小不再往下划分句子类型的，称句式，比如“动+补”句型，根据补语的类别可以再分若干句式：“动+补$_{结}$”句式、“动+补$_{趋}$”句式等等。习惯上把“把”字句看作基本句型，往下分的33类以称句式为宜。

根据使用频率和难易程度区分的常用、非常用，重点、非重点，一律称句型。句子类型的系统及教学称句型系统、句型教学。

5. 关于重点句型和句型中的重点。

汉语常用句型中，总有一些对留学生来说是困难的，一般应该作为教学的重点，另有一些句型留学生学起来并不困难，不必作为重点。汉语有多少重点句型，这是一个有待进一步调查、研究的重要问题。

值得一说的是，重点句型的下位句式不一定都是重点，非重点句型的下位句式不一定都不是重点，如下图所示：

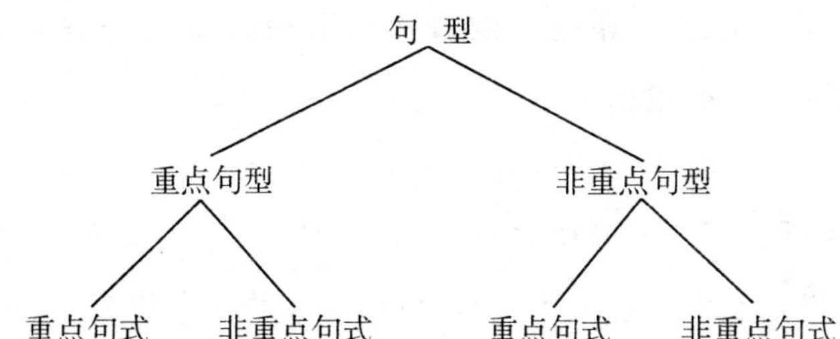

兼语句是重点句型，其下位句式有的虽然常用但不难，是非重点句式，如“主＋动$_1$＋宾＋动$_2$”（我请他去）；但多数常用且难，如：“主＋动$_1$＋宾$_1$＋动$_2$＋宾$_2$”（大家选老王当组长，他怪我不告诉他）。连动句被视为复杂格式，但对外国学生来说并非难点，不是重点句型。但“V_1 为‘用’”的连动句式“占连动句的13％，而且从语义上来看‘用’后的宾语是多种多样的”。① 宜作重点句式处理。

四

1. 汉语语法规则包括三大块：组字成词，组词成语/句，组句成群（句群）。句子和句群是语言的两个基本表述单位，这也是句型能作为体系主体的根本原因。但句子是由词组成的（复杂一点儿的句子是由词逐层组成的），词又是由字组成的，表达

---

① 参见赵淑华《从句型统计看对外汉语语法教学的重点》，《第三届国际汉语教学讨论会论文选》，北京语言学院出版社，1991 年版。

的正确与否，得体与否，不仅与句型有关，还与词语的用法有关，因此字和词理应是体系的不可缺少的部分。

2. 通常把语素看作最基本的语法单位，近年来有的学者主张在对外汉语语法教学中引入语素，建立语素教学，并参照《汉语水平词汇与汉字等级大纲》，构想了初级阶段的语素教学。《语法等级大纲》也增加语素一项。

增加语素教学内容的意见是好的，但关于"语素"这个语法术语，在母语语法教学中并不是非要引入不可，在对外汉语语法教学中恐怕是以不引入为宜，可以用现成的汉字代替。《暂拟汉语教学语法系统》和马真的《实用汉语语法教程》都没用"语素"，而用汉字讲词的构成，简明通俗易懂。对中国学生尚且可以不讲语素，对外国学生就更无必要讲语素了，用汉字讲构词法更好。

从汉语语素的特点和用于教学的局限性来看：

(1) 识别语素不容易。赵元任《汉语口语语法》多次讲到这个问题。他说："语素的识别""是个更困难的问题"，"如果我们不去追究历史演变，不去辨别汉字形体，从纯粹并时的观点提出什么是同一个词或语素的问题，就不那么容易解决了"。"1948年 Charles Hockett 发出一个调查表，里边有60个双音词，要求被调查者说明是一个语素还是两个语素"，"答案大有分歧"。"像下面这些词，对有些人来说，只是一个语素，对另一些人来说则是两个语素：如果、麻烦、组织、警察、广播"。① 真是见仁见

① 参见赵元任《汉语口语语法》，商务印书馆，1979年版。

智，语素教学从谁呢？尹斌庸《汉语语素的定量分析》[①]对汉语语素的识别标准读音和意义作了精到分析，但仍存不少问题尚未解决，关键是意义标准不易把握。

(2) 数量庞大，同音语素多。现代汉语共使用着大约5000个单音节语素，由1300个音节负载，平均一个音节负载4个语素；如果考虑到外国人听辨四声的困难，对他们来说一个音节实际上负载12个语素。同音或近音语素过多，势必干扰汉语学习。

从汉字的特点和用于教学的优越性来看：

(1) 汉字是语素文字，能代表语素充当词，又能自由地作为构词成分即构词字与别的字组成词，显示出很强的构词能力。有人研究过，现代汉语3500个常用字能够构成现代汉语所使用的7万个词，平均每个汉字参构合成词20个[②]。因此学会一个字就会产生对含有这个字的许许多多新词"似曾相识"的效果。

(2) 汉字形体分明，能分化同音、近音语素，并以其独特的形体从视觉上弥补同音近音给听觉带来的模糊。比如"仙、先、籼、掀、锨、鲜、纤"以七种不同的形体分化了"xiān"所代表的七个语素。由于90%左右的汉字与语素是一对一的关系，汉字基本上分化了同音语素。

既然汉语语素不易识别，同音很多，而汉字不但能发挥文字功能，解决汉语语素同音过多现象的问题，又具有语言功能，作为语素充当词或构词成分，而且是现成的，外国学生一般必须掌握的，那么，在对外汉语语法教学中讲"字"不讲语素，让汉字与

---

① 参见《中国语文》1984年第5期。

② 参见张凯《汉字构词基本字的统计分析》，《语言教学与研究》1997年第1期。

词直接挂钩，就不仅可行而且可取。根据有关统计，20 年来，语素问题的研究论文仅 5 篇，是对外汉语语法研究各项成果中最少的，仅占语法论文总数 858 篇的 0.5%，不足 1%。语素问题受到如此“冷遇”，反映了“语素”这个术语在语法教学中并非必需，现成的汉字完全可以替代它。

3. 心理学实验表明，一般人在对母语的言语感知的时候，通常愿意把句子中的短语结构作为一个单元来感知；但是外国学生在学习的初始阶段，是把词当成独立的自然单位来感知的。①

现行的教材是重视“词”的，但那是从词汇教学的角度，不是从语法教学的角度，突出的表现是：几乎没有构词法的内容。汉语不同于印欧语言，没有严格意义的形态变化，词法简单，可以少讲甚至不讲。这是不是用印欧语的眼光观察汉语词法呢？如果换一个角度，考虑汉字在构词中的特殊作用，适当用汉字讲解构词法，可收到一举多得的教学效果：

(1) 把字义、词义放在一个共同的框架（词）里，便于从比较中掌握二者的异同，对字义、词义的理解胜过单个孤立地去看字义、词义。

(2) 字词共处一个框架，实现了字音、字形与词的语音形式、书写形式的统一，掌握了字音字形，也基本上掌握了词形，反之亦然。

(3) 汉语合成词的构造规则、词组的构造规则、句子的构造规则基本一致，学习词的构造规则，有助于理解词组规则、句子

---

① 参见孙秋秋《短训班留学生的心理特点分析与“程序”教学设想》，《语言教学与研究》1988 年第 3 期。

规则，从而有助于句型学习。

学习英语、俄语单词的初期多半靠囫囵吞枣地死记（大约在常用词 2000 个以内），学到后来比较复杂的生僻的单词，就越来越要依靠词素的合成去理解和记忆[①]。学习汉语单词，由于汉字的特殊功用，从一开始出现合成词，就可以依靠汉字的合成去理解和记忆，从而提高汉语教学效率，缩短学习时限。

（4）汉语语法的组合顺序是：字 $\xrightarrow{+字/词}$ 词 $\xrightarrow{+词/词组}$ 句[②]，就某一课的教学来说，也大体是字词句顺序或稍有变化，但总的教学编排应该是字词句同步。"先语后文"做过两次实验，都不成功[③]；"先文后语"恐怕也难达到预期目的；还是语文并进符合汉语教学的特点。

目前，对外汉语教学语法体系的研究论文不多，而涉及语法体系基点或核心的文章更是凤毛麟角。笔者仅见一位学者提出以词组本位代替句本位[④]，另一位学者主张以字本位代替词本位[⑤]。本文提出"句型为体，字词为翼"的语法体系，既是对外国同仁"汉语作为外语教学语法体系急需修改"提议[⑥]的响应，也是想抛砖引玉，打破语法教学研究几十年来在教学语法体系核心问题上的沉寂。胡明扬先生指出：建立起一个符合多数人的

---

① 参见《中国语文》1984 年第 5 期。

② 单音词、独词句不存在组合问题。

③ 参见钟梫《15 年汉语教学总结》，《语言教学与研究》1979 年第 4 期。

④ 参见吕文华《对外汉语教学语法探索》，语文出版社，1994 年版。

⑤ 参见张朋朋《词本位教学和字本位教学的比较》，《世界汉语教学》1992 年第 3 期。

⑥ 参见柯彼德《汉语作为外语教学语法体系急需修改的要点》，《第三届世界汉语教学讨论会论文选》，北京语言学院出版社，1991 年版。

语感并为多数人公认的汉语语法体系，看来还得有几代人的艰苦努力。[①] 我们这一代理应为此做更多的事情。

叁 基于语体的对外汉语教学语法体系的构建[②]

对外汉语教学语法体系形成于1958年出版的《汉语教科书》，这一体系整体上是在20世纪50年代汉语本体研究的结构主义语法的基础上建立起来的，因此它吸收了当时结构主义语法研究的最新成果。但在语法点的选择、切分以及编排方式上又注意到了外国人学习语言的特点和学习汉语的难点，比如对语言交际中必需的表达方式——时间表示法、称述法、方位、比较、强调、语气等的关注，以及不同于当时多数语法著作按结构标志划分补语的做法，而是按动词和补语的意义关系划分出程度补语、趋向补语、结果补语、可能补语、时间补语等（吕文华，1991），这样一些做法使得这一体系既不完全同于当时本体研究中的结构主义语法体系，也不完全同于教本族人的语法体系，而是在一定程度上体现出了把汉语作为外语教学的语法体系所应具有的某些特点，这是十分可贵的。

正因为如此，在《汉语教科书》基础上形成的教学语法体系一直沿用了30多年，在对外汉语教学发展的历史上发挥了极其重要的作用。30年来，特别是80年代以后，虽然个别汉语教材（如《初级汉语课本》）的语法体系在某些方面有所突破，但总的

① 参见《实用汉语语法》序，北京语言出版社，1992年版。

② 本文发表在《汉语学习》2003年第3期，作者李泉。

框架仍没有超出《汉语教科书》的体系。然而,随着时代的进步,这套教学语法体系的某些局限也随之暴露出来,如总体上以语法知识的传授为主、以结构主义语法为纲的局限,细节上语法条目繁琐、术语过多、讲解过细等等。更主要的是,30 年来新的语言理论、新的语言教学理念,特别是现代汉语理论研究和具体语言现象的描写所取得的丰硕成果,以及汉语教学和研究的新经验和新成果都没有得到及时的吸收和整合。因此,90 年代以来不断有学者呼吁要研究和修改现有的对外汉语语法教学体系,如吕文华就曾明确表示:"对外汉语教学语法体系几十年基本不变的状况必须改变。"①

但是,对于如何修改,乃至于是修改还是重建,人们的看法并不完全一致。有人主张在现有体系基础上进行修订,并提出了具体的修改意见;②有人主张进行"脱胎换骨的改革";③也有人提出了建立新的教学语法体系的设想;④还有人主张要先"务虚"而不要急于修订或新建。⑤ 这里试图在借鉴已有研究成果

---

① 参见吕文华《对〈语法等级大纲〉(试行)的几点意见》,《语言教学与研究》1992 年第 3 期。

② 参见崔永华《关于对外汉语教学语法体系的思考》,《语言学与汉语教学》,北京语言学院出版社,1990 年版。柯彼德《汉语作为外语教学的语法体系急需修改的要点》,《世界汉语教学》,1991 年第 3 期。吕文华《关于对外汉语教学的语法体系》,《中国语文》1991 年第 5 期。

③ 参见邵敬敏《对外汉语教学语法体系改革的新蓝图》,《汉语学习》1994 年第 5 期。

④ 参见李珠《建立三维语法教学体系——初级阶段对外汉语语法教学研究的回顾与展望》,《世界汉语教学》1997 年第 2 期;胡裕树《对外汉语教学语法体系的构建》,《对外汉语教学:回眸与思考》,外语教学与研究出版社,2000 年版。

⑤ 参见竟成《我们究竟需要什么样的语法大纲》,《对外汉语论丛》,上海外语教育出版社,1998 年版。

的基础上，从语体的角度来探讨对外汉语教学语法体系的构成问题。文章首先简要回顾目前语法教学和研究的现状，在此基础上提出建立基于语体的对外汉语教学语法体系构想，即对外汉语教学语法体系应由共核语法、口语语法和书面语语法三部分构成。

一 对外汉语语法教学和研究的现状

（一）各类语法大纲中的语法内容

目前，已经出版的各类语法大纲中，代表性的主要有以下几种：

1.《汉语水平等级标准和等级大纲》[试行]，中国对外汉语教学学会汉语水平等级研究小组，北京语言学院出版社，1988。

2.《对外汉语教学语法大纲》，王还主编，北京语言学院出版社，1995。

3.《中高级对外汉语教学等级大纲(词汇·语法)》，孙瑞珍主编，北京大学出版社，1995。

4.《汉语水平等级标准和语法等级大纲》，国家对外汉语教学领导小组办公室汉语水平考试部，高等教育出版社，1996。

5.《高等学校外国留学生汉语教学大纲(长期进修)》，国家对外汉语教学领导小组办公室编，北京语言文化大学出版社，2002。

6.《高等学校外国留学生汉语言专业教学大纲》，国家对外汉语教学领导小组办公室编，北京语言文化大学出版社，2002。

其中1.和4.性质相同，都是语法等级大纲，前者分甲乙丙三级，后者分为甲乙丙丁四级；2.是一种教学语法体系性的大纲，语法不分等级；3.包括两部分，其中的《中级教学语法基本大纲》、《高级教学语法基本大纲》有一定的教学阶段性，也有一定的阶段体系性；其余的诸如《中级汉语课程语法大纲》、《听力口语课程语法大纲》、《高级口语课程语法大纲》等则属于阶段性课程大纲。5. 和 6. 的语法部分既有一定的教学语法体系性，又有教学阶段等级性，前者分为“初等阶段语法项目”、“中等阶段语法项目”和“高等阶段语法项目”，后者分为“一年级语法项目表”、“二年级语法项目表”和“三四年级语法项目表”。显然，这些性质不尽相同的语法大纲各有特点和应用价值。

这里我们关心的是这些语法大纲中的语法点/项的语体体现如何，换言之，是想从语体的角度来观察各类大纲的构成情况。根据对以上 1.—6. 六个文件的初步观察，可以得到如下几点认识。

1. 现有的语法大纲总的说都是以“共核性”的语法为主体。具体来说，各类语法大纲中都有典型的口语语法成分和典型的书面语语法成分，但这二者在各大纲中都不占多数，也即都体现得不充分，占绝对多数的是口语和书面语共用的“共核语法”。

2. 现有的各类语法大纲总的说都缺乏语体意识。具体说来，无论是词汇、语汇，还是句法、格式、句式（包括单句句式和复句句式）等都没有显示语体属性。相对而言，上述所列举的大纲(3)《中高级对外汉语教学等级大纲（词汇·语法）》，制定了阶段性口语语法教学大纲，尽管这只是“课程语法大纲”，但已经是十分可喜的了。

3. 现有的各类语法大纲总的说是以语法知识、特别是“通用”性的语法规则的教学为主，没有体现语法成分和语法形式的语用特征。缺乏语体观念，语法的语体属性没有得到体现，口语语法和书面语语法反映不够全面等，就是明证。而包括语法的语体特征在内的语用特征是否得到体现以及体现得是否充分，是汉语作为母语教学的语法教学体系跟汉语作为第二语言或外语教学的语法教学体系相互区别的一个重要方面。

（二）汉语教材中的语法教学内容

评价教材中的语法教学内容可以从不同的角度来进行。如果从教学语法的语体属性这一角度来观察的话，我们可以看到汉语教材中的语法有如下一些特点。

首先，各类语法大纲以所谓共核语法为主的倾向，必然体现在现有教材中。现有的教材，无论是以口语教学为主的，还是以书面语教学为主的，其语法教学内容大都是规范的普通话口语语法和书面语语法，因为课文语言大都是以有一定的文化水准的人在某些较为正式的场合所说的话为基调。因此，教学语法自然也就以“通用的”、“标准的”普通话语法为基调，这种语法可以说是口语和书面语的“共核”语法。

其次，由于针对对外汉语教学的口语语法研究和书面语语法研究还相当薄弱，甚至这方面的工作还没怎么开展。因此，教材中各种口语环境和各种书面语环境中出现的语法成分和语法形式的说明和注释就显得相当欠缺，不仅没有语用规则的说明，连形式特征的说明也不多见。因为现有的教材除了少数追求方言土语或是某些中高级教材选用半个世纪以前的名家名篇以外，绝大多数的课文语言都是标准的普通话（特别是自编的初中级阶段的汉语课本），不仅书面语的语法特征没有得到突出和强调，就连省略、脱落、追加、紧缩以及实际口语中的某些特有格式等口语语法特征都没有得到反映和体现，自然也就谈不上说明和注释了。

第三，现有教材中的语法体系，无论是按各类语法大纲出台以前采用自《汉语教科书》以来形成的教学语法体系框架，还是采用某一大纲的体系框架编写的各类汉语教材，都普遍缺乏语体意识。教材的生词只标注词性而不标注语体；教材的语法往往术语繁多，注释过于详尽，但绝大多数情况下仍然没有语体方面的说明。而语法（包括语汇）的语体属性的说明对于汉语学习者来说是很有针对性和实用价值的。

第四，对现有教材语法内容的批评之一是缺乏针对性。施光亨曾引用一位研究汉语的日本教师评论国内编写的汉语教材的话，这位教师说："其中的语法规则有三分之二对日本学生是不需要讲的，要讲的三分之一又太简单。"这是很有代表性的意见，也是很切合实际的。这就提醒我们要认真思考语法教学"教什么"和"怎么教"的问题。① 对此，从语体的角度来说，我们认为，加强语法教学的针对性，措施之一就是要加强语法的语体属性教学，增加语体知识的讲解和说明，包括口语和书面语的对比和转换训练等。

（三）对教学语法体系的研究和构想

近十几年来，一些学者对对外汉语教学语法体系进行了认真的研究和思考。主要有：

1. 崔永华认为，现行的教学语法体系需要改进，汉语教科书中的语法体系理论基础太陈旧，体系描写缺乏针对性，基本

---

① 参见施光亨《对外汉语教学也要转变观念——且说汉外比较》，《汉日语言研究文集（三）》，北京出版社，2000年版。

上是教中国人的体系，没有突出外国人学习汉语的特点和难点。强调对语法体系进行描写时要考虑到：外国人学汉语的难点，外国人理解汉语和用汉语表达的思路，外国人的一般语言背景知识。并以刘月华等著《实用现代汉语语法》为基础，讨论了在拟定对外汉语教学语法体系时应当改进的实例，包括：(1)把构词法当作一个重要的语法项目描写；(2)把词组作为汉语中重要的语法项目来描写；(3)给动词和形容词重新分类；(4)将助词改称标记词；(5)将主语改称话题；(6)增加“表达”部分；(7)加强对汉语基本句型的描写；(8)增加对段落篇章结构的描写。①

2. 柯彼德明确指出，汉语作为外语的语法体系是在汉语作为母语教学语法体系的基础上建立起来的，30 多年来没有得到大的调整，“直到今天都受到汉语作为母语教学语法体系的束缚，没有从中脱离出来”。这一体系“不但不重视汉语作为外语教学的一般特点，而且忽略各国汉语师生在教学中也要采用对比方法的专门要求”。文章认为，“传统语法体系”是构成汉语教学难以达到更高水平的最大障碍之一，很不利于课堂教学和编写新教材的工作。并提出了修改的主要内容和措施，包括句子成分、复句、词法等三个方面的十几个具体问题。②

3. 吕文华首先分析并充分肯定了以《汉语教科书》为基础建立起来的对外汉语教学语法体系的特点和历史功绩。同时也

---

① 参见崔永华《关于对外汉语教学语法体系的思考》，《语言学与汉语教学》，北京语言学院出版社，1990 年版。

② 参见柯彼德《汉语作为外语教学的语法体系急需修改的要点》，《世界汉语教学》1991 年第 3 期。

指出了这一体系在教学方法、教学经验、汉语语法研究水平上的局限。考察了30年来汉语教材在语法体系方面所做的某些修改和变动。文章提出并讨论了修改现行语法体系时应该考虑的几个问题:(1)适应语言交际的需要;(2)寻求结构—功能相结合的更好途径;(3)口语语法问题;(4)关于体现汉语的特点;(5)吸收新的研究成果。①

4. 邵敬敏关于对外汉语教学语法的改革意见主要包括:(1)初中高三个阶段的语法教学应有各自的侧重点,初级可从形式结构入手再作语义解释为主;中级则以语义范畴入手再作形式证明为主;高级以结合语境作语用功能说明为主。(2)语法点的等级切分包括所有的语法点应按"常用/次常用/非常用"三级分别列入不同阶段的教学;同一个语法点再按"容易/次容易/不容易"三级进行序列编排。(3)大力提高词组在语法教学中的地位。(4)对外汉语教学语法体系的总体指导思想应以语义表达为主,结构形式为辅,语用变化为补。(5)建立现代化汉语语料库,对结构、词组、句式等使用频率进行统计;建立汉语语法研究信息库,以确定哪些比较成熟的新成果可以吸收进来;进行广泛的调查研究,以确定语法点的难易等级等。②

5. 赵金铭指出,习得者在学习汉语的过程中,首先得解决正误问题,就是得把词语的位置摆对;其次要解决语言现象的异同问题,这就涉及具有隐性的语义理解;最后要解决高下问题,

---

① 参见吕文华《关于对外汉语教学的语法体系》,《中国语文》1991年第5期。

② 参见邵敬敏《对外汉语教学语法体系改革的新蓝图》,《汉语学习》1994年第5期。

就是语言的应用问题。据此,文章提出了不同阶段语法教学的侧重点:初级阶段只需教最基本的语法形式,使习得者具备区分正误的能力;中级阶段侧重语义语法的教学,使习得者具备区别语言形式异同的能力;高级阶段侧重语用功能语法的教学,使习得者具备区别语言形式高下的能力。①

6. 李珠提出建立三维教学语法体系:(1)语音、语法、词汇语言三要素;(2)语义、结构、语用三结合;(3)听说读写技能综合训练。②

7. 竟成明确表示"不主张马上开展对现有大纲的修订或者编写新的大纲"。认为现在需要一个"务虚"的阶段,要对现有的各类语法大纲做细致的剖析。为此,文章围绕着要不要区分通用语法大纲和专用语法大纲、语法大纲的内容宜粗还是宜细,要不要让词汇大纲和语音大纲分担一部分语法内容、要不要根据语言学习理论对语法大纲做一些调整等一系列问题进行了认真的讨论。③

8. 张旺熹等认为,一个科学的汉语教学语法体系,应当建立在三个方面的基础之上:一是学习者学习汉语语法的规律;二是汉外语法的异同点;三是汉语语法本身的客观规律和特点。强调只有综合考虑了这三方面的因素,才能在语法教学体系的理论基础、语法项目的选择和编排、语法重点和难点的

---

① 参见赵金铭《对外汉语语法教学的三个阶段及其教学主旨》,《世界汉语教学》,1996 年第 3 期。

② 参见李珠《建立三维语法教学体系——初级阶段对外汉语语法教学研究的回顾与展望》,《世界汉语教学》1997 年第 2 期。

③ 参见竟成《我们究竟需要什么样的语法大纲》,《对外汉语语丛》,上海外语教育出版社,1998 年版。

确定、语法项目的等级划分等一系列问题上得到较好的答案。①

9. 刘珣指出，教学语法不同于专家语法，要体现一定的规范性（规定哪种说法是对的，哪种说法是错的）、稳定性（为多数人所接受而不是一家之言）、实践性（要能指导语言的实际运用）。对外汉语教学语法要按照学习者的语言习得规律提供一套汉语词组、句子和话语的组装规则系统。②

10. 胡裕树指出，对于汉语这种缺乏严格意义上形态变化或者说显性的语法形式标志不丰富的语言来说，不论是传意表达还是理解接受，语义结构和语用性能的研究尤其重要。对外汉语教学语法体系的构建应当十分重视汉语语法的这个特点。他建议"立足于汉语的语法事实，运用'句法、语义、语用'三个平面的语法理论，来完善对外汉语教学语法体系的构建"。③

综上可以看出，学者们从不同角度对现有对外汉语教学语法体系，或提出各种具体的修改意见和建议，如1、2、3；或提出建立新的对外汉语教学语法体系的原则和构想，如4、6、8、10；有的则不主张马上修改现有的大纲或制定新的大纲，而提议要"务虚"，如7。我们觉得，学者们从理论和实践上提出的一系列问题和意见都是很有价值的，标志着目前在对外汉语教学语法大纲和语法体系研究中所达到的高度。比较起来，特别是鉴于

---

① 参见张旺熹，崔永华《对外汉语教学语法问题研究的基本态势》，《世纪之交的中国应用语言学研究》，华语教学出版社，2000年版。

② 参见刘珣《对外汉语教育学引论》，北京语言文化大学出版社，2000年版。

③ 参见胡裕树《对外汉语教学语法体系的构建》，《对外汉语教学的回眸与思考》，外语教学与研究出版社，2000年版。

国家汉办刚刚颁布了几个语法教学大纲，目前我们倾向于先“务虚”，在新的语法教学大纲运用于实践的同时，进一步讨论我们要建立一个什么样的语法大纲，现有的各类语法大纲优劣何在，以及是修订还是新建，如何修订又如何新建，等等。我们认为，经过广泛深入的讨论，必将拓宽我们的认识，在达成某些共识之后，无论是修订还是新建都会有更加明确的目标和方向。基于此，这里想从另一个角度——语体的角度来讨论对外汉语教学语法体系的建立问题，并希望能有助于丰富语法教学的内涵，有助于新一代教学语法体系的构建。

二　基于语体的对外汉语教学语法体系的框架

从以上介绍和分析可以看出，以往各类语法大纲的制定，教材中的语法说明和注释，以及人们对教学语法体系的研究和构想，乃至于实际课堂教学，都缺乏语法教学和研究的语体观念。而语体的教学和研究，在对外汉语教学理论和实践中应占有十分重要的位置。因为第二语言教学或外语教学的根本目的是培养学生的语言交际能力，本质上说是培养学生运用目的语语体的能力。对此，我们在《加强基于对外汉语教学的语体研究的必要性》①一文中，分别从对外汉语教学的根本目的、教学研究的现状、教材编写的现状以及语体本身的复杂性等四个方面，论述了语体研究和教学在对外汉语教学中的重要性和加强语体研究的必要性。并认为，语体问题的研究不仅将是对外汉语教学研究新的增长点，而且也必将大大促进对外汉语教学效率的提高。

---

①　参见《语言研究》(增刊)，2001年。

并在另一篇文章中讨论了面向对外汉语教学语体研究的范围和内容。

根据以上的观察和分析，我们提议在语法教学中应加强语体知识的教学和语体技能的训练，如口语和书面语词汇、语法及其语用特征的教学、语体要素的辨认、口语和书面语各自内部的再分类及其教学、不同语体的转换训练等等；在各类语法大纲的制定中要充分体现语法项目（包括词汇、惯用语、句式、格式等）的语体属性。我们设想，语法体系的建立也可以从语体的角度来构建。这里，我们初步将对外汉语教学语法体系拟定为共核语法、口语语法和书面语语法三个子系统。

（一）共核语法

共核语法就是所谓的中性语体的语法，中性语体是指普通话口语和书面语共用的语言材料和表达方式，也就是在较正式场合所说的普通话口语和演说、小说、散文等非专业性的书面语体中的语法。现有教材和各类语法大纲中的语法，绝大多数都属于共核语法。中性语言及其语法的教学是必要的，是学习和掌握第二语言或外语所不可缺少的学习过程和步骤，因为共核语法是目的语语法的核心所在，是任何语法大纲的基础，反映着目的语语法的基本面貌，包括基本的虚词词类、短语形式、基本句式（单句和复句）、基本的句子成分、主要的句类（陈述、疑问、祈使、感叹）、常见的特殊句式（把字句、被字句、有字句等）。显然，汉语的共核语法是汉语语法的基本规则，是学习和掌握汉语不可或缺的内容。不仅如此，共核语法也是学习和掌握口语语法和书面语语法的途径和手段，是扩充和深化语法内容的前提和依凭。但是，共核语法仅仅是掌握所学语言及其语法的最低量，而不是语法学习的全部内容，仅仅掌握共核语法是不能很好地进行恰当得体、有实际意义的口语和书面语交际的。因此，我们不能有意无意地把语法教学仅仅定位在共核语法的教学上，而事实上我们以往多数情况下正是如此做的。

（二）口语语法

泛而言之，口语是用于口头交际的语言，是由交际场合、交际双方的亲疏关系和相对地位、话题内容等因素决定的语言变体，也即语言的环境变体。口语语法是口语语体中的语法现象，这里所说的口语语法包括共核语法以外的，现有各类语法大纲中典型的口语语法成分，以及现有各类语法大纲未及收入的口语语法和口语惯用表达形式。例如，用于口语的"的"字短语（教书的、开车的、摆摊儿的）、无主句（下雨了、请喝茶）、程度补语（忙极了、恨死了）、固定格式（可玩的、够黑的、那倒不见得、没少说他、都大姑娘了、说不来就不来、爱吃不吃、学点儿是点儿、走一步算一步、多少给他点儿、给多少是多少、左也不是右也不是、你一句他一句、好像谁说过这件事）、追加（上哪去了？你刚才）、省略（他 49 岁，我 52）、紧缩（买就买新的、车挤我走着去、他不来我去、说错了没关系、要去自己去、有事打电话、不行我去），以及大量用于口语的词语或固定短语（我说呢、没事儿、说得也是、这是两码事、就是说、这么说吧、没错儿）的用法，等等。①

目前的问题是，我们对口语和口语语法都缺乏研究，已有的口语语法大纲甚至连现有的口语语法研究成果都未能很好地加以吸收。口语教学效果还不能令人满意，跟我们对口语及其语

---

① 参见劲松《北京口语的语体》，《中国语文》，1989 年第 5 期。

法的重视和研究不够有很大的关系。有学者研究认为，口语语体的语言特征和语用特征包括句式特征、话语结构特征、虚词使用特征、语汇特征、语音特征、话题转移特征和情感表现特征。这些特征大都是口语的语法特征，是我们的语法大纲和语法教学可以吸收和借鉴的。①

（三）书面语语法

概而言之，书面语是用于书面交际的语言，是由交际目的、交际内容以及庄重的程度、规范的程度等因素决定的语言变体，也即语言的功用变体。书面语语法是书面语语体中的语法现象，值得注意的是，从语体的语言特征和语用特征上来看，广播、电视、报刊等媒介的语言大都属于书面语体，尽管有的是通过口头方式来表达的。这里所说的书面语语法包括共核语法以外的，现有各类语法大纲中典型的书面语语法成分，以及现有各类语法大纲未及收入的书面语语法和书面语惯用表达形式等。例如，用于书面表达的介词、代词（作者生于1918年、走向21世纪、该校、此人、某商场）、文言虚词（勿、为、则、于、然而），用于书面表达的各种复句格式（与其……不如……、仅……就……、……以便……、……尚且……何况……）、书面语惯用语和固定套语（与此同时、由此可见、反之、众所周知、综上所述、应……邀请、为……打下基础、本着……原则/精神、自……而……、以……为……），以及大量常用于书面表达的词汇和成语的用法，等等。

现代汉语书面语远不是一种高度规范化的书面语，其内部

① 参见劲松《北京口语的语体》，《中国语文》，1989年第5期。

组成成分十分驳杂，既有以北京话为基础的口语成分，又有欧化的书面语成分，既有传统的和仿古的文言成分，又有各种方言成分。我们对这样一种书面语语体及其语法现象的研究和认识同样还很不够。把书面语语法作为对外汉语教学语法的一个子系统来看待，就是为了引起人们对书面语及其语法的重视和研究，并拓宽研究的范围和内容，以进一步提高书面语教学的质量和效益。①

建立这样一个由共核语法、口语语法和书面语语法三个方面内容构成的教学语法体系的好处至少有三点：一是可以增强语法教学的语体观念，提高学习者汉语语体的运用能力；二是可以大大促进基于对外汉语教学的汉语语体及其语法的研究，从而不仅可以拓宽学科理论研究的范围，也因此进一步开辟了提高教学质量和效益的新渠道；三是对增强教材语法注释的针对性，丰富课程设置和教材编写（如开设口语语法课和书面语语法课，编写基于共核语法、口语语法、书面语语法的各级各类教材）都是大有益处的。建立这样一个教学语法体系的模式有两种：一是采取现有各类语法体系或大纲中的某种结构方式（如词类、词组、句类、句式、语篇等）按初中高或甲乙丙丁的等级序列排列语法项目，并分别标注语法项目的语体属性；二是分别建立共核语法、口语语法、书面语语法三个子系统，每个子系统内部依照某种结构方式将各自的语法项目按初中高或甲乙丙丁等级序列排列起来。前者语法自身的体系性鲜明，后者则更加突出了语体语法的特点。

---

① 参见胡明扬《语体与语法》，《汉语学习》1993年第2期。

建立这样一个语法体系的难处在于：除了语体特点明显的语法项目容易确认以外，许多中间现象的语法项目的语体属性难以决断（共核语法实际上是“兼类语法”）。此外，面向对外汉语教学的口语语法和书面语语法的研究还相当薄弱，可以利用的成果十分有限。尽管如此，我们认为，建立这样一种基于语体的教学语法体系从理论到实践都应该是可行的，甚至可以说是大有可为的。

第七章

语法项目的分级与排序

第一节　语法项目的分级[①]

这里是以 Westney (1994)及 Teng (1997—2001)提出的论点作为其理论架构的基础，同时也根据一些参数为汉语教学语法点的难易度下定义。本文的最终目的旨在提供一套系统、合理的方式，借以探讨对外汉语教学语法，使汉语教学不再受限于传统上个人主观式的教学方式。

一　教学语法之理论架构

这里的假设前提是现代汉语语法结构的理论研究正是对外汉语语法的基础。[②] 除此之外，汉语教学语法也参考了教育心理学、心理语言学、社会语言学、计算机语言学……等学科精辟的见解。

---

① 本文以《对外汉语语法点难易度的评定》为题发表在《对外汉语教学语法探索》，中国社会科学出版社，2003 年版，作者邓守信。

② Teng, Shou-hsin. 1997. A grammar of verb-particles in Chinese. *Journal of Chinese Linguistics* 5. 2. 1—25.

Teng, Shou-hsin. 1997. A Corpus of Chinese Interlanguage (2－year project). Taipei: National Taiwan Normal University.

Teng, Shou-hsin. 1997. Towards a pedagogical grammar of Chinese. *Journal of Chinese Language Teachers Association* 32. 2. 29—40.

简而言之,教学语法是以语法规则为基础,以学习者为导向,且是一种规范性、累进式的教学语法,同时着重于对课堂效应的敏锐度①。汉语教学语法中必定要探讨的重要课题为:(a)某项课程该教授哪些语法点?(b)何时教授?(c)如何教授?而这里主要探讨的是(b)。(a)针对特定课程该包含哪些语法点提出说明,(b)则明确地指出这些语法点的排序先后。以下便是对外汉语教学语法点排序的纲要。

二 教学语法点之排序重点

首先必须注意的是教学语法之排序不能单纯在结构的基础上划分,因为它涉及许多因素,如学习者的背景、词汇、语法结构及学习的环境等,彼此间的影响更是错综复杂。这里假定其他因素都是相等的,而只针对语法结构进行探讨。

Teng 对教学语法点做出明确的排序,并指出以下议题均与排序有关。如语法内部排序、跨语法点排序、结构依存、结构复杂度、语义复杂度、跨语言差距、第一语言习得发展、第二语言习得发展及使用频率②。根据上述参数,Teng 将各语法点的难易度做了分级并假设,教学中困难度较低的语法结构应较早出现,困难度较高的语法结构应较晚出现。换言之,教学语法点的排序原则是以困难度而定,而这正是本文所要探讨的重点。

---

① Teng, Shou-hsin. 2000. Acquisition and Pedagogy in Chinese as a Foreign Language. 现代中国语研究(Japan) pp. 5—17。

② Teng, Shou-hsin. 1998. Sequencing of Structures in a Pedagogical Grammar. *Journal of Chinese Language Teachers Association* 33. 2. pp. 41—52.

三　语法点困难度之定义

我们在本文架构中将汉语语法点依难易程度做了排序，以作为对外汉语教学的根据。

困难度低的语法点均有下列特征：

（1）习得较快；

（2）使用频率高；

（3）不易化石化；

（4）病句出现频率低。

困难度高的语法点则有下列特征：

（1）习得较慢；

（2）使用频率低；

（3）易化石化；

（4）常回避使用；

（5）病句出现频率高。

这些特征在以汉语为第二语言的学习者身上可直接观察到。接着，我们说明界定语法点困难度的原则，并以现代汉语的语法结构为例详加说明。

四　原则一：结构越复杂，困难度越高（Westney 1995）①

根据这项原则，我们发现：

（1）来源语与目标语无相对应之结构时，困难度高。对以

---

① Westney, Paul. 1994. Rules and pedagogical grammar, in *Perspectives on Pedagogical Grammar*, Terence Odlin (ed.), pp. 72—96. Cambridge: Cambridge University Press.

来源语为英语的学生而言,“把”字句(他把我的名字忘了)、气象句(下雨了)、语尾助词(这是怎么回事呢)等都是困难度高的语法结构。

(2) 层次结构复杂,困难度高,如兼语式(他叫我去买饭)、句补式(大风吹得我头昏眼花)、句主语式(他不来也成)、包蕴反复式(你知不知道明天会不会下雨)。

(3) 非典型结构困难度高,如存现句(教室里有好多学生)、介词句(动词后在、到、给词组)、倒装句(不高兴了,你)、主语后提前宾语(他所有的人都联络好了)、主语分离式(王冕七岁死了父亲)。

(4) 搭配限制越严格,困难度越高,如完成态(昨天晚上我看了一场电影)、分裂式(“是……是”句)、否定句(上个礼拜我没/不上课)。

表1详列出现代汉语里一些高频率语法点的结构复杂度:

表1

语法点	结构复杂度
了(完成)	+
过(经验)	+
着(进行)	−
把(处置)	+
被(被动)	−
是……的(焦点)	+
跟(前置词)	−
对(前置词)	−
在(前置词)	+
连……都(甚至)	+
双宾	+

（续表）

语 法 点	结构复杂度
零化	＋
主题化	＋
气象	＋
语气	＋
否定	＋

五　原则二：语义越复杂，语法点的困难度越高（Westney 1995）①

根据这项原则，我们发现：

（1）若语法结构的语义具有多重诠释，则困难度增高，如“把”字句、进行态（在/着）、前置词（跟）、“除了……以外”等结构。

（2）若语法结构具有引申义时，困难度增高。如一些有空间—时间上语义延伸转换的结构，特别是“下去”、“下来”、“起来”、“掉”等。

表2详列出汉语部分语法结构之语义复难度：

表2

语 法 点	语义复杂度
了（完成）	－
过（经验）	－
着（进行）	＋
把（处置）	＋
被（被动）	－

① Westney, Paul. 1994. Rules and pedagogical grammar, in *Perspectives on Pedagogical Grammar*, Terence Odlin (ed.), pp. 72—96. Cambridge: Cambridge University Press.

（续表）

语 法 点	语义复杂度
是……的（焦点）	－
跟（前置词）	＋
对（前置词）	－
连……都（甚至）	＋
双宾	－
零化	－
主题化	－

六 原则三：跨语言差距越大，困难度越高

这一原则关系到 L1:L2 之间的迁移。无论就其语法结构或语义，若 L2 的语法点能在 L1 中找到全然系统化相对应的语言成分，便可产生最大正迁移。例如：

别哭！＝Don't cry!

我可以进来吗？＝May I come in?

若两个语言的语法结构或语义存有极大差异时，则负迁移最大。例如：

要早点来！≠ * Want to come early!

是，他不能来。≠ * Yes, he cannot come.

他早死了。≠He died early/soon.

评定跨语言结构差距时，可就其结构来判定：

(一) 结构差距

[－] 被字句、准分裂句、附加问句。

[＋] 存现句、分裂句、动前/动后介词组、语助词。亦可用语义来判定：

(二)语义差距

[－]比较句、分裂句、被字句、连字句、兼语式、应该。

[＋]把字句、准领属句、不必。

表3是根据原则三对高频率语法结构作了评定：

表3

语法点	跨语言差距
过(经验)	－
被(被动)	－
对(前置词)	－
双宾	－
着(进行)	＋？
是……的(焦点)	－？
了(完成)	＋
把(处置)	＋
跟(前置词)	＋
连……都(甚至)	＋
零化	＋
主题化	＋

七　原则四：越不易类化者，困难度越高

这一原则指的是有些语法点乍看之下似乎可归属于某个自然分类，但其属性却又无法根据某一共通性予以系统化地定义。

这当中最著名的例子当属“(分)类词”，例如，“本”、“册”、“套”这三个类词在表达“经装订成册的出版品”时，便存在系统化的关联性。而“条”、“根”、“枝”在表达“不论硬软之细长物体”时，也可自成一类，但在另一种情况下，却是毫无关联可寻，譬如“条”与“绳子”、“河”、“裤子”、“法律”、“狗”等搭配使用时，我们

便难以归纳出共通性原则。因此，在汉语教学语法中，“类词”占有极特殊的地位。Teng 便提出初级汉语教学时，应以列举法来教授之。

动助词亦有同样的情况。所谓动助词包括“上”、“下”、“开”、“掉”等。这些动助词的语义十分复杂，且无规律可寻。如“上”和“下”看似具有同样的属性，但它们的表现却是毫无规律可言；“穿上”与“脱下”固然找得出一套规则，但与“关上”对应的却不是“＊开下”，而是“开开”；与“接上”对应的则又是“割掉”或“割下”。基于这个缘故，教授动助词结构时，也当和教授类词一样，采用逐一列举的方式进行。

以上有关类词与动助词的讨论，说明了倘若语法点无法类化，或符合某些系统化的定义时，学习的难度便会增加。同样属高学习难度，但较不引人注意的例子是“几”和“多少”，以及“二”和“两”。若我们认定“二”表“数”、“两”表“量”，则“二十”便违反了此一般性原则，如同北京的说法“二百”、“二万”。对此，我们似乎很难有个完满的解释。

八 原则五：语用功能越强，困难度越高

这部分所说的“命题意义”指的是句义，“会话含义”指的则是话义。在此，我们认定在第二语言习得的过程中，语义的习得难于句义的习得。因此，一个结构若承载了语用层面的功能，其困难度将高于仅承载命题层面功能的结构。

多了“语用”这个诠释的角度，我们得以理清某些语法点或语法结构的问题，详见下表 4：

表 4

句义	再、只、光、先、虽然……可是、是……的
话义	难道、连……都、算了、(语气词)……
句义＋话义	才、就、还、都、又、真的吗、糟了

表 4 所列的语法点出现在句子中时，承载的可能是词汇意义，也有可能是语用意义，或者两者兼具。最后一类词汇在汉语中相当丰富，但在相关文献的探讨中却仍有未尽之处。如，下列的“都”的性质：

(i) 表示总括全部，如“怎么办都可以”。

(ii) 甚至，如“把他都吵醒了”。

(iii) 已经，如“都十二点了，还不睡”！

(i) 乃“都”的词汇意义，(ii)和(iii)则是以语用为导向，必须由语境和言外之意呈现。“才”、“就”、“还”和“又”等词也是如此。①

这里我们所关心的是，语法点同时牵涉到词汇意义及语用意义时，便会加倍困难。表 4 所列的如含有语用含义的都是高难度的语法点。

九　结语

语言学习者和语言教师都同样关心某个语法点是否易于学习、易于应用，但这类讨论截止到目前，始终停留在个人主观的层次，这里试图将这类讨论提升至不同的层次，使其更加具体，且得以验证。我们采取的方式，便是提出一套原则，以及所谓的

---

① 参见吕叔湘《现代汉语八百词》，商务印书馆，1981 年版。

"参数",用以衡量个人主观定义的"困难度"。我们预料这些原则将可带动对外汉语教学界发展出一些相关的应用。

至于这些原则彼此间环环相扣,倘若个中出现了矛盾之处,那该如何作最终的判定?此外,是否可能找出更高层级的参数来为这些原则划分等级?这些议题都有待于对外汉语教学界日后做更深入的探讨。

第二节　语法项目的选取与排序

壹　比较句语法项目的选取和排序①

对语法项目的选择与排序的研究,在对外汉语学界尚处于起步阶段,吕文华、邓守信、周小兵等曾经作过一些理论的探讨。吕文华指出语法项目的顺序包括结构序、语义序、用法序三种。② 周小兵提出语法点的选择须考虑4个因素,语法点的排序则要遵循5个原则。③

比较语义和形式,在任何语言中都存在。但具体的语义范畴、句法形式和语用功能,在各种语言中却有所不同。在汉语作

① 本文发表在《语言教学与研究》2005年第2期,作者陈珺、周小兵。

② 参见吕文华《对外汉语教材语法项目排序的原则及策略》,《世界汉语教学》2002年第4期。

③ 参见周小兵《对外汉语语法项目的选择和排序》,载《对外汉语教学与中国文化——2003国际汉语教学学术研讨会论文选集》,汉学出版社,2003年版。

为第二语言的教学中,表示比较的语法项是一个难点,也是一个教学容量很大的语法项目。

一 对大纲的考察

我们主要考察了五个大纲:《对外汉语教学语法大纲》、《汉语水平等级标准与语法等级大纲》、《对外汉语教学初级阶段教学大纲》(语法大纲部分)、《高等学校外国留学生汉语教学大纲(长期进修)——语法项目表》、《高等学校外国留学生汉语言专业教学大纲》(以下分别简称作《语法》、《等级》、《初级》、《进修》、《专业》)。

(一) 句式归纳

1. 跟(和、同)……(不)一样(+形容词结构或动词结构)/相同/相似/类似/近似:我的年纪跟你一样。/我跟你一样生气。/我跟你不一样。

2. 跟(和、与、同)……相同/不同/相似/类似/近似/差不多:我的年龄与你相同。

3. (不)像……一样/这么(那么)+形容词结构或动词结构:她(不)像她妹妹那么活泼。

4. 有……这么/那么……:你有他那么聪明吗?

5. 没有……这么/那么……:他没有你这么高。

6. 更+形容词/动词:他更高。

7. 最+形容词/动词:他最高。

8. 形容词+一点儿:他高一点儿。

9. A 比 B+形容词:他比我高。

10. A 比 B+心理动词/能愿动词+宾语:他比我喜欢你。/

他比我能吃。

11. A 比 B＋动词＋程度补语：他比我跑得快。/他跑得比我快。

12. A 比 B＋动＋宾＋动＋程度补语：他比我唱歌唱得好。/他唱歌比我唱得好。

13. A 比 B＋形容词＋精确数量补语：他比我高三厘米。

14. A 比 B＋形容词＋模糊数量补语（一些、得多、多了、很多）：他比我高一点儿。

15. A 比 B＋提高类动词＋数量宾语：今年的产量比去年提高了一倍。

16. A 比 B＋多/少/早/晚＋动词＋数量补语：他比我早来三分钟。

17. 含“更、还、再”的比字句：她妹妹比她更漂亮。

18. 没有比……更……的：没有比他更狡猾的了。

19. 不比：他也并不比你能干。

20. 不如：喝豆奶不如喝牛奶。

21. 比不上：北京的环境比不上上海（那么好）。

22. 主语＋“一量词＋比＋一量词＋形容词/动词”：这里的天气一天比一天热。

23. A 比 B 还 B（名词）：你真是比诸葛亮还诸葛亮。

24. A 形容词＋于＋B：现在的生活水平远远高于以前。

25. A 形容词＋过＋B：他的汉语水平强过我。

26. 近似于、相当于、区别于、不亚于：中国的经济发展不亚于任何国家。

27. ……中，以……居多：学生中，以日本人居多。

28. 跟(同、和)……这么(那么)……:小张跟小王合作得这么好。①

各大纲选择的“比较句”句式及排列情况如表1(括号中句式在括号外句式的说明或例句中出现,是一个大的语法点中的子项目)。

表1　大纲中比较句语法项目的选择及排列情况一览表

<table>
<tr><th>级别
大纲</th><th>初级一</th><th>初级二</th><th>中级</th><th>高级</th></tr>
<tr><td>《语法》
(未分级)</td><td colspan="4">比较异同:1(2)—4(5)
比较差异:9(10、13、14、19)—16—11(12)—15—22—17—20
比较句中某些成分的省略②</td></tr>
<tr><td>《等级》
(甲乙丙丁)</td><td>甲:9(11、否定5、19)—1—4(5)</td><td>乙:22—3—28—20</td><td>丙:16—11③—17(18)</td><td>丁:2—24—25—26—27—23</td></tr>
<tr><td>《初级》</td><td colspan="2">8—1—7—6—9(10、15、14、16、17、否定式5)—20—4、5</td><td colspan="2"></td></tr>
<tr><td>《进修》
(初一、二、中、高)</td><td>初(一):9—14(13)—1—4—5</td><td>(初二):22—11—16—20</td><td>中:19—21—18</td><td>高:2—24—25—26—23</td></tr>
<tr><td>《专业》
按年级分</td><td colspan="2">一年级:差比:6、7—9(11、17)、14(13)—5④　等比:1—4</td><td>二年级:16</td><td></td></tr>
</table>

(二) 大纲分析

以上大纲都将比较句归入“特殊句式”。此种说法值得商榷。其他特殊句式如“是”字句、“把”字句、“被”字句等,都有外

---

① 这个句式只表示程度,不表示比较,宜删去。

② 这是个语法说明,所以未在上面句式中列出。因为省略所涉及问题比较复杂,建议不要在比较句的语法项目中出现,以免增加其学习难度。

③ 甲级第一个语法项目的例子中已经出现了句式11,丙级中又单列出来,但所举例子实为句式11和13的混合式(他比我叠得快一些)。

④ 注释指出“没有”是“比”的意义否定式,这是一大进步。

显的形式标志。“比较句”没有这类标志，只是依赖“比较”的功能将许多不同句式糅在一起。因此比较句内部非常复杂：(1)某些句式在意义和形式上并不一一对应。如“A 比 B＋X”，否定形式对应的是“A 不比 B＋X”，意义相反的却是“A 没有 B＋X”；“有……这/那么……”，否定形式是“没有……这/那么……”，但前者表等比，后者表差比。(2)同一句式，可用不同难度的词汇来表达。如“跟……(不)一样”与“跟……相同/不同”，“跟”还可用“同、和、与”替代。(3)使用上涉及预设(含“更”、“还”、“再”的比字句)、话语否定(“不比”)等语境因素。这种句式、词汇和使用条件的复杂性都为比较句语法项目的选择和排序带来一定困难。

我们认为：(1)对于纯词汇难度项目如 26、27，比较义由词汇表达，不必列入语法大纲。项目 1、2，语法大纲中只需列出具代表意义的“跟……(不)一样、差不多＋形容词/心理动词”，而“和、同、与……相同、不同、相似、类似、近似、相类似”等类似表达，可放在词汇部分处理，不必列入语法大纲。项目 23“A 比 B 还 B(名)”是一种修辞方式，放在课文注释里解释即可。(2)对于形式与意义上不对应的，应更注重意义而非形式，将“比”与“不比”、“有”与“没有”分列成不同的语法点，在语法注释中予以说明。这一点后来的大纲如《初级》、《进修》和《专业》都处理得较好。(3)对于涉及语境因素、语用条件比较复杂的项目，如“不比”、含“更、还、再”的比字句，不能只考虑形式上的相关性，在初级阶段追求大而全，一并出齐，而应放在较后阶段，等学生积累了一定语感后再出现。

二 语法项目的选定

根据对上述大纲的考察，初步选定以下句式（暂按功能分类，非难度排序）。

1. 跟……（不）一样/差不多……

2. （不）像……一样/这么/那么……

3. 有……这么/那么……

4. 更/最＋形容词（“更、最”可合为一个语法点解释。如：“梨￥5一斤，苹果￥8一斤，葡萄￥12一斤。——梨很贵，苹果比梨更贵，葡萄最贵。”）

5. 形容词＋一点/（一点可换成“一些/得多/多了/很多”）

6. A比B＋形容词

7. A比B＋心理动词/能愿动词＋宾语

8. A比B＋动词＋程度补语

9. A比B＋动宾＋动＋程度补语

10. A比B＋形容词＋精确数量补语

11. A比B＋形容词＋模糊数量补语

12. A比B＋提高类动词＋数量宾语

13. A比B＋多、少、早、晚＋动词＋数量补语

14. A比B＋更（还、再）＋形容词/动词

15. 没有比……更……的

16. “不比”句

17. 一＋量词＋比＋一＋量词

18. 不如/比不上＋形容词（这两个句式句法、语义、功能基本一致，可合为一个语法点）

19. 没有……这么/那么……

20. A＋形容词＋于/过＋B

1—3 是等比句，4—20 是差比句。其中 4、5 是简式差比句，6—17 是比字句（6—9 是一般比字句，10—13 是度量比字句，14、15 是预设比字句，16 是比字句的话语否定式，17 是特殊比字句），18—20 是其他差比句。

这 20 个句式，应分散在不同级别、不同课时来教。各句式应形成一个认知难度、形式难度逐级递增的序列，在适当地方拉开距离，插入相关语法点（如程度补语、数量补语）。如：比字句谓语可能是形容词、心理动词/能愿动词＋宾语、动词＋程度补语、状语＋动词＋数量补语、动宾加动补短语等。随着句子成分增多，句子变长，句子成分的位置也变得灵活，习得难度自然相应增加。我们认为，简式 4、5 是基础比字句，属单项比较句，结构语义简单，而且有"形＋一点/得多"的铺垫，后面相关模糊度量句的难度会降低很多，可以减少把"A 比 B 形＋得多"泛化为"A 比 B＋很＋形"的偏误，应最先教。句式 20 是古汉语在现代汉语中的保留，使用频率非常低，且多为书面语，应最后教。这 3 个句式我们不作考察，其他 17 个句式我们将根据进一步的调查，综合考虑认知、形式难度，将等比句、差比句各个句式以合理的顺序交叉教学。

三 留学生作文和中国人自然语料统计分析

我们考察了本族人 17 类比较句句式的使用频率，跟留学生使用情况进行对比。施家炜(1998)指出："在语料库出现的语料中，句式的正确使用频次或正确使用相对频率越高，就越容易，越早习得。方法是:各句式在各学时等级上的正确使用相对频率=各句式在各学时等级上的正确使用频次/某学时等级上句式的出现频次之和”。① 据此,我们统计了中山大学部分留学生约11万字作文中17类句式的出现频率和正确使用相对频率。结果如表2。

表2 中国人、留学生17类比较句式出现频率和留学生的正确使用相对频率

		母语使用者			第二语言学习者					
		样本总量	出现频次	出现频率	样本总量	出现频次	出现频率	正确使用频次	正确使用相对频率	偏误相对比率
1	跟……一样	10万	7例	0.7	11万	71例	6.45	68例	38.2	1.69
2	像……	10万	9例	0.9	11万	13例	1.18	10例	5.62	1.69
3	有……	10万	0例	0	11万	0例	0	0例	0	0
6—9	一般比字句	10万	16例	1.6	11万	32例	2.91	30例	16.85	1.12
10—13	度量比字句	10万	2例	0.2	11万	30例	2.72	24例	13.48	3.37
14、15	预设比字句	10万	9例	0.9	11万	18例	1.63	17例	9.55	0.56
16	不比句	10万	3例	0.3	11万	1例	0.09	1例	0.56	0
17	特殊比字句	10万	1例	0.1	11万	7例	0.64	5例	2.81	1.12
18	不如/比不上	10万	6例	0.6	11万	1例	0.09	1例	0.56	0
19	没有……	10万	0例	0	11万	5例	0.45	4例	2.25	0.56
总计		10万	53例	5.30	11万	178例	16.18	160例	89.89	10.11

注:本族人语料来源于王朔小说《编辑部的故事》(节选)、《痴人》、《枉然不供》(共约10万字);留学生为中山大学1998—2002年中高级的汉语进修生及对外汉语本科班留学生;表中“出现频率”是万分位的,“正确使用相对频率”和“偏误相对比率”是百分位的。

① 参见施家炜《外国留学生22类现代汉语句式的习得顺序研究》,《世界汉语教学》1998年第4期。

由表可知，母语使用者比较句的出现频率排序为（由高到低）：

句式 6—9＞2、14、15＞1＞18＞16＞10—13＞17＞3、19

徐燕青曾做过统计，“没有”句在实际运用中频率相当低，在本族人 190 多万字的语料中，只找到 15 个“没有”句。① 这跟我们的调查结果一致。否定差比句中“不如/比不上”＞“不比”＞“没有”。中国人的使用频率主要反映了交际需要。

留学生比较句出现频率和正确使用的相对频率的排序一致，这印证了“容易的语法点使用得多，且掌握的正确率高”的预测。

1＞6—9＞10—13＞14、15＞2＞17＞19＞16、18＞3（由高到低）

下图可清晰地看出中国人和留学生的差异：

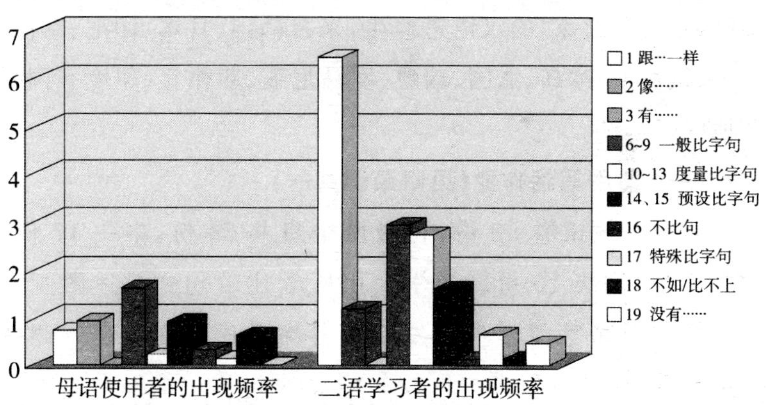

图 1 自然语料中国人和留学生比较句各句式的出现频率对比图

---

① 参见徐燕青《“没有”型比较句的初步考察——兼及“不像”型比较句》，《世界汉语教学》1997 年第 1 期。

与中国人不同的是，留学生“跟……一样”的使用率远高于“一般比字句”，“度量比字句”的使用率又大大超出“预设比字句”。可见除交际需要外，决定留学生使用频率的另一个重要原因是认知难度。留学生使用频率最低的是“有”，然后是3种否定比较句，顺序为“没有”>“不比”=“不如、比不上”。“没有”是“比”字句意义上的否定式，从学生的使用率和偏误率来看，这个句式的认知难度是差比否定式中最低的。“有”的等比句式可顺势介绍，但不要求学生常用这2个句式。

四 调查设计与结果分析

调查对象为中山大学对外汉语中心（现国际交流学院）初至高级（不含零起点）的汉语进修生，来自韩国、日本、印尼、泰国、美国、俄罗斯、冰岛、法国、瑞典、罗马尼亚、菲律宾、印度等国家和地区。

（一）看图写话作业（见附录调查一）

回收有效试卷58份，初级两个班共24份，中一17份，中二7份，高级10份。让学生用所学比较句式描述图画内容。目的是考察留学生自发使用各类差比句的情况。调查结果见表3（有效句指与比较句相关的句子。偏误中剔除了单纯的词汇错误或与比较句无关的偏误。没出现句式未列出。句式4虽不考察，但调查中出现了，为保持比率完整性，仍列于此）。

表 3 看图写句子统计初步结果

		初级(24 份)		中一(17 份)		中二(7 份)		高级(10 份)	
		有效句	偏误	有效句	偏误	有效句	偏误	有效句	偏误
4	最	4	1	9	0	3	0	3	0
6	A 比 B+形	34	13	37	4	6	1	11	1
8	A 比 B+动补	6	0	3	0	1	0	0	0
9	A 比 B+动宾补	1	0	3	0	0	0	1	1
10	精确度量	65	2	82	0	22	0	53	1
11	模糊度量	29	1	26	2	5	0	5	0
13	复杂度量	4	2	8	6	1	1	4	2
14	预设比字句	4	0	4	0	4	0	4	0
16	不比	1	1	12	0	1	1	0	0
18	不如/比不上	1	0	3	1	0	0	1	0
19	没有……	16	0	7	0	1	0	0	0
总计		165	20	194	13	44	3	83	5

我们从下图可直观地看到各句式在每个阶段所占比例及各句式不同阶段的发展情况。

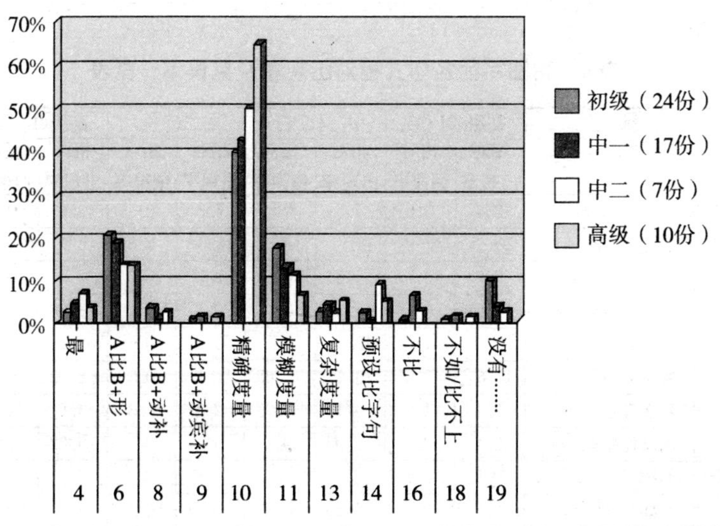

图 2 看图写话中各类句式出现率发展图

因图画内容多注有数值，所以度量比字句使用率最高，精确度量远远高于模糊度量。初级和中一使用一般比字句(6、8、9)的比率高于中二和高级。这可能是他们对度量比字句还掌握不牢的缘故。预设比字句在进入中二阶段后猛然增加。差比句的否定式中“没有”的使用率最高，但由初级到高级逐渐减少。其次是“不比”、“不如/比不上”最少，都是初级使用较少，中一可能刚学过还较多地用到，到中二、高级萎缩。复杂句式9、13使用率都很低，但13仍明显高于9。吕文华(1987)曾指出在实际语言考察中，动补句带宾语时重复动词的形式不常见，口语中更少。多数学生采用了这样的说法：

女的起床(的时间)比男的早半个小时。

从这一角度看，句式9可考虑不选入大纲，以免增加学习难度。

再看看各句式各阶段的相对出现率和偏误率的对比情况，见表4。

表4　看图写话各句式相对出现率及偏误率一览表

		初级(24份)		中一(17份)		中二(7份)		高级(10份)	
		相对出现率	相对偏误率	相对出现率	相对偏误率	相对出现率	相对偏误率	相对出现率	相对偏误率
4	最	2.4	0.61	4.6	0	6.8	0	3.6	0
6	A比B+形	20.6	7.9	17.5	2.06	13.6	2.3	13.3	1.2
8	A比B+动补	3.6	0	1.55	0	2.3	0	0	0
9	A比B+动宾补	0.61	0	1.55	0	0	0	1.2	1.2
10	精确度量	39.4	1.2	42.3	0	50	0	63.9	1.2
11	模糊度量	17.6	0.61	13.4	1.03	11.4	0	6.02	0
13	复杂度量	2.4	1.2	4.1	3.09	2.3	2.3	4.82	2.4
14	预设比字句	2.4	0	2.06	0	9.1	0	4.82	0
16	不比	0.61	0.61	6.9	0	2.3	2.3	0	0
18	不如/比不上	0.61	0	1.55	0.52	0	0	1.2	0
19	没有……	9.7	0	3.61	0	2.3	0	0	0
总计		100	12.12	100	6.7	100	6.82	100	6.1

从表中可以看到，偏误率最高的是 6 和 13。6 的偏误多是因为“比”字句否定式使用混乱，偏误较多。有的受母语影响对形容词进行否定，有的混用了“没有”、“不比”。如：

* 上海的天气比北京不冷。

* 男孩子的成绩不比女孩子的那么好。

* 黄河没有比长江长。

我们把这类偏误类型归到 6。不归到 16 的原因是即使“不比”表面形式没错，没有上下文的情况下也看不出学生是否真正明白句式的语用条件。所以此处我们不讨论“不比”的偏误，后文有专题讨论。

13 使用率高于 9，但相对偏误率 9 低，13 高。学生多将“多、早”等放在动词后。如：

* 马丽比比特起了早半个小时。/ * 这个男人比那个女人睡多半个小时。

还有联用句式 9、13 的句子，这时我们得看偏误点在哪儿以作不同的归类处理：

* 女孩子比男孩子起床得早半个小时。(9、13 各记一偏误)

* 可蓝比罗拿特得分得了高 32 分。(13)

多数学生知道重复动词，可避免用 9 出现的偏误；而不知道形容词应作状语还是补语，易出现 13 的偏误。说明 13 难度大，宜放在较后阶段教学。

“最”正确率最高。初级至高级只有一个偏误：

* 飞机的速度比别的最快。(“最”出现在“比”字句中)

这验证了我们对“简式比较句”难度的预测。

(二) 联词成句作业(见附录调查二)

共回收有效试卷 76 份,初级 20 份,中一两个班 30 份,中二 20 份,高级 6 份。用联词成句形式,考察学生使用度量“比”字句(10—13)和“比”字句复杂形式(9、12、13)的情况。

表 5　联词成句正确率表

句式	题目	初级(20 份)	中一(30 份)	中二(20 份)	高级(6 份)
句式 9	10	80%	76.7%	100%	85%
句式 10	1	90%	83.3%	100%	100%
	5	100%	96.7%	100%	100%
	8	85%	100%	100%	100%
句式 11	3(很多)	60%	63.3%	70%	83.3%
	4(很多)	60%	63.3%	65%	83.3%
	6(多了)	60%	60%	35%	100%
	7(得多)	85%	93.3%	100%	100%
	10(一点)	95%	93.3%	95%	100%
句式 12	9	95%	96.7%	100%	100%
句式 13	2	25%	33.3%	45%	35%

注:题 10 是句式 9 和 11(“形+一点”)联用,其偏误点分开计算。

我们将句式 10、11 各题再取平均数,得到下图。

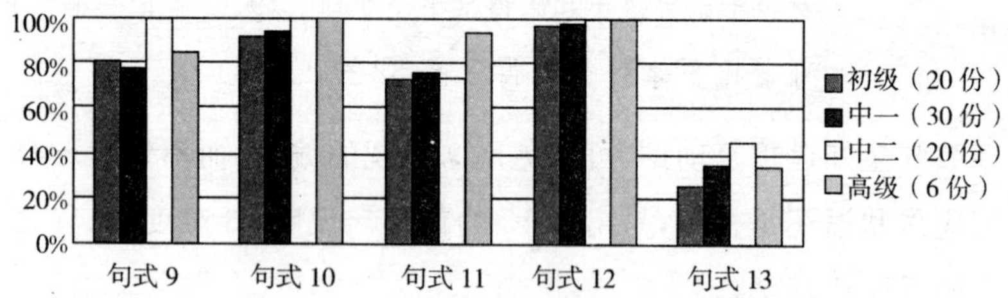

图 3　联词成句各类句式正确率一览图

调查结果显示:10 正确率很高,多在 90%以上;12 只要宾语是精确数量,难度不比 10 高。11 初中级在 70%左右,高级上升到 90%以上。可见,精确度量句难度明显低于模糊度量句。很多大纲教材模糊度量句先出、精确度量句后出的做法是不合适的。应精确度量句先出一段时间,再出模糊度量句。模糊度量句中"X 一点"正确率最高,均在 90%以上,错误形式为"一点X"或"X 得一点";其次是"X 得多",除初级 85%以外,中高级均在 90%以上。"X 多了"容易发生偏误(错误形式为"X 了多"),这是由"了"的复杂性引起的,正确率在 60%左右。"X 很多"偏误也很多,正确率只在 60%—80%,原因可能是教材里未出现"X 很多"这种形式,学生又知道不能说"A 比 B 很 X"或"A 比 BX 得很",因此认为"X 很多"也是错误的。这反映出模糊度量句内部也应有难度顺序:一点>多(得多>多了>很多)。比字句的几种复杂形式中,12 难度不大,正确率最高(>90%);9 正确率在 80%左右;13 最低,最高只到 45%。这再次验证 13 难度大,应后教。据此,我们对这几个句式的排序是:10—12—9—11—13。

(三)完成句子作业(见附录调查三)

有效试卷 55 份,中一 29 份,中二 15 份,高级 11 份。设计八个用否定比较句的语言环境,给出比较双方,要求完成句子。目的是考察留学生对"不比"是否有回避现象。结果如下。

从使用人数、句子及正确率的情况来看,留学生远远少于中国人,中二刚学过"不比",所以使用人数和句子比率略高于高级,但正确率却比高级低。每题使用"不比"的情况如下。

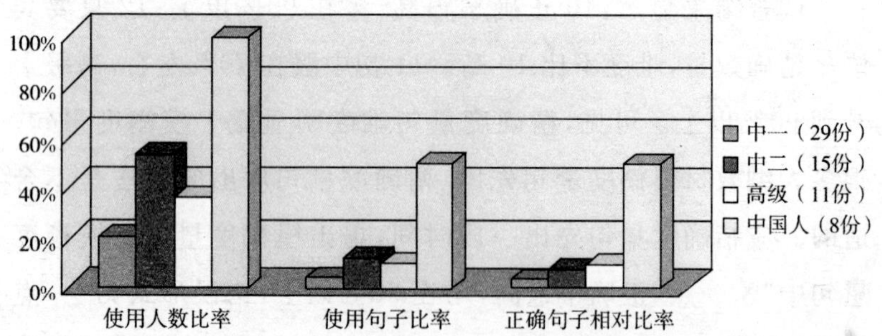

图4 “不比”使用人数、句子及正确率统计

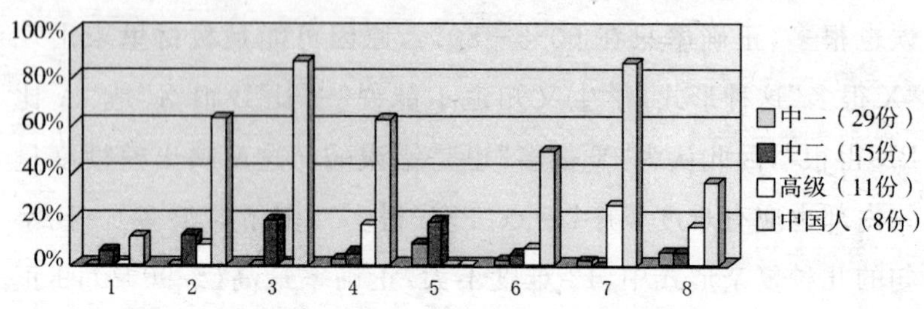

图5 每题正确使用“不比”比率统计

比较来看，中国人觉得最该应用“不比”的语言环境，如题3、7(使用率高达87.5%)、2、4(62.5%)，外国学生缺乏相应的语感，“不比”使用率相当低，到高级班最高也只有27.3%，其余均低于20%。而在中国人未用“不比”(题5)中，中一、中二却有不少人用了“不比”。可见，“不比”句难度比一般“比字句”和其他差比否定式高得多。我们的教材大多将它当成一般“比”字句的否定式来解释，对学生的习得不但没有帮助，可能还会有负面影响。

五 相关语法点的选取和排序

根据以上考察，我们认为，第二部分中我们选取的语法项目，可按以下顺序排列：

初级阶段(一)

1. 简式比较句：句式 4/5

2. 等比句：句式 1

初级阶段(二)

3. 一般比字句：句式 6/7

4. 其他差比句：句式 19

5. 等比句：句式 3

6. 精确度量比字句：句式 10/12(精确数量部分)

7. 一般比字句：句式 8/句式 9

中级阶段(一)

8. 等比句：句式 2

9. 模糊度量句：句式 11/句式 12(模糊数量部分)

10. 复杂度量句：句式 13

11. 其他差比句：句式 18

12. 预设比字句：句式 14

中级阶段(二)

13. 特殊比字句：句式 17

14. 预设比字句的否定式：句式 15

15. 话语否定比字句：句式 16

高级阶段

16. 其他差比句：句式 20

附录　调查样题

调查一　请用比较句描写下列图画(可写多句)。

调查二　请将每一题中的词组成一个完整的句子。

1. 分钟　他　我　比　三　快
2. 首　他　三　多　比　我　唱歌
3. 很　重　那个包　多　比　这个包
4. 法国　德国　比　多　很　漂亮
5. 他儿子　大　两岁　比　我儿子
6. 瘦　了　你　以前　多　比
7. 重要　多　心灵美　外表美　得　比
8. 两度　今天　比　的　温度　昨天　低
9. 产量　的　比　三分之一　今年　了　去年　提高
10. 比　我　快　跑　他　跑步　得　一点

调查三　请用括号中的词完成下面的句子。

1. 我是专科生,很多人觉得本科生比专科生强,但我觉得自己的能力________(本科生)。

2. A:你要是没钱用,就先拿去用吧。
   B:你家的情况也________(我家),我怎么能拿你的钱。
3. 很长时间中国的电视上几乎全部都是外国动画片。昨天晚上,中央电视一台播出了《西游记》,这部国产动画片吸引了很多孩子,看后都说"好"。国产动画片________(外国动画片)。
4. 许多人都喜欢喝牛奶,不喜欢喝豆浆(soybean milk)。认为牛奶比豆浆营养丰富(rich nutrition)。其实,豆浆与牛奶各有各的好处,豆浆________(牛奶)。
5. A:你们觉得选美比赛的结果怎么样?我觉得第一名________(第二名)。
   B:嗯,我也觉得第二名比第一名更漂亮。不过,第一名问题回答得更好。
6. 虽然这次比赛他们赢了,不过我们一定要相信自己________(他们),下次我们一定可以打败他们。
7. 我爸爸脾气很坏,可是我妈妈的脾气也________(爸爸),他们俩常常吵架。
8. 黄河和李伟成绩差不多,可是老师常常表扬黄河,不表扬李伟。李伟很不高兴,他问老师:"老师,我的成绩________(黄河),你为什么不表扬我?"

贰　"把"字句语法项目的选取与排序[①]

"把"字句是现代汉语常见句式,也是教学中无法回避的高难度语法项目。合理选取、编排各类"把"字句句式可减少教学难度,促进教学。据本体研究成果,"把"字句主要有15种句式。[②]

1. S+把+N_1+V在/给/到/向+N_2

---

① 本文以《"把"字句语法项目的选取与排序研究》为题,发表在《语言教学与研究》2005年第3期,作者李英、邓小宁。

② 参见崔希亮《"把"字句的若干句法语义问题》,《世界汉语教学》1995年第3期;吕文华《对外汉语教学语法体系研究》,北京语言文化大学出版社,1999年版;范晓《动词的配价与汉语的把字句》,《中国语文》2001年第4期。

你把书放在桌子上。/快把本子交给老师。

她把花插到花瓶里。/他把船划向湖心。

2. S＋把＋N_1＋V 成/作＋N_2　我要把美元换成人民币。/她把学生当作自己的孩子。

3. S＋把＋N＋V(一/了)V　请把情况谈一谈。/请你把这个句子分析分析。/他把钱数了数才放进口袋里。

4. S＋把＋N＋V 了/着　他把这件事忘了。/由于害怕，她把两眼紧闭着。

5. S＋把＋N_1＋V＋N_2　他马上把好消息告诉了大家。

6. S＋把＋N＋V＋时量补语　父亲把弟弟关了一小时。

7. S＋把＋N＋V＋动量补语　他把钱数了好几遍。/请你把事情经过说一下。

8. S＋把＋N＋V＋结果补语　我把衣服洗干净了。

9. S＋把＋N＋V＋趋向补语　我把钱送过去了。/他已经把字典带回宿舍去了。

10. S＋把＋N＋V＋状态补语①　大家把教室打扫得干干净净。

11. S＋把＋N＋V＋程度补语　这件事把我急死了。

12. S＋把＋N＋给＋V＋其他成分(多表示不如意)

他把我的照相机给弄坏了。

13. S＋把＋N＋一 V　他把手一挥，站了起来。

14. S＋把＋N＋AV(A＝动词前的修饰语)　他把垃圾乱

---

① 状态补语，有的语法书和教材称之为“程度补语”，也有的称为“情态补语”。我们采用《高等学校外国留学生汉语教学大纲(长期进修)》的术语。根据大纲，句式 11 的程度补语指“(高兴)坏了、(恨)透了、(热)死了、(热)得要命”。

扔。/他把钱往衣袋里塞。

15. S＋把＋N＋V　我建议大会把这个提案取消。

“把”字句结构形式多种多样，所表达的意义也很复杂。语法学界对“把”字句的语义分析至今没能达成共识。影响最大的观点是，“把”字句主要表达“处置、致使”义。[①] 近十几年来，一些学者认为“处置义”过于笼统，提出了许多新观点。

在对外汉语教学中，是否要将众多语义复杂的“把”字句句式全部照搬？我们认为对外汉语教学有别于对中国人的语言教学，如果不加选择，什么都教给外国学生，势必增加教和学的难度。

吕文华提出，“语法项目选择和编排的一个主要依据就是是否反映了汉语语法的特点和是否针对外国人学习汉语的难点”，要“循着语法自身的难易差异，按照结构、语义、用法区分难易度”[②]。周小兵提出，对外汉语语法项目的选取必须考虑使用频率、交际需求、体现汉语总体特征、学习难度。语法项目的排序要遵循5个原则：(1)由易到难；(2)从交际出发；(3)参照使用频率；(4)相关语法点组成序列；(5)复杂语法点分阶段教学。[③] 这些研究都为个体语法项目“把”字句句式的选择和排序工作提供了参考。

---

① 参见王力《中国现代语法》，中华书局，1954年版；吕叔湘《现代汉语八百词》，商务印书馆，1980年版；马真《“把”字句补义》，载陆俭明、马真著《现代汉语虚词散论》，北京大学出版社，1985年版。

② 参见吕文华《汉语教材中语法项目的选择和编排》，《语言教学与研究》1987年第3期；吕文华《对外汉语教材语法项目排序的原则及策略》，《世界汉语教学》2002年第4期。

③ 参见周小兵《学习难度的测定和考察》，《世界汉语教学》2004年第1期。

吕文华分析了从53万字语料中收集到的1094个“把”字句，发现动词后带结果补语和趋向补语的“把”字句（句式8和9）出现频率最高，占“把”字句的一半以上。其次是句式1，使用率约为28%。句式2为6.3%。句式4、5、10在3%—4%之间。句式3、7、12、13、14分别为2.7%、1.1%、1.1%、2.8%、1.4%。[①]吕文华还统计出表示致使义的“把”字句的使用频率为1.5%。我们在选取“把”字句句式时，可以参照这一频率。

我们考察了目前对外汉语教学系统大纲和教材[②]对“把”字句的选择和编排情况。为了寻找选择和排序的依据，还调查了中外学生使用“把”字句的情况，分析了约30万字的留学生中介语语料。

在考察本族人和留学生使用“把”字句情况的基础上，我们考虑语言认知难度等因素，给出对外汉语教学中应该选择的“把”字句句式及其大体排序情况。

---

① 参见吕文华《“把”字句的语义类型及教学》，《对外汉语教学语法探索》，语文出版社，1994年版。根据吕文华的观点，动词带“得”后的补语都是状态补语（可能补语除外），程度补语不应单立一类。因此在吕文华的统计分析中没有列出句式11。

② 这3个大纲按出版顺序分别是：《对外汉语教学语法大纲》，王还主编，北京语言学院出版社，1995年；《汉语水平等级标准与语法等级大纲》，国家对外汉语教学领导小组办公室汉语水平考试部编，高等教育出版社，1996年；《高等学校外国留学生汉语教学大纲（长期进修）——语法项目表》，国家对外汉语教学领导小组办公室编，北京语言文化大学出版社，2002年。4套教材为：教材一《实用汉语课本》，刘珣、邓恩明、刘社会编，商务印书馆，1986年；教材二《现代汉语教程》，李德津、李更新主编，北京语言学院出版社，1993年版；教材三《初级汉语课本》，北京语言学院来华留学生三系编，北京语言学院出版社·华语教学出版社，1994年版；教材四《汉语教程》，杨寄洲主编，北京语言文化大学出版社，1999年版。

一 大纲和教材对“把”字句的选取与排序

1.“把”字句的选取

我们所考察的大纲和教材都将“把”字句作为专门的语法项目,但各个大纲、教材所选取的“把”字句句式差异很大,有的简略,有的繁多,前面所列的15个句式,除句式13、14、15外都出现在这些大纲和教材中。其中,句式1、8在三部大纲中出现,句式2、3、4、9、10、12在两部大纲中出现,句式6、7、11只在一部大纲中出现。句式8、9在四套教材中都有,句式1、3、4、5、7在三套教材中出现,句式2、10在两套教材中出现。①

可以看出,使用率较高的句式8、9、1在大纲和教材中的分布面最广。其他较常用的,如句式2、3、4、10,多数大纲和教材也都选用。句式15涉及光杆动词的使用,把这样的句式教给学生,容易造成学习者意识混乱,增加教学难度,大纲和教材都没有选取该句式。这些都是非常合理的。

但大纲和教材对“把”字句的选取也有一些不尽如人意之处。

根据吕文华(1994)的统计,句式13、14使用频率高于句式6、7、12等,但大纲和教材并没有选取这两个句式。句式5的使用频率为3.1%,有三套教材将其列入教学内容,但没有一部大纲列出该句式,这不能不说是大纲的疏漏。

句式6在吕文华的统计中未出现一例,而且这种句式对动词的限制较多,能进入此句式的动词只有“推迟、提前、关、憋”等

① 这两套教材把句式2“S+把+H_1+V成+H_2”并入句式1。

少数几个动词，如专门讲解，可能误导学生造出“把书看了一个小时”之类的句子。句式4中的“S＋把＋N＋V＋着”在1094个“把”字句中仅出现两例，频率很低。这些句式并非学习者迫切需要学习的，交际需求低，可让学习者在日常生活中自然习得，不必专门教授。

2．“把”字句的排序

《对外汉语教学语法大纲》(下称《语法大纲》)没有列出“把”字句的教学次序。《汉语水平等级标准与语法等级大纲》(下称《等级大纲》)和《高等学校外国留学生汉语教学大纲(长期进修)——语法项目表》(下称《项目表》)明确列出了次序。四套教材(教材一，《实用汉语课本》；教材二，《现代汉语教程》；教材三，《初级汉语课本》；教材四，《汉语教程》，都是分课安排“把”字句句式的教学。但这些大纲和教材对各“把”字句句式的编排并不一致。如句式1在《项目表》和教材二中最先出现，而在其他大纲和教材中，有的最先出现句式3，有的则将句式4、5、8、9、10等最先列出。从这些大纲和教材中我们很难看出各句式出现次序的合理性。

《等级大纲》在丁级语法项目列出了表致使义的“把”字句，这是很有必要的。“把”字句的语义主要有两类：表处置义和表致使义。两种意义的“把”字句形式上也有交错，同一种句式可能表示两种意义，同一种意义可以用不同的形式表达。虽然表致使义的“把”字句出现频率远低于表处置义的“把”字句，但跟表处置义的“把”字句相比，表致使义的“把”字句语义更复杂、更难学。因此，在教学中宜明确把两种意义区分开来，以廓清学习者的认识。

吕文华认为，有意识地在出语法难点之前，先"冒"一些语言现象，使学生对某些表达方式先形成习惯，语言材料积累到一定程度时再出现语法点，可减少教学难度。初中级学习者学习表处置义"把"字句时，"冒"一些表致使义的"把"字句，可以收到这样的效果。

二　留学生"把"字句的使用情况考察

1. 调查目的与对象

以本族人使用"把"字句的情况为参照项，调查不同层次的留学生在"把"字句使用上的特点，以探求留学生对哪些句式使用较多，准确率高，哪些句式使用较少、偏误率高，从而大致找出"把"字句各句式的习得顺序。

调查对象为162名学生，其中中山大学对外汉语系初级班46名、中低级班49名、中高级班31名、高级班17名，中山大学对外汉语教学专业的中国硕士研究生19名。

2. 调查材料和设计

调查采用笔头造句形式，分两步进行。分别考察外国学生在自然和强制状态下使用"把"字句的情况。

我们据前文分析及教学实践，共设计了16个可用"把"字句的情景(见附录)。每个情景给出一些提示性词语，要求被试根据情景和词语完成句子。情景介绍和提示性词语基本上是《汉语水平词汇与汉字等级大纲》中的甲、乙级词。一共可生成24个"把"字句，其中情景4、16可生成4个"把"字句，情景14、15可生成2个"把"字句。

两次调查都在课堂上完成。第一次，未告诉被试使用"把"

字句句式。第二次，明确要求被试使用“把”字句。第二次调查只限于中低级班和中高级班学生。

3. 调查结果与分析

图 1 和统计数据表明，中国学生“把”字句平均使用率逾 80%，除情景 2 的使用率低于 50%，其他情景“把”字句的使用率都在 60%以上，其中 8 个情景为 100%。

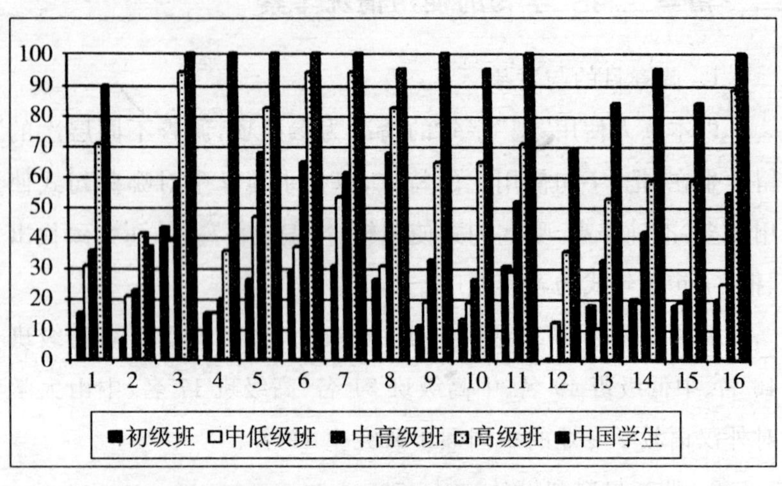

图 6　四个层次的留学生与中国研究生在 16 个情景中“把”字句的使用频率

可见，除情景 2 可用可不用以外，问卷所提供的其他情景都是必用或倾向于用“把”字句的自然语境。在同样语境下，外国学习者使用“把”字句的情况如下。

(1)无论是单项还是总体使用率，各层次的留学生“把”字句的使用率都远远低于中国研究生，只有在情景 2 中，高级班留学生“把”字句的使用率超过了中国学生。这说明，大部分留学生基本上不知道什么时候该用“把”，什么时候可以不用

“把”。

(2)无论是单项还是总体使用率，留学生层次越高，“把”字句的使用率越高。这说明“把”字句的习得随着留学生汉语水平的提高而发展，习得是有顺序的。

(3)在必用和倾向于用“把”的情景中，“把”字句的使用率差异很大。四个层次的被试使用“把”的频率最高和最低都相差40%以上，有的甚至超过60%。情景3、5、6、7、8中，被试能较多使用“把”字句，其次是情景1、11、16，再次是9、10、13、14、15；使用率最低的是4和12。

表6是中国学生的使用情况(括号外的数字为情景序号，括号内的数字为各句式的使用率)。

表6　中国学生在各情景中所使用的“把”字句句式及其使用率

把＋N_1＋V在/到/给＋N_2	3(100%)4(100%) 5(26.9%)6(89.5%) 7(50%)16(26.8%)	把＋N_1＋V成＋N_2	8(100%)9(94.7%)
把＋N＋V＋趋向补语	5(26.9%)7(26.3%) 11(100%)13(89.5%) 14(38.5%)16(73.7%)	把＋N＋V＋结果补语	1(11.8%)2(42.9%) 5(23.1%)6(10.5%) 7(21.1%)14(15.4%)
把＋N＋V＋动量补语	1(82.4%)2(28.6%) 15(35%)	把＋N＋V得＋状态补语	10(100%)
把＋N＋A＋程度补语	12(100%)	把＋N＋V了	5(7.7%)14(7.7%) 15(40%)
把＋N_1＋V＋N_2	5(13.5%)14(19.2%)	把＋N＋VV	2(28.6%)14(11.5%)
把＋N＋给V了	15(25%)	把＋N＋一V	13(10.5%)

进一步考察留学生在各情景中使用“把”字句的偏误率(有偏误的“把”字句数与总的“把”字句数之比)，并对比“把”字句的使用率，这有助于我们了解留学生对哪些句式掌握得最好，对哪些句式掌握得最差，从而有助于我们对各句式进行难易排序。

请看表 7。

表 7 留学生在各情景中使用“把”字句的情况(使用率和偏误率为百分比)

情景	1	2	3	4	5	6	7	8	9	10	11	12	13	14	15	16
平均使用率	38	22.7	58.6	21.2	55.8	55.9	59.7	51.7	31.6	30.5	45.3	13	28.2	34.7	29.3	46.8
使用率排序	8	14	2	15	4	3	1	5	10	11	7	16	13	9	12	6
平均偏误率	22.2	41.5	7.5	17.1	28.8	10.8	24.6	48.5	43.4	62.5	11.7	34.3	53.8	35.6	17.9	27.7
偏误率排序	11	5	16	13	8	15	10	3	4	1	14	7	2	6	12	9

根据表 6、表 7 和统计数据,我们做如下分析。

(1)句式“把＋N_1＋V 在/给/到＋N_2”是情景 3、4、6 使用的主要句式。在情景 3、6 中,留学生的“把”字句使用率高,偏误率低。在情景 4 中,“把”字句使用率低,偏误率也低。使用率低是因为留学生对该情景不熟悉,一旦知道这个情景可使用“把”字句,就能生成较多正确的“把”字句。这一点在第二次调查中得到证实。

情景 5、7、16 也可使用此类句式。在这些情景中,不同层次的留学生使用该句式的频率大都远远超过了中国学生,出现的偏误不多,最高偏误率为 25%,最低为 0%。唯一的例外是初级班的留学生在情景 16 中较少使用这一句式。总体而言,句式“S＋把＋N_1＋V＋在/到/给＋N_2”是留学生掌握得最好的,这类强制性“把”字句应最早让学生接触。

(2)在对教材和大纲的考察中,我们发现有两套教材是把句式“S＋把＋N_1＋V 成＋N_2”放入“S＋把＋N_1＋V＋在/到/给＋N_2”一起教授的。我们调查得知,留学生使用句式“S＋把＋N_1＋V 成＋N_2”的情况很不理想。情景 8“把”字句的使用率较高,但偏误率也较高；情景 9“把”字句使用率低，偏误率却比较高。相对于“S＋把＋N_1＋V＋在/到/给＋N_2”，句式“S＋把＋N_1＋V 成＋N_2”难度较高。这是因为“成”的意义比较抽象。

此外，这两种句式在意义上也有较大区别，前者表示某事物因动作而发生位置移动，后者是把某事物认同为另一事物，或通过动作使某事物变为在性质上有等同关系的另一事物。因此教学中应将这两种句式区分开来。

(3)句式“把＋N＋V＋趋向补语”主要在情景 11、13 中使用。留学生在情景 11 中，“把”的使用率较高，偏误率较低，而在情景 13 中，“把”的使用率较低，偏误却很多。原因跟词汇难度和留学生对“动趋结构”的熟悉度有关。情景 11 用的动趋结构是“拿出来(拿来)”，留学生对该结构相当熟悉。情景 13 用的动趋结构是“缩进去(缩回去)”，留学生对该结构很陌生，有的连“缩”的意义也不懂，当然就谈不上会使用了。

从表 7 我们还可以发现，除了情景 11，其他凡是能用动趋式“把”字句的情景，留学生使用“把”字句的偏误一般都较高。偏误类型主要是动词和趋向补语搭配不当、动趋结构所带宾语的位置有误。这种偏误或许是因为留学生没有掌握好趋向补语的用法，并不是不知道如何使用“把”字句。因此动趋式“把”字句应该在留学生基本上能正确使用趋向补语以后学习，不宜过早出现。

从使用频率、交际需要出发，动趋式“把”字句应较早学习。但较早学习，留学生又很难掌握好该句式。因此这一句式的教学不宜一次解决。可根据“趋向补语”和“趋向补语的引申用法”将动趋式“把”字句的教学分成两个阶段来进行。

(4)情景1、2均可使用动量式和动结式"把"字句。中国学生在情景1中更多使用动量式,在情景2中更多使用动结式。留学生也是如此:第一次调查,情景1生成的正确"把"字句中,88.3%为动量式,16.7%为动结式;情景2中76.5%为动结式,23.5%为动量式。值得注意的是,两个情景中"把"字句的平均偏误率相差很大,情景1是22.2%,情景2是41.5%。留学生使用动量式偏误少,使用动结式偏误多。

从使用频率看,动量式"把"字句低于动结式,但从学习难度看,动量补语容易习得,原因在于:动量补语先于动结补语学习,输入多;动量补语跟许多外语相似处多,对比难度低;动量补语比动结补语音节数多,容易认知。因此动量补语"把"字句应在动结式"把"字句之前学习。

由于动词和结果补语的组合灵活自由,对留学生而言,一个动补结构可能意味一个新的组合,习得难度很大。因此在教学中可遵循由易到难的顺序,将含具体和抽象意义的结果补语"把"字句分开教,前者如"把衣服洗干净了"、"把电视打开",后者如"我们把敌人打败了"、"他把电话打通了"。

(5)情景10使用的句式为:S+把+N+V+状态补语(把房间打扫得干干净净),情景12使用的主要句式为:S+把+N+V+程度补语(把我累死了、把我累得要命)。留学生使用"把"字句的频率都比较低,偏误却很多。这一类句式不宜早学。

综合以上分析,我们得出了"把"字句的习得顺序,当然这种顺序还是粗略的、初步的,因为我们的调查并不十分精确,调查问卷的设计也不是最全面、最科学的。

初级1　S+把+N_1+V+在/到/给+N_2

S+把+N+V+其他成分(了、重叠动词、动量补语、动词宾语)

初级2 S+把+N+V+补语$_1$(表示具体意义的结果补语、趋向补语)

S+把+N_1+V成(作)+N_2

中级1 S+把+N+V+补语$_2$(表示抽象意义的结果补语、趋向补语的引申用法)

S+把+N+V+补语$_3$(状态补语、程度补语)

中级2 S+把+N+一V

S+把+N+AV

S+把+N+给+V+其他

高级 表致使义的"把"字句

三 留学生作文语料分析

我们人工浏览了约30万字的留学生作文,这些作文包括留学生平时的练习、考试卷、作文比赛的参赛作品等,汉语水平大都为中级和高级。我们一共搜集到201个"把"字句,其中正确的"把"字句为128句,正确率为63.7%。请看表8。

表8 留学生输出正确"把"字句的句式、数量、正确使用率

句 式	正确句子数	正确使用率(%)
S+把+N_1+V+在/到/给+N_2	44	21.89
S+把+N_1+V+成(作)+N_2	11	5.47
S+把+N+V+结果补语	25	12.44
S+把+N+V+趋向补语	21	10.45
S+把+N+V+状态补语	4	2
S+把+N+V+程度补语	1	0.5

（续表）

句　　式	正确句子数	正确使用率(%)
S＋把＋N＋V(一/了)V	2	1
S＋把＋N_1＋V＋N_2	16	7.96
S＋把＋N＋V＋动量补语	2	1
S＋把＋N＋V了	2	1

(1)留学生使用的“把”字句主要集中于以下句式：S＋把＋N_1＋V＋在/到/给＋N_2、S＋把＋N＋V＋结果补语、S＋把＋N＋V＋趋向补语、S＋把＋N_1＋V＋N_2、S＋把＋N_1＋V成(作)＋N_2。这些句式都是我们上文列出的初级阶段的“把”字句。其中，句式“S＋把＋N_1＋V＋在/到/给＋N_2”正确使用率最高，这也进一步说明该句式应该最早学习。

(2)对比吕文华(1994)所统计的“把”字句使用频率，我们可以发现，留学生作文中各“把”字句的使用率都有一定的差异，其中差异最大的是动结式和动趋式“把”字句。虽然这两种句式留学生的正确使用率较高，为22.89％，但跟本族语中动趋式、动结式“把”字句占绝对优势的语言事实相比，差距还是十分明显的。这也说明了这两种句式习得难度较大。

(3)在表8中，我们所列出的中级2阶段的句式未出现一例，句式“S＋把＋N＋V＋状态补语”、“S＋把＋N＋V＋程度补语”正确使用率也很低。这从习得角度进一步证明了我们前面的排序是合理的。

总之，通过对留学生中介语语料的考察，我们可以发现，留学生对各类“把”字句句式的使用是有差异的，习得有难易之分。具体的考察结果跟我们在实验调查中得出的有关结论基本相似，语料中存在的“把”字句习得的客观顺序与我们前面的理论排序基本吻合。

附录

根据情景，用所给的词语造句。

情　景	使用词语	造句或完成句子
1. 你的练习做错了，老师可能对你说什么？	练习　做	请你
2. 你的电视机坏了，你说怎么办？	电视　修	我得找人
3. 你有一封信想请A交给B，怎么对A说？	信　交	请你
4. 你开车到一个停车场，一楼已经没有停车的地方了，管理员建议你到二楼，你可能怎么说？	车　停	你可以
5. 你的留学生活结束了，你怎么处理你的东西？	电器 送 衣服 带 书 寄 扔 不要的东西	我要
6. 你要去一个不太安全的地方，你的证件和钱怎样才能不会丢？	钱　证件　放	我
7. 你的房间进了水，地上有很多书，你怎么办？	书　搬	我
8. 你去银行换钱，怎么对银行的人说？	美元　人民币　换	我想
9. 你买东西时想说"买"，却说了"卖"。你回来以后告诉朋友。	买　卖	我
10. 你去朋友宿舍，发现朋友正在打扫房间，房间比以前干净多了，你可能问他什么？	房间 这么干净	你今天怎么
11. 老师上课时，看见一个同学桌上没有书，老师怎么说？	书　拿	请你
12. 你的老板要你一天干两天的活儿，你很累，别人问你怎么了，你怎么说？	我　累	我的老板要我一天干两天的活儿，真________。
13. 如果你看见一只乌龟(tortoise)，摸摸它的头，它会怎么样？	头　缩	乌龟________就再也不敢伸出来了。
14. 你第一次过海关，不知道要怎么做，海关人员怎么说？	护照　看　入境申请表　填	请你________，再________。
15. 很多年前，你偷了妈妈的钱，被妈妈打了一顿。现在你跟妈妈说起这件事。	我　打　忘这件事	孩子：妈妈，很多年前我偷了你的钱，你很生气，________，还记得吗？ 妈妈：我早就________。

（续表）

情　　景	使用词语	造句或完成句子
16. 请介绍一下坐地铁的过程：怎么买票，怎么进站、出站？	钱 放 票 吐 投（扔）	首先在自动售票机上选择你要去的地方，根据机器显示的价格，然后________，机器就会自动________。进站时，________闸机上感应一下，闸门就会自动打开，你就可以进站了。出站时，________闸机的回收口就可以了。

第八章

语法教学模式与方法

第一节　语法教学模式

壹　现代汉语句型与对外汉语句型教学①

一　对外汉语句型教学的基本状况

在对外汉语教学中，句型教学虽然十分重要，但它毕竟起步较晚，还不很成熟。据有关专家认为，利用句型进行语言教学是“听说法”的特点之一。“文化大革命”之前，在国内只有一些院校的英语专业曾经试验过“听说领先”的教学方法，但这种方法在对外汉语教学中没有产生影响。“文革”期间《英语900句》等体现句型教学的教材在国内广为流行，才引起了对外汉语教学界的兴趣。北京语言学院复校后，于1973年着手试编结合句型进行教学的新教材，从此句型教学才开始推广。② 但因缺乏系统的句型理论的指导，当时的对外汉语教材及句型教学也只是

① 本文发表在《世界汉语教学》1999年第3期，作者温云水。

② 参见吕必松《中国对外汉语教学法的发展》，《世界汉语教学》1989年第4期。

增加了与句型有些关系的替换练习，并没有比较系统地归纳出汉语句子的各种类型。到了80年代，随着现代汉语本体研究在句型理论方面的深入探索，对外汉语教学界的句型研究也取得了长足的发展，以《世界汉语教学》(1989年第1期起)发表北京语言学院句型研究小组的《现代汉语基本句型》①为标志，说明对外汉语句型教学有了系统性的理论指导和比较完整的句型体系。特别是1996年出版了刘英林主编的《汉语水平等级标准与语法等级大纲》，将句型体系又进一步进行了规范和等级化处理，其目的是便于对外汉语教学的实践。与此同时，各种教材，尤其是精读与口语教材都不同程度地采纳了句型研究的成果，推动了句型教学向深度和广度发展。综合现有的各种教材及专著，对外汉语句型教学中的句型体系大概是这样建立的，第一步将所有句型分为基本句型与特殊句型；第二步再将基本句型分为单句与复句；第三步分别将单句与复句划分成若干种类型。

单句首先分为非主谓句与主谓句。非主谓句分为名词性非主谓句、动词性非主谓句、形容词性非主谓句、叹词句。主谓句分为名词性谓语句、动词性谓语句、形容词性谓语句、主谓谓语句。其中动词性谓语句又分为动词谓语句、动宾谓语句、动补谓语句、连动谓语句、兼语谓语句等。复句首先分为联合复句与偏正复句以及紧缩复句与多重复句。联合复句分为并列复句、承接复句、递进复句、选择复句等。偏正复句则分为目的复句、解

① 北京语言学院句型研究小组《现代汉语基本句型》，《世界汉语教学》，1989—1991。

说复句、因果复句、转折复句、条件复句、让步复句、假设复句等。特殊句型一般有“是”字句、“有”字句、“把”字句、“是……的”句、存现句、比较句、被动句。

经过多年的实践，我们认为，上述句型体系的建立与在对外汉语教学中的推广，对提高教学质量及对外汉语语法教学的系统化和科学化都产生了重要的作用。但是，应该承认，无论是目前的句型理论还是句型体系都还存在一些缺陷，并且与对外汉语教学的发展也不适应。这需要我们首先弄清原有的句型理论与句型体系的缺陷与不足，然后在此基础上运用现代语言学理论去建立适应对外汉语教学需要的新型的现代汉语句型理论和句型体系。这是一项宏大而又艰巨的任务。

二 现有句型理论与句型体系的缺陷

现有句型理论与句型体系是在传统的句子成分分析理论指导下形成和建立起来的，认为句型就是句子成分的结构模型。我们知道这样的句型反映的只是语言的普通的结构形式，是非常抽象的理论模式。但是，句型问题应是一个具体的并且与语言交际紧密相连的实际问题，因此，仅仅从传统的句子结构出发，不考虑句子的意义与交际的功能，那么所建立的句型——我们称之为结构句型——则必然过于抽象而缺乏实际的生成能力，缺少实用价值。这个问题在纯语言理论研究中尚不明显，但在以培养学生的交际能力为目的的对外汉语教学中就显得十分突出。析言之，现有句型理论与句型体系的缺陷主要有以下几个方面：

第一，结构句型理论排除虚词构成句型的作用，这不仅不利于外国留学生学习汉语，也不符合汉语的实际。一般来说，现有的结构句型理论认为，在现代汉语里，区分句型的主要依据是句子构件的性质和它的结构形式。具体一点说，就是只把句子的语序、句子成分的多少、充任某些句子成分的词性等当作决定不同句型的因素。一般认为影响句型的成分只有主语、谓语、宾语、补语等，而能充当上述句子成分的只有名词、动词、形容词等实词。胡裕树先生一直主张"扩展不影响句型"和"句中表示语气的成分不影响句型"①。根据他的观点，不但助词、连词、介词被排除在影响句型的因素之外，而且连一般只用作状语的副词、能愿动词也被排除在影响句型的因素之外。

但是，我们知道，汉语是缺乏形态变化的语言，因此，各种类型的功能词，即虚词，就成了表达语法意义的主要语法手段。在对外汉语教学中，虚词和实词中的副词和能愿动词的教学，无疑是最难教授的内容之一。可以这样说，不研究虚词语法功能的语法，就是不符合汉语实际的语法。在实际的语言运用中，那些使用频率很高的助词、介词、连词以及副词、能愿动词等并不因我们排除了它们影响句型的功能，就失去了它们固有的构成句型的功能。实际上，助词、介词、连词以及副词、能愿动词在构成句子的格式时具有非常重要的作用。例如，有些句子的格局，像"跟……见面"、"对……满意"等，是由介词与动词的固定搭配而形成的，如果排除了介词的参与功能，这类句子的格局也就不能成立了。而对留学生来说，只学习有关动词而不知道用哪一个

① 参见胡裕树《如何确定句型》，《"现代汉语"使用说明》，上海教育出版社，1986年版。

介词与之搭配来形成固定的句型是远远不够的。这也正是留学生学习汉语时普遍存在的一个问题。留学生常常说出这样的错句,“我昨天见面那个人了”、“大家都不满意留学生餐厅的菜”,其错误是没有使用正确的句型,其责任大概是我们原有的对外汉语句型教学忽视了介词对形成句型的重要作用。又如,按照现有的句型理论,句子(1)与(2)是同一句型,因为动词前加副词是属于扩展。

(1)他在北京了。(A 在 B 了)

(2)他一定在北京了。(A 一定在 B 了)

其中 A 可解释为某人或某物,B 可解释为某地方。句子(1)与(2)若同为一个句型,那么句法功能与 A 或 B 相同的词就应该可以同时替换(1)、(2)两句的 A 或 B。但是实际情况并非如此。假如,我们令 A=我,再令 B=我这儿,让它们分别进入句(1)与句(2)替代相应的词。这样我们可以生成下列句子:

(1) a. 我在北京了。

b. 他在我这儿了。

c. 我在我这儿了。

(2) a. * 我一定在北京了。

b. 他一定在我这儿了。

c. * 我一定在我这儿了。

替换的结果是用句(1)生成的三个句子都是合格的,而用句(2)的句型却生成了(2)a 和(2)c 两个不可接受的句子,很明显地表现出对第一人称代词“我”的排斥性。显然句(1)与句(2)并不是属于同一句型。因为句(2)比句(1)只多了个副词“一定”就改变了句型，这说明副词在句型的构成方面有其不容否认的作用。同样，我们认为介词、连词、助词、能愿动词等都对句型的形成发挥着重要的作用。

第二，现有句型结构过于空灵而缺乏实际的生成能力。句型应该具有一定的概括性，但是如果我们概括出的某一句型的结构框架过于抽象，那么肯定损害句型的生成性，而生成性是句型的生命。根据结构主义理论而形成的句型结构就过于抽象。比如一般把“小王听懂了你的话”称为“主谓句”中的“主＋动＋补＋宾”句型，常常被人们记为“NP_1＋V＋C＋NP_2”。应该承认这样一种句型概括了汉语一类句子的结构特征，有一定的分析研究价值，但是这个句型能告诉学习汉语的外国人什么呢？至多是说：这种句型一共有四个结构空位，其中每个符号代表着一个可以用相应类型的词语填充的空位，即一个名词或名词性词组可以被放置在 NP_1 的位置上，一个动词可以被放置在 V 的位置上，一个动词或形容词可以被放置在 C 的位置上，而另一个名词或名词性词组则可以放置在 NP_2 的位置上。乍看起来，这样的句型可以给汉语学习者以几乎无限的自由去生成无限的句子。可是实际上，留学生却觉得其空荡得无着落，很难自主地生成一个他们希望说出的句子。如果非要他们照猫画虎造出一个“NP_1＋V＋C＋NP_2”句子，大量的是类似下面的句子被“生成”出来：

(3)＊ 我看知道了我同屋。

(4)＊ 王老师想热了今天天气。

很明显，(3)、(4)这样的句子是不可接受的。之所以出现这种情况，原因就是我们所给的“$NP_1+V+C+NP_2$”这一结构模式太空灵，因而便失去其实际的生成能力，而缺乏生成力的句型实际上便失去了句型的意义。

第三，现有句型及句型理论的另一个重大缺陷是缺乏对句型的交际功能的挖掘和揭示，特别是在教学中往往只是停留在分析一般的结构构造上。教学实践告诉我们，片面地强调句型结构上的共同性而不具体地讲解其所具有的交际功能往往造成学生极大的疑惑，有时教师也会发现自己因此而处于十分尴尬的境地。比如，我们常说句型“$NP_1+V_a+NP_2+VP$”，如果 V_a 是一个使令性动词，NP_2 既是 V_a 的宾语（受事）又是 VP 的主语（施事），那么我们就称这个句型为兼语句句型。句子(5)、(6)都是一般常说的兼语句。

(5) 他让你去他办公室一趟。

(6) 公司派我来学习汉语。

但是几年前笔者就曾遇到这样一个令人难堪的问题，一个留学生拿着一本杂志问一个句子，即句子(7)是什么意思。

(7) 我让你告我！我让你告！

当时我没有深加思考就回答说那是一个兼语句，并且还对兼语句句型结构作了一番描写。可是经过这番解释，学生反而更加糊涂了。在看了上下文以后笔者也发现用兼语句很难在这里自圆其说。其语境是一个农村干部在殴打一个农民，这个农民向上级告发了他贪污腐败徇私枉法的问题。如果坚持兼语句的解释，那么就无法说明既然是“我”让“你”告，为什么“我”还要打“你”。可见仅仅说明句型是远远不能解决问题的。后来笔者采用功能主义的理论把句子(7)理解为一种表达惩罚的施行句[①]，并且由此而总结归纳出来"(我)让/叫你 VP"这样一个新型的句型，才使句子(7)有了比较令人信服的解释。

因为只着眼于句子的结构形式，于是乎许多句子只要其结构相同或相似便把它们归为一类，例如句子(8)、(9)、(10)，现有的句型理论把它们都处理为一类：

(8) 明天他一定要去旅游。

(9) 明天你一定要去旅游。

(10) 明天我一定要去旅游。

可是，它们的功能却极为不同，说话人通常用句子(8)来表达"判断"，用句子(9)来表达"命令"，而用句子(10)表达的却是"决心"和"志愿"。如果我们不加分析就把它们当作一个句型，这将无助于培养学生的交际能力。

由上述分析可见，结构主义的句型理论与句型体系存在着严重的缺陷，它不能满足对外汉语教学的需要。因此要求我们在现有的基础上运用现代语言学理论研究和建立新型的特别是能够满足对外汉语教学需要的句型理论和句型系统。

三　新的句型理论和句型体系展望

对外汉语教学的发展要求我们要从语言的功能出发并结合汉语的实际重新确立一套新方法去建立另一种句型体系。这当然是一项庞大而艰巨的工程，非某个人或某几个人所能完成。

---

① 参见温云水《试论施行句》，《天津师大学报》1997 年第 4 期。

我们认为，新的句型理论和句型体系并不是对现有的句型理论和句型体系的全盘否定，而是在原有的基础上的发展，有的甚至只是补充和完善，或者说是换一个角度来解释。但是新的句型理论和句型体系必须能够弥补现有句型理论和句型体系的缺陷与不足。因此需要在以下几个方面寻找理论支点和确定具体的工作方法。

第一，立足汉语的语言特点，充分挖掘汉语虚词的句型功能。这里所说的虚词主要是指助词、介词、连词等功能词，也包括副词、能愿动词等比较空灵的实词。这些词虽然在我们普通的语法书里并不都归入或称为虚词，但是这些词的构句能力却一直没有得到应有的重视。其实只要我们稍稍留意人们运用的句子，其中绝大多数都含有上述我们所说的虚词，并且人们就是用这些词来把其他词语联系起来的。比如句子(11)，属于什么样的句型呢？

(11) 他不学习汉语了。

按传统的句型理论，句子(11)是一个典型的主谓宾句型的句例，是由主语“我”、谓语“学习”与宾语“汉语”组成，但我们宁可认为它主要是由副词“不”与语气助词“了”构成的，即“……不……了”这样一个新的句型。我们用这个句型可以自由地生成一个句子，只要用一个体词性词语放在“不”前的空位上，再将一个相关的述词性词语放在“不”后的空位上。比如：

(11') a. 小王不当班长了。

b. 花不红了。

c. 刘老师不在国内了。

d. 雨不下了。

e. 我不去北京了。

那么"……不……了"这个句型的功能是什么呢？我们认为，它的功能就是叙述一个曾经持续的动作行为（句(11)、(11)a）或事物的状态、自然现象（句(11)b、(11)c、(11)d）已经停止或结束；以及某一计划或想法（句(11)e）终止并不再付诸实施。因此，凡是需要表达这样的意义就可以用"……不……了"句型。

"……不……了"是副词与语气助词结合构成一个句型的例子，除此以外，介词、连词以及能愿动词或单独或与其他词语配合也都有其特定的构句功能。

传统的语法理论往往回避解释虚词意义，有时作一点解释也是轻描淡写，往往不能自圆其说。但是在对外汉语教学中，虚词却又偏偏是留学生最为疑惑的问题。应当承认，汉语的虚词解释起来是不容易，但是当我们发掘虚词的构句功能时，却发现了一把解释虚词的钥匙：用其构造的句型来解释这个虚词。比如下列句子都有语气助词"了"：

(11'') f. 今天天气太好了。 g. 我买东西来了。

h. 他上班去了。 i. 现在是您老享福的时候了。

j. 不要再伤她的心了。k. 马上就要过年了。

l. 他会开汽车了。 m. 昨晚十点就睡觉了。

我们还可以找出一些有语气助词"了"的句子，不过仅仅这些就足以使我们在解释它的意义时不知从何入手。但是如果先把这些句子概括为不同的句型，解释了句型的功能，"了"的意义便会不辩自白。上述各句可以分别概括为下列句型：

(11‴) F. ……太……了。 G. ……来了。

H. ……去了。 I. 现在是……的时候了。

J. 不要再……了。 K. 马上就要……了。

L. 他会……了。 M. ……就……了。

我们可以告诉学生：人们一般用(11)F表示某种程度很高，并且往往超过了说话人预料的或应有的限度；用(11)G表示主体之所以来到说话所在地的目的；用(11)H表示主体为什么不在说话所在地的原因；……如此等等。再告诉学生用这些句型构成一个独立的句子时，语气助词“了”是一个必有成分，而它的意义就是和其他有关词语结合在一起来表达一种确定的功能。由此看来，深入挖掘虚词的构句功能的确是一举两得的事。

我们强调要重视挖掘和发现虚词的构句功能，并不排除实词的构句功能，其实许多句型都是由有关实词构成的。比如句子(12)：

(12) 别管闲事，看你的书。

我们可以把句子(12)概括为这样的一个句型：“别管闲事，……你的……”。其中“别管闲事”还经常用“没你的事”、“没关系”、“没事儿”等词语来替换，而这些词语可以省略不说。“你的”之前的空位可以用一个动词来填充，“你的”之后则是该动词的受事宾语的位置，该位置的词语也常常被省略。同样我们可以用句型“别管闲事，……你的……”自由地生成一个需要的句子，例如：

(12′) a. 别管闲事，走你的路。b. 没你的事，睡你的觉。

c. 没关系，干你的活。　d. 没事儿，说你的。

句型“别管闲事，……你的……”功能是表达责备(12)a、命令(12)b或希望(12)c、(12)d，要求听话人不要或不必介意别的事，而应该或可以继续专心做自己的事。

上述所及新型句型，不管是由虚词、实词还是由虚实结合而构成的，基本上抛开了传统的主、谓、宾、补、定、状的结构分析方法，而更多的是着眼于我们的另一个出发点——功能。

第二，将句型与功能结合起来，着眼于句型的交际功能，同时也要将功能句型化。按传统语法理论，“句子一般说是最高一级单位，只能按结构分类，其实也还可以按功能分类，不过这方面过去不怎么理会”。① 这是吕叔湘先生曾经指出过的情况。而现在则应该是对这一问题给以重视的时候了。

谈到功能，我们不能不承认这还是一个比较新的领域，虽然有些研究，但还没有一种大家普遍接受的理论体系。可是我们不能等到有了公认的功能理论以后才去探讨各种功能相应的句型。可行的办法是先采用某一家的功能体系并探索与之相应的句型。比如李泉先生在第五届国际汉语教学讨论会上提出的关于功能的见解就很有参考价值。他从功能的交际目的和表达作用上将功能分为四类：

1. 表情功能——表达对客观事物或对对方的某种情感的功能，如问候、赞扬、祝贺、失望、同情、喜欢/不喜欢、有兴趣/无兴趣等。

---

① 参见吕叔湘《汉语语法分析问题》，《汉语语法论文集》，商务印书馆，1984年版。

2. 表态功能——表达对对方或对自己说话内容的态度或语气的功能，如肯定、否定、推测、怀疑、劝阻、强调、辩解、可能/不可能、愿意/不愿意等。

3. 表意功能——表达向对方传递某种信息的功能，如介绍、更正、传闻、告别、请求、转达、询问、建议、通知，进一步说明等。

4. 表事功能——表达客观事物的一般意念或事物之间关系的功能，如方位、时间、数量、存在、假设、因果、分类、范围、构成、相同/不同等。①

以上这些功能的分类是否科学、功能项目是否全面准确，我们暂且不论，但可以肯定的是，每一种功能项目一定有一个或若干个与之相对应的句型。着眼于句型的功能首先就是发掘和概括与这些功能项目相对应的句型。当然功能与句型的对应关系是很复杂的，有的是一个功能项目可能只对应一个句型，有的可能是对应几个句型；有的句型是只固定地表达一种功能，有的则可以灵活地表达几种功能；有的句型是某一功能的常用句型，有的则是其非常用句型或某种变体句型。在这样的情况下，建立一个包揽一切的功能句型体系几乎是不可能的，但是一个简明的常用的并适合对外汉语教学需要的功能句型体系完全可以建立起来。另一方面也可以分析具体的交际语料，并从中概括出有关的功能句型。比如我们根据语料“我让你告我！我让你告！”概括出了实施惩戒的句型“（我）让/叫你 VP”，我们还从语

① 参见李泉《论功能及相关问题》，《第五届国际汉语教学讨论会论文选》，北京大学出版社，1997 年版。

料“别管闲事，看你的书”，概括出一个句型“别管闲事，……你的……”，来表达责备、命令或希望，并要求听话人不要或不必介意其他别的事而专心继续做自己的事的功能，等等。可以暂且不管它属于哪一类功能之中的项目，只要它具有一定的功能意义，我们就要留意把它收集起来，积累多了以后再立门类。

第三，着眼于句型的可操作性，将功能句型格式化，使句型的潜在的生成可能性转化为现实的生成能力。句型格式化可以说是语法研究的基本目的，吕叔湘先生早就为语法学界提出了这个要求，他说：“怎样用有限的格式去说明繁简多方、变化无尽的语句，这应该是语法分析的最终目的，也应该是对于学习的人更为有用的工作。”[①]遗憾的是，传统的句型不能实现格式化，因为它是用若干个抽象的概念构筑起来的，如主语、谓语、宾语、补语等等。句型的格式应该像人的骨骼、像建筑物的框架。一个新型的句型应该有两部分组成，一部分为骨架，另一部分为空位。比如句子(12)的句型“别管闲事，A你的B”，其框架就是固定词语“别管闲事”(在该句型中它往往省略)与“你的”，A与B为两个空位。又如句型“(我)让/叫你VP”，其框架是“(我)让/叫你”，VP是一个可以用动词或动词性词组填补的“空位”。我们认为新型的句型在形式上都是由若干个固定词语——可以是实词也可以是虚词——作为句型的“框架”，构成句型的不变部分，并作为该句型的一种形式标记；同时还必须有一个或几个可以用有关词语填补的“空位”，构成句型的可变部分。新型句型

---

①　参见吕叔湘《汉语语法分析问题》，《汉语语法论文集》(增订本)，商务印书馆，1984年版。这里所谓“功能性”句型是笔者据该书所列句型的特点而给予的名称，原书并无此名称。

的可操作性就在于它有一个由固定的词语构成的特定的"框架"可供人记忆、识别与运用;而其现实的生成力则是由其含有的"空位"所提供的,人们可以根据简单的模仿和类推的方法用有关的词语去替代与生成。习得母语的儿童生成一个新句子,大概就是在掌握了句型"框架"及其"空位"以后,用上述类推与替代而实现的。

新型句型在形式上的这一特点,跟朱林清、莫彭龄、刘宁生等著的《现代汉语格式初探》①中的"格式"及刘英林主编的《汉语水平等级标准与语法等级大纲》中的"固定格式"、"口语格式"相似②。但"格式"或"固定格式"可以说是就格式论格式,并没有与句型联系起来,所以有些格式是句子层面的,而很多格式则是词组层面的。如"在……下"、"当……的时候"、"从……到……"等等。而句型的格式仅仅指在句子层面上的格式,并且必须有其特定的交际功能。由于句型的格式化,为教学工作也提供了方便。在对外汉语教学中,我们只要教留学生掌握有关的句型骨架并弄清这个骨架可以用哪些词语作为填充物即可。

四 余论

按照上述思路建立起来的新型的句型,由于着眼点在其语言的功能这一性质上,因此我们称这样的句型为功能句型;由于

① 参见朱林清、莫彭龄、刘宁生等《现代汉语格式初探》,天津人民出版社,1987年版。

② 参见刘英林主编《汉语水平等级标准与语法等级大纲》,高等教育出版社,1996年版。

特别重视虚词的构句功能，因而我们认为它比较符合汉语固有的特性；又由于它有固定的词语为骨架，同时也是该句型的形式标记，于是句型的生成性便由此而成为现实的可操作性，既便于教师授课，又便于学习者学习。

功能句型体系可能是一个开放性的体系，因为功能项目可以不断地向精细之处切分，而且也可能是一个比较庞大的系统，很难估计现代汉语中总共可以归纳出多少个功能句型，但常用句型也不会太多。雷馨编著的《英语分类句型》收集概括了英语常用的"功能性"句型共计 343 个[①]，陈书玉编著的《日语惯用型》收集概括了 534 个日语常用的"功能性"句型[②]。据此分析，汉语常用的功能句型大概在 400 个左右。这需要今后进一步搜集、筛选、分析和归纳。

功能句型体系与结构句型体系相比，可能不那么简要，句型数量也要多一些，但是如果现代汉语常用的功能句型为 400 个左右的话，那么对于学习者来说也并没有增加多少负担，因为即使按传统结构句型体系也要要求留学生掌握 300 个左右的基本句型[③]。可见在对外汉语教学中，用功能句型来代替传统的结构句型是可行的。

---

① 参见雷馨《英语分类句型》，商务印书馆，1980 年版。

② 参见陈书玉《日语惯用型》，商务印书馆，1985 年版。

③ 300 个左右的结构句型是笔者根据北京语言学院句型研究小组《现代汉语基本句型》粗略统计而得到的，不很精确。

贰 汉语作为第二语言语法教学的“语法词汇化”问题[①]

一

汉语作为第二语言(CSL)语法教学中的“语法词汇化”是一种人为的操作,不是语言的自然凝结。“语法词汇化”是指把语法现象、语法结构通过词汇的教学方式进行,以词汇教学代替语法教学(语法说明),以词汇教学带动语法教学。

“语法词汇化”现象在自然语言的发展中是存在的。如,变成、当成、看成、当做、看做(《现代汉语词典》不收“变成”、“看成”),好看、好听、好玩儿、好吃、难看、难听、难吃(《现代汉语词典》不收“好吃、难吃”),不得了、了不得、了不起、得多、得了(“得了,你别再说了,听你的还不成?”)等,在语言的使用中已经是相当凝固的单位了。另外我们现在日常生活中使用的许多词都是由短语“紧缩”而来的,这实际上就是一种语法词汇化现象。这里想说的是,语法教学中的“语法词汇化”尽管是人为的操作,但绝非空穴来风,是有语言事实的基础的。

在提交“第六届国际汉语教学讨论会”的论文中曾指出,在汉语作为第二语言的教学中存在着两种现象:一是语法词汇化,

① 本文以《汉语作为第二语言(CSL)语法教学的“语法词汇化”问题》为题,发表在《第七届国际汉语教学讨论会论文选》北京大学出版社,2003年版,作者吴勇毅。

二是词汇语法化[①]。后者的例子如在 Character Text for Colloquial Chinese (P.C. Tung & D.E. Pollard 1982)这本教材中,把"好、难"作为"形容词用作副词(Stative verbs as adverbs)"放在语法里讨论。把"好看、好听、好喝、好玩儿"同"容易找、难学、好做、难做、难决定、够吃"等并列。这是把一个词分成两个单位,作为语法问题来处理了(把词和短语在某种程度上打通了)。前者的情况比较复杂,我举了三种情况:一是动宾结构的离合词;二是动补结构,主要是动结式、动趋式;三是一些特殊的句式。当时我是从词典词与教学词的对比来看这个问题的,可谓"旁敲侧击",这篇文章则是把"语法词汇化"当做语法教学的正题来讨论,当然"语法词汇化"作为教学的一种方式和策略所涉及的面要宽得多。

二

离合词(不分开的时候是词,分开的时候是短语),如果从"离"的角度看,"这种组合的语法特点跟一般的动名组合没有什么两样"[②]。但从"合"的角度看,这种"组合只有单一的意义,难于把这个意义分割开来交给这个组合的成分"。[③]尤其是翻译成印欧语言比如英语,这些所谓"离合词"的意义往往就是相当于一个动词。例如"走路"(walk)、"洗澡"(bathe)、"睡觉"(sleep)、"吵架"(quarrel)、"打仗"(fight)、"打架"(fight, scuffle)、"游泳"(swim)、"跳舞"(dance)、"见面"(meet)、"结婚"

① 参见吴勇毅《教学词与词典词》,《第六届国际汉语教学讨论会论文选》,北京大学出版社,1999年版。

②③ 参见吕叔湘《汉语语法分析问题》,商务印书馆,1979年版。

(marry)、“鼓掌”(applaud)、“叫好”(bravo)、“毕业”(graduate)等。

由于大家对离合词的认识不同,在汉语教学中就会采取不同的方式和策略。认定离合词是“词”的,在教学中,是把离合词当成词汇问题来处理,通常是当成动词来教。若考虑到英语中对等的词和词义,则更是如此。因为尽管认为“离合词……可以扩展,不同于一般的词,而是一种比较特殊的词”①,但如果把它带到句法结构中去解决,会增加结构分析的复杂性。认定离合词是“词组”,或“过渡成分”、“中间状态”,或“最小述宾结构”的,在教学中,理论上都应该是把离合词当做语法现象来处理、来解释。他们认为“在汉语中实际存在着的,不是词,就是词组,根本就没有‘离合词’的存在形式”,“最好把能扩展即能插入其他成分的动宾格都看成是词组,而不看做词”②。“动宾式、动趋式、动结式就是词与词之间的过渡成分”,“从对外汉语教学实际出发,动宾式离合词不应该看做词”③。“离合词是一个具有词和词组中间性状和兼有单词和词组双重功能的语词群体。……我们不能把离合词归入词”④。离合词是“最小述宾结构……它们是句法,而不是词法”。但实际上,“教材里边一般找不到有关注

① 参见赵淑华、张宝林《离合词的确定和离合词的性质》,《语言教学与研究》1996年第1期。

② 参见李大忠《外国人学汉语语法偏误分析》第277,230页,北京语言文化大学出版社,1999年版。

③ 参见吕文华《对外汉语教学语法体系研究》第72页,北京语言文化大学出版社,1999年版。

④ 参见周上之《离合词是不是词?》第46页,《暨南大学华文学院学报》2001年第4期。

释”[①]。对外汉语教材中几乎没有什么教材把它当做专门的语法点或语法现象来解释、来教授的。由于教材中没有专门的语法点来解释离合词(生词表或标动词词性,或什么也不标),许多教师在教学中虽然承认它是一个语法问题,但并没有把它作为一个统一的语法现象来处理,而是“词汇化”了。

《汉语水平等级标准与语法等级大纲》对离合词的处理也很“特殊”。在甲级语法大纲里没有离合词这个项目,但在乙、丙、丁三级语法大纲里,“词类”部分都有单列的“离合词”,所不同的是,在乙级语法大纲里,离合词是一个项目(编号:乙 026),下列 10 个词,但在丙、丁级语法大纲里,离合词下面的每一个词都成了一个项目:丙级 14 个词(编号:丙 153—166),丁级 16 个词(编号:丁 168—183)。虽然甲级语法大纲里没有离合词的项目,但是与之相对应的甲级词里仍然有“发烧、放假、见面、留念、录音、跑步、起床、请假、散步、睡觉、游泳、照相”等离合词。在《词汇与汉字等级大纲》里,离合词是不标词性的,显然是把它看做词组、短语或固定结构,但在语法大纲中却不排在词组或固定格式中讨论,而是列在词类里教,把一个离合词列成词类的一个单独项目教,还有甲级语法不处理离合词,这些实际上都可以看成是一种“语法词汇化”的处理(暂不论大纲本身的科学性)。

“动补结构”大多数教材都是作为语法结构来处理,作为语法现象来解释的,但也有不少教材是用词汇化的方式来处理的(包括把“动补结构”作为语法现象来解释的教材,到了中高级的

---

①　参见柯彼德《汉语作为外语教学的语法体系急需修改的要点》第 103、104 页,《第三届国际汉语教学讨论会论文选》,北京语言学院出版社,1990 年版。

教材，也往往把一些动补结构的单位整体化作为一个词来教）。通常采用三种处理方式：(1)把整个结构当成一个（动）词/单位。例如，变成、解开、展出、放出、遇到、翻到、举起、长大、交给、打不过、忍（不）住、看不起、看不出等。由于动补结构翻译成英语或是一个词（这种意义上的整体性和离合词相似）或很难对译，词汇化处理似乎学生更容易理解。(2)动词和补语当生词一起出，但补语加括号，表示释前不释后，但实际上翻译仍是整体的。例如，出（去）go out，看（到）catch sight，see，收（到）receive，碰（到）meet，切（成）cut，送（给）give，抽（出）take out，变（成）become，抓（起）take up，snatch 等。(3)动词和补语当生词一起出，但动词加括号，表示释后不释前，翻译也是译后或释后，或译出补语的意思，或指出补语的作用（功能）。例如，（造）好（形）finish，（收）下（动）used as a complement to a verb，（做）成（动）become，turn into，（量）好（形）used as complement denoting the fulfillment of an action，（打）开来（动）open，（呆）住（动）dumbstruck transfixed (with fear or amazement)，（用）尽（动）use up，（受）（不）了 used after a verb as a complement with “得”or “不”to indicate possibility 等。这些动补结构当生词学过以后，就不再作为语法现象另做解释了。

三

上面讨论的是个别语法点在教学中的词汇化处理。若从整体的语法教学来讲，多年来一直困扰对外汉语语法教学的一个问题是，在基本的、句子以内（最多到复句）的语法结构、语法形式教“完”后，还有没有语法教学？有的话，教什么？怎么教？这是一个语法后续化的问题，至今也没有很好的解决。

在大的句子格局，各种类型的定语、状语和补语，“了、着、过”以及句类等语法教学完成后，有一种后续形式是典型的语法词汇化处理，比如华东师大编写的《基础汉语续 25 课》（华东师范大学出版社，1989）和复旦大学为英语国家（原来主要是为加拿大）编写的汉语课本第四册（2002，初稿），教材里既没有专门的语法部分，也没有语法点的注释，有的只是“词语例解/例释”。在这一部分列出一些编者认为是重点的词语（包括一些带词语标志的特殊句式），每个词语给出一组例句，但基本上不做解释，该词语的不同义项或用法暗含在例子里。教师在教学中，可以作为一个个词语的用法等来解释，也可由学生自己去体会。吕文华先生曾经指出：“尽管随着课文内容的加深，初级阶段出现过的语法点或形式上复杂了，或表意层次加深了，或用法变化了，但都一概作为旧知识看待不再作为教学内容。语法教学实际上从中级阶段开始就中断了。”①上面两套教材的词汇化处理方式可以说是语法教学的一种延续（至于只给例句而对词语的用法、义项不做解释是否妥当则另当别论）。

在 90 年代初，由国家汉办和北京语言文化大学（当时称北京语言学院）联合召开的“中高级阶段对外汉语教学研讨会”所出版的论文集（1991）中没有一篇文章是专门讨论语法教学的，只有个别文章提到了这个问题。如施光亨认为，在中级阶段，首

---

① 参见吕文华《对外汉语教学语法体系研究》第 72 页，北京语言文化大学出版社，1999 年版。

先要“把基础汉语教学阶段没有学完的语法项目填平补齐，扩大深化”。“现行的基础汉语语法教学系统是以句子内部结构为核心构筑起来的，对于语言学习者来说，……这些是远远不够的，中高级汉语教学既然提出了培养学生成段表达能力，语法就必须相应地进入大于句子的语言片段中去，把重点放在话语分析上。”[①]李泉先生认为，“中高级阶段的语法教学已不是基本句型的教学，而是基本句型的深化和扩充。但更多的则是大量的语法格式，常用实词和虚词的语法特点、搭配习惯等词语使用规律的教学，这个工作是大量的、繁琐的，甚至是非系统的”[②]。

如果我们把语篇语法（侧重书面的 text 和侧重口语的 discourse）的教学作为语法后续化的一项主要内容，主要考虑语段（复句跨句法和语篇语法两头）和篇章的分析，那么以掌握句子的格局（句型教学）为主要内容的基础语法教学如何深化、细化、具体化就是另一项主要内容。李泉先生所提到的和吕文华先生所讲的“形式上复杂了”、“表意层次加深”、“用法变化了”的语法点，实际上也就是语法教学中在句法、语义、语用方面要深化、细化的内容。而这些内容如何进行，“语法词汇化”给我们提供了一条思路。

四

语法是一个系统，是有层次性、层级性的。我们在归纳语法

① 参见施光亨《中高级汉语教学呼唤“航标”》第 26 页，《中高级对外汉语教学论文集》，1991 年版。

② 参见李泉《试谈中高级阶段对外汉语教学的性质和任务》第 42 页，《中高级对外汉语教学论文集》，北京语言学院出版社，1991 年版。

现象或对语法现象进行分类时也是如此的,"类"下面有"次类"、"小类","范畴"下面有"次范畴",动词、形容词的价有一价、二价、三价之分,动词的宾语有受事、工具、处所等之别。汉语作为第二语言的语法教学,主要不是向学习者灌输语法知识,而是要使他们掌握实际的语法规律,能够正确地运用词语遣词造句,说出和写出语法上合格、语用上得体、语义表达准确的语句。这实际上也决定了汉语作为第二语言语法教学的一些特点:语法教学需要具体化、细化,细化的程度甚至要具体到每个词的用法。

在语法教学的起始/初级阶段,学习者的词汇量有限,对汉语句子总的格局不了解。这时,我们要告诉学生汉语句子的一些总的、粗线条的框架,如"谁(who) 何时(when)何处(where)怎么(how) 做(do) 什么(what)"之类。这对学习者开始学造句非常有用。但随着词汇量的增加,表达的愿望多样,句子结构也越来越复杂了。这时,总的、粗线条的句子框架、格局就"管"不住了,而词语用法的特点却越来越突显。语法教学的深化、细化、具体化是必然的趋势。"类"越来越小,一条语法规则所能"管辖"的范围越来越窄。过去我们的语法教学并不太注意这一点,在以句型教学为主的基础语法完成后就觉得语法教完了,随之进入了"词汇教学"阶段,而这个"词汇教学"主要指的是扩大词汇量(每一课出现大量的生词),同义词、反义词的辨析(词义辨析)等。一方面是语法教学似乎没有了后续化的内容,而另一方面已教的语法对于学生来说又远远不够,这就是矛盾所在。制定《汉语水平等级标准与语法等级大纲》是着力于语法教学的内容,而语法教学的词汇化则是侧重于教学的方式,从某种程度上讲,它是由教学内容的特点所决定的。例如,上面讲过,随着语言教学的深入，词语用法的特点越来越突显，具体的词语间的“搭配”显得越来越重要，学生的许多语法错误都是由于搭配不当引起的，像宾语是非受事的动宾搭配。作为一般的词语教学，学习者在生词表中懂了一个词的意义就完了，但如果把词的搭配等用法及特点告诉学生，那就不是一般的词语教学，而是一种语法词汇化的方式了，比如“幸亏”（丙级）这个词，学习者光知道它的意思是“fortunately，luckily（表示借以免除困难的有利情况）”远远不够，还应知道它通常用在起始句里，可以用在主语前面或后面，后续句常有“才、不然、否则、要不”与之配合使用等。只有掌握了这些规律，学习者才能正确地使用这个词。又如，在我们的教材中，通常一个词在某一课的生词表里出现过一次，以后作为旧词就不再重复出现了。可是如果这个词的义项改变了，用法也变化了，一般的做法是让它暗含在课文里由学习者自己去体会。如果以语法词汇化的方式去处理，就不会只是作为“旧知识”而放过这些“暗含”的语法点了。语法词汇化是把语法现象、语法结构通过词汇的教学方式进行，以词汇教学代替语法解释，但绝不是单纯地只讲意义不讲用法，只把词语当成单纯的建筑材料。

采用语法词汇化教学是有一定条件的。如果在语法教学的初始阶段就采用词汇化的方式，会使语法现象变成分散的、孤立的、没有联系的，这对学习者把握汉语的整体的句子格局不利。笔者认为，语法词汇化的方式要在以句型教学为主的基础语法完成后采用才比较合适。

五 余言

把“语法词汇化”作为一种第二语言语法教学的方式和教学思路提出来，也许并不很成熟，词汇化处理也会存在一些问题，比如把离合词当成一般的动词来处理，学习者使用起来会出现一些错误（吕文华 1999，周上之 2001），把动补结构当词语处理会不易类推（吴勇毅，1999）等。但它对语法教学的深化、细化无疑是有助的。许多教师在语法教学中也有意无意、或多或少地在使用它。笔者认为“语法词汇化”应该成为一种有意识的教学方式和策略。

第二节 语法教学策略与方法

壹 虚词的教学[①]

虚词是外国学生学习汉语的难点，他们常常在这方面出错，即使已经达到相当高水平的学生也不例外。虚词这样难以掌握的症结究竟在哪里？作为教学者和研究者应该如何改进我们的教学呢？

虚词的意义比较虚空、抽象，难以把握，而且用法常常涉及

① 本文曾以《谈对外汉语虚词教学》为题发表在《世界汉语教学》1997 年第 4 期，作者李小荣。

语义、语用、句法等多种因素，所以要想使学生正确掌握和使用虚词，我们必须为学生全面细致地揭示每一个虚词的意义及这一个虚词在使用中所关涉的各种因素。

一 细致揭示虚词的意义，使学生准确把握

虚词的意义比较抽象，而且在同一语义范畴常常有很多意义相近的词，所以我们只有揭示出每一个虚词特定的含义，才能使学生准确把握住它们各自的意义。否则我们对虚词的释义很容易失之于简单、宽泛甚而偏颇，不利于学生掌握。

例如，一些工具书和教科书把"那合适吗？我又不认识人家"中的"又"注释为加强否定[①]。"又"在这里的确是加强否定，学生也能理解。但是用于加强否定的虚词还有"并"、"的确"、"也"等，"又"和它们有什么不同？此外，"又"是否适用于所有的否定句？如果不解决这些问题，外国学生造出如下的病句也就不奇怪了。

(1) A：我们都以为你是日本人。

B：* 我又不是日本人。（正确：我并不是日本人。）

(2) A：难道你没听说过这件事吗？

B：* 我又没听说过。（正确：我真的没听说过。）

如果我们能为学生进一步揭示出"又"的特定含义，学生就能比较好地掌握语气副词"又"的用法。那么，"又"的特定含义是什么呢？请先看例句：

---

① 参见吕叔湘主编《现代汉语八百词》商务印书馆，1991 年版；吴叔平主编《说汉语》北京语言学院出版社，1990 年版。

(3) A：你也喝点参汤吧？

B：我又没病，不喝。

(4) A：我给你买了条烟。

B：我又不抽烟，买烟干吗？

(5) 现在又不是夏天，怎么会有那么多蚊子呢？

从这组例句我们可以看出，“又”所强调的否定句都处于一种相关意义里，它否定的内容不是独立的情况，而是和某一事件相关联的一个方面。如例(4)“我又没病”否定的是喝参汤的前提——在说话人看来只有有病的人才喝参汤；例(5)“现在又不是夏天”否定的是有蚊子的条件。总之“又”所适用的否定句都是这一类。“又”的语法意义是强调不存在或不具备某种事情或情况的前提、条件、起因等，所以它所适用的情况是：说话人通过用“又”强调这一点来表明对相关事件的不满、反对、质疑的态度或给予否定的回答。

再如副词“总”。“总”有几种意义和用法，对于“上海的冬天总下雨”和“春天总会来的”里“总”的含义，外国学生很好理解，但对“送人总得拿得出手吧”和“来北京总不能不去长城吧”里的“总”就很难理解和掌握了。工具书将其注释为表示估计和推测①，现代汉语里表示估计和推测的手段很多，这一注释显然有些宽泛，而且不能概括“总”所出现的所有环境。根据我们的考察，“总”所在的句子或表示估计、推测，或表示说话人的论断、提议或要求。“总”表示所作的估计、推测是说话人认为在一定范围里最起码的、最有可能实现的，也就是说，是说话人最有把握、

① 参见吕叔湘主编《现代汉语八百词》，商务印书馆，1991年版。

最为肯定的估计和推测。例如：

(6) 这条鱼总有八斤多。

(7) 别人不来，小王总会来的。

(8) 你没见过真正的熊猫，总见过熊猫画片之类的吧。

或者表示所作的提议、要求、论断是在一定范围里最基本的、最有必要做到或最应该做到的。例如：

(9) 人家生病了，你总得去看看人家。

(10) 来趟北京总不能不去故宫吧！

(11) 你不来总该打个电话给我。

(12) 你总不该打人。

如果我们不把“总”的这一特定含义揭示出来，外国学生是不可能正确掌握“总”的用法的。总之，对虚词准确释义是我们搞好虚词教学的第一步。

二 揭示虚词的适用环境，使学生正确使用

能准确把握虚词的意义并不意味着就能正确运用虚词。拿上文中谈到的“总”来说，当学生已经理解了它的含义以后，他们还是造出了如下病句：

(13) A：我一般不吃早饭。

B：* 早饭对身体很重要，你总得吃早饭。

(14) A：* 我觉得，你明天总该给暑假教过你的老师打个电话。

B：好的。

这两个句子在形式上没有什么错误，而且造这个句子的学生也能讲出自己的道理。可是他的错误是不该在这种情况下使用“总”。所以我们说，要让学生真正掌握虚词的用法，还要为他们进一步揭示每一个虚词所适用的环境。这里所谓的环境是指包括语义环境、句式、语篇等虚词使用的外部条件。这是个系统而复杂的问题，虚词的个性很强，每一个虚词的使用情况可能都不同。下面我们通过几个虚词在使用中涉及的几个方面情况来谈谈这个问题。

(一)特定的语义环境。一些虚词除了自己固有的含义以外，在使用中还有自己出现的特定情境，也就是特定的语义背景①。上文中谈到的“总”，它的意思是表示说话人所作的估计、推测以及提议、要求、论断等是一定范围里最基本的、最有可能或最应该实现的，但是说话人常常在这种情况下使用：在觉得较高的估计或要求得不到满足时，才退一步提出最低估计和要求等。例如：

(15) 这条鱼没有十斤也总有八斤多。

(16) A：下午开会来不了几个人。

B：办公室的人总会来吧！

(17) A：你应该多和孩子一起玩儿玩儿！

B：我哪有那么多时间？

A：周末总有时间吧？

如果我们把前面学生造的句子挪到这种情境下就很自然了：

① 关于语义背景，请看马真《说“反而”》一文，见《中国语文》1983年第3期。

(18) A:没时间了,我得走了。

B:那你总得吃早饭呀!

(19) A:这次来北京恐怕不能去看李老师了。

B:那你总该给李老师打个电话吧!

对特定情境的要求,并不只是"总"的个别情况,再比如常用的固定短语"那倒是",同类说法还有"倒也是"等。意思是表示同意对方的看法或建议,它的出现也是有其特殊环境的。请先看例句:

(20) A:国庆节去香山吧!

B:国庆节人太多,红叶也不够红,不如等等再去。

A:那倒是。

(21) A:我喜欢那件短袖的。

B:短袖的好看是好看,可转眼就立秋了,我看你还是买那件长袖的。

A:倒也是,我就听你的。

(22) A:你怎么老买名牌衣服,多贵呀!

B:名牌质量好,样子又不会过时,一件顶好几件穿呢!

A:这倒是。

从上述三组例句中我们可以看出,说话人用"那倒是"时是他先前没有想到或不这么认为,在听了对方的解释和说明以后才表示赞同的。如果不让学生了解这一点,也就用不好这一短语。

(二)特定的句法环境。虚词在句子里的位置比较固定,所以我们这里只谈句类的问题。汉语有陈述、疑问、祈使、感叹4

种句类,某些虚词只适用于某种特定的句类,有的学生不了解这一点,常常犯下面这样的错误:

(23) * 小王果然来了吗?

(24) * 希望你很幸福!

例(23)"果然"只用于陈述句,陈述已然发生的事实。例如:

(25) 我想小王一定会来的,果然小王来了。

(26) 昨天天气预报说今天有雨,果然下雨了。

不能用于疑问句。如果表示疑问,可用"真的"或"果真"。

例(24)的情况是因为,"很"一类程度副词一般只用于陈述句,或用于感叹句,例如:

(27) 他的发音很标准。

(28) 太漂亮了!

(29) 你的普通话说得非常棒!

一般不能用于表示希冀、祝愿和命令之类的祈使句①。例如:

(30) * 祝你很快乐!(正确:祝你快乐!)

(31) * 你尽快把房间打扫得很干净!(正确:你尽快把房间打扫干净!)

以上关于程度副词在句法上的分布研究只是初步的,还有待进一步深入考察。

(三)特定的语篇环境。某些虚词的出现有特定的语篇环

---

① 这类词修饰状语时可用于祈使句,如:"希望你很快恢复健康!""希望你很好地完成这项任务!"

境，在使用中必须注意这一点，否则就要出错。下面是一段真实的会话，A是中国人，B是外国人，请注意B说的话。

(32) A：明年我要移民到澳大利亚去了！

B：是吗？太好了！澳大利亚的环境真不错！

B所说的“澳大利亚的环境真不错！”如果单独抽出来绝对没错，但是运用到上面的语篇中显得非常不自然。如果把“真”换成“很”或“挺……的”，或者还是用“真”，但换成“真为你感到高兴！”、“真羡慕你！”等就很自然了。这说明此例没有满足副词“真”对语篇环境的要求。

“真”的作用是加强肯定，运用在会话中有下面几种情况：

1. 回答别人关于“某人某事物怎么样”的问题。

(33) A：澳大利亚怎么样？

B：真不错！

2. 面临实情实景发出感慨，如：

(34) 今儿真冷！

(35)（来到澳大利亚）澳大利亚真不错！

3. 主动对谈话另一方已知的人或事物进行评论。

(36) 昨儿你给我推荐的那本书真好！

(37)（两人刚访问完澳大利亚，一方对另一方说）我觉得澳大利亚真不错，你说呢？

4. 评论对方所不知道的人或事物，要先进行说明，再评论。

(38) 昨天我看了一部电影，真有意思！

(39) 上个星期我去了澳大利亚，澳大利亚真好！

在上面的对话中，A 告诉 B 自己要到澳大利亚去，那么 B 应该针对这个情况进行评说，对“去澳大利亚”这件事有什么感受，而不应该撇开这个不谈，主动去感叹澳大利亚的环境怎么样，如果想就这方面发表一些感受，应该先作一个铺垫，说“我去过澳大利亚，环境真不错！”

从以上的研究我们可以看出，虚词的运用涉及很多层面，这是一个非常复杂的问题，还有很多工作要做。

三　调动学生的认知能力，科学设计教学方法

虚词的意义难以捉摸，特别是应用环境复杂，可是客观条件及第二语言教学特点都不允许教师在课堂上长篇大论地讲解，而光靠机械地重复练习又不能使学生抓住要领，真正掌握虚词。科学设计教学方法就显得十分重要。在虚词教学实践中，我们尝试按以下三个步骤来设计教学方法。

1. 展示。教师主要口头展示新语言点，让学生直接感受语言材料，先有一个感性认识。展示的材料可以是单个的例句，也可以是一个对话，根据需要决定，但一定要具有典型性，最好能与学生的实际生活结合起来，此外词汇要尽可能简单，这样让学生可以根据材料更鲜明地感受虚词的意义及出现的环境。一般要展示两三个例子。

2. 归纳。教师就前面的材料进行提问，问题一定要围绕着虚词的意义及用法特点，引导学生归纳出初步的规律。这个时候很有可能学生总结的东西有点偏离正确的方向，但是教师不要急躁，在此基础上进一步引导他们。最后要为学生作必要的讲解，揭示这个虚词的意义及典型环境。

3. 实践。引导学生做一些练习,把刚学的理论知识运用到实践中,并通过实践加深认识,逐步发展为内在的语言技能。具体做法是,教师根据所讲虚词的适用环境设计各种语境,并给出必要的语言材料,然后让学生编排句子。这个时候学生不可避免地要犯一些错误,教师要给予纠正,但错误大多是形式上的,不会离题太远,教师很好控制。

总之,这个三段式教学方法是围绕着揭示虚词的意义及使用环境进行的,贯穿的过程是从言语到语言,再从语言到言语,基本符合学习和认识的规律,充分调动了学习者的积极性,而且经过实践检验,效果也不错。但是这个方法可能只限于中高级水平的学生。

虚词是对外汉语教学的难点,不仅外国学生觉得困难重重,教师也颇感头疼。但虚词数目毕竟有限,只要我们不断深入研究,个个击破,还是可以改变这种局面的。其实,在语法研究界前人已经取得了很多成果,特别是对虚词的研究方面有很多指导性的理论,如果我们教学界能注意吸收这些成果,肯定会对我们的虚词教学大有帮助。

贰 “被”字句的教学①

“被”字句是汉语重要而有特色的句式之一,也是对外汉语教学中的一个难点。值得注意的是,教学双方对“被”字句之难

① 本文以《试论“被”字句的教学》为题,发表在《暨南大学华文学院学报》2001年第1期,作者高顺全。

的认识是不一致的。“教”的一方可能因为把汉语的“被”字句和被动句联系起来，认为外语也有被动句，因此认为教起来比较方便；但“学”的一方却惑于汉语的“被”字句和自己母语的被动句之间的差异，实际运用中说出或造出的“被”字句不够准确。突出表现为当用而不用，不当用而用，使用不得体等几种情况。本文准备就如何改进“被”字句的教学，有效地帮助学生真正掌握这种特殊的句式谈一些看法。

一　“被”字句教学中存在的问题

（一）语法理论方面

对外汉语教学语法一直把汉语的被动句分为意义上的被动句（无标志的被动句）和被字句（有标志的被动句），在教学上把受事主语句与被字句联系在一起。不过正如吕文华所指出的，外语中有被动语态，但外语的被动语态在表达上与汉语的被动句尤其是被字句是不能等同的，外国人学汉语时往往把母语中的被动语态误认为就是汉语的被字句。① 尽管教材和教师都指出汉语中只有在表示被动意义时才用被动句，但什么是“被动意义”，为什么有的有标志，有的没有标志，有没有标志的区别是什么，学生都难以理解。中国人凭语感，而这种语感是外国学生不具备或者缺乏的。他们不明白“被”字句什么时候必须用，什么时候不能用，什么时候可用可不用，因此有扩大使用的心理。

王还（1983）曾提出，汉语中可能译成英语被动句的句式有7种：（1）无主语句；（2）无标志的被动句；（3）“受、挨、遭”等动词

① 参见吕文华《对外汉语教学语法探索》，语文出版社，1994年版。

构成的句子;(4)“加以”和“得到”句;(5)“由”字句;(6)“是……的”句;(7)“被”字句①。但这是从翻译上看的,并不意味着汉语有7种或几种被动句。“被”字句的特殊语用功能是其他几种句式所没有的。金允经的研究表明,可以说汉语的被动句属于广义的受事主语句,却不能说所有受事主语句都是被动句。受事主语句之所以被认同于被动句,主要是因为受印欧语的影响。②英语受事在动词前,动词的形态就会发生变化构成被动句,但韩国语用动词的词形变化表示被动,有时即使受事在动词前,如果动词没有变成被动形式,也仍然是主动句。

不同语言的对比既是一种语言研究的方法,也是一种语言教学方法。因此,有些教材和教师从对比的角度出发,告诉学生“被”相当于英语里的 by,只是在句中位置不同。这也容易给学生造成误解,实际上两者有很大的不同。英语的 by 及其构成的短语经常省略,汉语的“被”字句中的“被”却是无论如何不能省的。让“被”和 by 相当这种做法带来的结果是“被”字句的泛滥。因为“外国人对形态标志较敏感,所以容易接受和习惯用被字句来表示被动,因此出现大量病句”。③

(二)教学实际方面

在“被”字句教学实际中,传统的教法最明显的特点是句法、语义结构方面的介绍多,而语用功能方面的解释少。因为偏重于句法和语义上的描写讲述,所以教学常常局限在单句句型之内,孤立地强调句法限制和语义特点,有些规则往往说得过死。

---

①③ 参见王还《英语和汉语的被动句》,《中国语文》1983年第6期。

② 参见金允经《现代汉语被动句研究》,复旦大学1996年博士学位论文。

如一些教材和教师告诉学生，"被"字句中的谓语动词一定是及物动词，被字句的谓语动词后一定要有其他成分等。尽管这样教有利于学生在开始学习"被"字句时少犯句法上的错误，但它和汉语事实不符，而且不利于下一阶段的教学。总之，传统的教法对"被"字句的语用功能解释较少，也缺少有效的解释方法。

此外，教材在语法项目的编排上不尽合理。表现之一是"被"字句的出现偏早。"被"字句的语法等级为甲级，而根据施家炜对外国留学生22类现代汉语句式的习得顺序研究，对于留学生来说，被字句的两种基本格式的主客观等级均为Ⅱ级，这表明教学语法的估计偏易①。"被"字句的教学重点和难点是其语用功能，应在学生有一定的汉语交际能力之后再进行教学。表现之二是"被"字句的教学和意义上的被动句（受事主语句）安排得太接近，可能主观认识上认为两者的区别只是有没有"被"的问题，教学上比较容易导入，而且操练（给受事主语句加"被"）起来比较方便。事实上，这种做法的副作用是很难消除的。

二　可供对外汉语教学利用的研究成果

对外汉语教学语法虽然不同于理论语法，但及时吸收和借鉴理论语法特别是汉语语法学界相关的研究成果，对改进对外汉语教学的方法和内容、提高教学效率非常必要。关于现代汉语"被"字句的研究成果相当多。有专著，如李珊，金允经；也有专章、专节，如李临定，陈建民；相关的论文数量更多，如王还，吕

---

① 参见施家炜《外国留学生22类现代汉语句式的习得顺序研究》，《世界汉语教学》1998年第4期。

文华等等。总的来说，句法结构、语义关系方面的研究较细致，主要的研究成果也基本上被对外汉语教学语法吸收利用，而语用功能方面，过去的研究不够深入，一些新的研究成果可能还没应用于对外汉语教学。下面介绍一些可以借鉴、利用的研究成果。

（一）句法结构表示

对外汉语教学中一般用下面两种格式表示被字句：

1. 主语—介词“被”—宾语—谓语动词—其他成分

2. N1＋“被”＋N2＋V＋其他

这两种格式共同的特点是强调动词后一定要有别的成分，其实汉语的被字句动词后可以没有任何别的成分，在书面语中尤其如此。如：

你这样做可以，不会被发现。

比较起来，2. 比 1. 在教学中使用更方便，因为既可以不必费力去讲很难说清的主语宾语问题，免去一道程序，又可以通过动词把“被”字前后的成分在语义上联系起来。不过薛凤生(1994)提出了一种更简明的格式：

3. A 被 B＋C①

这种格式的特点在于把“被”字句分为 3 段描写，不再特别强调动词后的其他成分。也许它更符合汉语实际，在“被”字句初级阶段的教学中操作起来更方便。

---

① 参见薛凤生《“把”字句和“被”字句的结构意义》，《功能主义与汉语语法》，北京语言学院出版社，1994 年版。

（二）语义解释

一般认为被字句是用介词“被”（叫、让）表示被动的句子。但什么是被动，这种被动和外语（主要是印欧语）的被动是否一致很难说清，留学生可能因此用母语来套汉语，造成负迁移。薛凤生给出的语义诠释是：由于B的关系，A变成C所描述的状态。这种解释相对来说容易理解得多①。不过汉语有一些被字句的A并没有什么变化，例如：

快餐何以被人喜爱呢？

金允经把汉语的被字句分为两种：表示状态变化的被字句和只表示施受关系的被字句。② 这就比较全面了。

关于“被”字句A、B、C之间的语义关系，一般认为A是受事，B是施事（动作者）。但似乎有点以偏概全。吕文华对“被”字句的主语、“被”的宾语的语义情况做过详细的考察，发现“被”字句的主语除了受事以外，还可以是施事、当事、感受主体以及时间、处所词语等。“被”的宾语除了施事还可以是工具、致因、间接施事甚至受事等。这种细致的描写不便用于实际教学。一种可行的办法是不给语义上的术语限定，只强调A和B的关系，B是A受到影响的原因和动力，是“起因者”。

（三）语用功能

1. 关于被字句的感情色彩　表示不愉快、不如意的感情色彩是被字句的传统用法，也是被字句的主要用法。当然，“随着

---

① 参见薛凤生《“把”字句和“被”字句的结构意义》，《功能主义与汉语语法》，北京语言学院出版社，1994年版。

② 参见金允经《现代汉语被动句研究》；复旦大学1996年博士学位论文。

语言的发展，表示中性甚至褒义的被字句正在不断出现甚至大有扩大之势，但目前仍以表示贬义的色彩占优势”[①]。杉村博文提出了一种表“难事实现”的被动句，在这种“被”字句中难事是说话人希望发生的情况，很不容易做成的事情出乎意料地做成了，难事实现带来了自豪感和庆幸感[②]。

2．“被”字宾语有无的功能解释　汉语被字句中的B(“被”的宾语)可以不出现，其决定性的因素在于语境和说话人的表达意向，“施事者不必说出，或者不愿说出，或者无从说出”[③]。而句法结构和语义搭配的限制则是次要的。

陈建民的解释更有特点，他认为在汉人的语感里，不出现的施事总是泛指大多数。故意不用使人错以为是大多数人。[④] 例如：

李医生被控告做坏了手术。

可见，“被”字宾语不出现可以作为人们表达偏向一方时采取的一种手段。

三　“被”字句教学的原则和方法

(一)“被”字句教学的3个阶段

赵金铭指出，对外汉语语法教学应分为3个不同的阶段，每个阶段教学主旨各有侧重：初级阶段只需教最基本的语法形式，

---

① 参见吕文华《对外汉语教学语法探索》，语文出版社，1994年版。

② 参见杉村博文《论现代汉语表“难事实现”的被动句》，《世界汉语教学》1998年第4期。

③ 参见张志公《现代汉语》，人民教育出版社，1982年版。

④ 参见陈建民《现代汉语句型论》，语文出版社，1986年版。

使习得者具备区分正误的能力；中级阶段侧重语义语法的教学，使习得者具备区别语言形式异同的能力；高级阶段侧重语用功能的教学，使习得者具备区别语言形式之高下的能力。这是从语法教学过程、体系的完整性综合考虑的。就某些特殊句式尤其是“被”字句的教学来说，可以在遵循这一大原则的基础上做一些适当的调整。①

由于“被”字句的特殊性、“被”字句教学的重点和难点都在于其语用功能，因此“被”字句教学的基本原则应该是：突出语用，兼顾句法和语义。因为学生“被”字句习得时最容易犯、也最难改正的错误都与语用功能有关。

有鉴于此，我们认为，“被”字句教学的基本原则是：运用功能教学法，遵循先易后难、由浅入深的一般原则，采取分阶段的教学方式进行教学。从初级阶段到高级阶段都要注意突出语用功能，其顺序是从“被”字句的典型语用功能到一般语用功能，再到特殊语用功能；而“被”字句的句法结构方面的教学则应从简单到复杂，从基本格式到变化格式。语义方向（A 和 B 的语义角色）也应从典型语义成分到非典型语义成分进行教学。

在这一基本原则指导下，我们建议教学中应吸收学术界已有的相关成果，可以把“被”字句的教学分为 3 个阶段进行。

第一阶段：从“被”字句的不如意色彩入手。

在这一阶段，句法结构宜用前面介绍的“A 被 B+C”表示；语义方面主要指出 A、B 的典型语义特征（受事和施事），C 一般

---

① 参见赵金铭《对外汉语语法教学的三个阶段及其教学主旨》，《世界汉语教学》1996 年第 3 期。

不能只是光杆动词。语法点归纳的重点在语用功能：一般表示不愉快、不希望的事情。教师可以准备一些道具，利用课堂教学环境引出“被”字句。例如：

(天很热，可)门和窗户被老师关上了。

(漂亮的)照片被老师撕了。

接着可以进行一些师生之间、学生之间的即兴对话式交际练习，或者教师先讲一段没有“被”字句的小故事，然后进行问答练习。例如：

问	答
你还好吧？	好什么呀，都快被气死了。
怎么啦？	我的钱包被小偷偷走了。
钱包里有什么？	1000 块钱，还有护照。
后来呢？	后来警察把小偷抓住了。
你的钱呢？	钱被小偷花完了。
护照呢？	护照被小偷扔了。

第二阶段：介绍中性色彩的“被”字句，突出“被”字句的语篇功能。

在第一阶段的教学之后，学生对汉语“被”字句表示的感情色彩有了较深刻的印象。本阶段要向学生说明，汉语“被”字句受印欧语的影响，有一些可以表示中性色彩。同时，句法和语义方面的教学适当深入。如 A 和 B 可以不出现，C 中的动词可以是及物动词，也可以是心理动词和知觉动词；B 的语义特点；被字句的复杂格式如 A＋被 B＋给 C，A1＋被＋B＋把 A2＋(给)C 等。

"被"字句的一个重要语用功能——语篇功能也应是这一阶段的教学重点,它主要表现在话题的连贯和衔接上。第一阶段的语境主要是情景和学生的背景知识,这一阶段则可以给学生提供和限制上下文语境。可以采取让学生接下句或填空的形式练习,或者给学生限制一个语言(谈话)背景,如"昨天夜里刮了一夜台风,下了一夜雨,请谈谈早上上班、上学路上看到的景象",让学生自由发挥。要特别注意学生表达中话题的连贯和衔接。告诉学生并让学生体会到"被"字句在这方面的特殊作用。

第三阶段:介绍"被"字句的特殊用法:褒义色彩以及 B 不出现时可能有的特殊功能。

经过前两个阶段的学习,学生已了解了"被"字句的基本用法。这时介绍"被"字句的一些特殊用法就比较容易。为了避免学生误用和滥用,教师要结合具体语境告诉他们:

1. 尽量使用 B 出现的"被"字句,因为一般说来,听话人想知道 B 是谁或者什么。除非说话人认为听话人知道 B,或者说话人有特别的意思。例如:

　　李医生被控告做坏了手术。

因为 B 没有出现,控告李医生的人就可能被理解为很多,但实际上可能只是一个。

2. 表"难事实现"的被字句中,C 是令人自豪的,希望发生的。例如:

　　这个问题终于被我解决了。

需要说明的是,语法的分阶段教学需要教材的配合。"被"字句教学也不例外。目前的教材往往把"被"字句作为一种特殊句式进行集中教学,希望一次解决问题,这是有待于改进的。上面关于"被"字句的第二、第三阶段的内容应属于中高级阶段。

(二)"被"字句的练习方法

练习是语法项目教学的重要环节。练习方法的正确与否直接影响到练习的效果,影响到学生语法知识的正确习得。

相当多的教材课后的语法练习由于受重句法形式、语义关系的指导思想的影响,特别注重句式变换。常见的有所谓主动句和被动句之间的变换,受事主语句和被字句之间的变换(加"被"的练习)。事实上,汉语被动句同主动句之间并没有密切的联系,二者之间存在一系列的变换不对应现象。① 这种操练应该适度,否则,就可能收不到预期的效果甚至适得其反。

通过在受事主语句上加"被"的练习来学习"被"字句是一个比较容易产生负面效应的做法。对学生来说这很可能成为一种误导,其结果是当用而不用,不当用而用。比较好的变换练习是"把"字句和"被"字句之间的变换。戴浩一指出,"把"字句和"被"字句是处在同一个平面上从两个不同角度出发的使动式。② 如果坚持汉语中存在主动一被动关系,倒是该将"把"字句处理为主动,"被"字句处理为相应的被动。事实也正如此,"被"字句和"把"字句之间的变换比"被"字句和"主动句"之间的变换容易得多,也整齐得多。

因此,我们认为"被"字句应以交际练习的方法为主,教师要

---

① 参见周国光《试析汉语被动句的习得机制》,《世界汉语教学》1994 年第 1 期。

② 参见戴浩一《以认知为基础的汉语功能语法刍议》,《国外语言学》1990 年第 4 期。

利用和创造交际环境，突出"被"字句的语用功能，使学生在交际中体会这一功能。这样学生才能真正学会、用对"被"字句。

四 结语

这里主要从加强语用功能教学的角度考虑对"被"字句教学提出了一些粗浅的想法。需要说明的是，强调语用功能教学并不是说可以忽略句法和语义方面的教学。留学生的"被"字病句中，有相当多的错误属于句法和语义方面，只不过这些错误往往不仅仅出现在"被"字句中罢了。

叁 反问句的教学①

一 学生理解和使用反问句情况的调查

反问句在汉语中使用相当广泛，有着其他句式不可替代的作用，是很有特点的一类特殊疑问句式。对外汉语教学中，学生在理解、运用反问句方面存在不少问题。为此，我们对北京语言文化大学汉语学院二年级 6 个教学班的 66 名学生进行了调查。

调查以听力理解测试的方式进行，让学生先听句子，然后从所给的 3 项选择答案中选出唯一正确的答案。我们共出了 40 个反问句，其中，是非型、特指型反问句最为常见，分别设置了 14 个句子，选择型、正反型反问句较少，而且反问的语气不明

---

① 本文以《谈反问句教学》为题，发表在《语言教学与研究》2000 年第 3 期，作者赵雷。

显，所以分别设置了 5 个句子，另外，习用化反问句设置了 2 个句子。根据教学现状和学生的实际水平，3 项选择答案仅按字面意义，即肯定形式表示否定、否定形式表示肯定来设置。对反问句所具有的隐含意义，选择答案中并未加以反映。鉴于测试题目均为单句或简单复句，没有更多的上下文语境可供参考，所以录音中有意加重了反问语气。即使如此，调查结果显示，仍有 20%的学生不及格，没有一个题目所有学生全部答对，其中 10 个题目错误率在 50%以上，最高的达 64%。测试后，学生普遍反映理解反问句比较难。

我们还对两个班 24 名学生进行了使用反问句情况的调查。调查以对话练习的方式进行，让学生两人一组，分别扮演夫妻，话题是一方总吸烟，引起另一方的强烈不满。要求在对话中要表达出不满情绪。此项练习并未要求学生必须使用反问句，但反问句多用来表示不满情绪，课文中刚刚学过，对话时完全可以而且也应该用上。可是根据课后录音材料的整理结果看，使用反问句的人却很少，能灵活运用反问句进行衔接应对的就更少。

二 反问句教学存在问题的原因

学生在理解和使用反问句上，存在问题和困难的主要原因，有下述几个方面。

反问句虽然常以问句的形式出现，但它与一般疑问句是有区别的，其使用目的主要并不在于求取信息、索要回答。说话人在使用反问句时，一般心中已有明确的观点、看法。因此，反问句实际上属于假性问句。而这种“假性”常常使学生感到迷惑，学生常把它当作真性问句来理解。此次调查中错误率最高的两个题目便反映了这一现象。

反问句不仅有字面意义，而且还有隐含意义。只就反问句的字面意义而言，就已经比一般的句子复杂。“反诘句里没有否定词，这句话的用意就在否定；反诘句里有否定词，这句话的用意就在肯定。”[①]当外国学生还没有习惯直接用汉语进行思维的时候，这种肯定、否定的变换关系无疑给学生理解和使用反问句带来了相当大的困难。反问句的隐含意义是指在反问句中总含有“某种行为不合乎情理，是错的”这一意义[②]。反问句的字面意义在教学中是要求学生掌握的，隐含意义则需结合一定的语境来把握，这在教学中很少提及或根本没有提及。而实际上，只有理解了反问句的隐含意义，才能真正理解反问句，只有弄清了要表达的隐含意义，才能恰当地使用反问句。总之，反问句所具有的不同于一般句子的复杂性，对于外国留学生来说，是很不容易把握。

从表达方面看，学生不太了解反问句的语用功能，不知道反问句的使用条件、场合，因此，在该用反问句的地方，用陈述句来代替，使话语衔接不畅，语气、情感表达不出来，中级阶段仍如同初级阶段一样，表达简单、呆板。如在学生使用反问句情况调查中有这样一个片段：

A：我吸烟很舒服。

B：不舒服吧，你每天咳嗽！

A：我已经吸了十年了，戒不掉了。

---

① 参见吕叔湘《中国文法要略》，商务印书馆，1982年版。

② 参见郭继懋《反问句的语义语用特点》，《中国语文》1997年第2期。

B:不对吧,可以戒,我给你买戒烟药。

这里,B完全可使用反问句,却没有使用,因此也就根本没有表达出强烈不满的情绪。

有关的教学大纲给反问句定位有失片面,如《汉语水平等级标准与语法等级大纲》、《中高级对外汉语教学等级大纲》都把反问句归入“强调的方法”一项,《对外汉语教学语法大纲》则把反问句定义为“一种强调陈述句”。我们认为把反问句的作用仅看成表示强调是不全面的,因为使用反问句的目的绝不只是为了强调;同样,把反问句归为强调陈述句也是不妥当的,反问句尽管特殊,多数属无疑而问,但毕竟是问的形式,“反问句与陈述句的使用条件”、“功能”是有区别的①。总的说来,我们认为反问句是以问句的形式进行否定并间接表达某种特定语用内涵的一种方式。

大部分教材只从词语和句子的字面意义,即语义角度对反问句进行说明,如把“好什么呀!”、“我哪儿没去过?”解释为“不好”、“我任何地方都去过”就完了;课后练习只是一些句式转换,让学生把“不好”、“我任何地方都去过”变成“好什么呀!”、“我哪儿没去过?”就结束了。句式转换虽然完成了,学生似乎也理解了字面意义,但却依然不知道如何使用,也不了解隐藏在反问句表面形式后面的深层隐含意义。

显然,有关大纲对反问句的片面定位,教材、教学中偏重于结构形式,忽视语用,没有用结构、语义、语用三者相结合的方法进行交际技能训练的状况,是反问句教学存在问题的症结所在。

---

① 参见郭继懋《反问句的语义语用特点》,《中国语文》1997年第2期。

就连近年出版的一些颇有影响的教材，也是提法依旧，问题依旧，已有的科研成果并未得到很好的吸收。

三 反问句的教学对策

反问句是教学难点之一，对此大家早已形成共识。因此，教材中涉及反问句时，一般总要把它提出来进行解释，综合课上讲，单项技能课如听力课、口语课、阅读课上也要提。但都只是举例形式的解释介绍，只是讲了“以否定的形式表示肯定的意思和以肯定的形式表示否定的意思”两种反问形式及其字面意义。各门课并没有根据课型自身特点，采取相应对策，重点解决反问句的某方面难点。这样一来，学生虽然多次学习反问句，但却总是似懂非懂地学不透，当然更谈不上灵活运用了。要改变这种状况，必须重视从语用的角度进行教学，必须使反问句教学成为一个系统工程，各课之间应相互配合，要综合起来解决问题。

下面，试从语法课、听力课、口语课三个角度，谈谈反问句的教学对策。

（一） 语法课

语法课应注意从语用的角度进行教学。目前，已有不少学者对反问句的性质、语用特点等进行了较为深入的研究，应该吸取他们的成果，为我所用。我们认为，语法课应在原有基础上加强对反问句的语用条件、语用功能的揭示，从而进一步促进反问句教学，提高教学效果。

1. 使用反问句的语用条件

在什么情况下使用反问句，这一点非常重要，必须让学生明白。反问句的使用条件是：

第一，对某种行为或言论，有人认为对，而说话人认为是不合情理的，并且在他看来这种不合情理是显而易见的，于是使用反问的方式予以否定。

(1)……所有这一切，均属企业的正常经营活动，既有国家文件规定，又有具体的批准计划，更有按章经营和纳税的正式账册凭证为证，有哪一点构成为偷税的行为呢？（陈桂棣、春桃《民间包公》，《当代》1998.2）

有人把企业的正常经营活动说成是偷税行为，说话人认为这是没有根据、不合情理的，因此，便用“有哪一点构成为偷税的行为呢?”这一反问句加以否定。

(2)啊，买“红塔山”怎么了，我就有一到礼拜天就抽“红塔山”的毛病，你管得着吗？（翔鹰《家宴》，《剧本》1997.5）

在说话人看来，有人指责他星期天买“红塔山”烟是不合情理的，他有买烟抽的自由，别人无权干涉，所以就用“你管得着吗?”反驳别人的指责。

第二，有时，行为或言论客观上可能并不存在，而是说话人主观预想的，在这种情况下，也使用反问句对这种预想中可能存在的与自己相反的观点进行否定，借以强化自己的观点。

(3)当你听到这段英雄事迹的时候，你的感想如何呢？你不觉得我们的战士是可爱的吗？你不觉得我们的祖国有着这样的英雄而值得自豪吗？（魏巍《谁是最可爱的人》）

(4)在这薄霭和微漪里，听着那悠然的间歇的桨声，谁能不被引入他的美梦去呢？（朱自清《桨声灯影里的秦淮河》）

这里，并没有人认为我们的战士是不可爱的，也没有人表示不会“被引入他的美梦去”，但说话人先主观设定可能有这种情况，然后用反问句对此进行否定，以不容置疑的论辩语气阐明自己的观点，抒发强烈的感情。

2. 反问句的语用功能

第一，表达不满情绪的功能

说话人认为存在着明显不合情理的行为或言论，所以，就用反问句表达自己的不满。

(5)平时咱们就不能吃好点？非要攒到礼拜天让他们来胡吃海造？（翔鹰《家宴》，《剧本》1997.5）

(6)除了吵架，你们还能干什么？吵！吵！吵！你们整天这样吵，不感到无聊吗？（杨健《风满楼》，《剧本》1996.5）

反问句所表达的不满情绪有时因具体语境不同而有强弱差异，有时不满中还兼有埋怨、责怪、反驳、嘲讽、愤怒、厌恶等意味，但都是以不满为中心的。

第二，提醒、催促的功能

说话人认为对方本应该了解某种情况或是应采取某种行动，而对方却不是这样，于是就用反问句，提出合乎情理的观点，提醒对方注意或催促其赶快采取行动。

(7)你们不是五点关门吗？现在还不到五点。（江洪涛《豆粉园》，《剧本》2000.2）

(8)东西都卖光了，还不快点进货！（陈建民《说话的艺术》）

例(7)意在提醒；例(8)旨在催促。

第三，抒情、说理的功能

反问句语气强烈，讲理、辩论的意味很浓，说话人使用反问句就是要在语调、语势上以一种不容置疑、不容辩驳的语气进一步强化自己的态度，阐明观点，抒发情感。

(9)谁进入岭中，看到那数不尽的青松白桦，能够不马上向四面八方望一望呢？（老舍《内蒙风光》）

(10)我说：这怕难罢，譬如使惯了刀的，这回要他耍棍，怎么能行呢？（鲁迅《为了忘却的记念》）

这类反问句有的抒情意味浓些，有的则说理意味较重。

第四，表达谦逊、客气的功能

当听到别人夸奖、感谢、道歉或得到别人的礼物时，有时也用反问句对这种言语或行为进行否定，以表示自己的谦虚、客气、谦让。

(11)老张：我们正要谢你呢！

大王：你这就见外了，咱们是老朋友了，客气什么！（吴仁甫等《生活在中国》）

(12)A：这是我的一点小意思。

B：看你，看你，何必破费呢?!（吴仁甫等《生活在中国》）

这类反问句主要是一些用于交际场合的客套话。

反问句的语用条件可能不止以上所述，语用功能也是复杂多样的，在语法课上向学生讲解反问句的语用条件和语用功能，会为学生最终真正理解并灵活运用反问句打下良好的基础。

(二) 听力课

听力课应注意从理解方面进行教学。要使学生能够分辨出反问句与一般疑问句语音形式的区别,使二者不至于混淆,这是理解的前提;同时,要能正确理解反问句传达的语义信息。

1. 从语音形式上把握反问句

陈述句一般为中性语调,从语音上区分陈述句和反问句是容易的,而反问句和一般真性问句同属情感语调,区分起来有时就有一定的困难。我们认为,在听力练习中,可以有意识地帮助学生从以下两方面进行区分。

首先,注意重音位置的不同。

(13)你不是赴宴去了吗?(李冰《人生一台戏》,《剧本》1997.1)

在"不是……吗"句中,如果是真性问,重音在"不是"上,如果是反问,则往往在"不是"的宾语上。上例中,重音就在"赴宴"上。

(14)你怕什么呢?(老舍《茶馆》)

(15)你,你看看我是谁?(老舍《茶馆》)

这两个例句,如果是真性问,重音会分别落在疑问代词"什么"、"谁"上;如果是反问句,例(14)落在"你"或"怕"上,例(15)落在"我"上。

其次,注意停顿、语速、句调方面的不同。

在停顿、语速、句调方面,反问句与一般问句也是不同的。

(16)"您看,全北京城谁不知道秦二爷!"(老舍《茶馆》)

重音、停顿在"谁"上,语速较慢,句调略为上扬为一般问句,否则为反问句。

在上述区分的基础上，我们可以通过听力练习的方式让学生感受一下同一句式作为真性问句和反问句在语音形式上的不同。例如可以设计下面这样的句子："你怕什么？""这不是你的吗？""你可以看看是我对，还是他对？"等等。让学生每个句子听两遍，一遍是真性问句，一遍是反问句，听后指出哪一次是真性问句，哪一次是反问句，并说出理由，即指出两次语音形式上的不同。

2. 从语境或其他因素中找出相关语义信息

反问句作为句子的一种语用类型，它的确认及理解常受其语境尤其是前接句和后续句的制约，这种制约，使得反问句要表达的意思更加清晰。在听力课教学中，注意引导学生从反问句的前接句、后续句等语境义中找出相关语义信息，会帮助学生正确识别、理解反问句。

(17)父亲道："人家不但留学，而且是博士呢。所以我怕鸿渐吃不消她。"……母亲不服气道："咱们鸿渐也是个博士，不输给她，为什么配不过她？"(钱锺书《围城》)

从前接句"鸿渐也是个博士，不输给她"，自然可以推断出是能够配上她的。因此，后边从反面进行质疑的问句不可能是一般疑问，只能是对相反观点进行否定的反问句。

除受前接句、后续句等上下文语境的制约外，反问句还受其他一些因素的制约，如时代背景、社会环境、一般真理、普通常识以及人类共有的知识、情感、观念等，这些制约因素也能帮助外国学生理解反问句。

(18)不劳动，连棵花儿也养不活，这难道不是真理吗？（老舍《养花》）

(19)“好哇，你老人家很壮实啊！”“嘿，穷人不壮实还行吗？”（李广田《江边夜话》）

(三)口语课

口语课应注意从反问句的使用方面进行教学。既要掌握常用结构，说出正确的反问句，同时又要注意使用场合，表达得体。

1. 在语音语调的练习中，设计一些如3.2.1中练习里的句子，让学生每个句子读两遍，要求读出作为真性问句和反问句的不同。

2. 反问句有一些固定结构，如成语“谈何容易”、“岂有此理”。许多语法著作对常用反问句式做了一定的总结，如：“不是……吗？”“难道……？”“何必、何尝、何至于……？”副词“还”用于加强反问语气、“怎么(不)能VP”等等。可设置语境，让学生用这些结构完成会话练习。

3. 根据反问句的语用功能，设置一定的语境，让学生在相对比较真实自然的语言环境(包括上下文语境)中练习使用并掌握反问句。如设置语境，让学生按要求用反问句完成句子：

(20)学了三年汉语，连一句话也不会说，________？（责问）

(21)你病得这么厉害，________！（提醒）

(22)她既然不喜欢你，________？（劝说、阻止）

(23)甲：大妈，谢谢您啦！

乙：________！这点事用不着谢！（客气）

4. 反问句使用起来十分灵活方便，是话语衔接的重要手段之一；因它语气强烈，可以抒发情感，因此它又常作为语段的段旨句，放在语段的末尾。在口语练习中，可以设置语境，让学生掌握用反问句进行话语衔接和为语段作结。比如，设计下面这样的练习：

(24)甲：他是我请来的老师，大家都应尊重他！

乙：哼！________？他懂什么！（要求乙重复甲的相关词语进行反问）

(25)甲：姐，跟你们老板说说咱休息两天吧。

乙：瞧你说得容易，要是随便就不上班，________？（要求乙根据语义进行反问）

(26)我们从小在一个幼儿园里，又一起上小学，从认识到今天，一晃六十多年过去了。这么多年未见，今天见面________！（要求用反问句为语段作结）

5. 口语课还应重视习用化反问句的教学。一些反问句“经过言语交际中约定俗成的过程，它们的语用含义、功能和某种结构形式建立了固定的联系”。[①] 如果能在口语课中注意突出习用化反问句的教学，对学生口头表达能力的提高会有很大帮助。习用化反问句，可大致分为以下几类。

一是使用疑问代词的习用化反问句。

包括使用“什么、哪、哪儿、哪里、谁、怎么、怎么样、怎样”等的习用化反问句。如：“算得了什么”、“什么呀”、“哪儿啊”、“哪

① 参见常玉钟《试析反问句的语用含义》，《语法研究与语法应用》，北京语言学院出版社，1994年版。

能呢”、“说到哪儿去了”、“哪有那么容易”、“谁说不是呢”、“怎么得了”、“VP 了又怎么样”，等等。

二是用副词“还”的习用化反问句。

如：“……还用说”、“还不是……”、“还不行吗”、“……还得了”等。

三是带可能补语的动补结构形式的习用化反问句。

如：“对得起……”、“犯得上……”、“……错得了”、“顾得上……”、“管得着……”等。

四是其他用于反问句的习用语。

如：“好意思吗”、“至于吗”、“有完没完”、“你管呢”、“管……呢”等。

在口语课上，突出训练上述习用化的反问句，不仅要弄清每句话的语用意义，更要注意使用场合和对象，否则，会出现表达不得体的现象。如学生刚学过了“那还用说！”这个句子，当老师让他讲解一个词的意思时，他竟然很认真地脱口而出“那还用说！”弄得老师很尴尬，而学生却全然不知自己说得有何不妥。

总之，对目前反问句教学所存在的问题，我们应给以足够的重视。

后　　记

书稿编就，需要说明几点：

1. 对外汉语语法及语法教学涉及的研究范围很宽，研究成果也很多。限于本书选编框架，一些好文章只得割爱；

2. 编辑中只改正原文中明显的讹误，比如原文“郢书燕悦”，改为“郢书燕说”，原文“吃补完”，改为“吃不完”，原文“要能语言的实际应用”，改为“要能指导语言的实际应用”。此外，原稿中的排版或字体错误我们也作了更正。其他内容一仍其旧，文责作者自负；

3. 限于文献和编者水平，缺漏、不当之处在所难免，概由编者负责。

选编过程中，北京语言大学汉语水平考试中心的龚君冉老师和研究生刘晗璐同学做了大量的资料工作，谨表谢意！

编者

2006 年 5 月